慈悲水懺法研究

白 金 銑 著

文 史 哲 學 集 成

文史哲出版社印行

國家圖書館出版品預行編目資料

慈悲水懺法研究 / 白金銑著. -- 初版. -- 臺
北市：文史哲，民 98.1
　頁：公分. --（文史哲學集成；561）
參考書目：頁
ISBN 978-957-549-830-6 (平裝)

1. 懺悔　2. 佛教儀注

224.4　　　　　　　　　　　　97025260

文史哲學集成　561

慈 悲 水 懺 法 研 究

著　　者：白　　　金　　　銑
出 版 者：文 史 哲 出 版 社
　　　http://www.lapen.com.tw
　　　e-mail：lapen@ms74.hinet.net
登記證字號：行政院新聞局版臺業字五三三七號
發 行 人：彭　　　正　　　雄
發 行 所：文 史 哲 出 版 社
印 刷 者：文 史 哲 出 版 社
臺北市羅斯福路一段七十二巷四號
郵政劃撥帳號：一六一八〇一七五
電話 886-2-23511028 · 傳真 886-2-23965656

實價新臺幣五二〇元

中 華 民 國 九 十 八 年（2009）元 月 初 版

序　言

　　臺灣各大寺廟經常會爲祈求國泰民安、消災降福而舉辦一些水陸法會，民間辦喪事的時候也會禮誦《梁皇寶懺》或《慈悲三昧法懺》，筆者在耳濡目染之中，自然地受到了佛教禮懺法的蒙被薰霑。

　　民國八十六年初，因緣之下到台北「華藏講堂」聆聽鄭石岩教授講說《慈悲水懺法》。一場下來，對於《慈悲水懺法》中的「三障懺悔文字」、「懺悔理論」、〈水懺序〉中袁盎、晁錯間的宿世冤業與「三昧法水」產生了極大之震撼。然筆者所震撼者，不在法會的壯盛排場與長久儀式，而是該法會所使用的經典中之「懺悔文字」與「懺悔思想」。八十八年九月，有幸進入國立臺灣師範大學國文教學碩士班深造，便想透過這個機會就《水懺》作一專門的研究，期許自己要深入大藏之中，潛研一下佛陀與古聖先賢對世人所說的懺悔思想內涵。

　　從資料的蒐羅開始，到論文的完成，幾番出入古今，多次交通天地，每每心契釋尊，而嘆未曾有！然斯文之成，第一個須感謝的是吾妻 ── 淑惠。筆者於創作論文期間，家中四個小孩的教育問題、功課問題、生活問題、永遠做不完的家務問題，及親舊間的人情事故之往來等大小事宜，悉由淑惠一肩挑起，妥爲全盤應付，筆者方能盡去一傅眾咻之干擾，專志投入撰寫之工作。

　　第二個要感謝的是我的指導老師 ── 汪教授娟。在論文的撰寫過程中，從題綱的撰擬、文獻資料的綜理、論文草創的粗亂、整體架構的初成、基本觀點的溝通，到全文大小疑難雜症的修正，無不仰賴汪師嚴格的要求與指導諟正。創作過程中，筆者也與一般治學者一樣，有著相同的經歷 ── 有時只是爲了小小一項的史料，便須連續數次進出各大圖書館，動輒查得人仰馬翻；有時是

找到了該項細小的資料，卻發現尚有另外一筆資料待找，於是又返回先前的動作，重複再翻尋一回；有時是耗費了幾天的苦心尋索，卻無法在文章中下得半字；有時是好不容易鋪敘了千萬字，卻發現用錯了力量，只好刪除重來。如是，刪除再整修，整修再再重來，品嚐了所謂「見山是山，見水是水」，到「見山不是山，見水不是水」，最後又回復到另一層「見山是山，見水是水」的層層禪味。尤其在論文口試時，筆者在《水懺》的作者與形成問題上的處理仍嫌粗糙，但經過汪師醍醐灌頂似的一指，初稿裏面原本隱藏在「燈火闌珊處」的癥結問題，才清晰的顯現出來。

第三個要致謝的是 —— 王教授開府。在論文口試過程中，王教授亦提供了不少寶貴的意見，約而言之有三：一、筆者的論文初稿，在引號的使用上過於頻繁瑣碎，修辭用語上也有值得斟酌之處，這都讓初稿看來有些零亂。二、在論文初稿的內容上，筆者常常參雜一些儒家、道家或西洋哲學思想上的觀點，以致於自己應該有的推論顯得太少，並使論文初稿在前後的語意上產生跳脫太快而突兀不當的情形。三、筆者在內容書寫與注釋的部分，都有繁雜的內容或常識之類的文字充填其中，使得初稿顯得詮釋太過頭，而《水懺》本身的真實內容未能真正表達出來。凡此種種，筆者都依王教授之指正，汰冗繁雜，重新予以修正。

第四個要感謝的是 —— 政大熊教授琬。熊教授也從中國佛教懺悔思想上提供了極佳的建議，約而言之有三：一、筆者在初稿中，並未就事懺與理懺的理論與差別作明白的交代，有時甚至迂迴曲折，兜繞過度，花費大量心力，仍使全文的理論基礎顯得有些不足。二、初稿中關於「慈悲」、「水」、「三昧法水」等名詞之解釋與內容，未能與佛陀懺悔思想中的「菩提心」、「大悲心」、「戒體」、「慚愧心」與「理懺」等關鍵內容做鎔裁與貫串的工作，使得詮釋的內容顯得有些過度而紛亂。三、建議筆者在論文後面再編列重要關鍵字詞的索引。凡此種種，筆者悉依熊教授之指正，一一做了刪繁補缺的工作。

最後，感謝國立臺灣師範大學國文研究所所有師長於各種課

程上的啟迪與誘導，讓本論文植下創作的根基。感謝所內助教許文齡小姐在論文提出過程中的詳細說明與服務，讓本論文能在眾多善緣的齊聚之下脫胎而出。感謝張瓊元小姐於日文方面的解說與指導，讓我能吸收到日本學者的重要觀點。感謝師大第一屆國文教學碩士班的所有同學，由於大家在師大四年中之提攜併進，讓自己修正了很多不正確的治學觀念。感謝南崁高中全體師生的配合與幫忙，讓我在九十一年暑假二個月中，能脫身於淡水清竹齋，專心致志的創作。

　　要言之，斯文之成，是諸多善緣之匯聚所成，是與天地至善精神相往來之作。緣於技癢，信手拈出〈深夜雜感〉一首：

　　　太極般若貫北辰，
　　　玄詩乃易接天人，
　　　華梵虛籟轉無歇，
　　　默契釋尊心通神。

　　（注：「意詩」為大女兒名；「乃易」為二女兒名；「北玄」為三女兒名；「北辰」為兒子名。）

　　　　　　　2002/08/31　01：30　作於滬尾清竹齋
　　　　　　　2003/01/15　24：00　修正
　　　　　　　2008/12/15 日二修

凡　　例

本書中常用書名簡稱及注腳標示說明

1. 《大正新修大藏經》，簡稱爲：「《大正》」。

2. 《卍續藏經》，簡稱爲：「《卍續》」。

3. 《慈悲水懺法》，簡稱爲：「《水懺》」。

4. 《圓覺經道場修證儀》，簡稱爲：「《圓覺修證儀》」。

5. 凡引用藏經出處，皆以簡略方式標示之，例如：《大正》25，頁108上。此即表示該段文字引自「《大正新修大藏經》」「第二五冊」，「第一〇八頁」「上欄」。若是引文見於「中欄」，則以「中」標示之；見於「下欄」，則以「下」標示之。餘類推。

6. 符號「×」表示「無資料」。

7. 符號「－」表示「未明」、「待補」、「待考」之資料。

8. 符號「→」表示因果、順序、流動、前進之作用。

9. 符號「⇆」表示前後二者雙向間互相攝受涵融之作用、因果、順序、流動、前進關係。

10. 文中凡遇是到在電腦中找不到的俗體字、異體字、古體字，能用今體字者一律以今體字代之；凡不能用今體字代之者，一律用兩個可以找到的偏旁（某＋某）組合之。如：（川＋頁），即代表「順」字。

11. 文章或注腳中若標示「《大正》25，頁108上行9~頁109中行18」者，表示引文內容出自：《大正新修大藏經》第二五冊，第一〇八頁上欄第九行至第一〇九頁中欄第十八行。餘類推。

12. 本書對於一般印度梵語之專有名詞，必於中土翻譯漢字之後以括號（　）加注梵語原音，如：懺摩（kṣama）是。如有較爲

特殊語音，則於梵音之後，以逗號「，」區隔，並於巴利語原音之前加一「巴」字以示區別，如：學處（Śiksāpada，巴sikkhāpada）。餘類推。

《慈悲水懺法研究》

目　　次

圖表目次

第一章　緒　論

第一節　研究動機與目的

一、研究動機

　　印度大乘佛教的懺悔思想是重信的、應機的、修行的、方便的、通俗的一種法門[1]，中國化的大乘佛教懺悔思想，又在原本重信的、應機的、修行的、方便的基礎上，開出了無數適應中國世俗的燦爛花果，《慈悲水懺法》[2]（以下皆略稱為「《水懺》」）即是其中的成果之一。

　　第一次接觸到《水懺》後，即對〈慈悲道場水懺序〉（以下皆略稱為「〈水懺序〉」）中「袁盎與晁錯」的「累世冤讎」[3]故事發生興趣。但深入研讀後，又對《水懺》的「名稱」、「作者」、「傳本」、「形成」、「以水洗瘡」、「三昧法水」的來源與意義，及《水懺》「三昧法水」的思想等問題產生了疑惑。

　　為了釐清心中的疑惑，筆者到圖書館中找到了吳藝苑的 ——《慈悲水懺與中國佛教懺悔思想》[4]及釋天禪的 ——〈《圓覺經道場修證儀》與《慈悲道場水懺》關係之初探〉[5]二篇論文。仔細看

---

1 印順云：「在佛法中，不論是聲聞乘或大乘，都是先有經然後有論的。經是應機的，以修行為主的。……大乘興起，也有信增上與智增上的不同。重信的，信十方佛（菩薩）及淨土，而有懺罪法門、往生淨土法門等。」見：《初期大乘佛教之起源與發展》，（台北：正聞出版社，民國八十三年七月七版），頁 2。
2 見：《大正新修大藏經》第 45 冊，（以下皆簡稱為「《大正》45」，餘同），（台北：新文豐出版股份有限公司，民國八十七年十二月修訂版一版六刷），頁 967 下~p978 中。
3 全文見：《大正》45，頁 968 中~下，但未標示作者。
4 見：吳藝苑撰，《慈悲水懺與中國佛教懺悔思想》，（台北：國立政治大學中國文學研究所碩士論文，民國八十三年六月。）
5 釋天禪著，〈《圓覺經道場修證儀》與《慈悲道場水懺》關係之初探〉，收入：《第

過後，發現吳藝苑的論文是側重於中國佛教懺悔理論與《水懺》的內容結構之整理，而釋天禪的論文是傾向於《圓覺經道場修證儀》與《水懺》異、同之比較研究。不過，這二篇論文，雖各有其特色與價值（詳後），卻不能解決筆者所想要解決的問題。

為了澈底了解袁盎與晁錯的累世冤讎，筆者特地就《史記卷一百〇一·袁盎晁錯列傳第四十一》[6]中進行研究，並寫了一篇「〈袁盎晁錯列傳讀後〉」的文章（未發表）。筆者發現，司馬遷對袁盎的評語是「好聲矜賢，竟以名敗」，對晁錯的評語是「欲報私讎，反以亡軀」，對兩個人的共同評語是「變古亂常，不死則亡」[7]。兩個人既然都是「變古亂常」，對漢初政壇同樣犯有嚴重的過失，彼此互相扯平，那還能有什麼宿怨讎恨呢？因果在何處呢？《尚書》說：「天作孽，猶可活；自作孽，不可活。」[8]正可作為他們兩人的注腳。故筆者認為：司馬遷把他們兩人的功、過、是、非寫入《史記》中，這已是他們兩人極大的光榮，不應再有什麼冤讎因果才是。

但是，筆者當時的觀點是淺顯的。因為，人「心」的存在，對人與人世間定然會產生一種「存有」（sein）而「不虛妄」（avitathatā）的微妙作用，我們不能只是用一般的科學觀點，就一味認定宇宙間沒有什麼因果存在。既然袁盎與晁錯兩位中國的歷史人物的恩怨糾葛被佛教徒列入〈水懺序〉中，成為《水懺》的因緣故事，則此故事在中國佛教懺悔思想上，實質上亦產生微妙的因緣果報作用。

筆者於平居之時，一直注意著中國儒、釋、道三家思想在人間社會裏的融合、運用與彼此間的優、劣、得、失、異、同之狀況。不過，在大學時期，只是接觸到儒家與道家的典籍，甚少機

六屆研究所學生佛學論文聯合發表會論文集》，（台北：中華佛學研究所主辦，民國八十四年八月）。

6 見：司馬遷，《史記卷一百〇一·袁盎晁錯列傳第四十一》，（台北：天工書局，民國七十四年九月初版），頁2737~頁2749。

7 同上，頁2748。

8 見：《十三經注疏 1·尚書正義卷八·太甲中第六》，（台北：藝文印書館，民國八十六年八月初版十三刷），頁118上。

會去實際接觸佛教典籍。《水懺》一書，是中國佛教懺悔思想的一部代表作，而關於《水懺》的「名稱」、「作者」、「傳本」、「形成」、「以水洗瘡」、「三昧法水」的來源與意義，及《水懺》「三昧法水」的思想等，都是值得筆者去深入研究的問題。尤其是佛陀所言說的懺悔思想，應該是與人世間的生活有密切關係的。所以，筆者覺得可以經由《水懺》本身的內容，去與原始佛教（Primitive Buddhism）[9]的《阿含經》（Āgama）上關於懺悔思想的佛陀說法作一對照研究，再與大乘（Mahāyāna）、小乘（Hīnayāna）諸經論上的觀點[10]互相印證闡發。這樣的研究，一方面既可澄清與《水懺》相關的諸多問題，另一方面也可以增加自己對佛教懺悔思想的深入瞭解，並彌補自己對中國儒、釋、道三家思想理解的不足。

二、研究目的

承上所述，筆者接觸了《水懺》之後，即對《水懺》的「名稱」、「作者」、「傳本」、「形成」、「以水洗瘡」、「三昧法水」的來源與意義、內蘊於《水懺》的「三昧法水」思想及價值與影響等問題產生了研究之興趣。也就是說，「《慈悲水懺法》研究」一文

---

9 原始佛教（Primitive buddhism）一名，並不見於佛教文獻，它是從事佛教思想研究的日本學者所提出的名稱，指由釋迦牟尼（Śākyamuni）在世時至其後佛教分裂為多個部派，其間所發展出來的一段佛教的總名。這些內容多載於《阿含經》（《大正》1、2）之中，可以完全代表釋迦牟尼的思想，它是整個佛教的根本精神所在，因此，又稱為「根本佛教」（Fundamental buddism）。詳參：吳汝鈞著，《印度佛學的現代詮釋》，（台北：臺灣學生書局，民國八十四年六月初版二刷），頁22～頁45。

10 「小乘」的代表思想有二：一為傳說由五百位羅漢（arhat）所造的《阿毗達磨大毗婆沙論》，由「上座部」（Theravāda）下之「說一切有部」（Sarva-asti-vadin）中的「阿毗達磨派」（abhidharma），以實在論（Realism）的眼光來看世界與人生命的存在，認為佛陀在《阿含經》中的思想為「三世實有，法體恆存」。二為世親（Vasubandhu）的《阿毗達磨俱舍論》，全書重點分為「五位七十五法」。理想人格是阿羅漢（arhat），強調個人之度化（individual salvation）。「大乘」的主要思想，由「大眾部」（Mahāsamghika）在紀元前一世紀至紀元前三世紀（B.C.100~A.D.300）所提出，強調菩薩（bodhisattvc）六波羅蜜多（pāramita：布施（dāna）、持戒（śīla）、忍辱（ksānti）、精進（vīrya）、禪定（dhyāna）、般若（prajnā））的自度度他的「普遍度化」（universal salvation）之真正覺悟（authentic enlightenment）。詳參：吳汝鈞著，《印度佛學的現代詮釋》，頁46～頁69。

的目的，基本上是要解決這些疑團的。

關於《水懺》的「名稱」問題，筆者力求與佛陀所說的懺悔思想合一，並與第五章「三昧法水思想的詮釋」作前後的連貫與銜接。至於《水懺》三卷的「作者」問題，歷來至少存有《大正》45 上的「撰者不明」說、宋·〈水懺序〉的「唐·知玄」說、元·馬端臨的「後人因《梁皇寶懺》更製而成」說、明·釋禪的「南宋·若訥」說、清·〈水懺提要〉的「知玄抄錄宗密」說等五種異說。但五種說法各持其見，莫衷一是（詳見本書第三章第一節之論述）。由於《大正》45 中的《水懺》，原本就沒有標注撰述者。至於宋·〈水懺序〉中說《水懺》的作者是「唐·悟達國師－知玄」，這是值得商榷的。所以，筆者認為《水懺》的「作者」問題，有必要再作加深加廣的研究。

另外，關於《水懺》三卷的「形成」問題，到底是遲至宋代才製成？還是晚唐、五代就已定型？或是隋或唐初形成？抑是南、北朝時就已形成？由於這與「作者」問題有著極密切之關係，故筆者擬置於「《水懺》的作者問題」後面，繼續作深入的探討。

關於〈水懺序〉中迦諾迦尊者所用的「以水洗瘡」與「三昧法水」，到底從何而出？是佛陀自己說出的？還是有什麼淵源？與「慈悲」、「懺悔」之間又有什麼關聯？「三昧法水」在《水懺》中有什麼意義？這都是筆者想進一步探討的。

至於《水懺》懺悔三障的語言文字，表面上看下去，似乎淺顯易懂，但深入浸泳，卻發現它與佛陀的「慈悲」、「懺悔」、「慚愧」及〈水懺序〉的「三昧法水」構成一種特殊的──「三昧法水」思想。本書的研究既與「佛教懺悔思想」相關，而《水懺》又是「佛教懺悔思想」中的一部「懺法」，《水懺》書中這種以「三昧法水」為基體的思想，究竟是如何可能的？這與印度原始的社會環境與文化思想有無關聯？這種關聯，又是如何與《水懺》中的「經上佛說[11]」的內容進行雙向或多向的契應融合呢？與「經

---

11 「經中佛說」，《水懺》文中或作「經言」、「經中佛言」、「佛言」、「佛語」、「佛說」等字樣，詳參本書第三章第三節部分之論述。

上佛說」的內容契應融合之後，在續續不絕的三障之發露懺悔，這對人心的作用又是如何呢？這種「人心的作用」，在中國懺悔思想上又會形成何種特殊思想的可能？這層層深入的義蘊，是值得加以探討的。

最後，是關於《水懺》的價值與影響之問題。《水懺》無疑是中國懺悔思想發展過程中的一部懺悔書，這樣的一部懺悔書，擺置在佛教文獻上、人文淨化上、心性修持上、懺悔法門上，應有什麼價值呢？這樣的價值，對世道人心、懺悔思想、佛教發展與夫文學作品等方面，究竟發生過什麼影響？這都值得再加以探討。

第二節　前人研究成果綜述

一、吳藝苑《慈悲水懺與中國佛教懺悔思想》[12]

此文為國立政治大學中國文學研究所民國八十三年六月碩士論文。

吳藝苑於內容結構之安排上，分為「上」、「下」兩篇。

「上篇」屬於文獻之探討，吳藝苑分三章加以敘述：

第一章，懺悔釋義及其演變，此中包含懺悔自印度之起源及其發展狀況、中國佛教懺文自西晉‧道安至明、清之發展演變概況。

第二章，討論懺悔之理論根據與方法，此章對懺悔之理論根據及其作用與作法懺、取相懺、無生懺、理事懺悔等方法之敘述。

第三章，為《水懺》文獻之探討，針對《水懺》之作者問題、緣起與釋題作一般性之論述。

下篇屬於《水懺》理論之分析，作者分三章加以敘述：

第一章，先討論與七種心以為前方便，按照《水懺》內容中

---

12 同注 4。

七種心之順序依次進行論述。

第二章，爲「三障之懺悔理論分析」，亦是按照《水懺》內容中之三障順序，依次就其由來、種類、內容及理論進行分析。

第三章，爲結論。吳藝苑分四節論述：第一節，在總結中國佛教懺文之流變；第二節，在總結中國佛教懺悔思想之特色，包含兼具理事懺悔、對象普及於一切眾生、無相懺悔觀。第三節，論及《水懺》在中國佛教懺文中之特色，吳藝苑認爲：一、《水懺》標舉「慈悲」之名尤具教化作用；二、《水懺》是懺悔無始以來之罪障；三、《水懺》從與七種心爲始，自內至外，結構整然；四、《水懺》所懺對象可至無窮盡之眾生界；五、《水懺》懺悔自三惡道以至人天六道之果報。第四節，爲後續研究之展望。

吳藝苑此文，對中國懺文之發展、中國佛教懺悔思想之特色及《水懺》本身內容結構上之特色，確有概括性之說明與介紹，此對筆者之研究而言，是具有引導作用的。但是，關於「中國佛教懺悔思想」之問題，慧廣《懺悔的理論與方法》一書[13]與游祥洲〈論中國佛教懺悔理論的形成及其理念蘊涵〉[14]一文早有詳要之專論，故此文雖言重新探索，實仍停滯於慧廣與遊祥洲所論之範疇，至於與《水懺》本身的「名稱」、「作者」、「傳本」、「形成」、「以水洗瘡」、「三昧法水」與《水懺》「三昧法水」思想諸問題，則未見相關的探討。

---

13 見：慧廣法師著，《懺悔的理論與方法》，（高雄：法喜出版社，民國七十八年六月初版）。
14 游教授此文，收入：傅偉勳著，《從傳統到現代－佛教倫理與現代社會》，（台北：東大圖書公司，民國七十九年十月初版），頁121~頁136。

二、釋天禪〈《圓覺經道場修證儀》與《慈悲道場水懺》關係之初探〉[15]

此文爲法光佛教文化研究所民國八十四年八月之研究生論文。

釋天禪此文，主要是在探討《圓覺經道場修證儀》及《水懺》兩部懺法間的異、同關係。全文分爲四大部分：

第一部分，釋天禪先就《圓覺經道場修證儀》之作者、傳本、內容與組織做一詳細之整理與簡介。

第二部分，同樣就《水懺》之作者、傳本、內容與組織做一詳細之整理與簡介。

第三部分，則就《大正》45 中的《慈悲水懺法》與《大藏新纂卍續藏經》第 74 卷之《圓覺經道場修證儀》二部經懺之基本內容做比對工作。

第四部分，即爲「結語」，釋天禪認爲《水懺》有某些內容係整段引自《圓覺經道場修證儀》，然二者之文意與次第則不盡相同。

釋天禪文中云：「《修證儀》在實行禮懺的事前準備、參加的對象上有明確且嚴格的規定與說明，《水懺》則沒有。《修證儀》的禮懺情形是端坐念實相，且強調「此本是禪觀，道場禮懺者，蓋是方便。」而《水懺》則著重在念誦經文與禮拜諸佛名號，這是二者差異最大的地方。[16]

文中除了明確的交代了《圓覺經道場修證儀》與《水懺》的相同之處外，並將二部懺法（儀）在次第、文意、事前準備、禮懺對象、禮懺方式諸方面的差異處陳列出來，這對筆者研究《水懺》的內容結構時，也有極大的幫助。

15　同注 5。
16　以上詳見：釋天禪前揭文，頁 16。

第三節　研究方法

　　由於本書之研究，重點落於《水懺》的「名稱」、「作者」、「形成」、「以水洗瘡」、「三昧法水」的來源與意義以及《水懺》中「三昧法水」思想之詮釋。因此，本書在研究的過程中，將會運用到下列方法：

一、文獻學方法

　　任何學問，若要「持之有故，言之成理」，都必須依賴充足的文獻資料，這在春秋時代的孔子就已說過了。[17]本論文之研究，凡與「《水懺》的名稱問題」、「《水懺》的作者問題」、「佛教懺悔思想的發展」、「《水懺》的形成問題」、「以水洗瘡」、「三昧法水」的來源與意義，及《水懺》「三昧法水」思想等方面相關之問題，也都依賴文獻資料之佐證。

　　筆者擬從佛教各藏經、敦煌文獻中的一手資料、相關的史傳、目錄著手，再尋找相關經、論、注、疏之說法，儘量作全面之蒐集與歸納。藉由相關文獻資料之呈現，以得到所言之理；復由爬梳抉擇，以得到所需之信證。文獻資料與史傳、目錄部分，主要是用來解決「名稱」、「作者」、「傳本」與「形成」問題。相關的經、論、注、疏之說法，除了用來輔助解決「名稱」、「作者」、「傳本」與「形成」問題之外，也用來解決「以水洗瘡」、「三昧法水」的來源與意義，及《水懺》「三昧法水」思想的詮釋等命題。所謂「經、論」，原則上是指《大正》前五十五冊中與懺悔滅罪有關的佛陀言說，這是佛陀傳教說法的根本源頭，也是《水懺》成為一

17　《十三經注疏 8・論語注疏・八佾》云：「夏禮，吾能言之，杞不足徵也；殷禮，吾能言之，宋不足徵也；文獻不足故也。足，則吾能徵之矣。」（台北：藝文印書館，民國八十六年八月初版十三刷），頁 27 上。

部中國禮懺法門的重要依據。當然，這中間一定包括元魏·菩提流支的十二卷本《佛名經》、三十卷本《佛名經》、宗密的《圓覺經道場修證儀》十八卷[18]等佛名經典與懺儀。至於「注、疏」，若對《水懺》一書而言，則指清·智證的《慈悲水懺隨聞錄》三卷、清·西宗的《慈悲水懺科註》三卷及釋諦閑《慈悲三昧水懺申義疏》三卷[19]等注疏（詳見本書第二章第三節之論述）。若對佛教懺悔思想而言，則凡屬後人對佛教藏經「經、論」所作的注、解、疏、釋之作，皆在筆者的蒐羅之列。

　　當然，《水懺》的原文、相關的一、二手文獻資料與史傳、目錄，各經、論、注、疏的言說，均會先作深入的研讀與理解。在研讀與理解的過程中，再進行相近類別的整理與歸納，略為比較出各類別的異同之處，並參考前人既有之研究成果，另作相互關連之比較與分析，這樣才能客觀地釐清與《水懺》相關之諸問題。

　　另外，在研究《水懺》的過程中，可能會因為龐大複雜的文獻資料而顯得無從著手，這時若沒有整理成圖表，往往會治絲益棼的。所以，本書中關於《水懺》與敦煌本二十卷《佛名經》之比對、《水懺》本身內容與結構、《水懺》內容中的「經中佛說」與「懺悔名相」，或其他事項等，如果有繁複的資料時，筆者都會視論述時的需要性製作圖表。製作了圖表，等於作了歸納與比較的工作，既容易就不同事項的異同關係進行分析探討，也有助於對《水懺》之形成過程或內在思想之演繹作詳細的論述。

二、以經解經

　　漢儒訓解先秦儒家經典時，為了使經書義理之訓解能不離聖人本意，故儘量採用同時期的相關經書中的語言文字進行箋注解

---

18 分見：《大正》14，頁114上~頁184上、《大正》14，頁185上~302下及《新編卍續藏經》128冊（以下皆簡稱為「《卍續》128」，餘類推），（台北：新文豐出版股份有限公司，民國八十二年十月一日一版三刷），頁721上~頁996上。
19 分見：《卍續》129，頁289上~413上。《卍續》129，頁414上~頁526上

說，以求其思想概念之允當，這就是「以經解經」的方法。

上面的文獻學方法，適合用來解決與《水懺》名稱、傳本、作者、形成等方面之問題，至於《水懺》本身在懺悔思想上的理論與義涵之詮釋，則需借助於其他佛教經典上的佛說懺悔理論與後賢之論證言說，即用經與經之互印、互證的方法顯發出來。

也就是說，關於《水懺》「三昧法水」思想，筆者是從《水懺》本身載錄的「經上佛說」作為開展核心，去與原始佛教（Primitive Buddhism）《阿含經》（Āgama）中的佛陀言說作一前後的對照呼應，再與大乘（Mahāyāna）的《般若波羅蜜多經》（Prajñāpāramita-sūtra）、《心經》（Hrdaya-sūtra）、《金剛經》（Vajracchedikā-sūtra）、《維摩詰所說經》（Vimalakīrtinirdeśa-sūtra）、《妙法蓮華經》（Saddarmapundarīka-sūtra）、《阿彌陀經》（Sukhāvatīvyūha-sūtra）、《十地經》（Daśabhūmika-sūtra）、《大涅槃經》（Mahāparinivrāna-sūtra），並與小乘（Hīnayāna）的《阿毗達磨大毗婆沙論》（Abhidharma-mahāvibhāsā-śāstra）、《阿毗達磨俱舍論》等相關經、論[20]的佛陀言說作互為連繫的論說，將《水懺》的「三昧法水」思想詮解出來。

三、詮釋學（hermeneutics）方法

本論文的題目是「《慈悲水懺法》研究」，主要的重點之一即是嘗試對《水懺》中「三昧法水」的內蘊思想作詮解疏釋。上面「以經解經」的方法，只適於《水懺》懺悔內容與佛教經論上的語言文字之聯絡照應，尚不能作深入而全面的將內蘊於《水懺》的「三昧法水」思想豁顯出來。

一般人以為，《水懺》是一部懺法，只要依照佛教的懺悔儀軌禮拜、誦念經文，即完成《水懺》的拜懺儀式，此是一種錯誤的

---

20 以上經論，大致上是指《大正》1~《大正》17等十七冊中之「佛說之言」。

懺悔觀念。[21]《水懺》若無「思想」可言，就不可能會被編入大藏之中，也不可能有《慈悲水懺隨聞錄》、《慈悲水懺科註》及《慈悲三昧水懺申義疏》等注疏之出現。故筆者認為內蘊於《水懺》的「三昧法水」思想的義涵極為廣大，其微妙之處，甚而至「不可思議」（a-cintya）、「不可言說」（an-abhilāpya）[22]之境。然吾人對於此「不可思議」、「不可說」者，切不得因為其內在蘊義深奧玄遠而漠然視之，甚或棄置不顧。且如不以「語言文字」進行「言說」與「詮解」，其「不可說」與「不可思議」之真理，終究只是一堆抽象死寂、毫無生命之「符號」（symbol）而已。

筆者不揣固陋，站在佛教懺悔思想發展的歷史角度上，嘗試以「以佛經解佛經」的方法，再參酌德國‧布伯（Martin Buber，1878-1965）《我與你》（ "Ich und Du" ）之「相互關係」（Gegenseitigkeit，Mutual）觀點[23]、海德格（Martin Heidegger，1889-1976）《存在與時間》（ "Sein und Zeit" ）之「存在主義」

---

21 清‧智證、清‧西宗、聖印、演培等大師皆有論說，詳見本書第五章第二節部分之論述。

22 「不可言說」，又作「不可說」、「不說」。謂真理（Dharma）乃可證知而非言語所能詮釋者，《大方等大集經卷十八‧虛空藏菩薩品第八之五》（《大正》13，頁123中）、《摩訶般若波羅蜜經卷十七‧深奧品第五十七》（《大正》8，頁345下）等皆以「第一義畢竟空」為真理，故「不可言說」。又經中凡讚歎佛之功德非言語所能窮盡其義者，亦多用此語，且常與「不可思議」、「不可稱」（atulya）連用。然筆者此處之「語言文字」，非單指此意而已，而係藉由「現代詮釋學」上所謂之「語言文字」，盡人類能力作中肯之解說，詮釋《水懺》之內蘊思想，此正如禪宗之「不立文字」、「以心傳心」與「教外別傳」，雖然不立文字，然《六祖壇經》、「禪宗語錄」等，仍得將其悟道之境界訴諸於「語言文字」之詮釋。

23 布伯認為：「我」與「你」之相遇，其間之「相互關係」（Gegenseitigkeit，Mutual）乃超越時間（zeitlogigkeit）復羈留於時間（zeit）之中，「它」僅為時間長河中永恆之一瞬。人，注定廝守於無限綿延之時間流之中。因之，「它」不能不棲息於「你」之世界，復不可不時時返還至「它」之世界，流連往返於「我－你」之唯一性與「我－它」之包容性之間。此間之二重性即為人之真實處境，此即人生之悲哀，亦為人生之偉大。蓋儘管人們為求生存不得不留存於「它」之世界，然之於「你」之熾烈渴仰復使人不斷反抗「它」，超越「它」，而正是此一反抗能量造就人之精神、道德與藝術，故正是「它」使「人」成其為「人」。「人啊！佇立於真理之一切莊嚴中且聆聽如是之昭示：人無『它』不可生存然儘賴『它』則生存者不復為人。」筆者認為，布伯所說之「你－我」與「它」之關係論，引為《水懺》強調人因「三障」致生苦果之懺悔觀之闡釋方法，將有甚大之助益。參見：布伯著，陳維剛譯，《我與你》，（台北：桂冠圖書公司，1991年2月初版一刷），頁1~頁15。

（existentialismus）觀點[24]與葛達瑪（H. Gadamer，1900~）《真理與方法》（"Truth and Method"）之「哲學詮釋學」（philosophische hermeneutik）觀點[25]作爲基本方法，復佐以傅偉勳提出之「創造性詮釋學」（creative hermeneutics）觀點[26]，企圖切入《水懺》之「三障懺悔文字內容」與佛陀本來之「佛說」，作不同時、空（印度與中國、古代與現代）而交互融合的活潑性、開放性、層次性之開展，將《水懺》中「不可思議」、「不可說」卻活活潑潑實存

---

24 《存在與時間》一書，是海德格於 1927 年之力作。（英譯本於 1962 年出現）海德格於此書中所探討者爲：人之「存有」（Sein）問題。他認爲：「人」與世間其他存有物皆不同。人，會在意自己之存有，會因外在事物而起心思活動，故所謂之「人」，並非以擴散狀態被擺置於空間之中，非爲單一之思想主體，非爲人與物之綜合，更非如器具一般被視爲利用之對象。它並非孤伶伶地存在，而是與許多人事物相處在一起。人的自身是一種自然而然的存在，「在『說我』之時此在以涉及『自己本身』的方式說出自己。這不一定要付諸音聲。這一存在者以『我』意指它本身。這一詞語的內容被當作絕對簡單的。這內容向來意指『我』，別無它哉。」參：海德格著，王慶節、陳嘉映譯，《存在與時間》，（台北：桂冠圖書股份有限公司，1990 年元月初版一刷），頁 421。國內關於此書之研究頗多，另可參考：陳俊輝著，《海德格論存有與死亡》，（台北：臺灣學生書局，民國八十三年十月初版）。張燦輝著，《海德格與胡塞爾現象學》，（台北：東大圖書公司，民國八十五年四月初版）。期刊論文如：項退結著，〈海德格的存有與時間〉，（台北：《哲學與文化》第十八卷第九期，民國八十年九月），頁 850~頁 852 等。

25 參見：陳榮華著，《葛達瑪詮釋學與中國哲學之詮釋》，（台北：明文書局，1998 年 3 月初版），頁 17~頁 20。書中云：「它（哲學詮釋學）追問：（以康德的詞彙而言）瞭解（verstehen）如何可能？此問題早已先於主體性之瞭解活動，亦先於「詮釋科學」之方法論活動。」如是言之，葛達瑪所謂之「哲學詮釋學」，是在詮釋「瞭解」之本性，亦即在於詮釋人之存有，爲人之存有學。其所探討者，不僅及於「詮釋本身」或「瞭解本身」，更能引伸出不同之詮釋學，範圍遍及於一切，凡是能被瞭解或被說明的，皆在詮釋學範圍之內，它成爲普遍之哲學。

26 傅教授云：「創造性詮釋學之建構與形成，實有賴乎現象學辯證法實存分析（existential analysis）、日常語言分析、新派詮釋學理路等等現代西方哲學之中較爲重要之特殊方法論之一般化過濾，以及其與我國傳統以來的考據之學與義理之學，乃至大乘佛學涉及方法論的種種教理（如教相判釋、勝俗二諦、言詮方便之類）之間的『融會貫通』。」並將創造性的詮釋學分五個層次：「實謂」層次，屬於「前詮釋學」的原典考證→「意謂」層次，屬於依文解義的一種析文詮釋學→「蘊謂」層次，屬於歷史詮釋學→「當謂」層次，屬於批判詮釋學→「必謂」層次，是創造性的詮釋學。又云：「創造性的詮釋學雖然重視詮釋的創造性，但絕不作主觀任意的層次跳躍；雖不承認有所謂詮釋的絕對客觀性，卻十分強調相互主體性的詮釋強度或強制性」。參見：傅偉勳著，〈創造的詮釋學及其應用 —— 中國哲學方法論建構試論之一〉，收入其著作《從創造的詮釋學到大乘佛學》 ——「哲學與宗教」四集，（台北：東大圖書公司，民國七十九年七月初版），頁 1~頁 46。

而有的緣起性深層底蘊思想豁顯出來。[27]

第四節　章節安排

　　本書共分七大章，七大章雖分別獨立，卻是彼此相互關聯、前後照應的。文中在闡釋「名稱」、「傳本」與「注疏」時，已為後面的「內容」與「結構」預鋪了新路；考證了「作者」與「形成」時，已與後面的「三昧法水思想」連上不絕如縷的思路。茲分述如下：

　　第一章「緒論」：此章大概敘述筆者撰述本書之「研究動機與目的」、「前人研究成果綜述」、「研究方法」與「章節安排」。其中「研究方法」部分，敘述了本書創作時所採用的「文獻學方法」、「以經解經」及「詮釋學方法」三種方法。

　　第二章《水懺》的名稱、傳本及注疏：此章分為三節。第一節為「《水懺》的名稱」，此部分利用與懺悔思想相關的資料，對「慈悲」、「水」及「懺法」三個名詞進行解說，以作為後文論述之基礎。第二節根據經史目錄之資料及學者的研究成果，整理了「《水懺》的傳本」，並敘述其流傳的盛況。第三節為「《水懺》之注疏」，包含了清代智證的《慈悲水懺法隨聞錄》三卷、西宗的《慈悲水懺法科註》三卷，以及民國以後諦閑的《慈悲三昧水懺申義疏》三卷、聖印的《慈悲三昧水懺講話》及演培的《慈悲三昧水懺講記》五本書之介紹。

　　第三章《水懺》的作者、形成及製作的經典依據：此章分為三節。第一節研究「《水懺》之作者問題」，依據蒐集到的文獻及經史目錄資料，分別就《大正》45 中的「撰者未明」、宋·〈水懺序〉的「唐·知玄」說、元·馬端臨的「後人因《梁皇寶懺》

---

27 筆者按：本書所說的「實存而有」，係依甚深緣起、無常、無我等佛法而言，讀者切不可誤為西哲所說之實有；筆者凡對照西哲之論點，均須以甚深緣起觀之。

更製而成」說、明·釋禪的「南宋·若訥」說、清·〈水懺提要〉的「唐·知玄抄錄宗密」說進行考查與論述，企圖釐清《水懺》的「作者」問題。第二節承上所述，繼續探究「《水懺》的形成問題」，此節又綜觀了「《佛名經》與敦煌遺文的關係」、「梁武帝、寶唱與禮懺的關係」、「〈水懺序〉與《水懺》」等三方面，從文獻、史傳、佛教發展史上與《水懺》相關的事實，探討《水懺》的形成問題，最後以流程圖簡示之。第三節則就《水懺》中「經上佛說」的內容，一一去大藏中尋找《水懺》引用的原始佛教經典，最後以圖表示之。此三節的研究，主要是作為第五章《水懺》「三昧法水」思想之詮釋作築基工程。

第四章「《水懺》的結構、內容與特色」：此章分三節論述。第一節是「《水懺》的結構」，此節製作了「《水懺》結構簡表」及「《水懺》結構總表」，就《水懺》結構的優缺點進行歸納與分析。第二節是「《水懺》的內容」，此節也運用了「圖表」，將《水懺》的內容分為「前序」、「禮三世諸佛」、「總論懺悔」、「懺悔前方便」、「懺悔三障」、「發願（回向）」等六大項進行論述。「懺悔三障」部分，也利用圖表，整理了三障懺悔文字的內容與理論意義，兼論其優劣得失。第三節是「《水懺》的特色」，針對前兩節的整理歸納，分成「《水懺》結構上的特色」、「《水懺》內容上的特色」二項進行論述。其末，並對《水懺》在結構與內容上的瑕疵提出一些意見。這樣的論述，既作為本章的成果顯現，也作為下一章進行詮釋時的起站。

第五章「《水懺》三昧法水思想的詮釋」：此章是本論文的重心，共分為三節。第一節先處理「三昧法水的思想淵源」，此節先論述「以水洗瘡」的來源及在《水懺》中的用意。第二節是詮釋《水懺》「三昧法水」的思想，此節以「慈悲心」、「菩提心」、「懺悔心」、「慚愧心」、「方便心」、「智慧心」、「勇猛心」、「精進心」及〈水懺序〉中與「水」、「心水」、「三昧法水」相關的內容為基礎，參酌智證、西宗、諦閑等人之注疏，並儘量採用原始佛教中關於懺悔滅罪的佛陀言說，再運用「以經解經」、「詮釋學」等方

法，對《水懺》中所內蘊的「三昧法水」思想進行細密的、深層性的、多元化的、活潑性的、創造性的詮釋與解說。全節分「面對業力・不息不止」、「正視苦集・離苦解脫」、「滅業成人・重鑄成佛」與「恆轉心水・恆活新生」四個層次闡述之。第三節是「三昧法水思想的特色」，此節是就上一節的詮釋內容加以歸納綜結，認為《水懺》的「三昧法水」思想具有「以方便法水化洗業障」、「以自覺自悟見性解脫」、「以續續懺悔重鑄人佛」、「以恆活心水創造生機」四大特色。

　　第六章「《水懺》的價值與影響」：共分二節。第一節論述「《水懺》的價值」，針對《水懺》的實際內容與「三昧法水」思想，筆者歸納為「懺悔思想的菁華」、「心性修持的落實」、「人倫佛性的懺典」與「證真成道的法門」四項價值。第二節言「《水懺》的影響」，論述了「體現佛說，影響世道人心」、「高僧注疏，傳播懺悔思想」、「行者誤用，影響佛教發展」與「普遍流行，成為文學素材」四項影響。

　　第七章「結論」：筆者統觀前六章之論述，對《水懺》的名稱、傳本、作者與形成問題，提出了一些看法；綜觀全文內容，肯定了「《水懺》在佛教懺悔思想中的地位」；追溯《水懺》懺悔文字的來源，對「三昧法水」思想作了轉化、創新與存活的詮釋；最後，認為《水懺》的「三昧法水」思想，是「根源於佛陀，而表現於世間的，不只是佛的三業德用，也是佛弟子們的清淨三業。佛法是具體的，活躍於人類面前的。」[28]

---

28 印順著，《原始佛教聖典的集成》，（台北：正聞出版社，民國八十三年一月修訂三版），頁9。

第二章 《水懺》的名稱、傳本及注疏

第一節 《水懺》的名稱

由於《慈悲水懺法》三卷一書，另有「三昧水懺」[1]、「慈悲道場水懺」[2]、「慈悲道場懺法」[3]、「水懺」[4]、「慈悲道場水懺法」[5]、「慈悲水懺」[6]、「慈悲三昧水懺」[7]等幾種異名，為免冗贅，筆者乃以《大正》45 中的《慈悲水懺法》為基本名稱。故本節論及《水懺》的名稱時，基本上是以「慈悲」、「水」與「懺法」三個名詞的解釋為主，其中再兼及「以水洗瘡」、「三昧法水」與「懺悔」三個相關的名詞。

一、關於「慈悲」一詞

關於「慈悲」二字，自佛陀以來已有甚多的解釋，但筆者認為，如果要讓《慈悲水懺法》的題意更為清楚，「慈悲」二字仍有解釋的必要。以下擬從「語言」、「大乘佛教義」及中土以「慈悲」立為文章、懺名的例證三個角度加以說明。

首先，自「語言」角度言之。慈，梵語 maitrya，maitrī，巴利語 metti；悲，梵語 karunā，巴利語同。慈愛眾生，並給與快樂，稱為「慈」；同感其苦，憐憫眾生，並拔除其苦，稱為「悲」；二

---

1 見：明成祖〈御製水懺序〉，《大正》45，頁 967 下，行 29。
2 見：〈慈悲道場水懺序〉，《大正》45，頁 968 中，行 2。
3 見：《大正》45，頁 968 下，行 12。
4 見：《大正》45，頁 968 下，行 19。
5 見：《卍續》129，頁 2，行 8。
6 見：《卍續》129，頁 291 上，行 17。
7 見：《諦閑大師遺集第四篇·懺釋》，頁 929 行 1。

者合稱爲「慈悲」，即與樂拔苦之意。

其次，自「大乘佛教義」角度言之。諸佛菩薩這種哀愍眾生苦痛，而欲與樂拔苦之心，是視眾生如赤子，且起於圓融無礙的「大慈」、「大悲」的，故《大乘本生心地觀經》云：「無緣大慈，無礙大悲，憐愍眾生，猶如赤子。」[8]又大乘佛教這種「大慈」、「大悲」的赤子之心，是與「大喜」、「大捨」合成一體的思想。是以「大慈、大悲恒相續，大喜、大捨爲先心，爲有緣者說妙法，晝夜修心不暫停，如去頂石救頭燃。」[9]

「頂」爲命脈，「頭」爲命根；「頭頂」遭石擊火燃，人將焉活？故大乘佛教即賅攝菩薩的「大慈」、「大悲」、「大喜」、「大捨」「四無量心」（catvāry apramānani）的「恒相續」與「爲先心」，作爲修行人的首要工夫。《大智度論》云：

> 四無量心者，慈、悲、喜、捨。慈名愛念眾生，常求安穩樂事以饒益之；悲名愍念眾生，受五道中種種身苦、心苦；喜名欲令眾生從樂得歡喜；捨名捨三種心，但念眾生，不憎不愛。修慈心，爲除眾生中瞋覺故；修悲心，爲除眾生中惱覺故；修喜心，爲除眾生不悅樂故；修捨心，爲除眾生中愛憎故。[10]

這樣的「四無量心」，即是針對眾生「受五道中種種身苦、心苦」而發射出的一種無瞋、無恨、無怨、無惱、廣大無邊、無窮無盡之「慈心」、「悲心」、「喜心」與「捨心」，心心雖各有職司，各有專對，其相生相成，實是一種相互攝受融資、彼此無我，而又彼此專精一如，並與眾生和合相融爲一，而在去除眾生貪、瞋、癡、憎、愛、怨、恨的細細赤子之心。故眾生的「種種身苦、心苦」的解脫，須由「慈悲」而發；而諸佛菩薩無量妙力的主要根源，亦賴「慈悲」而生。

8　見：唐・般若譯，《大乘本生心地觀經卷一・序品第一》，《大正》3，頁293上。
9　見：《大乘本生心地觀經卷一・序品第一》，《大正》3，頁313中~頁313下。
10　見：後秦・鳩摩羅什譯，《大智度論》卷二十，《大正》25，頁208下~頁209下。

　　至於「慈悲」的種類，據《大涅槃經》卷十五的記載，有如下三種：一、「生緣慈悲」，又作「有情緣慈」、「眾生緣慈」。即觀一切眾生如我子，而與樂拔苦，此乃凡夫之慈悲，然三乘（聲聞、緣覺、菩薩）最初之慈悲亦屬此種，故亦稱小悲。二、「法緣慈悲」，指開悟諸法乃無我之真理所起之慈悲。係無學（aśaikṣa）（阿羅漢）之二乘及初地以上菩薩之慈悲，又稱「中悲」。三、「無緣慈悲」，為遠離差別之見解，無分別心而起的平等絕對之慈悲，此係佛獨具之大悲，非凡夫二乘等所能起，故特稱為「大慈大悲」（mahā-maitrī-mahā-karunā）或「大慈悲」，是一切佛法之根本。以上這三種慈悲，又並稱為「三緣慈悲」、「三種緣慈」或「三慈」。[11]郭朝順也認為，這「三種慈悲」是融合了「六道輪迴」、「三輪體空」（施空、受空、施物空）、「無我無執」而「不離空性」的一種「應無所住而生其心」之思想[12]，故其義蘊可以說是非常深廣的。

　　事實上，據《大方等集經》所述，菩薩之慈無量無邊，是修慈心者，一切眾生無不覆化。菩薩若修慈心，非但能擁護自身，亦能利益他人，能斷一切瞋、恚、荒、穢、繫、縛，能離諸結及使，能離一切煩惱障害，能離一切怖畏，能離下劣鈍根，能離三惡八難；常為智人所讚，常護凡夫愚人，常能順遂梵道；能向解脫法門，能攝一切諸乘，能攝非財功德；以慈心不可盡，故能覆愍無量無邊、無有窮盡、虛空無盡之眾生。菩薩若修學大乘，又以大悲為本。如是之大悲，以正直無諂，為不假他事的直道心，於諸眾生，愛之如子。能令眾生捨於重擔，出堅精進；有忍勢力，出護無力；得法自在，出教化鈍根；出無味諸禪，出不厭欲界，出於觀慧，出不汙善根。凡修大悲者，必定善行布施、持戒、忍

11 參注1，《大正》12，頁452下。又見《大智度論》卷四十，《大正》25，頁350中。「大慈大悲」，參見：《大智度論卷二十七・釋初品大慈大悲義第四十二》，《大正》25，頁356中~頁357下。
12 詳參：郭朝順著，〈大乘「慈悲」觀念與孟子「惻隱之心」之比較〉，收入：《第三次儒佛會通學術研討會論文選輯》，（台北：華梵大學哲學系發行，1998年12月26日），頁115~頁132。

辱、精進、禪定、智慧諸道法，得自然無師智慧，營他眾生所作事業，精勤專著，如修己業。[13]而所謂「大乘」，又有「法大」、「心大」、「勝解大」、「意樂大」、「資糧大」、「時大」、「究竟大」諸義[14]，故《水懺》的「慈悲」，可能即是取自於大乘菩薩的「大慈」、「大悲」之義蘊，並透過禮懺法門儀式之方便踐履，令自身及無量無邊眾生皆能證得無上正等菩提。是以，《大毘盧遮那佛神變加持經》（《大日經》）云：

> 菩提心為因，悲為根本，方便為究竟。[15]

《大樂金剛不空真實三昧耶經般若波羅蜜多理趣釋》亦云：

> 菩提心為因，即一切如來菩提心，亦是一切如來不共真如妙體、恒沙功德，皆從此生。[16]

因此，《水懺》中的「慈悲」，可以說就是禮懺修行者的一種：慈愛眾生，並給與快樂；悲憫眾生，並拔除其苦；為無我無執，不離空性，而契通乎六道輪迴，暢行於三輪體空的精神智慧。這樣的「慈悲」，即是「菩提心」，是「大悲心」，是「如來心」，是「慚愧心」，是「方便心」，是「智慧心」、是「究竟心」，是「佛」、「懺悔者」與「眾生」一如的心。[17]故印順說：「大乘行果的心髓，不是別的，就是慈悲。離了慈悲，就沒有菩薩，也沒有佛。也可說：如沒有慈悲，就沒有佛法，佛法從慈悲而發揮出來。」[18]又說：「講到佛菩薩的慈悲，這其中一定有般若，否則便不成其為真正的慈悲。講到般若，也必須包含了慈悲，否則這種智慧也就不是佛菩

---

13 以上參：劉宋・智嚴、寶雲共譯，《大方等集經卷二十九・無盡意菩薩品第十二之三》，《大正》13，頁 199 中~頁 200 上。

14 見：唐・不空譯，《大樂金剛不空真實三昧耶經般若波羅蜜多理趣釋》卷上，《大正》19，頁 609 中。

15 見：唐・善無畏、一行共譯，《大毘盧遮那佛神變加持經卷一・入真言門住心品第一》，《大正》18，頁 1 中~下。

16 見：唐・不空譯，《大樂金剛不空真實三昧耶經般若波羅蜜多理趣釋》，《大正》19，頁 609 下。

17 關於此部分的解說，可再詳參本書第四章・「肆、懺悔的前方便」中「發菩提心」部分的論述。

18 見：印順著，《學佛三要》，（台北：正聞出版社，民國八十七年一月出版），頁 117。

薩的智慧了。」[19]

其三，再由中土以「慈悲」立為文章、懺名的例證言之。佛陀救世濟人的這種「大慈大悲」之心，到了中國後，因為與中國人的「仁慈」、「仁愛」等觀念接近，亦頗受士人重視，遂有專門作文或立為懺法名者。如唐·道宣的《廣弘明集·慈濟篇》中，即收入了沈約的〈究竟慈悲論〉等與「慈悲」相關的文章。[20]又傳為梁武帝為皇后郗氏所集的《慈悲道場懺法》(《梁皇寶懺》)[21]、在《卍續》中亦載有《慈悲藥師寶懺》三卷、《慈悲地藏菩薩懺法》三卷二部懺法[22]，即以「慈悲」立為懺名。

《水懺》經文在卷上、卷中及卷下連續三處的第一句話都是「一切諸佛，愍念眾生，為說《水懺》道場總法」[23]，這裡的「愍念眾生」，就是以「慈悲」為出發點的。也就是說，《水懺》三卷之內容，除了是上承佛陀為眾生「與樂」、「拔苦」的本懷之外，中與大乘義的「大慈」、「大悲」、「大喜」、「大捨」這「四無量心」、「菩提心」、「慚愧心」、「如來心」、「方便心」、「智慧心」、「究竟心」等心，以及下與《慈悲道場懺法》(《梁皇寶懺》)等懺法的「立名用意」是相同的。

二、關於「水」一詞

---

19 見：印順，《華雨集（一）·大樹緊那羅王所問經偈誦講記》，（台北：正聞出版社，民國八十七年十二月初版三刷），頁119。

20 見：《大正》52，頁292中~頁303下。有沈約的〈究竟慈悲論〉、周顒的〈與何胤書論止殺〉、梁武帝的〈斷殺絕宗廟犧牲詔〉、顏之推的〈戒殺家訓〉、梁武帝的〈斷酒肉文〉五篇。這幾篇文章的內容，大致都是以「慈悲」為主而勸世人勿殺生的。

21 關於《慈悲道場懺法》的撰述者是梁武帝的看法，歷來學者說法甚多。據徐立強〈「梁皇懺」初探〉一文之研究，他支持周叔迦《法苑叢談》中的看法，認為「很可能是梁武帝為提倡推動〈斷食酒肉文〉時，附帶所推行的『懺悔食肉法』。」該文收入：《中華佛學研究》第二期，（台北：中華佛學研究所，民國八十七年三月出版），頁177~頁206。

22 二本懺法之撰者皆不詳，分別收於《卍續》129，頁110上~頁123下及頁142上~頁164上。

23 分見：《大正》45，頁968下、頁971中、頁975中。

（一）以水洗瘡

在《水懺》卷上、卷中、卷下三處的開頭第一句話，都是「一切諸佛愍念眾生，爲說《水懺》道場總法」十六個字[24]，這交代了《水懺》一法所行的「懺悔」是有如「流水」的獨特義涵。這樣的義涵，在〈水懺序〉中說得更爲明白：

> （悟達）忽生人面瘡於膝上，眉、目、口、齒俱備。每以飲食餵之，則開口吞啖，與人無異。遍召名醫，皆拱手默默。因記昔日同住僧之語，竟入山相尋。……（迦諾迦）云：「無傷也。巖下有泉，明旦濯之即癒。」黎明，童子引至泉所，方掬水間，其人面瘡遂大呼：「未可洗！公識達深遠，考究古今，曾讀《西漢書・袁盎晁錯傳》否？」曰：「曾讀！」「既曾讀之，寧不知袁盎、晁錯乎？公即袁盎，吾即晁錯也。錯腰斬東市，其冤爲何如哉？累世求報於公，而公時世爲高僧，戒律精嚴，報不得其便。今汝受人主寵遇過奢，名利心起，於德有損，故能害之。今蒙迦諾迦尊者洗我以三昧法水，自此以往，不復與汝爲冤矣！」悟達聞之凜然，魂不住體，連忙掬水洗之，其痛徹髓絕，而復甦覺來，其瘡不見。[25]

依〈水懺序〉的說法，悟達於過去世爲「袁盎」時，曾誤斬「晁錯」；其後十世中，袁盎轉爲戒律精嚴的高僧，故晁錯在累世中雖思報復，卻苦無機會。唐世時，悟達（袁盎）轉爲安國寺僧，拜爲國師，因道德昭著，「唐懿宗親臨法席，賜沉香爲法座，思渥甚厚」。然因名利心起，障損其德，晁錯乃得乘虛進駐其體，成爲其膝上「眉、目、口、齒俱備」的「人面瘡」，欲借此索報其十世冤業。悟達在群醫束手無策的絕境下，幸因神僧迦諾迦尊者濯以「三昧法水」，自此以往，晁錯（人面瘡）方不復與袁盎爲冤！[26]這個

---

24 分見：《大正》45，頁968下、971中、975中三處。
25 見：《大正》45，頁968中~下。
26 詳參〈水懺序〉，《大正》45，頁968中~頁968下。

故事看來雖然是「附會的傳說」[27]，然而將佛教十世不昧的因果報應觀點與西漢袁盎、晁錯的史事合一，在佛教懺悔思想的傳布及對中國人心的影響，自是不可限量的。於是，〈水懺序〉中悟達「以水洗瘡」的故事，便成爲《水懺》的重要「象徵」。

事實上，關於「以水洗瘡」的故事，早在佛陀傳教說法時，亦有二處相似的記載。《賢愚經》卷四云：

> 優波斯那，即於臥上，合掌白言：「我今禮佛、法、僧，思見世尊，如飢須食，如渴須飲，如寒思溫，如熱思涼，如失道得道。我思見佛，亦復如是。心雖欲往，身不肯隨。」阿難還白佛，如優波斯那所說。佛敕阿難，并床輿來。阿難奉教，使人輿來，到於佛前。爾時如來，放大光明，諸遇佛光觸其身者，狂者得正，亂者得定，病者得愈。時優波斯那遇佛光已，苦痛即除。爾時舍神，<u>以水洗瘡</u>，以藥塗之，平復如故。時優波斯那，即起下床，手持金瓶，自行澡水。下種種食，色、香、味具。佛食已，為摩訶斯那說微妙法：所謂布施、持戒、人、天果報。生死過患，貪欲為害，出離滅樂。十二因緣，輪轉不息。時優波斯那聞佛所說，得斷慳嫉，成阿那含道；家內眷屬，悉受五戒。[28]

《賢愚經》卷四這則故事，傳達了六項要點：一、優波斯那身纏病苦，雖然禮敬佛、法、僧，其心亦思欲見佛，但身不得隨。二、當時凡是接遇佛光，照觸其身者，狂者得正，亂者得定，病者得愈。三、佛陀「<u>以水洗瘡</u>」，以藥塗之，優波斯那的苦痛即除，平復如故。四、佛陀除了爲摩訶斯那做外在的、有形的、肉體的「以水洗瘡」之外，並專門爲他做內在的、無形的、心理的「說微妙法」。五、佛陀爲摩訶斯那所說之「微妙法」，即是「布施、持戒

---

27 周叔迦認爲「《水懺》的撰述，世傳知玄的前世是漢代的晁錯，誤斬袁盎，因此現身患人面瘡，痛苦異常。經異人指示，修此懺法，以水洗浣，而得解冤癒疾。這也是宋人的附會。」見：周叔迦著，《法苑談叢》，（台北：文津出版社，民國七十九年六月出版），頁43~44。

28 見：元魏·慧覺等譯，《賢愚經卷四·摩訶斯那優婆夷品第二十二》，《大正》4，頁375下~頁376上。

（即「六度」）、人、天果報（即「六道輪迴」）。生死過患，貪欲（即「三業」）為害，出離滅樂（即「涅槃寂靜」）。十二因緣，輪轉不息」之道。六、前後故事的結果是：「優波斯那聞佛所說，得斷慳嫉，成阿那含道；家內眷屬，悉受五戒。」如是說來，「以水洗瘡」是佛陀用來療治凡夫病苦的一種方式，而此種療病的方式，並不是單純的「以（泉）水洗滌瘡痍」而已，而是同時和佛陀散發的「慈光」、「佛陀說法」、「布施、持戒」（六度）、「六道輪迴」、「三業」、「涅槃寂靜」、「十二因緣」等佛教概念是相合相應的實存而有之思想。

另外，在《大般涅槃經》卷十六中亦載：

> 流璃太子以愚癡故，殺其父王，自立為王。<u>復念宿嫌，多害釋種</u>。取萬二千釋種諸女，刖劓耳目、斷截手足、推之坑塹。時諸女人身受苦惱，作如是言：南無佛陀、南無佛陀，我等今者無有救護，復大號咷。是諸女人，已於先佛種諸善根。我於爾時，在竹林中，聞其音聲，即起慈心。諸女爾時亦見我來自迦毘羅城，<u>以水洗瘡</u>，以藥傅之，苦痛尋除。耳鼻手足還復如本。我時即為略說法要，悉令俱發阿耨多羅三藐三菩提心。即於大愛道比丘尼所出家，受具足戒。善男子，如來爾時實不往至迦毘羅城，<u>以水洗瘡</u>，傅藥止苦。善男子，當知皆是<u>慈善根力</u>，令彼女人見如是事。<u>悲、喜之心，亦復如是</u>。」[29]

這則故事所傳達的要點有七：一、流璃太子因為「愚癡」、「念宿嫌」的緣故，造作了「殺其父王」、「多害釋種」、「將萬二千釋種諸女，刖劓耳目、斷截手足、推之坑塹」等令諸女人身受苦惱的無量罪業。二、是諸女人，是曾經於先佛根植了很多「<u>慈善根力</u>」，方能與佛陀契應，見到佛陀之慈光。三、是諸女人，因為一心稱念「南無佛陀」、「南無佛陀」，佛陀聞其音聲，即以其「慈心」相

---

29 詳見：北涼・譚無讖譯，《大般涅槃經卷十六・梵行品第八之二》，《大正》12，頁458下。又，與此記載相同的故事亦見於劉宋・慧嚴等譯《大般涅槃經卷十四・梵行品第二十之一》，《大正》12，頁700下~頁701上。

與感應。四、佛陀做有形的、外表的、肉體的「<u>以水洗瘡</u>，以藥傅之」，被刖劓耳目、斷截手足、推之坑塹的諸女人，苦痛尋除。五、佛陀爲諸女人做無形的、存在的、心理的「略說法要，悉令俱發阿耨多羅三藐三菩提心」。六、諸女人之所以獲救，是因爲她們於自己心中興起「慈善根力」，有了如是的功德力量，「<u>悲、喜之心，亦復如是</u>」。七、前後故事的結果是：諸女人悉「於大愛道比丘尼所出家，受具足戒。」這也就是說，佛陀爲諸受苦受難的女人做「以水洗瘡」的療治方式，是同時兼含著宣傳「慈善根力」、「佛陀說法」、「愚癡」、「念宿嫌」、「稱念佛名」、「悲、喜之心」、「出家」、「受具足戒」等佛教概念的。

從《賢愚經》與《大般涅槃經》兩處故事的記載，可知「以水洗瘡」是佛陀傳教說法時的一種療治眾生苦惱病痛的方式，但是其中的「水」，並不是一般的江河溪泉之「水」，也不是〈水懺序〉中那種有形的、唯物的——「巖下泉水」，而是由懺悔者自己平時於心性根源處所生起的「慈、善根力」、「悲、喜之心」（應該也包含了「捨」心），而與佛陀精神力量相應相生的——「心力流水」。所以，在《水懺》卷上、卷中、卷下三處的《水懺》道場總法」之「水」，及〈水懺序〉中「以水洗瘡」之「水」，有可能是取義於《賢愚經》與《大般涅槃經》兩處故事的佛說之「水」——這種「水」，即由修行者自己身、心深層處所運發出來之暢行無礙如流水的「慈」→「悲」→「喜」→「捨」——「四無量心水」，乃至於「菩提心」、「大悲心」、「慚愧心」、「如來心」、「方便心」、「智慧心」、「究竟心」等恆常不息的流動心水。

至於〈水懺序〉中袁盎與晁錯、悟達與人面瘡間的「累世冤讎」，以及《水懺》三卷中的「禮拜三世諸佛」、「稱念佛名」，亦可在《大般涅槃經》卷十六中的「流璃太子以愚癡故，殺其父王，自立爲王。復念宿嫌，多害釋種」與「時諸女人身受苦惱，作如是言：南無佛陀、南無佛陀」二處取得印證。

這也就是說，〈水懺序〉的編撰者，可能是取自於《賢愚經》與《大般涅槃經》這種有形的、外表的、去除肉體苦痛的「流水」，

配合上無形的、存在的、心理的「四無量心」之「啓運」，來產生
甚深微妙的 ──「心力流水」。即使〈水懺序〉的編撰者不是取自
於《賢愚經》與《大般涅槃經》的這種「心力流水」，它仍然是中
國佛教高僧之心與佛陀慈悲之心、喜捨之心、菩提之心、慚愧之
心、方便之心、智慧之心的銜接。這樣的銜接，無不是要禮懺者
透過「心力流水」的運轉，達成《華嚴經》上所云：

> 我昔所造諸惡業，皆由無始貪、瞋、癡，從身、語、意之
> 所生，一切我今皆懺悔。[30]

的懺悔目標。我昔「身、語、意之所生」的「諸惡業」，無不是由
「無始貪、瞋、癡」的因緣肇造而成，故〈水懺序〉的編撰者，
配合了《水懺》三卷中的「煩惱障」、「業障」、「果報障」，作了續
續不絕、無量無邊的鋪陳發露，進行了「事懺」與「理懺」的兼
融懺悔。禮懺者的懺悔雖一，然一即一切，一切即一；一即事，
事即一；一即理，理即一；事中含理，理境攝事。禮懺者即眾生，
眾生即禮懺者；禮懺者即佛，佛即禮懺者；懺即法，法即心，心
即佛，佛即懺。故《水懺》云：

> 今日披誠，一一懺悔過去諸罪，現在眾惡。[31]
>
> 當發菩提心，求一切種智。[32]
>
> 於一切眾生，起慈悲心，無彼我相。[33]
>
> 舒瀝心肝，洗蕩腸胃。[34]
>
> 從方便慧，入法流水。[35]

凡此種種心的方便流動，即是禮懺者、佛與眾生一體合成而進行
續續不絕的「洗心懺悔」。[36]

當懺悔者自己心性之中的這種「心力流水」開啓之後，配合

---

30 見：唐・般若譯，《大方廣佛華嚴經卷四十・普賢行願品》，《大正》10，頁847
　　上。
31 見：《大正》45，頁968下。
32 見：《大正》45，頁969中。
33 見：《大正》45，頁969上。
34 見：《大正》45，頁969下。
35 見：《大正》45，頁975中。
36 見：《大正》45，頁969下。

上「慈悲心」、「喜捨心」、「菩提心」、「慚愧心」、「方便心」、「智慧心」、「稱念佛名」、「佛陀說法」、「六度」、「涅槃寂靜」、「十二因緣」等佛教概念的真實認知，並面對無量無邊「**身、語、意之所生**」的諸惡業進行續續不絕的懺悔。這種特殊的「心力流水」之懺悔，便是與佛陀的精神力量密合同一，用來盡滅六道間「煩惱障」、「業障」、「果報障」等輪迴之苦，藉以成就向上而久住於涅槃之極樂妙境。

（二）三昧法水

上面言〈水懺序〉中「水」的由來，及《水懺》中的「心力流水」作用，以下言「三昧法水」一詞的產生與合一。在說明「三昧法水」之前，先說「三昧」。

「三昧」，梵語 samādhi 之音譯，巴利語同。又作「三摩地」、「三摩提」、「三摩帝」。意譯為等持、定、正定、定意、調直定、正心行處等。即將心定於一處或一境的一種安定狀態。於佛典中，「samādhi」若譯為「等持」時，「等」字乃指離開心之浮沉，而得平等安詳；「持」字則指將心專止於一境而不散亂之狀態，稱為「心一境性」。[37]

前云：在《水懺》卷上、卷中、卷下三處都說出了「水」字，依《水懺》三卷全文之義蘊，我們可以把這「水」字看成是「三昧法水」的略稱。事實上，這裡的「三昧法水」一詞，本是〈水懺序〉中所云：

> 悟達國師，居安國寺，道德昭著。懿宗親臨法席，賜沈香為法座，恩渥甚厚。自爾忽生人面瘡，……。公即袁盎，吾即晁錯也。……蒙迦諾迦尊者洗我以三昧法水，自此以往，不復與汝為冤矣。[38]

也就是說，〈水懺序〉的編撰者（不可考），透過象徵微妙佛法的

---

37 參：唐・玄奘譯，《大般若波羅蜜多經卷三百八十・初分諸功德相品第六十八之二》，《大正》6，頁 965 下。
38 見：《大正》45，頁 968 中。

「迦諾迦」尊者之神異事蹟，以及「人面瘡」與「悟達國師」在十世之前 —— 西漢史上「袁盎」、「晁錯」的「宿世冤讎」，將〈水懺序〉及《水懺》三卷的內容與《賢愚經》與《大般涅槃經》中佛陀「以水洗瘡」的譬喻故事[39]作了交相融匯的攝合，使得西蜀彭州九隴郡茶籠山的「巖下泉水」，轉化（transformation）成具有微妙「定持作用」的「三昧法水」。這樣的「三昧法水」，雖然來自於迦諾迦尊者的神異法力，實際上乃與佛陀內心的精神本懷 —— 即與諸佛菩薩的「慈悲心」、「喜捨心」、「菩提心」、「慚愧心」、「方便心」、「智慧心」是相互契應銜接，而用來洗淨懺悔者、乃至無量無邊、無有窮盡時、空中一切眾生自無始以來「積世之挾怨垢心」[40]的。是以，這種轉化後所形成的「慈悲心」、「喜捨心」、「菩提心」、「慚愧心」、「方便心」、「智慧心」，即是帶有「無上甚深微妙法」的「心力流水」。此處之「心」者，取其慈、悲、喜、捨之精神本懷；「力」者，取其不可思議之微妙作用義；「泉」者，取其清淨無汙義；「水」者，取其流動不止義。故《水懺》這種兼含「慈、悲、喜、捨」、「不可思議」、「清淨無汙」與「流動不止」的「三昧法水」，遂成為中國懺法中代表《水懺》一法的「專屬心水」。

這種具有微妙「定持作用」的「三昧法水」，在〈水懺序〉中又簡稱為「三昧水」。〈水懺序〉云：

> 悟達當時感其殊異，深思積世之冤，非遇聖人，何由得釋？因述為懺法，朝夕禮誦，後傳播天下。今之懺文三卷者，乃斯文也。蓋取三昧水洗冤業為義，命名曰《水懺》。此悟達感迦諾迦之異應，正名立義，報本而為之云耳。[41]

到了明成祖的〈御製水懺序〉，也因此直接用「三昧水」做為書名，他說：

---

39 為免繁冗，筆者於第三章第二節《水懺》的形成問題中「參、從以水洗瘡與《水懺》的關係視之」部分，對這種「譬喻」作用，另有詳述。

40 《水懺隨聞錄》云：「三昧水，即慈悲心中三昧之水，由此水故，洗去積世挾怨垢心，自後兩釋無憾。」見《卍續》129，頁292下。

41 見：《大正》45，頁968下。

夫《三昧水懺》者，因唐悟達國師知玄，遇迦諾迦尊者，
以三昧水為濯積　世怨讎，知玄遂演大覺之旨，述為懺
文。[42]

可見，《慈悲水懺法》三卷，因爲「三昧法水」的關係，又被稱爲
「水懺」、「三昧水懺」、「慈悲道場水懺法」、「慈悲水懺」、「慈悲
三昧水懺」等不同名稱，可謂其來有自。《水懺》這樣的「三昧法
水」之運行，堪稱與《七佛經》中阿難「常行慈悲心，成就三摩
地」[43]之境界是相同的。

三、關於「懺法」一詞

（一）懺　法

　　所謂「懺法」，原指釋尊「依法攝僧」的懺悔法。釋尊在世之
時，爲維持僧伽（samgha）大眾過著和、樂、清淨的生活，依法
（佛法）制定了道德的、生活的、團體的準則或規範，讓大家共
同護持遵行。僧伽如有違犯（āpatti，罪）而情事嚴重者，當時是
不容許懺悔，而須逐出僧團的；如不太嚴重，則允許於當日或一
特定日，依法向釋尊或清淨比丘陳說自己的違犯。[44]這就是佛陀
在僧團中每半月舉行的「布薩」（posadha、upavasatha、uposadha、
upavasa）儀式，及每年安居後「自恣」（Pravāranā）所舉行的懺
悔儀式。[45]但僧團中的「布薩」與「自恣」，爲佛陀因隨當時一般

---

42 見：《大正》45，頁 967 下~頁 968 上。
43 見：唐・法天譯，《佛說七佛經》，《大正》1，頁 151 下。
44 《四分律》載：「若欲在二比丘邊懺悔，應至彼二清淨比丘所，偏露右肩。若
　　是上座，禮足已，右膝著地，合掌說罪名、說罪種，作如是言：懺法如上」是。
　　見：姚秦・佛陀耶舍共竺佛念等譯，《四分律卷四十八・第三分滅諍犍度法之
　　二》，《大正》22，頁 921 中。
45 以上詳見：釋大睿前揭文，頁 329。關於「自恣」與「布薩」，義淨云：「凡夏
　　罷、歲終之時，此日應名「隨意」（pravāraṇa）。即是隨他於三事之中，任意舉
　　發，說罪除愆之義。舊云「自恣」（pravāranā）者，是義翻也。……言說罪者，
　　意欲陳罪，說己先愆，改往修來，至誠懇責。半月半月爲褒灑陀（posadha、
　　upavasatha、uposadha、upavasa）（注：褒灑，是長養義。陀，是淨義。意明長

宗教活動而權宜調整以適於教團生活之新制，稱爲「僧伽布薩」（Samgha Posadha），此與吠陀（Veda）時代一般之「布薩」於性質、作用、作法上早已分道揚鑣。待制行之既久，爲使正法久住長傳，遂亦有「說波羅提木叉」（說戒）之形成。[46]在布薩過程中，犯罪的僧伽在佛前或眾僧前如法真心發露，懺悔出罪（abbhāna），就能消除潛藏於身心之內的貪欲、瞋恚、愚癡等障礙[47]，令身心重新回復清淨、自在之狀態，而能順利的繼續修行。[48]其後，僧團復依罪業的大、小、輕、重來分類，形成各種不同的懺法，如在《彌沙塞羯磨本》中，即載有「懺悔波羅夷法」、「懺悔僧伽婆尸沙法」、「懺波逸提法」、「先懺捨墮對僧作法」、「對眾多人捨懺法」、「受懺口和法」、「對一人捨懺法」、「懺單波逸提法」、「懺波羅提舍尼法」、「懺突吉羅法」[49]等是。

　　後來，懺法亦指懺悔業障（karmâvarana）之法，作爲修行上

善淨除破戒之過。昔云「布薩」者，訛略也。），朝暮朝暮憶所犯罪。初篇若犯，事不可治；第二有違，人須二十。若作輕過，對不同者而悔之，梵云痾鉢底鉢喇底提舍那。「痾鉢底」者，罪過也；鉢喇底提舍那，即對他說也。說己之非，冀令清淨。自須各依局分，則罪滅可期。若總相談愆，非律所許。」見：《大正》54，頁217中。

46 據印順之說法，「布薩」一制，係佛陀爲適應時代，依據印度吠陀(Veda)以來之新月祭（Darśa-masā）、滿月祭（Paurna-masā）時祭主須「齋戒禁欲」之方式權宜改制而成。「布薩」制度於初始運行之時，因隨佛陀出家之弟子率皆道心真切之徒，故佛陀亦隨俗擇定期之日，但憑口說，而弟子多能心領神受，如法踐行，當時尚無所謂「波羅提木叉」（Prātimoksa）（戒）之制立；其後，出家弟子日多，不免有雜濫邪妄之徒，遂制立「學處」（Siksāpada）（即一條一條之戒條），由佛陀本身或德養隆盛之僧伽，於定期集會之時誦讀說解，藉教團－－集體之約束力量引導弟子增上向善。如是，則「說波羅提木叉」（Deśana-prātimoksa）（說戒）之制，即爲佛陀因隨當時一般宗教活動而權宜調整以適於教團生活之新制，稱爲「僧伽布薩」（Samgha Posadha），此與吠陀當時一般之「布薩」於性質、作用、作法上早已分道揚鑣。待制行之既久，爲使正法久住長傳，遂亦有說波羅提木叉儀軌之形成。詳參：印順著，《原始佛教聖典之集成》，（台北：正聞出版社，民國八十三年一月修訂本三版），頁105~頁131。

47 《佛說淨業障經》：「夫障礙者，貪欲是障礙，瞋恚是障礙，愚癡是障礙，布施是障礙，持戒是障礙，忍辱是障礙，精進是障礙，禪定是障礙，智慧是障礙，佛想是障礙，法想是障礙，僧想是障礙，空想是障礙，定相想是障礙，無相想是障礙，無作想是障礙，無行想是障礙，不生想是障礙。」見：《大正》24，頁1097中。

48 詳參：印順著，《華雨集（二）．方便之道》，頁166~頁169。

49 詳見：唐．愛同錄，《彌沙塞羯磨本》，《大正》22，頁225上。

的方便（upāya）。依佛所說，任何眾生自無始以來，由身體、語言與意識所造作的業（karma），是無量無邊的。這些「業」，可能有善業（kuśala-karman），亦有惡業（akuśala-karman），恆久的存在於自己的身心活動中，留下潛在的力量（業力），無時無刻不影響著自己、家庭、社會與國家。這些業力，由因緣而生，而恆存不失的。但若是聽聞正法，具足正見者，就能現觀真諦、斷薩迦耶見（satkāya-drsti）、去除煩惱（kleśa），而了生死根本；[50]反面推之，若是執持薩迦耶見者，就不能現觀真諦，而為煩惱所縛，恆處六道的生死流轉之中。[51]

大乘佛教的懺法，又增加了「向十方佛懺悔」、「懺悔今生與過去生中之惡業」、「適應通俗義的擴大」[52]之特色。甚至主張用「端坐念實相」、「誦大乘經典」、「無量勝方便」等方式，針對人類精神整體之六根所造作的罪業進行懺悔，以免墮於六道輪迴之苦。如《觀普賢菩薩行法經》云：

> 身為機關主，如塵隨風轉。六賊遊戲中，自在無罣礙。若欲滅此惡，永離諸塵勞，當誦大乘經，念諸菩薩母，無量勝方便，從思實相得。如此等六法，名為六情根。一切業障海，皆從妄想生，若欲懺悔者，端坐念實相，眾罪如霜露，慧日能消除，是故應至心，懺悔六情根。[53]

一切業障海，皆從妄想生，則一般的禮拜儀式與發露懺悔，又豈能真正懺盡滅除？是以大乘佛教更深入廣大勝義底層，以「若欲懺悔者，端坐念實相」的懺悔滅罪觀念，教世人作廣博而深邃的懺悔。這種廣博而深邃的懺悔，在我國東漢末年時，已和「三寶

---

50 宋・求那跋陀羅譯，《雜阿含經卷三十一・八九一經》載：「佛告比丘：具足見真諦，正見具足。世尊弟子，見真諦果，正無間等，彼於爾時，已斷已知，斷其根本。如截多羅樹頭，更不復生。所斷諸苦，甚多無量，如大湖水；所餘之苦，如毛端滴水。」見：《大正》2，頁224中。

51 《頻婆娑羅王經》亦云：「眾生具身、口、意，三業不善，毀謗賢聖，起於邪見。由此邪見，作諸邪業，行諸邪法。以此因緣，命終之後，墮於惡趣，受地獄苦。」見：劉宋・法賢譯，《頻婆娑羅王經》，《大正》1，頁826上～頁826中。

52 參：印順著，《華雨集（二）・方便之道》，頁177~頁200。

53 見：劉宋・曇無蜜多譯，《觀普賢菩薩行法經》，《大正》9，頁393中。

思想」、「人天地獄因緣法」、「小乘阿毘曇法」、「大乘摩訶衍法」、「出家功德法」等懺悔思想一併傳入中國，合而爲一，深入天子臣民心中。如《續古今佛道論衡》載：「帝（漢明帝）敕大眾，欲求法者，前近法師（摩騰）坐。……爾時法師即出大梵音聲微妙第一，歎佛功德不可思議；亦令大眾稱揚三寶，歎述善法。即爲大眾說人、天、地獄因緣法，或說小乘阿毘曇法，或說大乘摩訶衍法，或說懺悔滅罪法，或說出家功德法。大眾既聞法已，各生希有心。」[54]可見，懺悔滅罪法傳到中國之初，已然是廣博而深邃的一種修持法門，大眾既聞法之後，多能產生希有心。

「懺法」在中國開展出來後，又專指佛教高僧依諸經之說而製成之懺悔「儀式」、「儀則」、「儀軌」或「法門」。林子青云：「懺法是悔除所犯罪過以便積極修行的一種宗教儀式。」[55]唐・道宣（596~667）認爲，中國的懺法是起源於道安（312~385）、慧遠（334~416）、等人的創制，至蕭子良（460~494）時已有「布薩法淨行儀」，他說：「諸佛善權方便，立悔罪之儀。道安、慧遠之儔，命駕而行茲術，南齊・司徒竟陵王（蕭子良，460~494），制布薩法淨行儀，其類備詳，如別所顯。」[56]宋・淨源（1011~1088）也有類似的說法，並說當時的懺法，主要是「嚴供五悔之辭，尊經尙義，多撮其要」而成，所以讓「天下學者，悅而習焉」。至陳、隋之時，因天台智者（538~597）的大力推行，懺法已經盛行於江南各地。[57]印順亦云：「從大乘經典去看，幾乎重信的經典，說到念佛，都會說到消除生死重罪的。中國佛教流行的種種懺法，

---

54 見：唐・智昇撰，《續古今佛道論衡》，《大正》52，頁 401 中。又見：唐・法琳著，《破邪論》卷上，《大正》52，頁 480 中。

55 以上見：林子青〈懺法〉，收於呂澂等著，《中國佛教人物與制度》，（台北：彙文堂出版社，民國七十六年六月台一版），p.455.

56 道宣的說法，見：《廣弘明集卷二十八・懺悔篇序》，《大正》52，p.330 中。

57 宋・淨源《圓覺經道場略本修證儀・第一總敘緣起》云：「漢、魏以來，崇茲懺法，蔑聞其有人者，實以教源初流，經論未備。西晉・彌天法師（道安），嘗著四時禮文；觀其嚴供五悔之辭，尊經尙義，多撮其要。故天下學者，悅而習焉。陳、隋之際，天台智者撰《法華懺法》、《光明》、《百錄》，具彰順逆十心。規式頗詳，而盛行乎江左矣。」見：《卍續》129，p.1 上~p.1 下。

就由此而來。」[58]

　　也就是說，中國的「懺法」，是指佛教用來進行至心懺悔的一部儀則、儀式、儀軌或法門。至於懺法的製作，多為中國的高僧，擷取重「信」的大乘經典中關於「五悔」（懺悔、勸請、隨喜、迴向、發願）的內容，並與「念佛」、「消除生死重罪」等思想和合為一而成的。

　　又據釋大睿之研究：由於中國儒家不貳過思想與道教重視儀禮祠祀的傳統，以及後漢年間戰禍連年，生民都會希求心靈慰藉，以懺除罪業，感報現世苦難的消除。因此，佛教間的懺悔思想與儀式，便自然地讓中華民族接受。後來大乘經典不斷傳譯，原始教團中單純的懺悔，已轉為修禪定、證三昧必備的重要行法。即懺悔法門，不僅達懺罪清淨，更可以證得三昧、發慧、求解脫。[59]

　　於是，中國佛教之懺悔理論與方法，依照不同的性質、目的與功用，便產生了極多的種類。據唐・道宣（596~667）譯《四分律羯磨疏》卷一所載，懺悔分為「制教懺」與「化教懺」兩種：違於戒律的罪，用「制教懺」；有關業道的罪，用「化教懺」[60]。依劉宋・曇摩密多（356~442）譯《觀普賢菩薩經》之記載，在家者之懺悔法有「不謗三寶，乃至修六念」、「孝養父母，恭敬師長」、「以正法治國，端正人心」、「六齋日不殺生」、「信因果，信一實道，信佛不滅」等五種。[61]隋・智顗（538~597）所說的《摩訶止觀》卷二上則分為「事懺」與「理懺」兩種[62]。同為智顗所說的《金光明經文句記》卷三則分為「作法懺悔」、「取相懺悔」

---

58 見：《華雨集（二）・方便之道》，頁 165。
59 釋大睿在文章之前說：中國佛教懺悔思想的時代背景有三：一、以儒家悔過思想為基礎；二、道教禮拜儀式的助成；三、時代戰亂與王室之支持。儒家的悔過思想又源於「禮」，道教的禮懺儀式亦得自儒家的禮儀形式，故佛教的懺悔思想自是與中國本土的思想起了微妙的彼此交流作用。見：釋大睿撰，〈中國佛教早期懺罪思想之形成與發展〉，收入：《中華佛學研究》第二期，（台北：中華佛學研究，民國八十七年三月出版），頁 313~頁 337。
60 詳參：《卍續》64，頁 106~頁 107。
61 劉宋・曇摩密多譯，《觀普賢菩薩經》，本稱《觀普賢菩薩行法經》，又稱《出深功德經》，略稱《觀普賢經》、《普賢觀經》、《觀經》。其懺悔方法，見：《大正》9，頁 394 上。
62 隋・智顗說，《摩訶止觀》，其懺悔方法，詳見：《大正》46，頁 12 下。

及「無生懺悔」三種。[63]又智顗的《法華三昧懺儀》則據《淨住子淨行法門》、《文殊悔過經》、《賢劫千佛名經》、《普賢觀經》等經所談到的「六根懺悔」，具體的納入懺悔儀軌中。[64]唐・善導（613~681）的《往生禮讚偈》則分爲「要懺悔」、「略懺悔」及「廣懺悔」三種懺悔法。[65]又善導《往生禮讚偈》及唐・智昇《集諸經禮懺儀》卷下皆將懺悔之相分成「上品懺」、「中品懺」及「下品懺」三種。[66]

　　這些不同的懺悔理論與方法，分別由中國的高僧大德在踐履戒律時所提出的。他們在依循佛陀的戒律精神之下，由親身戒體發自慈悲心、菩提心、慚愧心作真誠的實地踐履，對無始以來所造作的煩惱障、業障、果報障進行至心的發露，悟得大乘佛教的懺悔思想在境界上，除了有制、有形、有法、有則、取相的事相懺悔外，另有無形、無相、無生、無定、無性、無遮，乃至於虛空實存而爲化被一切的洗心懺悔，這可謂將懺法的義涵又繼續地增廣、增博、增深爲了。如《彌沙塞羯磨本》云：

> 夫業如幻化，性相無定，遇緣而生，不深生慚愧，悔責前非，經百千劫，終不失滅。時熟緣會，必當現受。若悔恨徹心，剋己修改，一念之頃，消滅無餘。……聖教既繁，曷能備述？然犯有性、遮，悔分理、事，二懺之中，又分大、小，若修明慧，觀我法空。福體尚無罪，何容有此理？約機自含大、小，大乘事懺方軌不同，觀禮佛像，誦持神咒，罪無輕、重，亦盡消滅。[67]

業如幻化，性相無定，遇緣而生，故無論聖賢、凡夫，菩薩、羅漢，皆有可能觸緣而錯亂性相，渾然結成諸惡業，世世隨附在身，乃至在不同時、空中復與周邊不同人、事緣緣相生，累冤宿恨，

---

63 見：《大正》39，頁 60 中~60 下。
64 參：釋大睿前揭文，p303。智顗的《法華三昧懺儀》，見：《大正》46，頁 952 上~頁 953 中。
65 見：《大正》47，頁 439 中。又見：《卍續》128，頁 43 上。
66 見：《大正》47，頁 447 上及頁 473 下。
67 見：唐・愛同錄，《彌沙塞羯磨本》，《大正》22，頁 224 上~中。。

讎仇不絕。故由動機根層而言，真心福體本無罪，事理雖多法本空，禮佛持咒為外行，方軌異異由一心。一心攝一切，一切幻如空。則一切世界即一毛道，一毛道即一切世界；一切眾生身即一身，一身即一切眾生身；一念即不可說劫；不可說劫即一念；一法即一切佛法，一切佛法即一法；一處即不可說處，不可說處即一處；一根即不可說根，不可說根即一根；一切根即非根，非根即一切根；一想即一切想，一切想即一想；一言音即一切言音，一切言音即一言音；一世即一切三世，一切三世即一切世。[68]能悟此理者，其身自為清淨戒體，內心之中自行四禪定，於空處、識處、不用處、非想、非非想處，皆能慧思源源湧出，熟運苦、集、滅、道，等持慈、悲、喜、捨，優遊於於一切法，自心了了分明，深邃而遊戲於無相、無願解脫之妙樂淨境。故《未曾有因緣經》云：「前心作惡，如雲覆月；後心起善，如炬消闇。」[69]又《業報差別經》云：「若人造眾罪，作已深自責，悔更不造，能拔根本業。」[70]又《涅槃經》云：「若人修習身戒心慧，是人能令地獄果報，現世輕受。」[71]一切懺法，緣於一心；心知罪理，起慚生愧；愧對惡業，後心須悔；悔更不造，身自禮懺發露，乃拔根本業。這樣的懺悔法，不外是要透過禮懺法門的踐履，與諸佛如來的無量無邊廣大心願，行虛空有盡，我願無窮之大迴向，由己而他，由一而一切，由一切而無窮無盡，乃至於最終之空無虛有，悉一應俱懺的修持法門。佛教徒作如是之修持，即是在貫串所學之三戒，以除滅無明的三火，而得離於三界之縛。[72]

然懺悔的理論與方法雖多，其理念蘊涵不外如下數種：一、以業報為中心的靈魂觀；二、唯心因果觀；三、業性本空觀；四、十方神與多神包容觀；五、一往平等慈悲觀；六、迴向增上觀；

---

68 參：《華嚴經卷四十九・普賢行品第三十六》，《大正》10，頁 258 中~下。
69 見：齊・曇景譯，《佛說未曾有因緣經》卷下，《大正》17，頁 582 中。
70 見：隋・法智譯，《佛為首迦長者說業報差別經》，《大正》1，頁 893 下。
71 見：北涼・曇無讖譯，《大般涅槃經卷三十一・師子吼菩薩品第十一之五》，《大正》12，頁 553 下。
72 愛同在《彌沙塞羯磨本》亦云：「汝當早得具足學三戒，滅三火，離三界，無復諸垢。」見：《大正》22，頁 218 上。

七、多元淨土觀;八、佛性自足觀;九、空有一如觀;十、無相解脫觀。[73]

中國大乘佛教的懺法,多是渾然一體的融攝了前十種理念蘊涵的。周叔迦也認為懺悔法門是理、事俱融,心、法並行,空、有兼參的[74]。釋大睿亦云:除了「對首懺」外,亦攝入空慧之觀照。而事相懺悔,也從「知過、懺悔、發露」,到稱佛名、禮拜、誦經、持咒、禪定等。懺悔法門,可謂因大乘菩薩慈悲精神之發揮,及般若空義之闡揚而有了極大的轉型。[75]故《華嚴經》云:

> 言懺除業障者,菩薩自念,我於過去無始劫中,由貪、瞋、癡,發身、口、意,作諸惡業,無量無邊。若此惡業,有體相者,盡虛空界,不能容受,我今悉以清淨三業,遍於法界,極微塵剎,一切諸佛、菩薩眾前,誠心懺悔。後不復造,恒住淨戒。一切功德,如是虛空界盡,眾生界盡,眾生業盡,眾生煩惱盡,我懺乃盡。而虛空界,乃至眾生煩惱,不可盡故,我此懺悔,無有窮盡,念念相續,無有間斷,身、語、意業,無有疲厭。[76]

《水懺》三卷以三障懺悔為主,成為中國的重要「懺法」之一,其義亦如此。眾生因於無始貪、瞋、癡,自往昔以來即造作了無量無邊諸惡業,這些惡業,又有體相者,盡虛空界,不能容受。故懺悔者基於此理,理應由「虛空界盡,眾生界盡,眾生業盡,眾生煩惱盡,我懺乃盡」的角度作「以清淨三業,遍於法界,極微塵剎,一切諸佛、菩薩眾前,誠心懺悔」。誠心專志的念念相續,無有間斷,身、語、意業,無有疲厭,懺如流水,無量無邊的惡

---

73 參:游祥洲〈論中國佛教懺悔理論的形成其其理念蘊涵〉,載傅偉勳主編,《從傳統到現代 —— 佛教倫理與現代社會》,(台北:東大圖書,1980年10月初版),頁128~頁133。

74 參:周叔迦著,《周叔迦集·懺悔法門》,收入:黃夏年主編,《近現代著名學者佛學文集》,(北京:中國社會科學出版社,1995年12月1版1刷),頁143~頁145。

75 參:釋大睿前揭文,頁303。

76 見:《華嚴經卷四十·入不思議解脫境界菩薩行願品》,《大正》10,頁845上。

業乃能續續不絕的懺除淨盡。

　　但是，說到「懺法」時，一定都要牽涉到「懺悔」一詞，所以下面再就「懺悔」一詞略作說明：

（二）懺　悔

　　「懺悔」一詞，在印度本稱「kṣama」（懺摩）。中國譯經師在翻譯時，又與中國本有的「悔」字作「音」、「義」的合一，才稱為「懺悔」。

　　唐・義淨（635~713）云：

> 懺摩（kṣama），乃是西音，自當「忍」義。悔，乃東夏之字，追悔為自。「悔」之與「忍」，迥不相干。若的依梵本，諸除罪時，應云「至心說罪」，以斯詳察。翻「懺摩」為「追悔」，似罕由來。西國之人，但有觸誤及身，錯相觸著，無問大小。大者，垂手相向；小者，合掌虔恭。或可撫身，或時執膊，口云「懺摩」，意是「請恕，願勿瞋責」。[77]

義淨又在《根本說一切有部毘奈耶》卷十五之「注」中說：懺摩者，此方正譯，當乞容恕、容忍、首謝義也。若觸誤前人，欲取歡喜者，皆云「懺摩」。無問大小，咸同此說[78]。宋・元照（1048~1116）《四分律含注戒本疏科》卷一下亦云：「懺悔，悔是此土之言，懺是西方略語，如梵本音懺摩也。」[79]宋・知禮（906~1028）《金光明經文句記》卷三亦云：「懺、悔二字，乃雙舉二音。梵語懺摩（kṣama），華言悔過。」[80]可見：印度的「懺摩」，本是「忍」、「乞容恕」、「請恕」之義；此「忍」、「乞容恕」、「請恕」義與中國的「追悔」義，本來是風馬牛不相及的。

　　但印度也有與「悔」相近的字 ── 「阿鉢底提舍那」（āpatti daśanā），本是「說罪」之義。義淨云：若悔罪者，本云「阿鉢底

---

77 見：《南海寄歸內法傳卷二・十五、隨意成規》，《大正》54，頁217下。
78 見：《大正》23，頁706上。
79 見：《卍續》62，頁208下。
80 見：《大正》39，頁112中。

提舍那」。「阿鉢底」（阿鉢底）是「罪」，「提舍那」是「說」，應云「說罪」。云懺悔者，懺是西音，悔是東語，不當請恕，復非說罪，誠無由致。[81]

這也就是說，「懺悔」一詞，是中國譯經師在翻譯時，將印度的「懺摩」一詞（word）與中土的「追悔」一詞，作了「音」與「義」——甚至是「印度文化」與「中國文化」的交糅會合而造成的中國化之複合詞（compound word）。「懺摩」一詞，本爲「忍」、「乞容恕」、「請恕」之義；「阿鉢底提舍那」，本爲「說罪」之義；但加入了中國本有的「追悔」一詞的「悔」字之後，就不能再理解爲「請恕」或「說罪」了。

據釋大睿之研究，「kṣama」，本譯爲「叉磨」，因 kṣama 的意義是對人發露罪惡、錯誤，請求別人容恕，以求改過，自然用從「心」的「懺」字比「叉」達意。故可知「懺」字乃源於佛教，亦由於此字之創造，而使得佛教之懺悔思想有了新的發展。[82]因此，隋·智顗《摩訶止觀》卷七上云：「懺名陳露先惡，悔名改往修來。」[83]這已是將「懺」與「悔」視爲兩個有獨特意義的「詞」（word）來分開解釋，而不是單獨的「詞」（word）或合成的方塊「字」（charatcer）而已。智顗又云：

---

81 見：《大正》23，頁 706 上。
82 以上詳見：釋大睿前揭文，頁 329。筆者按：布薩之梵音作「posadha」、「upavasatha」、「uposadha」、「upavasa」諸字，巴利語又作「uposatha」、「posatha」，漢語多翻爲優波婆素陀、優婆娑、布薩陀婆、布灑他、布沙他、鄔波婆沙、逋沙陀、褒灑陀、烏逋沙他等音，有「長淨」、「長養」、「增長」、「善宿」、「淨住」、「長住」、「近住」、「共住」、「斷」、「捨」、「齋」、「斷增長」，或稱「說戒」諸義。而自恣之梵音作「pravārana」，巴利語爲「pavārana」，音譯爲鉢剌婆剌拏、鉢和羅、鉢和蘭，有「隨意」、「滿足」、「喜悅」之義。關於「自恣」與「布薩」，義淨在同一段文字的前大部分即云：「凡夏罷、歲終之時，此日應名「隨意」（pravāraṇa）。即是隨他於三事之中，任意舉發，說罪除愆之義。舊云「自恣」（pravāranā）者，是義翻也。……言說罪者，意欲陳罪，說己先愆，改往修來，至誠懇責。半月半月爲褒灑陀（posadha、upavasatha、uposadha、upavasa）（注：褒灑，是長養義。陀，是淨義。意明長善淨除破戒之過。昔云「布薩」者，訛略也。），朝暮朝暮憶所犯罪。初篇若犯，事不可治；第二有違，人須二十。若作輕過，對不同者而悔之，梵云痾鉢底鉢喇底提舍那。「痾鉢底」者，罪過也；鉢喇底提舍那，即對他說也。說己之非，冀令清淨。自須各依局分，則罪滅可期。若總相談愆，非律所許。」見：《大正》54，頁 217 中。
83 見：《大正》46，頁 98 上。

　　夫懺悔者，懺名懺謝三寶及一切眾生；悔名慚愧，改過求
　　哀。我今此罪，若得滅者，於將來時寧失身命，終不更造
　　如斯苦業。如比丘白佛，我寧抱是熾然大火，終不敢毀犯
　　如來淨戒。生如是心，唯願三寶證明攝受，是名懺悔。[84]

在三寶的證明攝受下，懺悔者「懺謝三寶及一切眾生」、「慚愧，
改過求哀」、「終不更造如斯苦業」、「終不敢毀犯如來淨戒」，這正
是一位誠心懺悔者之無量無邊宏大的身、心、意的正面向上之禮
懺修持工夫的展現。《佛說觀普賢菩薩行法經》亦云：

　　一切業障海，皆從妄想生。若欲懺悔者，端坐思實相；眾
　　罪如霜露，慧日能消除。是故應至心，懺悔六情根。[85]

這樣的「懺悔」，已不只是原始僧團生活中「請忍」、「忍恕」與「說
罪」而已，而是落在「至心」之「懺謝三寶及一切眾生」，懂得至
心「慚愧」而知「改過求哀」的意義上，這已成為「至心」面對
「妄想」的「六情根」所造成的不淨「業障」進行端坐觀照的懺
悔。事實上，張運華也說過：「懺悔乃布薩前一天舉行之罪業發露」
[86]，既然有「前」、「後」的區分，可見「布薩」是強調「整個懺
悔儀式之過程」，而「懺悔」（懺摩）是指在布薩「前一天」的「至
心發露」；這「至心發露」，即直接指涉於該人清淨之「本心」的。
在僧團的戒律生活中，懺悔者必須是發自於「本心」之自覺的、
自悟的、自懺的、反省的、改過的、自露的、自淨的，方能獲得
真正的安樂。[87]因此，嚴格來說：若從戒律的本來精神視之，「懺」
與「悔」是不應該在一起的。[88]聖嚴亦云：

---

84 見：隋・智顗撰，《釋禪波羅蜜・次第法門卷第二》，《大正》46，頁485中。
85 劉宋・曇無蜜多譯，《佛說觀普賢菩薩行法經》，見：《大正》9，頁393中。
86 參：張運華著，《中國傳統佛教儀軌》，（台北：立緒文化事業有限公司，民國
　　八十七年二月初版一刷），頁116~頁119。
87 如：後秦・佛陀耶舍譯，《四方律比丘戒本》：「我今欲說波羅提木叉戒，汝等
　　諦聽，善思念之：若自知有犯者，即應自懺悔。不犯者，默然；默然者，知諸
　　大德清淨。若有他問者，亦如是答。如是，比丘在眾中，乃至三問。憶念有罪，
　　而不懺悔者，得故妄語罪。故妄語者，佛說障道。法若彼比丘，憶念有罪，欲
　　求清淨者，應懺悔，懺悔得安樂。」見：《大正》22，頁1015中。
88 此句參考：日・多田孝正撰，〈懺悔に關する中國的考察〉，收入《佛教學》第
　　11號，（東京：佛教研究會，1981年4月），頁42。

> 照原意來說，懺摩（乞容恕）與阿鉢底提舍那（說罪），不
> 可混合解釋，也不可混合應用的；但在中國，已把他們兩
> 者的界限混合在一塊了。所以說到懺罪，也含有懺悔，說
> 到悔罪，也含有懺罪。比如作法懺、取相懺、無生懺，既
> 可稱為三種悔法，也可稱為三種懺法。但在律中，多用悔
> 罪法來代表懺悔二字。[89]

於此，聖嚴道出三個要點：其一、在中國，已把「懺摩」和「說
罪」的藩籬去除，混合在一塊了。其二、「懺悔」與「戒律」的關
係是密切的。其三、在律中，多用「悔罪法」來代表「懺悔」二
字。如是言之，中國大乘佛教所言之「懺悔」，是將「懺摩」、「說
罪」或「追悔」等「字」、「詞」、「音」、「義」加以錯綜兼融而成
的新義。

　　日‧多田孝正也看到這種錯綜兼融的現象，於是他從東漢‧
許慎《說文解字》中「韭」、「籤」、「孅」、「纖」、「鐵」、「襪」、「殲」……
等字的發展進行研究，發現中國佛教界使用的「懺」字，最初時
期應該是在東漢末年到南北朝所造出來的。而且，從「韭」、「籤」、
「孅」、「纖」、「鐵」、「襪」、「殲」等字皆有「細而長的狀態」與
「扁的特性」來看，中國人造了「懺」這個字，除了取其西音之
外，應該是再加上「細長狀態的心」、「細微的心」、「將心變得細
微」等中國人關於「人心」之看法的特性。如是說來，「懺」字就
可以理解為一個「具有思想」的文字。若是將時間往後退，再從
《太上慈悲道場消災九幽懺》與其他道教的文獻上視之，這個「懺」
字的意義絕對是超過印度「懺摩」的「另一種思想」了。最後，
並由《禮記》、《左傳》、《戰國策》、《史記》、《漢書》、《後漢書》
等史書及與「讖」、「符」、「籙」等字有關的文獻史料中，證明流
傳而入的佛教禮儀，與中國原本的「齋戒沐浴」、「咎謝皇天，轉
禍為福」的觀念合一，形成了帶有中國色彩的新「懺悔」思想[90]。

---

89 見：聖嚴著，《戒律學綱要》，（台北：法鼓文化事業股份有限公司，民國八十
　　八年五月修訂版五刷），頁272。
90 以上資料，詳參：多田孝正前揭文，頁44~57。

「懺」字，以「忄」（心）爲其字根，[91]作爲「懺」字之中國新生義的主體，迨無疑義。至於右旁「鐵」字，「从韭𢦤聲」，[92]又以「𢦤」爲其字根。[93]「𢦤」字，《說文》云：「𢦤，絕也，從从持戈，一曰田器古文，讀若『咸』。一曰讀若《詩》云：攕攕女手。」段注：「絕者，刀斷絲也。引申爲：凡『斷』之稱，『斷』之亦曰『𢦤』，與『殲』義相近。」[94]《玉篇·戈部》：「𢦤，盡也。」[95]《殷虛文字甲編》八六八作「𢦤」；羅振玉《殷虛書契前編》五·三七·四作「𢦤」。[96]李孝定《甲骨文集釋》云：「契文象戈擊二人之形，未見有『从从持戈』之象。」[97]筆者案：甲骨文「𢦤」字，依李孝定「象戈擊二人之形」，則本有「滅絕眾人」之意，當爲段注所說「殲」的古字，後世又引申爲「纖細」、「斷絕」、「滅盡」三義。以是言之，中國所製之「懺」字，應可視爲「从心鐵聲」的形聲兼會意字[98]，而「從鐵得聲之字」多有「細」義，[99]故「懺」字有「自本心之中細細斷絕之」、「自本心之中細細滅盡之」之義。

以是言之，在東漢至魏、晉間，由於翻譯印度經典的關係，當時的中國人已將印度的「kṣama」一音，配合布薩時的「發露」、「說罪」，製造了屬於中國的「纖細」、「斷絕」、「滅盡」的「懺」字，並同時與中國的「追悔」、「悔過」（包含「自新」）義會意合一，形成了「懺悔」一詞。故此「懺悔」者，即一種細密不絕的自覺、自知、自省、自發、自露、自斷、自滅、自盡、自淨的洗

---

91 見：周何等編，《中文字根孳乳表稿》，（台北：國立中央圖書館，未標出版年月），頁464~頁465。
92 見：《說文解字注》，頁340。
93 見《中文字根孳乳表稿》，頁238。
94 見：清·段玉裁著，《說文解字注·十二篇下》，頁637下。
95 參見：漢語大字典編輯委員會編，《漢語大字典》，（台北：建宏書局，民國八十七年十月初版一刷），頁590。
96 見：徐中舒主編，《漢語古文字形表》，（台北：文史哲出版社，民國七十七年四月再版），頁481。
97 見：于省吾主編，《甲骨文字詁林》第三冊，（北京：中華書局，1996年5月一版一刷），頁2347。
98 見：林尹著，《訓詁學概要》，（台北：正中書局，民國七十三年十一月初版十一刷），頁158~頁164。
99 見：錢繹《方言箋疏》卷二，引見黃永武著，《形聲多兼會意考》，（台北：文史哲出版社，民國七十三年四月五版），頁95。

罪之「心」。

我們再從中國韻書上來觀察，如《廣韻‧鑑韻》說：「懺，自陳悔也。」[100]《集韻》亦云：「懺，悔也。」[101]皆是標明「自陳」、「自悔」、「悔」之義。另外，從「心」旁的「懺」字，在晉朝時已經與中國字中從「心」旁的「愧」字合用，如《晉書‧佛圖澄（232~348）傳》載：「佐始入，澄逆笑曰：『昨夜爾與法常交車共說汝師邪？』佐愕然愧懺。」[102]是。至東晉‧道安（312~385）時，創制了「四時禮懺法」，與「布薩悔過法」，作爲斂攝僧行的軌則[103]，這已將「懺」與「悔」合一。齊‧蕭子良云：「懺悔之法，先當潔其心，靜其慮，端其形，整其貌，恭其身，肅其容，內懷慚愧，鄙恥外發。《書》云：禮無不敬，傲不可長。又曰：過而能改，是謂無過。經云：於一切眾生，敬之如親想。各自省其過，然後懺悔」、「前已懺其重惡，則三業俱明。」[104]這時，從「心」旁的「懺」字，可謂已經與中國儒家的自身之「潔心」、「靜慮」、「端形」、「整貌」、「恭身」、「肅容」、「慚愧」、「鄙恥」、「禮敬」、「改過」、「自省」等思想合而爲一。只是，儒家的「改過」、「自省」、「自新」，多趨向於「仁人」的成聖工夫與「仁政」的完成；而佛教的「懺悔」，則是趨向於人所造作的「三業」（三障）之細細斷絕滅除，從而契就於清淨的身、心狀態—即「成佛」的目的之完成。劉滌凡亦云：「佛教言懺悔，儒教倡反省、改過，其途雖殊，其意則同，無不冀人導善去惡。」[105]蓋此義也。

---

100 見：北宋‧陳彭年等重修，林尹校訂，《新校正切宋本廣韻》，（台北：黎明文化事業股份有限公司，民國七十四年九月二十日初版七刷），頁445。
101 參見：《漢語大字典》，頁992。
102 見：唐‧房玄齡、褚遂良等著，楊家駱主編，《新校本晉書卷九十五‧佛圖澄傳》，（台北：鼎文書局，民國七十五年十月六版），頁2488。
103 詳參：唐‧道世撰，《法苑珠林卷三十六‧唄讚篇第三十四》，《大正》53，頁575下~頁576上。梁‧慧皎撰，《高僧傳卷五‧晉道安五級寺釋道安》，《大正》50，頁353中~頁353下。宋‧贊寧撰，《大宋僧史略》卷中，《大正》54，頁241上~頁241中等處。
104 見：唐‧道宣撰，《廣弘明集卷二十七‧淨住子淨行法‧滌除三業門第三》，《大正》52，頁307中、頁308上。
105 見：劉滌凡著，《唐前果報系統的建構與融合》，（台北：臺灣學生書局，民國八十八年八月初版），頁427。

慧廣法師云：「懺悔是在自己做錯事之後，知錯改過的表示，也是一種不甘墮落，向上提昇的心志。」[106]從《水懺》三卷本身對諸佛菩薩的禮拜、三障的續續不絕之發露、袁盎與晁錯的宿世因果業報、迦諾迦尊者的不可思議事蹟及三昧法水的洗濯毒瘡等內容視之，《水懺》三卷中的懺悔文字，亦在「自本心之中細細斷絕罪業」、「自本心之中細細滅盡罪業」的意義上進行思想上的深度開展，這是一種與諸佛菩薩的「四無量心」、「菩提心」、「慚愧心」、「智慧心」合一，細密不絕的自覺、自悟、自省、自發、自露、自斷、自滅、自盡、自淨的甚深緣起「慈悲心力」之發用。

第二節 《水懺》的傳本

筆者遍尋梁・僧佑（445~518）、隋・法經（？~594）、隋・費長房（581~626）等所輯之各本「藏經目錄」，[107]均未見「《水懺》三卷」之著錄。現今之《水懺》三卷，據釋天禪之研究，有五種傳本，依刊行年代次序排列如下[108]：

---

106 見：慧廣著，《懺悔的理論與方法》，（高雄：法喜出版社，民國七十八年六月初版），頁19。

107 指隋・費長房奉詔撰輯之《歷代三寶紀》，《大正》49，頁22下~頁127下、梁・僧佑撰輯之《出三藏記集》，《大正》55，頁1上~頁114上、隋・法經等奉詔撰輯之《眾經目錄》（開皇十四年七月，594年7月），《大正》55，頁115上~頁150上、隋・彥悰等奉詔撰輯之《眾經目錄》，《大正》55，頁150上~頁218上、唐・道宣撰之《大唐內典錄》，《大正》55，頁219上~頁342上、唐・道宣撰輯之《續大唐內典錄》，《大正》55，頁342上~頁347下、唐・靜泰奉詔撰輯之《大唐東京大敬愛寺一切經論目錄》，《大正》55，頁180下~頁218上、唐・靖邁撰輯之《古今譯經圖紀》，《大正》55，頁348上~頁367下、唐・智昇撰輯之《續古今譯經圖紀》，《大正》55，頁367下~頁372下、唐・明佺等奉詔撰輯之《大周刊定眾經目錄》，《大正》55，頁373中~頁476上、唐・智昇撰輯之《開元釋教錄》，《大正》55，頁477上~頁723上、唐・智昇撰輯之《開元釋教錄略出》，《大正》55，頁724上~頁748中、唐・圓照撰輯之《大唐貞元續開元釋教錄》，《大正》55，頁748中~頁770中、唐・圓照奉詔撰輯之《貞元新定釋教目錄》，《大正》55，頁771上~頁1048下、南唐・恆安撰輯之《大唐保大乙巳歲續貞元釋教錄》，《大正》55，頁1048上~頁1053中）等眾經書目。

108 參：天禪前揭文，頁6。

　　a.新文豐版，《大正》（1922~1934）第四十五冊，頁 967 下~
　　頁 978 中（明萬曆十八年（1590）刊日本增上寺報恩藏本）
　　[109]

　　b.新文豐版，《嘉興藏》（1579~1676）第一冊，頁 385 上~頁
　　395 上（康熙六年四月刊浙江嘉興府楞嚴寺版（1667））[110]

　　c.新文豐版，《龍藏》（1735~1738）第一百三十五冊，頁 680
　　上~頁 715 下（1669）[111]

　　d.鎌田版，收入：鎌田茂雄，《中國の仏教礼儀》，頁 743~頁
　　788[112]

　　e.流行版：即今流行於各寺院或道場的單行本。（筆者手中有三
種版本：松山寺版、法興禪寺版、財團法人佛陀教育基金會版。[113]）

　　事實上，依《大正新修大藏經勘同目錄》的記錄，《水懺》除
被收藏在《大正》45 的 No.1910 號之外，亦曾存於「明輔、縮調
十、卍三十・八、Nj.1523」四處。「明輔」即指《南藏・輔》，「縮
調」即指《縮刻藏》，「卍」為《卍字藏》。日・小野玄妙在《佛書
解說大辭典》中則多著錄了「明北・1316・輔」一本。[114]

　　至於在《大正新修法寶總目錄》第二冊中關於《水懺》之函
稱、經號為：

　　a.《大明三藏聖教南藏目錄》：〈實〉，No.1488。

　　b.《藏版經直畫一目錄》（《嘉興藏》）：〈輔〉，No.1514。

---

109 此版見：台北：新文豐出版股份有限公司，民國八十七年十二月修訂一版六
　　刷。
110 此版見：台北：新文豐出版股份有限公司，民國七十七年七月台一版。
111 此版見：台北：新文豐出版股份有限公司，民國八十七年十二月一版。
112 見：日・鎌田茂雄著，《中國の仏教礼儀》，（東京：大藏出版株式會社，1986
　　年三月三十一日初版），頁 743~頁 788。卷上、卷中、卷下三處各有「入懺文」、
　　「出懺文」等科儀及「音釋」。
113 釋天禪所指之流行版，是 1992 年由沈仁益錦立印刷有限公司倡印。筆者此處
　　所指是：
　　1.台北市松山寺印行，《慈悲三昧水懺》，民國六十九年一月出版。
　　2.高雄市法興禪寺印行，《慈悲三昧水懺科儀》，民國七十三年十一月初版。
　　3.台北：財團法人佛陀教育基金會，《慈悲三昧水懺》，民國八十九年九月出版。
114 見：日・小野玄妙編，《佛書解說大辭典》第四卷，（東京：大東出版社，昭
　　和 43 年（1968）2 月 20 日再版），頁 317 中~頁 318 上。

  c.《大明三藏聖教北藏目錄》:〈輔〉,No.1516。

  d.《大清三藏聖教目錄》(《龍藏》):〈馳〉,No.1570。

  e.《大日本校訂縮刻大藏經目錄》:〈雕·十〉,No.1730。

  f.《大日本校訂藏經目錄》(卍字版):〈三十·八〉,No.1527[115]。

可見,在《南藏》、《嘉興藏》、《北藏》、《龍藏》、《縮刻藏》、《卍字藏》諸大藏中皆曾有《水懺》的本子。清·智證《水懺隨聞錄》載:「願皆,《南藏》流運本作盡皆」字樣[116],可知清初仍見「《南藏》流運本」《水懺》一書。

  另據李圓淨於民國三十七年時發表的〈歷代漢文大藏經概述〉一文之研究,當時濟南圖書館尚存有《南藏》全藏四部;南慧等寺,均存有《北藏》全藏;通狼山廣教寺,鎮江超岸、廣教、定北京嘉興寺、洞庭西山顯慶寺等處亦存有《嘉興藏》,但正、續往往不齊;《龍藏》則全數存在北京柏林寺,後歸故宮博物館保管。[117]

  台北「中華大藏經印經會」將《慈悲水懺法》三卷刊印於「第一輯第82冊」,編號爲「35」,頁797上~頁818下。並於「頁818下」有「浙江嘉興府楞嚴寺般若堂康熙六年(1667年)四月」字樣。但觀其內容,只有在「卷上」、「卷中」、「卷下」的末尾附上「音釋」,而沒有「入懺文」、「出懺文」或其他儀軌內容。[118]

  蔡運辰亦曾對二十五種藏經目錄做對照考釋之研究,發現在《南藏·實》(1372~)、《北藏·輔》(1410-1441)、《徑山·輔》(《嘉興藏》)(1579~1676)、《龍藏·馳》(1735~1738)、《縮刻·調》(《弘教藏》)(1880~1886)、《頻伽·調》(1909~1914)、《卍字·三十》(1902~1905)、《義門·三十六》及《知津·四十二》

---

115 以上所錄分別見於《大正新修法寶總目錄》第二冊之頁296中、頁320中、頁353中、頁385下、頁470中、頁505中,(台北:新文豐出版股份有限公司,民國八十四年四月修訂一版二刷。)

116 見:《卍續》129,頁355上。

117 該文原載於《南行》第六期,(上海:《南行學社》編印,民國三十七年十一月出版)。參:李圓淨著,〈歷代漢文大藏經概述〉,收入:釋道安監修,張曼濤主編,《大藏經研究彙編》(上),(台北:大乘文化出版社,民國六十六年六月初版),頁93~頁104。

118 見:《修訂中華大藏》第一輯第82冊,(台北:中華大藏經印經會,民國五十七年春)頁797上~頁818下。

（《水懺》條下標注「《南‧實》、《北‧輔》」）等九處著錄有《水懺》三卷一書。[119]蔡氏所記，明顯的較前《大正新修大藏經勘同目錄》多出了《南藏》、《嘉興藏》、《龍藏》、《頻伽藏》等處。

大陸童瑋編著的《二十二種大藏經通檢》則載有：「洪武《南藏‧軍（實）》（抄本）（明代官版）」、「《永樂南藏‧實》（明代官版）」、「《永樂北藏》（明代官版）」、「《嘉興藏‧輔》（161 涵）（明－清私版）」、「《清藏‧馳》」、「《頻伽藏》」、「《弘教藏‧調 10》」七種版本，[120]可知明‧洪武年間的《南藏》，即收錄入了《水懺》三卷的手抄本。周叔迦云：洪武《南藏》「即明南本《大藏經》的祖本，是洪武二十五年（1392）刻成，藏於金陵天禧寺。不久即被焚毀，所以世間流傳極少。四川崇慶縣上古寺曾有此藏共六百七十八函，今移藏成都圖書館。」[121]

又，日‧南條文雄《大明三藏聖教目錄》亦載有《慈悲水懺法》三卷，經號為「No：1523」，與《大正新修大藏經勘同目錄》所載之「Nj.1523」應為同一版本，此書是標明於「英國：牛津大學校印書局，1883 年刊行。」[122]可見《水懺》三卷可能在十九世紀末就已流傳至英國。又，佛光山在美國建立的「新州禪淨中心」（紐約）、「西來寺」等道場，近來亦經常舉辦「慈悲三昧水懺法會」[123]。又據《堂訊菩提》所載，加拿大溫哥華菩提雷藏寺亦曾舉辦過「慈悲三昧水懺法會[124]」，可見《水懺》三卷今已流傳至美國、加拿大等地。

---

119 蔡運辰編著，《二十五種藏經目錄對照考釋》卷上，（台北：新文豐出版股份有限公司，民國七十二年十二月初版），頁 218。

120 見：童瑋編：《二十二種大藏經通檢》，（北京：中華書局，1997 年 7 月一版一刷），頁 144。筆者案：書中之「軍」，可能為「實」字之訛誤，故以（ ）括示之。

121 周叔迦撰，〈「大藏經」雕印源流紀略〉，收入：王國良、王秋桂合編，《中國圖書文獻學論集》，（台北：明文書局股份有限公司，民國七十五年十一月增訂新版），頁 399。

122 見：日‧南條文雄譯補，《大明三藏聖教目錄》，（英國：牛津大學校印書局，1883 年刊行），頁 335。

123 參網站：http://www.ibps.org/newjersey/newsletters/May‧2002/act-month56.htm 及 http://chinese.hsilai.org/new_index.html。

124 參網站：http://www.tbsn.org/chinese/journal/tbn3/224/pb-07.htm。（May‧2002）。

綜合以上資料，《水懺》三卷至少應有「十二種」傳本。爲使上述資料更清楚顯示，茲將各傳本所存之藏名、年代、函目、冊數、經號、頁碼及存佚狀況，依其年代先後順序表列如下：（ps：符號「－」表示「未明」或「待補」，「×」表示無資料！）

表一：(《水懺》各傳本存佚狀況表)						
序號	藏名	年代	函目	冊數	經號	頁碼	存佚狀況
1	《南藏》	洪武 1392	軍（實）	×	×	－	存於成都圖書館（手抄本）
2	《南藏》	永樂 1372~1619	實	×	No.1 488	－	存於濟南圖書館
3	《北藏》	永樂 1410~1441	輔	×	No.1 516	－	南通狼山廣教寺、鎮江超岸、廣教、定慧等寺，均存有全藏
4	《嘉興》	1589~1677	輔	×	No.1 514	頁 385 上~頁 395 上	存於北京嘉興寺洞庭西山顯慶寺
5	《龍藏》	1735~1738	馳	一三五	No.1 570	頁 680 上~頁 715 下	1.據《北藏》刻成 2.各地均存
6	《縮刻》	1880~1886	調	十	No.1 730	－	存於東京弘教書院
7	南條文雄、Nj	1883	－	－	No.1 523	－	英國、日本
8	《卍字》	1902~1905	三十	八	No.1 527	－	存於京都藏經書院
9	《頻伽》	1909~1914	調	－	－	－	上海頻伽精舍
10	《大正》	1922~1934	×	四十五	No.1 910	頁 967 下-頁 978 中	1 據據明萬曆十八年（1590 年）刊日本增上寺報恩藏本。2 各地均存
11	鎌田版	1986	×	×	×	頁 743~頁 788	大藏出版株式會社
12	流行版	1980~	×	×	×	單行本	台北市松山寺、高雄法興寺、台北市佛陀教育基金會、香港佛教雜誌社、美國、加拿大

由上表視之，自《水懺》收入明‧洪武《南藏》而後，歷代大

藏經刊刻者在編輯整理藏經之時，幾乎都著錄了《水懺》三卷一書。

至於《龍藏》、《嘉興》、《大正》三部藏經版本之間，據釋天禪之研究，除了部分字句的敘述方式略有差異及幾個文字有異體字、俗體字、古今字、訛體字之不同狀況外，整體的內容結構幾乎完全相同。而《鎌田版》與《流行版》的變化則較大，或許是因應信眾及社會需求而有所增刪，除了卷上、卷中、卷下的正文以外，還多了回向、音釋、名相解釋、讚文、請佛、供佛、讚佛偈、入懺文、出懺文、及普供養菩薩、妙覺地菩薩、圓覺地菩薩各三稱等儀軌或附錄[125]，可見《水懺》在流傳的過程中，雖有不同版本的產生，卻一直被佛教徒們以莊嚴潔淨的儀軌繼續奉行不輟著。

最後，由「流行版」中「財團法人佛陀教育基金會版」的文末，尚附有「香港」佛教雜誌社增印之「《水懺》法數略釋」，可知《水懺》三卷曾流行於「香港」。由演培於民國七十四年正月十九日在新加坡福慧講堂講述的《慈悲三昧水懺講記》，[126]可知《水懺》三卷曾流行於「新加坡」。如是，我們可說：《水懺》三卷一書，除了在中國盛傳之外，已流傳在今天的台灣、香港、大陸、日本、新加坡、英國、美國、加拿大等地的各大寺廟或道場間，它已是普遍流傳到國際各地的一部懺法了。

第三節 《水懺》的注疏

一、《慈悲水懺科註》三卷[127]

本書收於《新編卍續藏經》第 129 冊（後文皆略作「《卍續》」），

---

125 關於這些內容，釋天禪在〈圓覺經道場修證儀與慈悲道場水懺關係之初探〉一文中已有詳細之研究。詳見該文，頁 6~頁 8 及附錄部分。
126 演培講，寬嚴記，《慈悲三昧水懺講記》，（台北：正聞出版社，民國八十一年十月三版）。
127 見：《卍續》129，頁 414 上~頁 526 上。

頁 414 上~頁 526 上。書名除稱為《慈悲水懺科註》外，又簡稱《水懺科註》或《科註》。

　　據該冊書前「目錄」所記，本書係由清‧西宗所注。清‧西宗的生平事蹟不詳，但他在年輕時，「業儒授經，即留心內典。後因家難洊至，拋棄世緣，禮超凡大師（不詳），於金峨授記，為賢首法嗣。雖常隨大師之請，都講執事，如陳婆渡與，江心定橋。洎今龍住，皆躬自陞座」，[128]知當是華嚴宗一位「留心內典」、重視布教的高僧。

　　據《科註‧例言》云：「《科註》之成，師（西宗）固夙有弘願，然起於某年某月者，嚮未前聞；竣於丁卯年（1687）臘月者，因師病篤。」知《科註》是完成於康熙二十六（1687）年冬天。又，文後標注有「清‧康熙己巳初秋穀旦」[129]字樣，則知《科註》首次刊行之的時間是在康熙二十八（1689）年初秋。

　　西宗於注文前頭即以原始之分科注經方式，[130]分別就《水懺》之內容結構分成「序分」、「正宗分」與「流通分」三部分，以「標目圖示」方式做前後脈絡之貫連。「圖示」部分先將《水懺》之內容分成「水懺總科」與「水懺科註」兩大部分；復於「水懺總科」中分成「總出懺名」及「正陳懺文」兩大部分。隨後，則依懺文之章節段落又細分之，各自標出精簡扼要之文字以涵括《水懺》內容概要。至於經文中之「注解」部分，則以依經論述之法，字字條條詳考其經文之出處，並就其前後文之脈絡發展，按部就班地述說、引申、擴充《水懺》之本義，如此，使《水懺》一經之結構與內容得以一目了然。此外，並於注釋完結之後附加反切注音與部分義釋，令初學者於特殊音義方面的讀解頗有助益。

128　見：龍伯寅等撰，〈例言〉，《卍續》129，頁 415 上。

129　以上同見：清‧龍伯寅等撰，〈例言〉，《新編卍》129，頁 415 上、下。

130　後賢為方便解釋佛陀或古聖哲所說之經論義蘊，常將該經論之內容分成數段，再以精簡扼要之文字標示各部分之內容，稱為科文。又作科章、科節、科段、分科等。又科目全部以圖示者，稱科圖。一般係將經典區分為序分、正宗分（本論部分）與流通分（說明該經之功德而勸人流通之部分），稱為三分科經。將一經分成三部分之作法，在印度始於《佛地經論》卷一（見：《大正》26，頁 291），在我國則始於苻秦道安之時。

自《水懺》三卷入藏之後，後世佛教界法師大德知其懺悔思想具有深微義理，認爲有注解的需要，於是乃有西宗《科註》的出現。是書一出，無疑的在《水懺》的研究上具有引導的地位與價值。

二、《慈悲水懺隨聞錄》三卷[131]

此書亦收於《卍續》第 129 冊，頁 289 上~頁 413 上。書名除稱爲《慈悲水懺隨聞錄》三卷外，又簡稱《水懺隨聞錄》、《隨聞錄》或《隨聞》。

據書前目錄所記，係清‧晝中禪師智證所錄。智證之生平事蹟不詳，然據清光緒二十一年（1895 年）釋瑞斌〈序〉的說法，智證是「佛門中之龍象也，教演禪府，無不咨詢三教百家，靡不綜練」[132]的禪門大師。

〈重刻水懺隨聞錄序〉云：「惟是流布未普，梨棗無存，遍查名刹，書皆罕見，所存只有法藏院訥公。」說明了智證的《隨聞錄》，在成書之後，並未大量印製。傳世一段時間之後，保存也不多。後人發現其重要性，在遍尋名刹之後，發現只有「法藏院訥公」保存了一部而已。於是勸募重刊，公諸同好。又，據標注於其文後附注的「大清‧咸豐九年乙未端陽日（1859）」[133]諸字，可知《隨聞錄》重新刊行流布的時間是在一八五九年端午節那天。以此而推，《隨聞錄》之問世，當在 1859 年之前。至於要往前推估多久，限於文獻資料不足之故，自是不可得知。

智證是就《水懺》之原文隨文作注，不用《科註》於書前分科注經的方式。此書遇到重要名相、經言出處、重要義理之疏通方面，往往再用細小字體另作注釋或明注經典出處，故內容上是較《科註》來得詳贍豐碩的，但這應該是後人榮譚「先覈兩藏之原文，次簡諸賢之疏釋，擷其確當，綴以詒芳，引住世、出世之

---

131 《卍續》129，頁 290 上~頁 413 上。
132 見：清‧瑞斌撰，〈序〉，《卍續》129，頁 289 上。
133 見：清‧彥淨撰，〈重刻水懺隨聞錄序〉，《卍續》129，頁 290 上~290 下。

嘉言，勗已信、未信之良友。妄洒捐衣鉢以壽梓，藉檀那而贊刻，……故敢災木，遐播殊方爾」[134]所加上去的。依瑞斌所述，《隨聞錄》的內容，文而不誇，辯而不爭，裒輯繁富，極稱賅備。凡善惡禍福之理，燭照彌遺，開示一切微妙之門，至矣！切矣！是故當爲精湛深微之作品。而其價值，不但以資冥福，且以爲迷津寶筏，無出此也。[135]

三、《水懺申義疏》三卷[136]

此書全名是《慈悲三昧水懺申義疏》，簡稱爲《水懺申義疏》或《申義疏》。

本書係清末民初天台宗名僧諦閑（1858~1932）所撰。諦閑曾於清・宣統二（1910）年，創立南京佛教師範學校，並擔任校長；民國八（1919）年，於寧波觀宗寺開創「觀宗學舍」，並講經弘法。後又主講於觀宗學舍，羅致學僧，授以天台宗大小諸部義理，於是人才蔚起，其僧、俗弟子有常惺、仁山、顯蔭、倓虛、戒塵、持松、妙真、蔣維喬、黃少希等，對於天台義學之弘揚，貢獻殊大。[137]

---

134 見：榮譚撰，〈隨聞錄序〉，《卍續》128，頁 290 上。
135 以上參見：清・瑞斌撰，〈序〉，《卍續》129，頁 289 上。
136 見：諦閑著，《諦閑大師遺集・第四編・釋懺・慈悲三昧水懺申義疏》，（台南：南天台般若精舍，民國七十六年十一月再版），頁 929~頁 1239。又見於（台中：青蓮出版社（台中蓮社），民國七十八年十二月版。）
137 諦閑大師（1858-1932），清末民初天台宗名僧。浙江黃巖人，俗姓朱，名古虛，號卓三。幼見沙門即喜。少時習醫，二十歲懸壺邑中，屢爲貧者施藥。未久，以妻亡子死，慈母見背，遂遁入白雲山，依成道法師出家。二十四歲，於天台山國清寺受具足戒。先後親炙敏曦、曉柔、大海等諸師研習《法華》、《楞嚴》等經。光緒十二年（1886），受跡瑞融祖之法，傳持天台教觀第四十三世。先後掩關三次，專修禪觀。歷任永嘉頭陀寺、紹興戒珠寺、上海龍華寺、鄞縣觀宗寺等住持；其間應各地僧俗之請，講經四十於年。宣統二年（1910），於南京設立佛教師範學校，並任校長；民國八年（1919），於觀宗寺開創觀宗學舍，並講經弘法。後又主講於觀宗學舍，羅致學僧，授以天台宗大小諸部，於是人才蔚起，其僧俗弟子有常惺、仁山、顯蔭、倓虛、戒塵、持松、妙真、蔣維喬、黃少希等，對於天台義學之弘揚，貢獻殊大。民國二十一年七月入寂於觀宗寺，世壽七十五。著有《大佛頂首楞嚴經指昧疏》、《圓覺經講義》、《金剛經新疏》、《始終心要解》、《觀經疏鈔演義》、《教觀綱宗講記》等書，

據諦閑的說法，他是「於七月廿一日下筆，至八月初二日畢工，遂命名爲《申義疏》。」當時的時間、地點是「民國乙丑年仲秋月，釋諦閑述於四明觀宗寺之密藏居。[138]」也就是說，諦閑的《水懺申義疏》一書，在是六十八歲那年，即民國十四年的秋天，寧波觀宗寺內完成的。

諦閑於疏文前頭亦以原始之分科方式注經，分別就《水懺》之內容結構分成「序分」、「正宗分」與「流通分」三部分，且以「標目圖示」方式做前後脈絡之貫連。但是外在的方式雖同，裏面用來標目的文字則略異其趣。

至於《申義疏》文中之「注疏」部分，亦是採用依經論述之方式，他認爲「得了唯心之本具，懺悔不無他求」。於是，自始至終之闡發論說，皆「取緣生之法，無不可以即空、即假、即中之義，而申明之。[139]」其論述之內容與風格皆與西宗、智證有著明顯的差異。

不過，《申義疏》全書內容除了依《水懺》原文注釋之外，另外亦加上「潔壇」、「水讚」、「請聖」、「誦咒」、「祝延」等開懺儀式，又加入「香讚」、「請加」、「禮敬」、「呈供」、「白聖」等儀式，這表示《申義疏》是一部注重實際懺悔儀式的注疏。

四、《慈悲三昧水懺講記》[140]

以上三本注疏之外，釋聖印（1930~）亦曾爲《水懺》作過演講，其演講內容即爲《慈悲三昧水懺講記》，但筆者手中的版本

後人合輯爲《諦閑大師遺集》行世。

138 見：諦閑前揭書文，頁930。

139 見：諦閑前揭書文，頁930。

140 聖印著，《慈悲三昧水懺講話》，（台北，釋智倫倡印，未標出版年月）。釋聖印，台灣台中人，俗姓陳。日本京都佛教大學畢業。年十七，依北投慈航寺智性和尚剃度。民國四十四年（1955），在基隆靈泉寺受具足戒。爲台中慈明寺、萬佛寺之開山住持。平素致力於弘法、教育及慈善事業。除興建寺院之外，設有慈明托兒所、幼稚園、慈明商工職業學校與中華佛教院，並創辦慈明雜誌、慈聲月刊。復於各電台舉辦空中弘法，於電視布教。著有《禪林寶訓講記》、《六祖壇經講話》、《佛教概論》等二十餘部行世。

未標注由何人記錄成書，僅於書後注明「釋智倫倡印」字樣。

全書的結構分為「緒言」及「正釋懺文」兩大部分。「緒言」部分，又分二十五個小段落；「正釋懺文」部分亦依《水懺》三卷的次序分為六十五個小段落。由於文字繁多，茲不詳具。值得注意的是，每個小段落，都是先用「四個字」到「八個字」不等的標題，標示每個小段落的大意，然後再鋪敘聖印的演講內容。這可說是綱目清楚，井然有序，對一般讀者而言，是很容易進入狀況的。

全書內容，除了依《水懺》原文講述之外，另外亦加上「淨潔壇場」、「唱水讚」、「請聖」、「誦咒」、「香讚」、「請加」、「禮敬」、「供養」、「出懺」等懺悔儀軌，這代表《慈悲三昧水懺講記》也是注重實際的禮拜懺悔儀軌的。

五、《慈悲三昧水懺講話》[141]

此書係釋演培（1916~1996）於民國七十四年（1985）正月十九日時，在新加坡福慧講堂為信眾講授《水懺》，講授內容經弟子寬嚴記錄成書，書名題為《慈悲三昧水懺講話》。此書乃由台北正聞出版社出版發行。全書分「題前概說」及「正釋懺文」兩大部分。「題前概說」又分為三：一、本懺的懺主；二、本懺的懺題、三、本懺的宗要。「正釋懺文」部分亦分為三：一卷上；二、卷中；三、卷下。

演培一生勤於筆耕，著作等身，有《諦觀全集》遺世。[142]全依《大正》45 中的《水懺》原文進行講述，沒有「潔壇」、「水讚」、

---

141 演培講，寬嚴記，《慈悲三昧水懺講記》，（台北：正聞出版社，民國八十一年十月三版）。釋演培，江蘇江都人。俗姓李，號諦觀。年十二，依高郵臨澤福田庵常善和尚披剃。十八歲，於寶應福壽院受具足戒。初就觀宗講寺，受天台教觀。次遊閩南、覺津、漢藏諸學院，研習性、相二宗之旨，兼聞西藏所傳中觀之學。亦曾主講於華西佛學院、蓮宗學院、廈門大學講舍等。大陸淪陷後，移居香港，協助《太虛大師全書》之編印。後來台，從事著述、弘法，並習日文及日本學者之說。其譯述著作全收入《諦觀全集》中。

142 見：鄭立新著，《歷代高僧學者傳－佛海慧流》，（北京：華夏出版社，1999 年2 月一版一刷），頁 489。

「香讚」、「請聖」「入懺」、「出懺」、「誦咒」等一般懺悔儀式。在每一卷的每一節小段落,也都會先標示段落旨要,然後引經論說,明其有源有本。尤其是以平常的口語記錄,弟子寬嚴之文筆流暢,是適合社會大眾來閱讀進修的。

小　　結

綜言之,《水懺》以慈悲為題,除了上承佛陀為眾生與樂拔苦的本懷之外,中與佛教大乘義的大慈、大悲、大喜、大捨等四無量心及下與《慈悲道場懺法》(《梁皇寶懺》)等懺法的立名用意是相同的。至於「三昧法水」者,是取自於《賢愚經卷四・摩訶斯那優婆夷品第二十二》與《大般涅槃經卷十六・梵行品第八之二》二處資料的「以水洗瘡」故事,這是佛陀所說的一種由自己的「慈善根力」生起,再配合諸佛「與樂拔苦」的精神,蘊釀成帶有微妙力量而能洗滌眾生無量業障的不可思議之法水。所謂「懺法」,原指釋尊「依法攝僧」的懺悔法;後來,大乘佛教的懺法亦指懺悔業障(karmâvarana)之法,作為修行上的方便(upāya);傳至中國,又專指佛教高僧依漢譯諸經的佛說而製成之懺悔「儀式」、「儀則」、「儀軌」或「法門」。然這種懺法的義蘊,由懺悔者自身為戒體,對無始以來諸惡業進行發露懺悔,由事懺而理懺,由取相而無相,由禪定而優遊,由一心而一切,為與諸佛如來結合為一體而萬法具備之法門。中國大乘佛教所言之「懺悔」,是將「懺摩」、「說罪」、「悔罪」、「自省」、「自新」等義加以兼融並包的。尤其是與中國社會文化、儒家悔過思想及道教懺儀禱詞合一之後,更含有中國本土「從忄」的悔過、斷絕、滅盡等義涵。至於《水懺》三卷的懺悔思想,從《水懺》本身對諸佛菩薩的禮拜、三障的續續不絕之發露、袁盎與晁錯的宿世因果業報、迦諾迦尊者的神異事蹟及三昧法水的洗濯毒瘡等事視之,基本上可說是一種與諸佛菩薩的「四無量心」合一,在「自本心之中細細斷絕罪

業」、「自本心之中細細滅盡罪業」的思想意義上，進行深度的「自覺」、「自悟」、「自省」工夫之豁顯與開展。

《水懺》三卷的傳本方面，本書參考了天禪的部分說法，再參酌文獻上的資料稍微做了擴充。筆者發現，至今最早的《水懺》三卷傳本，應是明代官版的「《洪武南藏・軍（寶）》抄本」。自從「洪武《南藏・軍（寶）》抄本」收入大藏之後，《水懺》三卷就陸續地被收存於《南藏》、《北藏》、《嘉興》、《龍藏》、《縮刻》、《卍字》、《頻伽》、《大正》等處。由近來臺灣各大寺院到世界各地進行的大力弘法，可知《水懺》三卷，在今天的台灣、香港、大陸、日本、新加坡、英國、美國、加拿大等地的各大寺廟或道場間，甚至已經傳布到國際各角落的一部懺法。

關於《水懺》的注疏，自《水懺》入藏之後，一直沒有注疏出現，可能是佛教界法師大德講經說法的關係，認為有注解的需要，於是後賢加以注疏。清・西宗的《科註》，刊行於康熙二十八（1689）年初秋。此書是以依經論述之法，字字條條詳考其經文之出處，並就其前後文之脈絡發展，按部就班地述說、引申、擴充《水懺》之本義。清・智證《隨聞錄》一書，不知最早在何時刊行，不過因為出書之時，並未大量印製，普遍流傳之後，保存也不多，後人認知其重要性，在一八五九年才重新刊印流布。至於諦閑《申義疏》一書，雖亦採依經論述之方式，但諦閑認為「得了唯心之本具，懺悔不無他求」，論說之內容與風格皆與西宗、智證有著明顯的差異。從《科註》、《隨聞錄》、《申義疏》這三本注疏的問世來看，《水懺》傳到明末、清初之時，不惟流行漸廣而已，其內在義蘊亦已受到佛教界的重視。再從《慈悲三昧水懺講話》與《慈悲三昧水懺講記》二本演講錄視之，由於二書都用現代口語的演講記錄，在現代社會中，對《水懺》的推廣、流布與義理的了解，無疑具有參考作用。另外，《申義疏》與《慈悲三昧水懺講記》這兩本書，都在《水懺》原文之外，加入了潔壇、請聖、誦咒、香讚、請加、禮敬……等開懺、結懺的儀式，這可見《水懺》不僅是盛行於各大寺院及民間而已，而且是充分與佛教懺悔

儀軌作了密切的配合。

第三章 《水懺》的作者、形成及製作的經典依據

第一節 《水懺》的作者問題

關於《水懺》的「作者」問題，在《大正》第四五冊所收的《水懺》三卷中，原本是「沒有」標明撰述者爲誰（即「不著撰者」）。不過，在現存「佛教文獻」、「經史目錄」上的記載，卻存有幾種歧異的說法：

一、佛教文獻資料上的記載

現存佛教文獻資料上關於「《水懺》三卷」作者的記載，最早是自稱作於「宋‧太宗‧至道年間（995~997）」的〈慈悲道場水懺序〉（以下皆略稱爲「〈水懺序〉」）。〈水懺序〉中云：

> 悟達（即知玄，811~883）當時感其殊遇，深思積世之冤，非遇聖人，何由得釋？因述爲懺法，朝夕禮誦，後傳播天下，今之懺文三卷者，乃斯文也。蓋取「三昧水」洗冤業爲義，命名曰《水懺》，此悟達感迦諾迦之異應，正名立義，報本而爲之云耳。[1]

〈水懺序〉的撰者是誰，已不可考。但文中指出了《水懺》的作者是：「唐‧悟達國師知玄（811~883）」。其後，元‧覺岸（1286~？）《釋氏稽古略》（1341~1367）卷三亦有相同的記載：

---

1 見：《大正》45，頁968中。

（唐・僖宗中和三年，883），師（知玄）自成都行宮，辭
還九隴山，一珠隆起於左股，楚甚，是曰人面瘡。遇異僧
引水洗瘡，知為晁錯袁盎冤對也。今之《水懺》三卷者，
緣起於師也。[2]

此外，明成祖（朱棣）於永樂十四年（1416）七月初一日所撰之
〈御製水懺序〉亦云：

夫《三昧水懺》者，因唐悟達國師知玄，遇迦諾迦尊者，
以三昧水為濯積世冤雠，知玄遂演大覺之旨，述為懺文。[3]

又，明代完成的《神僧傳》（完成於 1417 年，一說 1420 年）卷八
亦云：

（知玄）因卓庵其處，遂成大寺。知玄感其異，思積世之
冤，非遇聖賢，何由得釋？因述懺法三卷，蓋取三昧水洗
冤業之義，名曰《水懺》云。[4]

以上四處文獻資料，皆明言《水懺》三卷為「唐・知玄」所作。

但是，明・釋禪（1577~1632）[5]在〈依楞嚴了義究竟事懺語
跋〉中卻有不同的說法：

南宋・孝宗之世（1163~1189），左街僧錄若訥（1110~1191）
摭取《佛名經》十五卷之文，為《水懺》三卷。[6]

另外，清初所編的《龍藏》（1735~1738）第一三五冊中的《慈悲
水懺法・提要》則云：

《水懺》是唐・知玄依據宗密《圓覺修證儀》著錄而成的

---

2 見：《大正》49，頁 840 中~頁 840 下。筆者案：關於「覺岸」之朝代，《大正》
  49 書前目錄題為「明・覺岸編」，恐誤。今依其《序》有「（元）至正乙未孟夏
  吉旦洛陽崔思誠謹題」之字樣，故宜改為「元・覺岸編」。
3 見：《大正》45，，頁 967 下~頁 968 上。
4 詳見：《大正》50，頁 1007 中~下。
5 據陳新會撰，《釋氏疑年錄》卷十一載：「本無釋禪，昆明張氏。明崇禎五年卒，
  年五十六（1577~1632）。《滇釋紀》二。」《釋氏疑年錄》，（台北：鼎文書局，
  民國六十六年三月初版），頁 386。又見：陳垣著，《明季滇黔佛教考》，（北京：
  中華書局，1989 年四月一版二刷），頁 17。另見：《續雲南通志・雜志・釋道上》、
  《大理府志》卷二十六，收入：蘇晉仁・蕭鍊子合編，《歷代釋道人物志》，（成
  都：巴蜀書社，1998 年 6 月一版一刷），頁 1054 上、頁 1082 上。
6 明・釋禪撰，《依楞嚴究竟事懺》，見：《卍續》129，頁 10~頁 45。文中之〈跋〉，
  見：頁 44。

懺悔法門。[7]

為了讓上面的文獻資料更詳細顯現，茲依時代先後順序製表如下：

表二：文獻資料上關於《水懺》作者的說法				
時代	作者	文獻資料	位置	說法
宋·太宗至道年間（995~997）	不著撰者	〈慈悲道場水懺序〉	《大正》45，頁968中	唐·知玄
元（1341~1367）	覺岸（1286~？）	《釋氏稽古略》卷三	《大正》49，頁840中~頁840下	唐·知玄
明·永樂十四年（1416）七月初一日	明成祖	〈御製水懺序〉	《大正》45，頁967下~頁968上	唐·知玄
明	釋禪（1577~1632）	〈依楞嚴了義究竟事懺語跋〉	《卍續》129，頁44	南宋·若訥摭取《佛名經》十五卷之文而成
清（1735~1738）	不著撰者	《龍藏·水懺·提要》	《龍藏》135，頁680	唐·知玄抄錄宗密《圓覺經懺儀》

從上表的文獻資料來看，關於「《水懺》三卷」的「作者」，可歸納為三種異說：

一、從第十世紀的〈水懺序〉、第十三世紀的《釋氏稽古略》、第十五世紀初的〈御製水懺序〉以及《神僧傳》，皆主張「唐·知玄說」。

二、到了第十七世紀初釋禪在〈依楞嚴了義究竟事懺語跋〉時，則認為是「南宋·若訥摭取《佛名經》十五卷之文而成」。

三、到了第十八世紀的《龍藏·水懺·提要》則提出「唐·知玄抄錄宗密《圓覺經懺儀》說」。

除了上面的文獻資料之外，以下再從現存各經史目錄上的記載來看：

---

7 《慈悲水懺法·提要》，見：《龍藏》135，（台北：新文豐出版有限公司，民國八十七年12月一版），頁680。

二、現存經史目錄上的記載

在現存經史目錄中,最早載有「《水懺》三卷」的是元·馬端臨(1254~1323)的《文獻通考》。馬端臨在《文獻通考·經籍考》「《水懺》三卷」條下引雲龕·李氏〈序略〉曰:

> 昔梁武帝為其妻郗氏墮龍類中,誌公教之製懺文十卷。其言深博,懇至禮誦者,多獲冥報。後人因之(《梁皇寶懺》)更製此懺文(《水懺》三卷),約而事備,使誦之者不勞而獲善利,亦方便之一也。[8]

馬端臨著錄了「《水懺》三卷」一書,並考云此書係後人因《梁皇寶懺》更製而成,但亦未言「撰者」為誰?

其後,明·萬曆年間紫柏大師(1543~1603)等編製的《嘉興大藏經》(1586~1602),則直接著錄「《水懺》三卷」為「唐·知玄撰」。[9]

明·智旭(1599~1655)大師亦於其《閱藏知津》卷四十二中著錄「《水懺》三卷」一書,智旭把它放在「此土撰述·懺儀」類,也是標注為「唐·悟達國師知玄撰。」[10]

本書第二章亦曾提及,在西元一八八三年時,由英國牛津大學校印書局出版,日·南條文雄(1849~1927)譯補的《大明三藏聖教目錄》中,亦著錄「《水懺》三卷」為「唐·知玄撰述」。[11]

又,據《大正新修法寶總目錄》第二冊中關於「《水懺》三卷」

---

8 元·馬端臨(1254~1323)著,《文獻通考卷二百二十七·經籍考五十四》,(浙江:古籍出版社,2000年1月二版一刷),頁1819下。

9 據新文豐影印《明版嘉興大藏經目錄》,(台北:新文豐出版股份有限公司,民國七十七年七月台一版),頁315及頁626。「目錄」中載《水懺》三卷原本在「嘉三五·諸宗」,而收在新文豐版《嘉興藏》第一冊,頁385。

10 見:明·智旭撰,《閱藏知津卷四十二·此土撰述·懺儀》,(台北:新文豐出版股份有限公司,民國六十二年六月初版),頁2~頁3。亦見:《大正新修法寶總目錄》第三冊,(台北:新文豐出版股份有限公司,民國八十四年六月修訂一版一刷),頁1238下。

11 見:日·南條文雄譯補,《大明三藏聖教目錄》,(英國:牛津大學校印書局,1883年刊行),頁335。

之著錄，書中除了日‧島田蕃根（1827~1907）、福田行誡（1806~1888）等編之《大日本校訂縮刻大藏經目錄》（1880~1885）題爲「唐‧知玄述」之外，其餘在《大明三藏聖教南藏目錄》、《藏版經直畫一目錄》、《大明三藏聖教北藏目錄》、《大清三藏聖教目錄》（《龍藏》）、《大日本校訂藏經目錄》（卍字版）等目錄中，都只是著錄「《水懺》三卷」一書，但「沒有」標明撰著者。[12]

爲了讓這些資料更詳細呈現，茲依時代先後順序製表如下：

表三：經史目錄上關於《水懺》作者的說法				
時代	作者	經史目錄	位置	說法
元 （1254~1323）	馬端臨	《文獻通考卷二百二十七‧經籍考五十四》	該書頁1819下	後人因《梁皇寶懺》更製而成
明 （1372~1619）	×	《大明三藏聖教南藏目錄》	《大正新修法寶總目錄》第二冊，頁296中	不著撰者
明 （？）	×	《藏版經直畫一目錄》	《大正新修法寶總目錄》第二冊，頁320中	不著撰者
明 （1410~1441）	×	《大明三藏聖教北藏目錄》	《大正新修法寶總目錄》第二冊，頁353中	不著撰者
明 （1589~1677）	紫柏（1543~1603）等人	《明版嘉興大藏經目錄》	該書頁315及頁626	唐‧知玄
明 （1599~1655）	智旭	《閱藏知津卷四十二‧此土撰述‧懺儀》	該書頁2~頁3	唐‧知玄
清 （1735~1738）	×	《大清三藏聖教目錄》	《大正新修法寶總目錄》第二冊，頁385下	不著撰者
日 （1880~1885）	島田蕃根、福田行誡等	《大日本校訂縮刻大藏經目錄》	《大正新修法寶總目錄》第二冊，頁470中	唐‧知玄

12 以上各目錄所記，分別見於《大正新修法寶總目錄》第二冊之頁470中、頁296中、頁320中、頁353中、頁385下、頁505中等處，（台北：新文豐出版股份有限公司，民國八十四年四月修訂一版二刷。）

| 日
（1849~1927） | 南條文雄 | 《大明三藏聖教目錄》 | 該書頁 335 | 唐·知玄 |
| 日
（1902~1905） | × | 《大日本校訂藏經目錄》(卍字版) | 《大正新修法寶總目錄》第二冊，頁 505 中 | 不著撰者 |

　　歸納來說，在現存各種經史目錄上所著錄的「《水懺》三卷」一書，也存有三種異說：

　　一、在第十三世紀末的《文獻通考》上，馬端臨主張《水懺》三卷是「後人因《梁皇寶懺》更製而成」。

　　二、從第十四世紀的《大明三藏聖教南藏目錄》開始，到《藏版經直畫一目錄》、十五世紀的《大明三藏聖教北藏目錄》、十八世紀的《大清三藏聖教目錄》（《龍藏》）及二十世紀的《大日本校訂藏經目錄》（卍字版）等目錄中，皆未標注《水懺》三卷是由誰所撰，即為「不著撰者」。

　　三、從第十六到十七世紀的《嘉興大藏經》、十七世紀的《閱藏知津》、十九世紀的日·南條文雄《大明三藏聖教目錄》及《大日本校訂縮刻大藏經》等目錄皆題為「唐·知玄撰（述）」。

　　以上三種記載中，《大明三藏聖教南藏目錄》等目錄皆「不著撰者」，只是筆者的權宜說法，其實在諸經史目錄中並未標明作者是誰。不過，此種單是著錄書名而無標明作者的情形，正與《大正》45 中《水懺》三卷的立場（即「不著撰者」）是一致的。而《嘉興大藏經》等目錄標明「唐·知玄撰（述）」的說法，則與前面〈水懺序〉等四處的說法一樣。至於馬端臨的「後人因《梁皇寶懺》更製而成」，則為我們提供了新的訊息。

　　現在若將「壹」、「貳」兩部分總結起來，我們可以看出：文獻目錄上關於《水懺》三卷的作者問題，共有《大正》45 等處的「不著撰者」說、宋·〈水懺序〉等處的「唐·知玄」說、元·馬端臨的「後人因《梁皇寶懺》更製而成」說、明·禪修的「南宋·若訥」說、清·〈水懺提要〉的「知玄抄錄宗密」等五種異說。「不著撰者」說既已「不著」，故不進行述評；至於其餘四種說法，略

作述評如下。

三、諸說之述評

（一）宋・〈水懺序〉說

由上所述，最早主張「《水懺》三卷」是由「唐・知玄（811~833）撰述」的，是第十世紀末的〈水懺序〉（995~997）。其後，元・覺岸（1286~？）的《釋氏稽古略》、明成祖的〈御製水懺序〉、《神僧傳》、《嘉興大藏經目錄》、《閱藏知津》、《大明三藏聖教目錄》、《大日本校訂縮刻大藏經》等文獻資料及目錄之說法，大抵皆依〈水懺序〉的內容而說的。

筆者案：〈水懺序〉一文的撰者已不可考，然文中之「至道年中」四字，所指的是宋太宗朝，其時間約在「西元995~997年之間」。而此一時間，則比北宋・贊寧（919~1001）《宋高僧傳》之完成時間──「西元988年」[13]稍晚。

贊寧也在《宋高僧傳卷六・義解・唐彭州丹景山知玄傳》云：「（知玄）於秦、蜀之間，作釋氏雜文、外篇、箴論、碑誌、歌詩，錄成二十餘卷，《禮懺文》六卷，通計三十萬言。」[14]

從表面視之，這二處文獻資料所說的「作者」，雖同為「唐・知玄」，然二處文獻上的「書名」、「卷數」與「撰成」，卻有著明顯的差異：其一，《宋高僧傳》中知玄所撰的書名是「《禮懺文》」，

---

13 據：贊寧撰，〈進高僧傳表〉文前「端拱元年十月日」，宋太宗「端拱元年」即「西元988年」。見：《大正》50，頁709上。

14 見：《大正》50，頁743中~頁744下。前後傳文為：「又於一夕，有一珠自玄左足下流去，苦楚萬端，諦視其珠中明明有晁錯二字，乃知玄是袁盎也。曾因七國反，盎奏斬錯，以謝吳楚諸王，故為嬰撓耳。召弟子慈燈，附口上遺表，囑令棄屍，半飼魚腹，半啗鳥獸。吾久與西方淨土有期，如斯誣諉，訖右脅，面西而逝。……。玄生嘗著《如來藏經會釋疏》二卷，命僧徹撰《法鑑》，以照像若《十翼》焉；《大無量壽經疏》二卷，僧徹著《法燈》，類章指焉；《勝鬘經疏》四卷，僧徹著《法苑》，以錯綜猶緯焉。又《般若心經》、《金剛經》各有疏義。此外，秦、蜀之間，作釋氏雜文、外篇、箴論、碑誌、歌詩，錄成二十餘卷，《禮懺文》六卷，通計三十萬言。」

而〈水懺序〉中所指的書名卻是「《慈悲水懺法》(《水懺》)」。其二、《宋高僧傳》中知玄所撰《禮懺文》的卷數是「六卷」,而〈水懺序〉中《水懺》的卷數是「三卷」。其三、《宋高僧傳》是佛教史上的史傳記錄,時間在「西元 988 年」完成;〈水懺序〉是有了「《水懺》三卷」之後,是後人在「西元 995~997 年之間」,據「聽聞」[15]所撰寫的。以此觀之,《宋高僧傳》中知玄所作的「《禮懺文》六卷」,不見得等於《水懺》三卷;而〈水懺序〉認為「《水懺》三卷」的作者為「唐・知玄」,也是值得商榷的。

另外,關於知玄因晁錯之索報袁盎而「生人面瘡」一事,周叔迦(1899~1970)《法苑談叢》即認為「《水懺》的撰述,世傳知玄的前世是漢代的晁錯,誤斬袁盎[16],因此現身患人面瘡,痛苦異常。經異人指示,修此懺法,以水洗浣,而得解冤瘳疾。這也是宋人的附會。」[17]井ノ口泰淳也說:將《水懺》的作者指為唐・知玄一事,是依《宋高僧傳》之「禮懺文六卷」所做的「假設」所造成的。[18]周叔迦與井ノ口泰淳之觀點是可採的。

以此而言,《宋高僧傳》中的「知玄」撰《禮懺文》六卷,與〈水懺序〉說「知玄」撰《水懺》三卷,是不能完全劃上等號的。

(二)元・馬端臨說

十三世紀末,元・馬端臨(1254~1323)在《文獻通考・經籍考》「《水懺》三卷」條下云:「後人因之(《慈悲道場懺法》)更製此懺文(《水懺》三卷),約而事備,使誦之者不勞而獲善利,亦方便之一也。」[19]

15　〈水懺序〉云:「迨我宋至道年中,賜名至德禪寺。有高僧信,師古作記,紀其事甚詳。」見:《大正》45,頁 968 下。
16　筆者案:〈水懺序〉原文為「寧不知袁盎殺晁錯乎?公(知玄)即袁盎,吾(人面瘡)即晁錯。」故此處恐係周氏之誤植。
17　見:周叔迦著,《法苑談叢》,(台北:文津出版社,民國七十九年六月出版),頁 43~44。
18　參:井ノ口泰淳前揭文,頁 428。
19　元・馬端臨(1254~1323)著,《文獻通考卷二百二十七・經籍考五十四》,(浙

　　筆者詳觀「《水懺》三卷」與「《慈悲道場懺法》十卷」二書，發現二者在「佛名的布置」及「懺悔文字的布置」上，確實有其「近似」之處。然二者在實際的「佛名」及「懺悔文字」內容上卻存在著極大之差異：其一、《水懺》所禮拜的「佛名」是「毘婆尸佛、尸棄佛、毘舍浮佛、拘留孫佛、拘那含牟尼佛、迦葉佛、釋迦牟尼佛、彌勒尊佛」等三世八佛及「毘盧遮那佛、釋迦牟尼佛、阿彌陀佛、彌勒佛、龍種上尊王佛、龍自在王佛、寶勝佛、覺華定自在王佛、袈裟幢佛、師子吼佛、文殊師利菩薩、普賢菩薩、大勢至菩薩、地藏菩薩、大莊嚴菩薩、觀自在菩薩」等十六佛菩薩，且每次禮拜的諸佛菩薩名號都是「固定不變」[20]的；而《慈悲道場懺法》所取用的「佛名」是由「彌勒佛」及「釋迦牟尼佛」領起的「八十八佛名」[21]及其他諸佛名號之禮拜，且每次禮拜的諸佛菩薩之名稱都是「交錯互異」而沒有一次是固定的禮佛對象的。[22]其二、《水懺》的懺悔主旨，乃以「三昧法水」而懺

江：古籍出版社，2000 年 1 月二版一刷），頁 1819 下。

20 詳見：《大正》45，頁 968 下~頁 978 中。

21 「八十八佛」乃「五十三佛」與「三十五佛」之合稱。「五十三佛」出自《觀藥王藥上二菩薩經》，「三十五佛」出自《大寶積經卷九十八‧優婆夷會》。「五十三佛」是指：普光佛、普明佛、普淨佛、多摩羅跋栴檀香佛、栴檀光佛、摩尼幢佛、歡喜藏摩尼寶積佛、一切世間樂見上大精進佛、摩尼幢燈光佛、慧聚照佛、海德光明佛、金剛牢強普散金光佛、大強精進勇猛佛、大悲光佛、慈力王佛、慈藏佛、栴檀窟莊嚴勝佛、賢善首佛、善意佛、廣莊嚴王佛、金剛華佛、寶蓋照空力王佛、虛空寶華光佛、琉璃莊嚴王佛、普現色身光佛、不動智光佛、降伏諸魔王佛、才光明佛、智慧勝佛、彌勒仙光佛、世靜光佛、善寂月音妙尊智王佛、龍種上尊王佛、日月光佛、日月珠光佛、慧幡勝王佛、師子吼自在力王佛、妙音勝佛、常光幢佛、觀世燈佛、慧威燈王佛、法勝王佛、須彌光佛、須曼那光佛、優曇鉢羅華殊勝王佛、大慧力王佛、阿閦毗歡喜光佛、無量音聲王佛、才光佛、金海光佛、山海慧自在通王佛、大通光佛、一切法常滿王佛。「三十五佛」是指：釋迦牟尼佛、金剛不壞佛、寶光佛、龍尊王佛、精進軍佛、精進喜佛、寶火佛、寶月光佛、現無愚佛、寶月佛、無垢佛、離垢佛、勇施佛、清淨佛、清淨施佛、娑留那佛、水天佛、堅德佛、栴檀功德佛、無量掬光佛、光德佛、無憂德佛、那羅延佛、功德華佛、蓮華光遊戲神通佛、財功德佛、德念佛、善名稱功德佛、紅炎帝幢王佛、善遊步功德佛、鬥戰勝佛、善遊步佛、周匝莊嚴功德佛、寶華遊步佛、寶蓮華善住娑羅樹王佛。「八十八佛」係出自《藥王藥上二菩薩經》的「五十三佛」及《大寶積經》中的「三十五佛」。見：《大正》20，頁 663 下~頁 664 中及《大正》11，頁 515 下~頁 516 上。

22 所謂「交錯互異」，是時而接「維那佛」，時而接「善德佛」，時而接「勇施佛」，時而接「蓮華光遊戲神通佛」，時而接「普光佛」，時而接「栴壇窟莊嚴勝佛」，時而接「世淨光佛」，時而接「寶海佛」，時而接「日光佛」，時而接「師子響

除「十世之冤讎業瘡」[23]；而《慈悲道場懺法》所懺悔的主旨，是以「大悲水」懺滌郗氏墮爲蟒身之業。[24]依佛教之理，大乘佛教對三寶－「佛、法、僧」的信仰是極爲虔誠恭敬的（詳參本章第二節的論述），因此，一個編撰懺法的人必然會對「佛菩薩」的「排列狀態」產生一種信仰式的傾向。是故，設若馬端臨所說的「後人」果真是「更製其文」，則應該會依照《慈悲道場懺法》的「佛名的布置」及「懺悔文字的布置」，或自其中的「佛名」與「懺悔主旨」節略成文爲是。但是，我們所看到的《水懺》三卷，對「佛名」的「排列狀態」與「懺悔文字的布置」均是不同的。

筆者認爲，《水懺》三卷與《慈悲道場懺法》十卷，二者在「整體形製」上確實有其「近似」之處，然此一「近似」之處，或可說爲二者的「製作時代相近」，或可說爲「製作方法近似」。但是，二者在「禮拜佛名」與「懺悔主旨」的布置上，明顯是不同的。又，馬端臨所說的「後人」，在時間上有多「後」？撰者是何「人」？仍不能給我們一個清晰的概念。

（三）明·釋禪說

明·釋禪在〈依楞嚴了義究竟事懺語跋〉中說「南宋孝宗之世，左街僧錄若訥（1110~1191）摭取《佛名經》十五卷之文，爲《水懺》三卷。」[25]之記載。

汪師娟在〈敦煌本「大佛略懺」在佛教懺悔文中的地位〉一文亦指出：

> （明·釋禪）除了提出《水懺》的作者爲南宋若訥之外（待考），也指出了《水懺》的源頭。……其實還是源自於《佛

佛」，時而接「梵天佛」……等，可說是沒有一次固定的禮佛對象。詳見：《大正》45，頁 922 中~頁 967 下。

23 見：〈水懺序〉，《大正》45，頁 968 中~下。

24 見：〈慈悲道場法傳〉，《大正》45，頁 922 中~下。

25 明·釋禪撰，《依楞嚴究竟事懺》，收於《卍續》129，頁 10~頁 45。文中之〈跋〉，見：頁 44。

名經》。[26]

《水懺》的懺悔文字與《佛名經》的懺悔文字是極爲吻合的（詳參本章第二節之整理與說明），故說「《水懺》源自於《佛名經》」是沒有問題的。但是，明·釋禪的說法亦有三處值得商榷：

其一、觀古今所傳的「《佛名經》」本子，有《大正》14 中的十二卷本《佛名經》、三十卷本《佛名經》及《敦煌寶藏》中的二十卷本《佛名經》、十六卷本《佛名經》、十八卷《佛名經》、《大佛名經》等版本[27]，文獻資料上從未見「十五卷本」「《佛名經》」一書的記載，不知明·釋禪所指者爲何？

其二、釋禪在〈依楞嚴了義究竟事懺語跋〉中說：「然人心輕佻，於祭祀之誠，肅敬難久。今《梁懺》竭蹶，四日已屬倦怠，中、下之家，以費鉅阻辦。而《水懺》，一日有拜三部者，似乎繁簡未中。」[28]依明·釋禪所述，當時社會上人們所禮拜的《梁懺》與《水懺》，一爲「繁冗而不切」，一爲「簡省過度」，故知此「簡省過度」的《水懺》應非原來的本子。

其三、關於「南宋·若訥」（1110~1191）[29]，據南宋·志磐《佛祖統紀》卷十七、卷四十七[30]及明·如惺撰《大明高僧傳》

---

26 汪師此文，收入：項楚主編，《敦煌文學論集》，（四川：人民出版社，1997 年 12 月 1 版 1 刷），頁 399~頁 400。

27 關於《佛名經》的名稱與版本，除了基本的十二卷《佛名經》之外，從二十卷《佛名經》到三十卷《佛名經》的過程中，又有「十四卷《佛名經》」、「十六卷《佛名經》」、「十八卷《佛名經》」、「《大佛名經》」、《馬頭羅刹佛名》、《夾懺佛名經》等不同名稱與版本。詳參本章「第二節《水懺》的形成問題·壹、從《佛名經》與敦煌遺文的關係視之」之論述。

28 見：《卍續》129，頁 44 上。

29 《釋氏疑年錄》卷八載：「慧光若訥，嘉興孫氏。宋紹熙二年卒，年八十二（1110~1191）。《補續僧傳》作紹興二年卒，今據《釋門正統》七及上天竺寺志四。」《釋氏疑年錄》，頁 273。

30 見：《大正》49，頁 236 上~中及頁 427 下~頁 429 上。頁 236 上記云：「法師若訥，字希言。嘉興孫氏。初依竹庵於德藏，克志苦學。久而嬰病，心扣大士，口誦密咒，夢大士灌以靈液，瘼而失其疾。乃往赤城謁證悟。卒就其業，證悟，遷上竺命師。首眾既沒，詔師嗣居之。乾道三年春二月，駕幸上竺展敬大士，問《光明懺法》之旨師？答曰：梵釋天地，四大天王，下臨土宇，護國護人，故佛爲說「金光明三昧」之道，後世祖師立為懺法，以資諸天之威德。……四月八日，召師領徒五十人，入內觀堂，修《金光明》護國法。」

卷一等三處資料[31]之記載，此人乃南宋・高宗時之得道高僧，非但受到南宋・高宗之恩寵，且曾被擢爲「左街僧錄」。然其傳記載云：「（南宋・孝宗）乾道三年（1167）春二月，駕幸上竺展敬大士，問《光明懺法》之旨。師答曰：……佛爲說《金光明三昧》之道，後世祖師立爲懺法，以資諸天之威德。……入內觀堂修《金光明護國法》。」[32]又據《杭州上天竺講寺誌》載，「若訥法師」是「杭州上天竺講寺」的「第十四代」住持，書中載「乾道三年春」事與《佛祖統紀》卷十七、卷四十七等處同。[33]且此處所載之《光明懺法》、《金光明三昧》，都是天台宗的懺法，很明顯的並不是「《水懺》三卷」。最重要的是，上述這些史傳資料中，均未見若訥「撰有《水懺》三卷」之事。

（四）清・〈水懺提要〉說

十八世紀《龍藏》（1735~1738）的〈水懺提要〉中記述著《水懺》是唐・知玄依據宗密《圓覺修證儀》著錄而成的懺悔法門。[34]林子青於〈懺法〉一文[35]、釋演培（1916~1996）於《慈悲三昧水懺講記》（1985 年講於新加坡）一書[36]、吳藝苑〈慈悲水懺與中國佛教懺悔思想〉一文[37]等皆有相同的看法。

---

31 《大明高僧傳》卷一，見：《大正》50，頁 902 上。

32 見：《大正》49，頁 236 上~中。又見：明・明河撰，《補續高僧傳卷三・若訥傳》，《卍續》134，頁 39。

33 見：清・廣賓纂，《杭州上天竺講寺誌》，（台北：成文出版社有限公司，民國七十二年三月台一版），頁 63、頁 87。所謂「與《佛祖統紀》同」者，乃指「乾道三年春二月，駕幸上竺展敬大士，問《光明懺法》之旨師？答曰：梵釋天地，四大天王，下臨土宇，護國護人，故佛爲說「金光明三昧」之道，後世祖師立爲懺法，以資諸天之威德。……四月八日，召師領徒五十人，入內觀堂，修《金光明》護國法。」一事之記載。

34 《慈悲水懺法・提要》，見：《龍藏》135，（台北：新文豐出版有限公司，民國八十七年 12 月一版），頁 680。

35 林子青〈懺法〉一文，收入：楊維中、楊明等著，《中國佛教百科全書・儀軌卷》，（高雄：佛光文化事業有限公司，民國八十八年五月初版），頁 224。又見：呂澂等著，《中國佛教人物與制度》，（台北：彙文堂出版社，民國七十六年六月台一版），頁 457 及上海：《中國佛教》第二輯之第二部分「中國佛教儀軌制度」，（上海：上海知識出版社，1991 年 7 月一版四刷），頁 392 等處。

36 見：演培前揭書，頁 4。

37 見：吳藝苑前揭文，頁 71 及頁 62。

不過，此說之疑點有二：其一、在《龍藏》135 冊的「書前目錄」及《新編縮本乾隆大藏經總目》[38]均「未標注」《水懺》三卷的「作者」，倒是明白的載有「《慈悲水懺法》三卷（馳一～三）失譯撰人名」十五字，不知《水懺·提要》據何提出此說？其二、汪師認爲「（《水懺》）其實還是源自於《佛名經》。」[39]釋天禪亦云：「（《水懺》）應該也是引用《佛名經》，而且是「非常有次序的」逐卷引用，不像《圓覺修證儀》是將《佛名經》的懺文部分重新組織過。」[40]筆者在本章第二節即就敦煌本《佛名經》與《水懺》的內容進行比較，發現《水懺》關於三障懺悔文字的內容確實是與《佛名經》的懺悔文字是相同的。

既然《水懺》是源自於《佛名經》，撰述《水懺》的人就沒有必要去鈔錄宗密的《圓覺修證儀》才是。[41]

四、《水懺》作者的釐清

關於《水懺》的作者問題，在第十世紀末，自稱作於「宋·太宗·至道年間（995~997）」的〈水懺序〉說：悟達（即知玄，811~881，年七三，一說 811~883。）的十世前身是西漢的袁盎，在唐懿宗（860~873）朝，因爲「受人主（唐懿宗）寵遇過奢，名利心起，於德有損」，致令宿世冤家的「晁錯」有機可乘，遂於

---

38 書中但標「《水懺》三卷」，未標「作者」。見：《新編縮本乾隆大藏經總目》，(台北：新文豐出版有限公司，民國八十七年 12 月一版)，頁 510。

39 同汪師前揭文，頁 400。關於《圓覺經修證儀》，本爲唐·宗密（780-841）參考隋·智顗（538-597）《修習止觀坐禪法要》(《大正》46，頁 462 上-頁 475 上)與「華嚴」及「禪宗」諸種修行法，記錄禮拜、懺悔、禪定、觀察等修行儀規之書籍。(《修習止觀坐禪法要》乃隋·智顗大師因其作《摩訶止觀》多爲深遠幽玄之說，遂以樸素平明之語說示止觀法門之要義，以利根器粗淺之眾修禪之參考。又稱《天台小止觀》、《童蒙止觀》。)

40 釋天禪前揭書文，頁 65。釋天禪於文中注 94 云：「《水懺》的上卷引用《佛名經》的卷一、卷二。《水懺》的中卷引用《佛名經》的卷三、卷四、卷五、卷六、卷七、卷八。《水懺》的下卷引用《佛名經》的卷九、卷十、卷十一、卷十二、卷十三。」其餘詳見第四章關於《水懺》內容結構之介紹。

41 據筆者之觀察，《圓覺修證儀》也可能是宗密將《大佛略懺》（廣義即指《佛名經》）的「單純三障懺悔文字內容」分散布置於《圓覺修證儀》而成。

其膝上附生爲「眉、目、口、齒俱備」的「人面瘡」,欲索報十世前的冤讎。[42]幸因迦諾迦尊者的神異示現,以巖下的「三昧法水」洗療其瘡,乃能滌除累世冤讎業報,痛然痊癒。「悟達感其(迦諾迦尊者)殊遇,深思積世之冤,非遇聖人,何由得釋?因述爲懺法,朝夕禮誦,後傳播天下,今之懺文三卷者(《水懺》三卷),乃斯文也。」[43]這是記載唐・知玄於唐懿宗朝(860~873)撰有《水懺》三卷的最早資料。

但是,筆者考之於《大明三藏聖教南藏目錄》、《藏版經直畫一目錄》、《大明三藏聖教北藏目錄》、《大清三藏聖教目錄》(《龍藏》)、《大日本校訂藏經目錄》(卍字版)等目錄,都只是著錄著「《水懺》三卷」一書,並未標明撰著者。[44]至於《大正》45 中的「《水懺》三卷」一書,也沒有著錄撰者爲誰。

關於西漢史上袁盎與晁錯兩人之間的因果業報一事,北宋・贊寧在比〈水懺序〉(995~997)稍早約十年的《宋高僧傳卷六・知玄傳》(988 年完成)中也有類似的故事雛型[45],但文中所記載的知玄事蹟,並沒有膝上「眉、目、口、齒俱備」的「人面瘡」,而只是說:

---

42 關於西漢「袁盎」與「晁錯」兩人之間的私人恩怨,《史記》與《漢書》對他們兩人的功、過、是、非,均是「褒」、「貶」互見、不偏不倚的。《史記》上,對袁盎的評語是「好聲矜賢,竟以名敗」,對晁錯的評語是「欲報私讎,反以亡軀」,對兩個人的「共同評語」是「變古亂常,不死則亡」。可見司馬遷對他們倆人各懷私志,名立而身敗,不相得而卒相傾,悉頗有微詞,可謂不偏祖於任何一方的。見:司馬遷著,《史記卷一百○一・袁盎晁錯列傳第四十一》,(台北:天工書局,民國七十四年九月初版),頁 2748。至於《漢書》,對袁盎的評語是「仁心爲質,引義慷慨」,對晁錯的評語是「錯雖不終,世哀其忠」。可見《漢書》認爲兩人雖有私人恩怨,悉有批評,而其一「忠」、一「義」,亦肯定了他們倆在漢初的歷史地位。見:班固等著,《漢書卷四十九・袁盎晁錯列傳第十九》,(台北:鼎文書局,民國七十五年十月六版),頁 2303。是故,〈水懺序〉之所以將「袁盎」與「晁錯」對應爲「知玄」與「人面瘡」,無疑是一種「方便之道」,是中國大乘佛教借來布教傳法,令一般大眾信佛懺悔之用的譬喻。

43 見:《大正》45,頁 968 中。

44 以上各目錄所記,分別見於《大正新修法寶總目錄》第二冊之頁 470 中、頁 296 中、頁 320 中、頁 353 中、頁 385 下、頁 505 中等處,(台北:新文豐出版股份有限公司,民國八十四年四月修訂一版二刷。)

45 詳見:《宋高僧傳卷六・義解・唐彭州丹景山知玄傳》,《大正》50,頁 743 中~頁 744 下。

（唐僖宗・廣明二年七月，881 年）又於一夕，一珠自玄
左足下流去，苦楚萬端。諦視其珠中，明明有「晁錯」二
字，乃知玄是「袁盎」也。[46]

在《宋高僧傳卷六・知玄傳》中，並沒有提到像〈水懺序〉中「知
玄遇迦諾迦尊者」的「神異故事」，也沒有用巖下的「三昧法水」
來滌除業障，更沒有「因卓庵其所，遂成招提」之事，尤其沒有
「述爲懺法，朝夕禮誦，後傳播天下」之記載。[47]而且，在《宋
高僧傳卷六・知玄傳》中的知玄，是一位自知將往生淨土，乃「召
弟子慈燈，附口上遺表，囑令棄屍，半飼魚腹，半啗鳥獸。吾久
與西方淨土有期，如斯謔諦訖，右脅面西而逝」[48]的高僧。前後
才相差約「十年」，《宋高僧傳》卷六（988 年）中的知玄，是一
位學習如來佛捨身半飼魚腹，半啗鳥獸、右脅面西往生的解脫高
僧；到了〈水懺序〉（995~997）中的知玄，已經變化成被迦諾迦
尊者以「三昧法水」濯除業障的神異傳說。另外，《宋高僧傳卷六・
知玄傳》中記「（知玄）作釋氏雜文、外篇、箴論、碑誌、歌詩，
錄成二十餘卷，《禮懺文》六卷，通計三十萬言」[49]，這或許就是
《水懺》三卷被指爲「知玄所作」的原因之一。

到了第十四世紀，《釋氏稽古略卷三・懿宗・水懺》
（1341~1367），則說知玄撰成《水懺》的時間是：「唐・僖宗・
中和三年」[50]（883 年），這「883 年」較〈水懺序〉的「唐懿宗

---

46 見：《大正》50，頁 744 上~中。
47 見：《大正》45，頁 968 中~下。
48 見：《宋高僧傳卷六・義解・唐彭州丹景山知玄傳》，《大正》50，頁 744 上~中。
「謔諦」（ㄓㄨㄟˋ ㄨㄟˇ），《說文》：「謔諦，纍也。」見：東漢・許慎著，
清・段玉裁注，《說文解字注》，（台北：黎明文化事業股份有限公司，民國七
十八年九月增訂四版），頁 94 上。《爾雅・釋言》：「謔諦，累也。」郭璞注：「以
事相屬累爲謔諦。」見：晉・郭璞注，《十三經注疏・爾雅注疏卷三・釋言》，
（台北：藝文印書館，民國八十六年八月初版十三刷），頁 39 下。
49 見：《大正》50，頁 744 中~頁 744 下。關於其作品的前後傳文爲：「玄生常著
《如來藏經會釋疏》二卷，命僧徹撰《法鑑》，以照像若《十翼》焉；《大無量
壽經疏》二卷，僧徹著《法燈》，類章指焉；《勝鬘經疏》四卷，僧徹著《法苑》，
以錯綜猶緯書焉。又《般若心經》、《金剛經》各有疏義。此外，秦、蜀之間，
作釋氏雜文、外篇、箴論、碑誌、歌詩，錄成二十餘卷，《禮懺文》六卷，通
計三十萬言。」
50 見：《大正》49，頁 840 中~下。

朝（860~873）」稍晚了「十年」。《釋氏稽古略》中將《宋高僧傳》的「一珠自玄左足下流去」竄改成是「一珠隆起於左股，楚甚，是曰人面瘡。遇異僧引水洗瘡。」[51]明顯的增加了「隆起於左股」、「楚甚」、「人面瘡」與「遇異僧」、「引水洗瘡」五事，這與〈水懺序〉的說法看似相近，卻已非《宋高僧傳》卷六中的原貌了。至第十五世紀初完成的《神僧傳》，與明成祖於永樂十四年（1416）七月初一日所撰之〈御製水懺序〉[52]，二處資料對知玄傳說的記載，亦悉與〈水懺序〉的說法雷同。

事實上，〈水懺序〉中「知玄遇迦諾迦尊者」的「神異故事」，也與《宋高僧傳卷二十一·唐彭州九隴郡茶籠山·羅僧傳》的「感遇異僧」故事極為相似。其傳云：

> 釋羅僧者，蜀聖寺中得果位人也。（異僧）嘗寢疾於五臺山，同會僧人俱不測（側）也，而（羅僧）瞻視之，曾無怠慢，將及九旬而病癒。臨訣之際曰：「深感所苦，而煩看視。今遂平復，由師之力。我住在劍外九隴郡之茶籠山，爾異日遊方，無忘相訪也。」暮歲而至蜀，歷訪群峰，遍訊老樵輩，且曰：「未嘗聞茲山名。」乃歎曰：「噫！病禪之妄也。」將迴，遇山童，曰：「某是彼巖之聚沙者。」即前導而去。俄，睹殿塔儼空，房廊環肅，果值昔之臥病者，迎門敘故。日將暮矣，而謂之曰：「茲寺非得漏盡通，不能至此，爾以我宿緣，一諧遘止，言寄宵乎？斯為未可爾！其克勤修證，至此胡難？」乃命舊童送師歸去。其僧迴望，但見巖壁峭峻，杉檜莽蒼而已。則開成（唐文宗，836~840）中也。時悟達國師知玄，著傳之次，得僧可思，尤閑地理，命為玄作。他日，安瑩兆之地，得景丹前峰，其山若雌堞狀。雖高低起伏，而中砥平。俄，有里人耆老曰：「古相傳云茶籠山矣！」[53]

51 見：《大正》49，頁 840 中~下。
52 分見：《大正》50，頁 1007 中~下。《大正》45，頁 967 下~頁 968 上。
53 見：《大正》50，頁 848 中。

這篇傳文中的「釋羅僧」，與西蜀異僧間的互動是「瞻視之，曾無怠慢」、「至蜀，歷訪群峰」、「睹殿塔儼空，房廊環肅，果值昔之臥病者，迎門敘故」、「宿緣」、「其僧迴望，但見巖壁峭峻，杉檜莽蒼而已」。這樣的因緣際遇，與〈水懺序〉中知玄（悟達國師）與「迦諾迦」尊者的感遇故事確實是有些雷同。

但是，〈水懺序〉與〈羅僧傳〉之間仍有五點不同之處：一、釋羅僧事的發生時間是在「開成（唐文宗，836~840）中」；而〈水懺序〉所述知玄事是發生在「唐懿宗朝（860~873）」，釋羅僧事早約三十年。二、釋羅僧事之「以我宿緣，一諧遘止」、「巖之聚沙者」，旨在教益釋羅僧要「克勤修證」；而〈水懺序〉所述知玄事卻變成了「袁盎與晁錯的十世因果冤業」與「三昧法水的洗滌罪垢」。三、釋羅僧事結束於「巖壁峭峻，杉檜莽蒼」，情節未再繼續發展；而〈水懺序〉所述的知玄事，則在洗滌罪垢之後，又增飾了「因卓其庵，遂成招提」之事。四、釋羅僧事的主角為「釋羅僧」，而在文後順載「時悟達國師知玄，著傳之次」事，可能是贊寧據傳說所增；可是〈水懺序〉則直接將遇異僧的故事主角改成為「悟達」。五、釋羅僧傳結束於「古相傳云茶籠山」的傳說；而〈水懺序〉則附會為知玄「述為懺法，朝夕禮誦，後傳播天下。」

綜合以上各項述評與文獻資料的佐證，再參酌日人井ノ口泰淳認為「將《水懺》的作者指為唐・知玄一事，是依《宋高僧傳》卷六之禮懺文六卷所做的假設造成的」[54]及周叔迦認為「把袁盎與晁錯兩人之間的宿世冤讎加入知玄的事跡中，這是出於宋人的附會」[55]兩種說法，我們認為「宋・〈水懺序〉」、「元・馬端臨」、「明・釋禪」及「清・〈水懺提要〉」等四種說法均難以成立。若欲客觀的確立《水懺》三卷的編撰者，仍應以《大正》45 中的「撰者未明」說較為恰當。

---

54 參：井ノ口泰淳前揭文，頁 428。
55 見：周叔迦著，《法苑談叢》，（台北：文津出版社，民國七十九年六月出版），頁 43~44。

第二節 《水懺》的形成問題

上一節解決了《水懺》的作者問題，這一節接著探討《水懺》的形成問題。若欲詳論《水懺》的「形成」問題，應該要再參酌下列「佛名經」、「敦煌遺文」、「寶唱」、「梁朝禮懺」、「〈水懺序〉」等與《水懺》三卷間的相關事實，才能作進一步的衡量。

一、從「佛名經」與敦煌遺文的關係視之

（一）六朝「佛名懺悔」的發展

本章第一節已說過，《水懺》的內容直接源於「佛名經」。

事實上，我國於五、六世紀（南、北朝）之時，大乘佛教懺悔思想已深入民間，盛行著「佛名懺悔」與「功德思想」，民間僧、俗皆藉著稱念過去、現在、未來三世的「諸佛名號」，以懺悔滅罪與現世的禳災福壽。釋大睿曾就東漢到南、北朝之間的懺悔經典進行的研究，發現南、北朝時，由於大量懺悔思想經典的翻譯，帶動了中國化佛教儀式的興起。[56]

當時民間之所以盛行著「佛名懺悔」，是因為在佛教經論中所記載的「三世諸佛」，無不都有著無量無邊的誓願[57]、勇猛精進的

---

56 參：釋大睿撰，〈中國佛教早期懺罪思想之形成與發展〉，收入《中華佛學研究》第二期，（台北：中華佛學研究所，民國八十七年三月出版），頁 313~頁 337。他認為：中國佛教懺悔思想的時代背景有三：一、以儒家悔過思想為基礎；二、道教禮拜儀式的助成；三、時代戰亂與王室之支持。

57 阿彌陀佛為菩薩時，常奉行二十四願，珍寶愛重，保持恭慎，精禪行之，與眾超絕，卓然有異。參：吳・支謙譯，《佛說阿彌陀三耶三佛薩樓佛檀過度人道經》，《大正》12，頁 301 上~頁 302 中。又諸佛如來為代承眾生諸苦，常發「四大願」、「八大願」、「十二大願」之舉。參：唐・義淨譯，《藥師琉璃光七佛本願功德經》，《大正》14，頁 409 上~頁 412 中。又如：曹魏・康僧鎧譯之《無量壽經》卷上載阿彌陀佛立有四十八願，《大正》12，頁 267 下~頁 269 中；北涼・曇無讖譯之《悲華經卷七・諸菩薩本授記品第四之五》載釋迦佛立有「五

心志與潔淨無穢的行為，而經中皆謂諸佛所生之功德不可思議，諸佛所生之力不可思議[58]，佛土境界不可思議[59]，故佛陀在傳教說法時，就經常為「三世諸佛」廣加讚歎宣說。經中所載「諸佛」既有如是不可思議功德，則凡有善男子、善女人，能聞諸「佛名」經典，並受持讀誦者，是諸善男子、善女人，皆能不墮惡道，除五不中止罪，常遇陀鄰尼，常遇相好，常遇相音，常遇右轉福[60]，甚而能得一切諸佛之所護念，皆得臻乎不退轉於阿耨多羅三藐三菩提[61]等妙境。印度大乘佛教的這些不可思議功德妙境的信仰，傳入陷於戰亂頻仍、倫常錯亂、陰陽顛倒、分崩離析的六朝時代，無疑是使得漂泊無依的苦難心靈，剎時獲得一劑消災除障、離苦得樂、迄乎清淨涅槃的極樂良藥。

據《大正》各經錄所記，歷來經典中，與十二卷本《佛名經》的經名雷同或內容相似者甚多，如梁・僧佑（445~518）《出三藏記集卷二・新集經律論錄第一》中記有西晉・竺法護（239~316）譯之《賢劫經》七卷[62]、《諸方佛名經》一卷、《十方佛名經》一卷、《百佛名經》一卷[63]、東晉・竺曇無蘭（381 前後）譯之《賢劫千佛名經》一卷、東晉・鳩摩羅什（344~413）譯之《新賢劫經》七卷、《稱揚諸佛功德經》三卷[64]等；同書卷四《新集續撰失

百大願」，《大正》3，頁 209 上~頁 215 下等是。

58 參：後秦・鳩摩羅什譯，《大智度論卷三十・初品中諸佛稱讚其命釋論第四十七》，《大正》25，頁 283 下。《論》云：「經說五事不可思議，所謂眾生多少、業果報、坐禪人力、諸龍力、諸佛力。於五不可思議中，佛力最不可思議。」

59 參：東晉・僧伽提婆譯，《增壹阿含經》卷十八，《大正》2，頁 640 上。佛云：如來有四不可思議事，非小乘所能知。云何為四？世界不可思議、眾生不可思議、龍不可思議、佛土境界不可思議，是謂舍利弗有四不可思議。

60 參：西晉・竺法護譯，《佛說八陽神咒經》，《大正》14，頁 73 下。

61 參：姚秦・鳩摩羅什譯，《佛說阿彌陀經》，《大正》12，頁 348。經云：「汝等眾生，當信是稱讚不可思議功德，一切諸佛所護念經。……若有善男子、善女人，聞是經受持者，及聞諸佛名者，是諸善男子、善女人，皆為一切諸佛之所護念，皆得不退轉於阿耨多羅三藐三菩提。」

62 梁・僧佑撰，《出三藏記集》，《大正》55，頁 7 中。僧佑於「《賢劫經》七卷」下注云：「（安世高）舊《錄》云《賢劫三昧經》或云《賢劫定意經》，晉・元康元年七月二十一日出。」

63 以上竺法護所譯三經，見：《大正》55，頁 9 上。

64 以上二人所譯三經，見：《大正》55，頁 10 中、頁 10 下、頁 11 上。

譯雜經錄第一》所記載之《諸經佛名》二卷、《三千佛名經》一卷、《千佛因緣經》一卷、《過去五十三佛名經》一卷、《五十三佛名經》一卷、《賢劫千佛名經》一卷、《南方佛名經》一卷、《現在十方佛名經》一卷、《五千七百佛名經》一卷[65]等皆是。又隋‧法經《眾經目錄卷二‧眾經別生四》，亦舉出《佛名經》一卷、《賢劫千佛名經》一卷、《佛名經》十卷、《十方佛名經》二卷、《百七十佛名》一卷等近三十部經。[66]

在《大正》14 中，單是屬於佛名經類之經典，就收有二十四部之多，筆者加以整理之後，列表如下[67]：

序號	朝代	譯者	經名	卷數	經號	頁碼	年代
			表四：《大正》14 中「佛名經」一覽表				
1.	西晉	竺法護	《賢劫經》	八	No.425	頁 1 上~頁 65 下	265~313
2.	後秦	鳩摩羅什	《佛說千佛因緣經》	一	No.426	頁 65 下~頁 72 上	344~413
3.	吳	支謙	《佛說八吉祥神咒經》	一	No.427	頁 72 中~頁 73 上	223~253
4.	西晉	竺法護	《佛說八陽神咒經》	一	No.428	頁 73 中~頁 74 上	265~313
5.	元魏	般若流支	《佛說八部佛名經》	一	No.429	頁 74 中~頁 75 上	538~543
6.	梁	僧伽婆羅	《八吉祥經》	一	No.430	頁 75 上~頁 75 下	503~520
7.	隋	闍那崛多	《八佛名號經》	一	No.431	頁 76 上~頁 77 中	559~589
8.	不詳	佚名	《佛說十吉祥經》	一	No.432	頁 77 中~頁 77 下	不詳

65 以上諸經，分見於《大正》55，頁 21 下、頁 22 中、頁 32 中、頁 32 下等處。
66 以上所列佛名經，分見於隋‧法經《眾經目錄卷二‧眾經別生四》，《大正》55，頁 123 中、頁 124 中、頁 125 上、頁 125 中、頁 125 下等處。
67 詳見：《大正》14，頁 72 上~頁 399 上。表中「年代」部分係參考《佛光大辭典》中關於譯者的生平事蹟內容，再配合《佛教史年表》中關於佛教之記事所訂成。《佛教史年表》，係慈怡法師主編，（台北：佛光文化事業有限公司，民國八十四年二月初版二刷）。

9.	西晉	竺法護	《佛說寶網經》	一	No.433	頁 78 上~頁 87 上	265~313
10.	元魏	吉迦夜	《稱揚諸佛功德經》	三	No.434	頁 87 上~頁 105 中	472~499
11.	西晉	竺法護	《滅十方冥經》	一	No.435	頁 105 中~頁 107 中	266~313
12.	唐	玄奘	《受持七佛名號所生功德經》	一	No.436	頁 107 中~頁 108 中	646~664
13.	宋	施護	《大乘寶月童子問法經》	一	No.437	頁 108 下~頁 110 上	980~1003
14.	宋	法護等	《大乘大方廣佛冠經》	二	No.438	頁 110 上~頁 111 上	1004~1035
15.	宋	施護	《諸佛經》	一	No.439	頁 111 中~頁 112 下	980~1003
16.	元魏	菩提流支	《佛名經》	十二	No.440	頁 11 上~頁 184 上	520~524
17.	梁	佚名	《佛名經》	三十	No.441	頁 185 上~頁 302 下	502~557
18.	不詳	佚名	《十方千五百佛名》	一	No.442	頁 312 上~頁 318 上	不詳
19.	隋	闍那崛多	《五千五百佛名神咒除障滅罪經》	八	No.443	頁 318 上~頁 354 上	559~590
20.	隋	那連提耶舍	《百佛名經》	一	No.444	頁 354 上~頁 356 上	550~589
21.	曹魏	佚名	《不思議功德諸佛所護念經》	二	No.445	頁 356 上~頁 364 中	220~265
22.	梁	佚名	《過去莊嚴劫千佛名經》	一	No.446	頁 365 上~頁 376 上	502~587
23.	梁	佚名	《現在賢劫千佛名經》	一	No.447	頁 376 上~頁 388 上	502~587
24.	梁	佚名	《未來星宿劫千佛名經》	一	No.448	頁 388 上~頁 399 上	502~587

　　由上表看來，中國自曹魏（220~265）以降，就有相當多關於「佛名信仰」的經典陸續地被翻譯或編集出來。[68]又據唐・明

---

68 我們若再通檢現今各國蒐藏的敦煌遺書，亦可發現，在「500 年（梁代）以後，連綿不絕。」尤其是其中包含著大量的《佛名經》，這是可以作爲佐證的。見：日・藤枝晃撰，〈敦煌遺書之分期〉，收入：姜亮夫、郭在貽等編，《敦煌吐魯番學研究論文集》，（上海：漢語大辭典出版社，1991 年 4 月一版二刷），頁 12~14。

佺等撰輯之《大周刊定眾經目錄》所記，西晉・竺法護（239~316）譯有「《五十三佛名除罪經》一卷」[69]，則知中國在第三世紀至第四世紀初期，就已經傳入了印度大乘佛教「禮誦佛名」三寶思想。然基於宗教的流布必要，這種禮佛思想多夾雜著「興福」「除罪」的觀念，如：日・鹽入良道指出，「佛名經典」本來的形態就是「禮誦佛名」，自晉代被翻譯出來的《佛說決定毗尼經》開始，已有許多「佛名經典」之盛行與流傳。至「梁代」（第六世紀）時，中國人已經迅速地將佛教經論中「佛說」的懺悔理論，與中國人期望滅罪消災的現世利益目的融合在一起，這都可以看出「多佛思想」在南、北朝時受到中國人重視的情形。[70]

（二）從十二卷本《佛名經》到敦煌本二十卷《佛名經》

到了北魏・菩提流支所譯出的十二卷本《佛名經》（520~524）時，[71]經中已列舉出「一一○九三」位之諸佛菩薩名號，堪稱為當時禮拜一切諸佛名號之大全。此經被翻譯出來之後，立即在敦煌傳行，甚至傳到吐魯番去。方廣錩云：「此經集中體現了佛教的他力拯救思想，對民眾佛教的發展起到極大的推動作用。歷代大藏經均收，敦煌本可供校勘。現知年代最早的是大谷探險隊所得吐魯番出土的高昌紀年延昌二十七年（587）寫本。」[72]

---

69 見：唐・明佺等撰輯，《大周刊定眾經目錄》，《大正》55，頁 374 下。
70 參：日・鹽入良道前揭文，頁 735~頁 736。
71 關於菩提流支譯出十二卷《佛名經》之年代，參見：《續高僧傳卷一・菩提流支傳》，《大正》50，頁 428 下。又見：慈怡主編，《佛教史年表》，（台北：佛光出版社，民國八十四年二月初版二刷），頁 59。
72 見：季羨林主編，《敦煌學大辭典》方廣錩「十二卷《佛說佛名經》」條，（上海：上海辭書出版社，1998 年 12 月一版一刷），頁 730。又詳參：方廣錩撰，〈關於敦煌遺書《佛說佛名經》〉，收入：楊曾文、杜斗城主編，《中國敦煌學百年文庫・宗教卷二》，（蘭州：甘肅出版社，1999 年一版一刷），頁 203~頁 215。關於敦煌遺書的《佛說佛名經》種類，方廣錩說：「陳垣先生曾在《敦煌劫餘錄》中將北圖藏《佛說佛名經》分類整理為元魏・菩提留支譯十二卷本、佚本十六卷本、佚本二十卷本、佚本三十卷本四種。經我重新整理，發現只有十二卷本、二十卷本、十六卷本等三種。《敦煌劫餘錄》所謂之三十卷本，實際就是十六卷本。就目前公布與整理而言，英、法等國所藏，亦均分屬這三種卷本。」

　　後來，中國人又以這本經書為基礎，吸收了其他《佛名經》
的材料，擴充編纂而成敦煌本「二十卷《佛名經》」。[73]這敦煌本
「二十卷《佛名經》」，每卷的體例大體上是一致的：它都是先羅
列佛名，每卷大體羅列六百個左右；其次為羅列佛經名，以「次
禮十二部經般若海藏」領起，每卷一般為二十部；接著羅列菩薩
名及辟支佛名，以「次禮諸大菩薩摩訶薩眾」領起；然後為持誦
「功德文」、「懺悔文」等；最後為依次逐段節錄《大乘蓮華寶達
菩薩問答報應沙門經》，亦即《馬頭羅刹經》的經文。[74]據井ノ口
泰淳之研究，二十卷《佛名經》的構成，是由「諸經名目」、「懺
悔文字」、「十二卷《佛名經》」及「《馬頭羅刹經》」四大部分組合
而成。[75]此中值得注意的是：《水懺》三卷中的「三世諸佛」，同
時出現在北魏・菩提流支譯的十二卷本《佛名經》卷八及敦煌本
「北五〇六號（洪五十九）《佛名經》卷八」之中[76]；尤為要者是，
敦煌本「二十卷《佛名經》」殘卷中的「三障懺悔文字」，與《水

見：《中國敦煌學百年文庫・宗教卷二》，頁 203。
73　據釋禪叡《敦煌寶藏遺書索引》的整理，《敦煌寶藏》中「《佛說佛名經》二十
　　卷」的現存遺卷資料，分別是：「卷一」的 B.0514、B.0515、B.0516、B.0517、
　　B.0518、B.051489、B.0520、B.0521、B.0522、B.0523、B.0524、B.0525、B.0526、
　　B.0527、B.0528、B.0529、B.0530、B.0531、B.0532、B.0533、B.0534、B.0535、
　　B.0536、B.0537、B.0538、B.0539、B.0540、B.0541、B.0542、B.0543、B.0544、
　　B.0545、B.0546、B.0547、B.0548、B.0549、B.0550、B.0551 諸號，「卷二」的
　　B.0552、B.0553、B.0554、B.0555 諸號，「卷三」的 B.0556、B.0557、B.0558、
　　B.0559、B.0560、B.0561、B.0562、B.0563、B.0564、B.0565、B.0566、B.0567、
　　B.0568、B.0569 諸號，「卷四」的 B.0570、B.0571 諸號，「卷五」的 B.0572、
　　B.0573、B.0574 諸號，「卷六」的 B.0575 號，「卷七」的 B.0576、B.0577、B.0578
　　諸號，「卷八」的 B.0579、B.0580、B.0581 諸號，「卷九」的 B.0582、B.0583
　　諸號，「卷十」的 B.0584、B.0585、B.0586 諸號，「卷十一」的 B.0587、B.0588、
　　B.0589、B.0590、B.0591 諸號，「卷十七」的 B.0592、B.0593、B.0594 諸號，「卷
　　十八」的 B.0595 號，「卷十九」的 B.8533 號，「卷二十」的 B.0596、B.0597、
　　B.0598、B.0599、B.0600。從這些資料看來，敦煌本二十卷《佛名經》尚有甚
　　多「亡佚之卷」。詳見：釋禪叡《敦煌寶藏遺書索引》，（台北：法鼓文化事業
　　股份有限公司，民國八十五年九月初版），頁 133。黃永武編，《敦煌寶藏》59
　　冊，頁 482~《敦煌寶藏》60 冊，頁 258 及 110 冊，頁 526。《敦煌寶藏》，（台
　　北：新文豐出版股份有限公司，民國七十年出版）
74　詳見黃永武編，《敦煌寶藏》59 冊，頁 482~《敦煌寶藏》60 冊，頁 258 及 110
　　冊，頁 526。
75　見：井ノ口泰淳前揭文，表九「佛名經」的關係圖，頁 423。
76　見：《大正》14，頁 161 下~頁 162 中。及《敦煌寶藏》59 冊，頁 419 上~頁 420
　　下。

懺》三卷中的「三障懺悔文字」是雷同的。爲節省篇幅，筆者將
《水懺》三卷與敦煌本「二十卷《佛名經》」的懺悔文字內容作如
下比較：

表五：《水懺》三卷與敦煌本「二十卷 《佛名經》」懺悔文字內容之比較		
懺悔文字內容	《水懺》三卷位置	二十卷《佛名經》卷次位置
夫欲禮懺，必須先敬三寶~ 十波羅蜜，常現在前。	《大正》45，頁 969 上行 11~ 頁 971 中行 20	北五一五號（結三十四）《佛說 佛名經》卷第一，《敦煌寶藏》 59，頁 490 下~頁 502 下
夫論懺悔者，本是改往修來~ 十波羅蜜，常現在前。	《大正》45，頁 970 下行 19~ 頁 971 中行 20	北五五二號（多五十六）《佛說 佛名經》卷第二，《敦煌寶藏》 60，頁 27 上~頁 28 下
某甲等相與，即今身心寂靜~ 得心自在，得法自在。	《大正》45，頁 971 下行 7~ 頁 972 中行 2	北五五六號（黃七十二）《佛說 佛名經》卷第三，《敦煌寶藏》 60，頁 64 上~頁 65 下
某甲等略懺煩惱障竟~ 常樂妙智，八自在我。	《大正》45，頁 972 中行 12~ 頁 973 上行 13	北五七〇號（金二十八）《佛說 佛名經》卷第四，《敦煌寶藏》 60，頁 93 上~頁 94 下
次懺劫盜之業~ 迴向滿足檀波羅蜜	《大正》45，頁 973 下行 12~ 頁 974 中行 2	北五七二號（曰三十三）《佛說 佛名經》卷第五，《敦煌寶藏》 60，頁 107 下~頁 109 上
次復懺悔貪愛之罪~ 顯發如來大無生忍。	《大正》45，頁 974 中行 2~ 頁 975 中行 4	北五七六號（騰三十五）《佛說 佛名經》卷第七，《敦煌寶藏》 60，頁 129 上~頁 129 下
已懺身三口四竟~ 上弘佛道，下化眾生。	《大正》45，頁 975 中行 21~ 頁 976 上行 6	北五八三號（出二十二）《佛說 佛名經》卷第九，《敦煌寶藏》 60，頁 162 上~頁 163 上
已懺悔三寶間輕重諸罪~ 建立菩提，荷負眾生	《大正》45，頁 976 上行 6~ 頁 976 中行 16	北五八四號（辰六十九）《佛說 佛名經》卷第十，《敦煌寶藏》 60，頁 171 下~頁 172 下
已懺悔煩惱障，已懺悔業障~ 一時俱發無上道心	《大正》45，頁 976 中行 26~ 頁 977 中行 18	北五九五號（多十）《佛說佛名 經》卷第十八，《敦煌寶藏》60， 頁 222 上~頁 224 下
已懺悔地獄報竟~ 以誓願力，處之無厭	《大正》45，頁 977 中行 27~ 頁 978 中行 6	北八五三三號（歲十二）《佛說 佛名經》卷第十九，《敦煌寶藏》 110，頁 536 下~頁 538 上

　　從上表的比較視之,《水懺》三卷與敦煌本「二十卷《佛名經》」的「懺悔文字」內容,絕大部分都是同為「懺悔三障(煩惱障、業障、果報障)」的內容。據筆者的核對,從《大正》45,頁969上行11的煩惱障內容,一直至《大正》45,頁978中行6的果報障內容,除了少部分文字異同及敦煌寫本殘佚的關係而看不出來外,二書關於三障懺悔文字的內容部分是完全相同的。這也就是說,如果一將敦煌本二十卷《佛名經》中的三世諸佛名稱及三障懺悔文字內容連綴起來,即是今日的《水懺》三卷的內容了(此處尚未包含「〈水懺序〉」)。這也就是《水懺》可以上溯至《佛名經》的最早源頭資料。

　　方廣錩說,敦煌本二十卷《佛名經》,「是由中國人假託佛說所撰的,真實的作者不詳。……此經是在三寶思想影響下,在北魏・菩提流支譯十二卷本《佛說佛名經》(520~524)的基礎上,吸收其他《佛名經》等材料擴充編纂而成,約產生于南朝之梁代。其突出特點是增加了禮敬佛經的內容。……據第二十卷載,共錄佛、法、僧三寶名稱一萬三千三百。其中共錄經典約四百部,大、小乘雜陳。」[77]印順也說,《佛名經》中的懺悔文字,不是譯出的經,是中國人纂集編寫的懺法。[78]至於這些雜錄自佛經中的懺悔文字,是由何人?何時?何事?何地?何物?纂集編寫而成?限於文獻材料不足之故,今亦不可得知。

(三) 從敦煌本二十卷《佛名經》、敦煌本十六卷《佛名經》到三十卷《佛名經》

　　方廣錩說:「(敦煌本二十卷《佛名經》)是十六卷本《佛說佛名經》的直接底本[79]。」日本學者井ノ口泰淳亦在〈敦煌本「佛名經」の諸系統〉[80]一文(京都,1964.3)云:敦煌本「十六卷《佛

---

77 見:季羨林主編,《敦煌學大辭典》方廣錩「二十卷《佛說佛名經》」條,頁730。
78 見:印順著,《華雨集(二)・方便之道》,頁194。
79 見:季羨林主編,《敦煌學大辭典》方廣錩「二十卷《佛說佛名經》」條,頁730。
80 日・井ノ口泰淳〈敦煌本「佛名經」の諸系統〉一文,收入:《東方學報》第三十五冊,(京都:京都大學人文科學研究所,1964年3月出版),頁397~頁

名經》中一卷一段的結構，很明顯的是繼承自十二卷本《佛名經》。」[81]

關於十六卷本《佛名經》，方廣錩說，十六卷本《佛名經》是中國人假託佛說所撰經典，作者不詳。十六卷。北圖有「雨三十」等三百多號，英、法、日、俄等所藏亦有數百號。如將各號擇優汰劣，綴合校勘，可大體恢復原十六卷本原貌。依次羅列佛名、經名、菩薩名之後，最後是「懺悔文」。第十二卷前半部分懺悔文之後，抄錄了一段《大乘蓮華寶達菩薩問答報應沙門經》，謂「此經有六十品，略此一品流行」。第十四至第十六等三卷，前後兩部分均依次節錄《佛說罪惡應報教化地獄經》經文。據第十六卷載，共錄佛、法、僧名約一萬三千餘。[82]

又據唐・智昇《開元釋教錄卷十八・偽妄亂真錄》（730年）云：「《佛名經》十六卷，時俗號為《馬頭羅剎佛名》，似是近代（730以前）所集，乃取流支所譯十二卷者錯綜而成。於中取諸經名目，取後辟支佛名及菩薩名、諸經阿羅漢名，以為三寶次第。總有三十二卷，禮三寶後，皆有懺悔。懺悔之下，仍引《馬頭羅剎》偽經置之於後，乃以凡俗鄙語，雜於聖言。經言：『抄前著後、抄後著前，前後著中，中著前後』，此正當也。尋其所集之者，全是庸愚，……如斯謬妄，其數寔繁。」[83]據唐・智昇的理解，他在730年時所見到的十六卷本《佛名經》，是「乃取流支所譯十二卷者錯綜而成」，也就是繼承於十二卷《佛名經》的「懺悔文字」及其他偽妄的「罪惡應報」的內容合成的。這樣說來，梁代產生的二十

437。
81 見：井ノ口泰淳前揭文，頁430。
82 以上見：季羨林主編，《敦煌學大辭典》方廣錩「十六卷本《佛說佛名經》」條，頁731。
83 見：《大正》55，頁672上。另，關於「偽經」，據日・小野玄妙云：「以匿名著作之經律，與明白署名著作之論集，由實質上而言，乃同是有關佛教之著作，應視為同位同等。……（即使是經，亦為後人結集而成），無論是論是經，一見其表面形式雖迥異，然以俱是有關佛教之著作此點而言，乃完全同等同位同性質，故其間不應附以甲乙等差。」故三十卷本《佛名經》雖為匿名著作之偽經，實亦應視為佛說之言。見：日・小野玄妙著，楊白衣譯，《佛教經典總論》，（台北：新文豐出版股份有限公司，民國七十二年元月初版），頁444上。

卷本《佛名經》與 730 年時流行的十六卷本《佛名經》,雖同樣繼承於十二卷《佛名經》的內容,但這二本《佛名經》的編撰者與實際內容應是不同的。[84]

唐‧圓照(799 前後)《貞元新定釋教目錄卷九‧總集群經錄上之九》「《大佛名經》十六卷」條下云:「本經雖真,以有雜偽,作此校量,編於《偽妄亂真錄》中,不得入藏。由斯可否,已數百年。聖上(唐德宗)文思聰明,遠承付囑,崇闡釋教,導揚真乘,親驗其文,許編入藏。貞元十五年(799)十月二十三日,乃頒制曰《大佛名經》一部十六卷。」[85]由於該經中誤謬之處甚多,當時還依照左右監門衛將軍知內侍省事馬承債奏,分者請合,合者請分。這十六卷本,又有異作十四卷本、十八卷本[86],且在民間極爲流行,甚而傳到朝鮮、日本等國。後來又變爲「高麗藏」的三十卷本《佛名經》。今《大正》14 中的〈三十卷本《佛名經》跋〉載高麗僧守其校曰:「今撿國本大藏,彼〈迥〉、〈漢〉函中,亦有此經十八卷者。以此三十卷本對比校之,卷數雖異,文義全同。……此三十卷經,本朝盛行,行來日久,國俗多有倚此而作福者。今忽刪之,彼必衆怒。……而名之曰《夾懺佛名經》。」[87]方廣錩亦云:「日本名古屋七寺并藏有唐古抄十六卷本《佛名經》。敦煌十六卷本《佛名經》對研究中國所撰《佛名經》的演變、中

---

84 關於「十六卷本《佛名經》」與「二十卷本《佛名經》」之區別,方廣錩文中云:「(1)此經(十六卷本《佛名經》)每卷分爲前、後兩部分,而二十卷本沒有這種區分。(2)此經在羅列佛經時首用『次禮十二部尊經大藏法輪』領起;在羅列僧寶部分分別用『復次應稱辟支佛』等領起。(3)文內所引經典不同。」另外,關於《馬頭羅利經》,又名《大乘蓮華馬頭羅利經》、《寶達菩薩問答報應沙門經》、《大乘蓮華寶達菩薩問答報應沙門經》等,首見於《法經錄》卷二,判爲疑惑。後《仁壽錄》、《大周錄》、《開元錄》、《貞元錄》等均判爲僞經。關於《佛說罪惡應報教化地獄經》,又名《地獄報應經》、《教化地獄經》,印度佛教經典。據歷代經錄,該經先後二譯。第一譯爲後漢‧安世高譯,該譯本爲我國歷代大藏經所收。(《大正》17,頁 450 下~頁 452 中)。第二譯爲東晉‧竺曇無蘭所譯,諸經錄均稱該譯本已佚。詳參:方廣錩〈關於敦煌遺書《佛說佛名經》〉文,《中國敦煌學百年文庫‧宗教二》,頁 210~頁 211。
85 見:《大正》55,頁 837 上~中。
86 詳參:《大正》55,頁 774 上、頁 837 上、頁 958 上、頁 1014 中、頁 1045 中、頁 1049 上、頁 1053 上等處之記載。
87 見:《大正》14,頁 191 上~中。

國佛教民間信仰等均有重大意義。」[88]

綜上所述，佛名經的發展，從敦煌本二十卷《佛名經》到三十卷《佛名經》的轉變過程中，到了西元 730 年左右，已發展成十六卷《佛名經》。730 年到 799 年之間，曾有十四卷《佛名經》、十八卷《佛名經》、《大佛名經》、《馬頭羅刹佛名》、《夾懺佛名經》等數種同體異卷的名稱。其中十六卷《佛名經》並曾在唐‧德宗貞元十五年（799）被政府修改，頒制曰「《大佛名經》十六卷」。可見，《佛名經》自梁代至隋、唐近四百年期間（524~906），《佛名經》的內容是不斷在踵事增華、錯綜複雜的變化著，並在民間的流傳是盛行不輟的。

（四）敦煌本十六卷《佛名經》中「佛名」與「懺悔文字」的分離

我們從智昇所說的「近代（730 以前）所集」及圓照所說的「由斯可否，已數百年」，均可看出敦煌本十六卷《佛名經》在唐玄宗開元十八年（730）之前已盛行甚久的訊息。

方廣錩說，這本經書（十六卷《佛名經》）應是「隋或唐初形成的。」[89]井ノ口泰淳也推測說：「在編輯十六卷《佛名經》以前，形成此懺法（《水懺》）已經存在。……很希望能將《慈悲水懺法》的撰述追溯到初唐以前。」[90]《水懺》是否在「隋或唐初形成」，筆者採取保留的態度，但可以肯定的是，至遲在「開元十八年（730年）」之時，敦煌十六卷本《佛名經》已然是佛教界極為盛行的一部佛名懺悔經典了。

一直到「晚唐、五代」之間，可能是時、空環境變革與懺悔思想改變的關係，敦煌十六卷本《佛名經》中的「三障懺悔文字」內容，亦已漸受民間的重視。因為，我們發現在敦煌本十六卷《佛

---

88 見：季羨林主編，《敦煌學大辭典》方廣錩「十六卷本《佛說佛名經》」條，頁731。
89 見：方廣錩〈關於敦煌遺書《佛說佛名經》〉文，《中國敦煌學百年文庫‧宗教二》，頁206。
90 見：井ノ口泰淳前揭文，頁433，注45文。

名經》中的「北八二九號（閏五十七）」的「《佛名經》卷第一至
第九懺悔文」、「北八三〇號（多九十五）」的「《佛名經》卷第五
至第十二懺悔文」、「北八三一號（李四十二）」的「《佛名經》卷
第七懺悔文」、「北八三二號（芥四）」的「《佛名經》卷第九至第
十三懺悔文」[91]及「北七〇〇七號背面」的「《佛說佛名經》卷第
一至卷第十一懺悔文」等五處[92]「抄出的單純之三障懺悔文字」，
都是「但言懺悔而不含佛名」[93]的，也就是他們都與十六卷《佛
名經》的佛名部分是分離的。經筆者仔細比對，這五處「分離抄
出的單純之三障懺悔文字」內容，確實與現今《大正》45 中的《水
懺》三卷中的三障懺悔文字之內容，及懺悔文字之排列次序，也
都是相合的（參見本書最後的附錄一之圖一、圖二、圖三、圖四、
圖五）。這可能就是井ノ口泰淳所說：「十六卷本《佛名經》所見
的懺悔文完全與《慈悲水懺法》的文章一致」[94]的道理。

　　尤其是，在「北八三〇號（多九十五）」的「《佛名經》卷第
五至第十二懺悔文」的背面，明顯的載有「乙丑年正月九日幸長
闍梨書記」十三字及「《大佛名略出懺悔》一卷記」十字，[95]這「乙
丑年」，究爲「唐武宗・會昌五年（845 年）」？抑或「唐哀帝・
天祐二年（905 年）」？還是「宋太祖・乾德三年（965 年）」？尚
待更充實資料的考查！不過，從「《大佛名略出懺悔》一卷記」這
十個字來看，我們可以肯定的是，這份「分離抄出的單純之三障
懺悔文字」內容，有可能就是從《大佛略懺》中分離抄出的。所
以汪師曾指出：

> S.345 題為《大佛略懺》以外，……P.2042 題作《大佛名
> 十六卷略出懺悔》、P.2042V 題作《大佛名經內略出懺悔》
> 等等，可以得知《大佛略懺》是從十六卷本《大佛名經》

---

91 分見：《敦煌寶藏》62 冊，頁 587~頁 594、頁 595~頁 599、頁 601~頁 603 及頁
　604~頁 607 四處。
92 見：《敦煌寶藏》103 冊，頁 370~頁 377。關於此五處懺悔文字，若依方廣錩之
　見，應屬於十六卷本《佛說佛名經》的時代。
93 此句見：《敦煌寶藏》103 冊題名，頁 370。
94 見：井ノ口泰淳前揭文，頁 428。
95 見：《敦煌寶藏》62 冊，頁 600~頁 601。

　　內抄出別行的懺悔文。[96]

汪師又云：

　　　《大佛略懺》不只是從《佛名經》中抄出來以便於讀誦而
　　　已，也是作為實際禮拜、懺悔所用的行儀文。[97]

又云：

　　　《水懺》和《大佛略懺》的文字其實是一致的。[98]

不過，晚唐、五代這 24 件《大佛略懺》寫本中，如 S.161、S.345
尚保留了十六卷《佛名經》中的十方佛名；S.6509、S.2792、P.2376
亦保留了《大乘蓮華寶達問答報應沙門經》；P.2042v、p.3706、
S.345 亦保留了《佛說罪業報應教化地獄經》[99]，這表示《大佛略
懺》中的懺悔文字內容與「單純的三障懺悔文字」－即「但言懺
悔而不含佛名」的單純性懺悔文字仍有些微差別。是以，《水懺》
的編撰者，有可能是為了要對一個人所造的煩惱障、業障及果報
障做更為專志精進的禮拜與懺悔，所以從《大佛略懺》中專門挑
出了「單純之三障懺悔文字」，捨去了《大乘蓮華寶達問答報應沙
門經》及《佛說罪業報應教化地獄經》的部分，並在前、後內容
上略加增修潤飾，分為三卷，成為專門讓佛教徒們作為「洗心懺
悔」的一部懺法。

（五）三障懺悔文字是出於「不同人」的抄寫

　　我們再從前面「北八二九號（閏五十七）」等五處分離抄出的
單純懺悔文字（參見本書最後面之附錄一：圖一至圖五）的「書

96　汪師曾就晚唐、五代敦煌 S.345 等 24 件《大佛略懺》寫本進行研究，此 24 件
　　係指北京所藏的 6 件，包括：B.829（閏 57）、830（多 95）、831（李 42）、832
　　（芥 4）、5460（羽 34）、8358（帝 24）；倫敦所藏的 12 件，包括：S.161、345、
　　354、2141、2472、2682、2792、3987v、5401、6509、6640、6783v；巴黎所
　　藏的 6 件，包括：P.2042、2376、2832、3128、3133、3706。詳見：汪師撰，〈敦
　　煌本《大佛略懺》在佛教懺悔文中的地位〉，收入：項楚主編：《敦煌文學論集》，
　　（成都：四川人民出版社，1997 年 12 月 1 版 1 刷），頁 388~頁 389。此句引文
　　見：頁 388。
97　同汪師前揭文，頁 393。
98　同上注，頁 400。
99　同上注，頁 393~頁 394。

法筆勢」來看，其中有一份是清峻秀朗的（如「北八三二號」），有二份是遒勁縶實的（如「北八二九號」、「北八三○號」），有一份是粗梗凡俗的（如「北八三一號」），有一份是細緻平暢（如北七○○七號背面）[100]，這很明顯的可以看出諸份單純的三障懺悔文字是基於寫經功德思想的影響，遂產生了「不同人」抄寫的情形。

也就是說，當時（730年~799年）佛教徒們藉著恭敬受持、書寫、誦讀、廣爲人說《佛名經》的功德思想風氣很盛，而且抄寫這些單純的三障懺悔文字部分的並不只是一個人而已。

（六）中國高僧對佛名禮拜的精進懺悔

敦煌本《佛名經》在發展的過程中，長久的一段時間中還被視爲是「僞妄亂真」之經書，正統的大藏經也不收錄該經，但是「該經照樣在各地廣泛流傳，成爲僧、俗人等日常宗教活動的主要典籍之一。」[101]這根本的原因，除了諸佛如來具有救拔眾生脫離苦海的無量悲願之外，也可能是佛教徒們以諸佛菩薩爲禮拜懺悔的對象是一種方便而易行的修持踐道方法之故。

前已述及，中國僧、眾對於「諸佛菩薩名號」的懺悔禮拜，在梁代十二卷《佛名經》時，原本只載有「一一○九三」位佛菩薩名號，但同在梁代敦煌加料所變成的二十卷《佛名經》中，已增加爲禮拜「一萬三千三百」位佛菩薩名號。諸佛菩薩名號的增加，無疑象徵著中國佛教徒對佛名禮拜的精進懺悔已成爲一種具有高深義蘊的修持方式。據《高僧傳卷十二‧釋超辯（420~492）載：「釋超辯，……誦《法華》，日限一遍，心敏口從；恒有餘力，禮千佛，凡一百五十餘萬拜。」[102]又〈釋慧彌（440~518）傳〉載：「釋慧彌，……葷膱鮮牽，一皆永絕。足不出山，三十餘年。曉

夜習定,常誦《般若》;六時禮懺,必為眾先。」[103]又如《續高僧傳卷二十九‧釋德美(575~637)》載:「開皇末歲(595~600),(德美)觀化京師,受持戒檢,禮懺為業。……所以每歲禮懺,將散道場,去期七日,苦加勵勇,萬五千佛,日別一遍。精神所及,多感徵祥。」[104]這樣的諷誦佛經,禮拜佛名,精進懺悔,不見得真的要有「一萬五千佛名號」,但中國佛教高僧都能以諸佛菩薩名稱為禮拜對象,一方面自己安住持戒,另一方面視禮懺為終生志業而精進修持,並因自己的親身踐履而能多感徵祥,這不論是在高僧的修持還是在佛教的俗信化上,均有一定的指標意義的。

《宋高僧傳‧玄暢(797~875)傳》亦載:「懿宗(860~873)欽其(玄暢)宿德,蕃錫屢臻,乃奏修加懺悔一萬五千《佛名經》。……皆入藏。」[105]到了三十卷《佛名經》時,則直接云:「南無三萬同名能聖佛,南無十八億同名實體法式佛,南無十八億同名日月燈佛,……南無三十六億十一萬九千五百同名淨王佛。」[106]

精勤禮拜諸佛禮拜到「三十六億十一萬九千五百同名淨王佛」,雖然只是誇飾,然其精進勤毅的禮拜精神,不外是要與「過去、現在、未來無量諸佛」之精神力量、無量無邊願力相為契應的。由中國高僧對佛經與諸佛名號的專精禮拜懺悔精神看來,佛名的禮拜,一直對中國人心的歸依與安頓是具有相當大之影響力的。

綜上所述,《水懺》三卷的諸佛菩薩名號,可以遠溯至北魏‧菩提流支所譯的十二卷《佛名經》卷八,這些諸佛菩薩名號也被抄錄於敦煌本二十卷《佛名經》卷八之中。至於《水懺》三卷的三障懺悔文字內容,也可遠溯到二十卷《佛名經》。若依方廣錩「二十卷本《佛名經》產生於梁代」的說法,則《水懺》三卷的諸佛菩薩名號與三障懺悔文字內容之資料,早在「梁代之時」已由中

---

103 見:《大正》50,頁408下。
104 見:《大正》50,頁697上。
105 《宋高僧傳卷十七‧護法篇第五‧唐京兆福壽寺玄暢傳》,《大正》50,頁818中。又見於《宋高僧傳卷二十八》,《大正》50,頁888中。
106 見:《大正》14,頁292下~頁293上。

國人「纂集編寫」而形成[107]。在隋或唐初之前（730之前），二十卷本《佛名經》演變成十六卷本《佛名經》，這時的三障懺悔文字內容尚包含於十六卷本《佛名經》之內；到了晚唐、五代之時，敦煌佛教徒們從《大佛略懺》中分離抄出「單純的三障懺悔文字」，讓這三障懺悔文字內容與大部分的諸佛菩薩名號分離，並去除了《大乘蓮華寶達問答報應沙門經》及《佛說罪業報應教化地獄經》的部分，單純的作爲佛教徒們專門禮拜懺悔之用的一部懺法。

二、從梁武帝、寶唱與禮懺的關係視之

承上所述，《水懺》三卷的諸佛菩薩名號與三障懺悔文字內容，早在「梁代之時」就已分別存在。但是，《水懺》三卷中的這份三障懺悔文字內容，可能是從梁代的「何人」、「何書」而來的呢？我們綜觀梁朝一世，高僧大德輩出，唯若言及嫻熟禮懺最有關係的人，莫過於梁武帝與寶唱了。[108]

所以，以下即針對梁武帝、寶唱與當時禮懺的關係作一敘述：

（一）寶唱是儒、釋兼通的高僧

寶唱的詳細生平，據唐・道宣（596~667）載：釋寶唱是梁・金陵人。[109]又，他是個少懷恢敏，清貞自蓄。顧惟隻立，勤田爲業的人。好讀書，然多向他人傭借，寓目流略，便能強識，文采鋪贍，義理有聞。可謂是個天資穎慧，文筆卓具之才。十八歲時，

---

107 「纂集編寫」爲印順語，見：印順著，《華雨集（二）・方便之道》，頁194。
108 梁時高僧，如：僧伽婆羅的主要成就是譯經；慧超、僧智、法雲及袁曇允等的成就，則是助譯；僧旻的成就，在續《眾經要抄》八十八卷；智藏的成就，是續《義林》八十卷；僧朗的成就，是注《大般涅槃經》七十二卷；僧紹的成就，是編集《華林佛殿經目》；而這些高僧的撰著，又多經過寶唱的贊綸鳩。見：《續高僧傳》卷一，《大正》50，頁426上~下。另參：日・鎌田茂雄著，關世謙譯，《中國佛教通史第三冊・第三章南朝的佛教・第二節武帝的奉佛行爲》，（台北：佛光文化事業有限公司，民國八十七年九月初版二刷），頁216~頁236。
109 見：〈續高僧傳序〉，《大正》50，頁425上。在頁426上則載爲「姓岑氏，吳郡人。」

投僧佑律師,而出家焉。在僧佑門下,經律諸棐,承風建德,有聲宗嗣。在莊嚴寺時,博採群言,酌其精理。又惟開晤士俗,要以通濟爲先。乃從處士顧道曠、呂僧智等,習聽經、史、《莊》、《易》,略通大義。然於此時,因爲稍涉世務,謂有俗志,爲訪家室,執固不迴。建武二年(齊明帝,495),罷撥常習,出都專聽。經過五年(500),中了「風疾」。南齊滅亡,遭亂入東,遠至閩越,討論舊業。天監四年(505),便還都下,乃敕爲新安寺主。[110]天監九年(510),寶唱先疾(腳氣)復動,便發二願,遍尋經論,使無遺失,搜括列代僧錄,創區別之,撰爲部帙,號曰《名僧傳》三十一卷,至十三年,始就條列。其《名僧傳·序》自云:「寶唱不敏,預班二落,禮誦餘日,捃拾遺漏,文廣不載。初以腳氣連發,入東治療,去後敕追,因此抵罪,謫配越州。尋令依律,以法處斷。僧正慧超任情乖旨,擯麾廣州。先懺京師大僧寺遍,方屆嶺表,永棄荒裔。遂令鳩集,爲役多闕。晝則伏懺,夜則續錄。加又官私催逼遍,惟日弗暇。中甄條流,文詞墜落。將發之日,遂以奏聞,有敕停擯,令住翻譯。」寶唱所撰的書籍,文勝其質,後人憑據,揣而用之,故數陳賞要,爲時所列。至於其最後去向,是不測其終。[111]

此中值得注意的是,寶唱的「腳疾」,是否被〈水懺序〉的編撰者穿鑿附會爲〈水懺序〉中悟達腳上所生的人面瘡,則不可得知。

(二)寶唱曾多次撰集諸經

據日·鎌田茂雄之研究,梁武帝大力弘揚佛教,當時的譯經事業及撰述佛書均極發達[112],「于時佛教隆盛,無德稱焉。道俗才

---

110 見:〈續高僧傳序〉,《大正》50,頁426中。
111 以上關於寶唱的詳細資料,詳參:《續高僧傳卷一·譯經篇·寶唱傳》,《大正》50,頁426中~頁427下。
112 見:日·鎌田茂雄著,關世謙譯,《中國佛教通史第三冊·第三章南朝的佛教·第二節武帝的奉佛行爲》,(台北:佛光文化事業有限公司,民國八十七年九月初版二刷),頁216~頁236。

筆,互陳文理。」[113]寶唱在當時即是個學養深厚,甚得梁武帝賞識的撰經高僧,曾多次奉敕參與譯經及纂集漢譯佛經的經驗。

據梁·慧皎(497~554)《高僧傳》載,天監五年(506),印度高僧僧伽婆羅(Samghavarman,460~524)在壽光殿翻譯《大育王經》、《解脫道論》等經論,即以釋寶唱、袁曇允等筆受。[114]寶唱、袁曇允等卻能相對疏出,華質有序,不墜譯宗。[115]

天監七年(508),梁武帝對於當時曾令莊嚴僧旻於定林上寺編纂的《眾經要抄》八十八卷、開善智藏所編纂的的眾經理義《義林》八十卷、建元僧朗所注的《大般涅槃經》七十二卷等書,然均未愜君旨,故並唱奉別敕,兼贊其功,綸綜終始,輯成部帙。[116]

梁簡文帝在春坊(太子)時,耽於內教,撰《法寶聯璧》二百餘卷,帝別令寶唱綴紕,區別其類,遍略之流。帝又以佛法沖奧,自非才學,無由造極,又敕唱自大教東流,道門俗士,有敘佛理,著作弘義,並通鳩聚,號曰《續法輪論》,合七十餘卷。使夫迷悟之賓,見便歸信,深助道法,無以加焉。又撰《法集》一百四十卷,並唱獨斷專慮,纘結成部,上既親覽,流通內外。[117]

天監十四年(515),帝敕安樂寺僧紹,撰《華林佛殿經目》,雖復勒成,未愜帝旨。又敕唱重撰,乃因紹前錄,注述合離,甚有科據,一帙四卷,雅愜時望。遂敕掌《華林園寶雲經藏》,搜求遺佚,皆令具足。備造三本,以用供上。緣是,又敕撰《經律異相一部并目錄》五十五卷、《眾經飯供聖僧法》五卷。[118]

天監十五年(516)丙申,又敕(寶唱)撰《經律異相》一部。寶唱又別撰《尼傳》四卷。《房錄》之中,復有《名僧傳》等七部。[119]

---

113 見:唐·道宣撰,《續高僧傳卷一·譯經篇初·寶唱傳》,《大正》50,頁 426下。

114 見:《高僧傳卷三·求那毘地十三》,《大正》50,頁 345 中。

115 見:《續高僧傳卷一·僧伽婆羅傳一》,《大正》50,頁 426 上。

116 見:《大正》50,頁 426 中~頁 427 下。

117 以上詳參:《大正》50,頁 426 中~頁 427 下。

118 同上注。

119 見:唐·智昇撰,《開元釋教錄卷六·總括群經錄上之六》,《大正》55,頁 538

　　從以上這些文獻資料看來，寶唱在梁武帝朝，不僅是一個學養富贍、熟知佛教僧、尼事務，也是一位了解佛教義理而備受梁武帝重視的高僧。

（三）梁武帝極重視禮懺

　　我國在南、北朝時代，以梁武帝為代表的一派，繼承了我國古代精靈不滅、人死變鬼的思想，並和佛教輪迴報應思想相混合，宣揚佛性就是「不滅的神明」。[120]當時的梁武帝，除了與朝中大臣一起提出理論進行辯駁范縝的〈神滅論〉外[121]，並在重要祭祀鬼神的活動上，實際的採用佛教的「禮懺」法事，這對當時政治社會的安定與民心的安頓均產生極大的影響。費長房《歷代三寶紀》卷十一說：

> 帝（梁武帝）以國土調適，住持無諸災障，上資三寶，中賴四天，下藉龍王，眾神祐助。如是種種，世間蒼生，始獲安樂。雖具有文，散在經、論，急要究尋，難得備睹。故天監中，頻年降敕，令莊嚴寺沙門寶唱等，總撰集錄，以備要須。或建福禳災，或禮懺除障，或饗神鬼，或祭龍

上。關於寶唱著「高僧傳」及「尼傳」之記錄，《隋書卷三十三・志二十八・經籍二》亦載寶唱撰有「《名僧傳》三十卷、《尼傳》二卷」，頁 978、頁 979。又，《新唐書卷五十九・志四十九・藝文三》載，寶唱撰有「《名僧傳》二十卷、《比丘尼傳》四卷」，頁 978、頁 979。其中之《尼傳》四卷一書，曹仕邦〈比丘釋寶唱是否《比丘尼傳》撰人的疑問〉一文曾提出懷疑的說法。參：釋恆清主編，《佛教思想的傳承與發展－印順導師九秩華誕祝壽文》，（台北：東大圖書股份有限公司，民國八十四年四月初版），頁 455~頁 465。又據唐・神清《北山錄卷二・法籍興第三》載，寶唱撰有「《經律異相》五十卷」，見：《大正》52，頁 582 下。

120　見：方立天著，《中國佛教研究》下，（台北：新文豐出版股份有限公司，民國八十二年五月台一版），頁 612。

121　《弘明集》卷十即載有梁武帝的〈大梁皇帝敕答臣下神滅論〉一文，並連載〈法雲法師與王公辯朝貴書〉、〈臨川王答〉、〈建安王偉答〉、〈長沙王淵答〉、〈尚書令沈約答〉、〈光祿領太子右率范岫答〉、〈丹陽尹王瑩答〉等六十二人的答文，眾大臣皆附和梁武帝的「神不滅論」。見：《大正》52，頁 60 中~頁 68 下。此外，當時劉勰亦撰〈滅惑論〉、蕭琛撰〈難神滅論〉、曹思文撰〈難神滅論〉相為應辯。見：《大正》52，頁 54 上~頁 60 上。《廣弘明集卷二十二・法義篇第四之五》亦載沈約〈眾生佛不相異義〉、〈六道相續作佛義〉、〈因緣義〉、〈形神義〉、〈神不滅義〉、〈難范縝神滅義〉等文，見：《大正》52，頁 252 下~頁 254 中。

王，諸所祈求，帝必親覽，指事祠禱，訖多靈感。所以五
十年間，兆民荷賴，緣斯力也。[122]

因爲寶唱等人的「總撰集錄」，梁武帝的「或建福禳災，或禮懺除
障，或饗神鬼，或祭龍王」的祭祀法會，遂能經常舉行，所以在
梁武帝統治的五十年間，天下安樂太平，百姓多蒙恩澤。這樣說
來，寶唱在梁武帝朝撰集「禮懺文」是可信之事。據《佛教史年
表》所載，梁武帝在朝期間，至少舉行過「十次」以上的大、小
水陸法會或無遮大會。[123]這些「大、小水陸法會或無遮大會」，無
疑是與「禮懺文」相爲照應的。這種藉法會以禳災、祈福、滌障、
懺悔的觀念，雖不無佞佛之嫌，但也不能說不是從梁武帝的內心
真誠發出的。因爲，他除了自撰〈摩訶般若懺文〉、〈金剛般若懺
文〉[124]之外，還留心釋典，以八部《般若》爲心良田，是諸佛由
生。又即除災滌累故，收採衆經，躬述注解，親臨法座，講讀敷
弘，用此善因崇津靈識。頻代二皇，捨身爲僧給使，洗濁煩穢，
仰資冥福。最典型的例子是：大通元年（529），於臺城北開大通
門，立同泰寺，帝親臨幸，禮懺敬接，以爲常准，即捨身之地也。
[125]此得見梁武帝的弘揚佛教，不止是多次舉行全國性的「禮懺法
會」，還多次親自捨身事佛[126]，他那屈身爲僕，專敬供佛、祈禱國

---

122 見：《大正》49，頁 99 中。又見：唐・道宣撰，《大唐內典錄卷四・梁朝傳譯
　　佛經錄第十二》，《大正》55，頁 266 下。
123 見：慈怡主編，《佛教史年表》，（台北：佛光出版社，民國八十四年二月初版
　　二刷），頁 53~頁 64。「無遮會」，不分聖賢道俗、貴賤上下，平等行財施及法
　　施之法會，稱爲無遮會。五年行一度者，特稱五年大會。該次必傾竭府庫，
　　惠施衆生，唯留兵器不予布施。參：唐・玄奘譯，《大唐西域記卷五・羯若鞠
　　闍國》，《大正》51，頁 894 下。
124 見：《廣弘明集卷二十八・悔罪篇第九》，《大正》52，頁 332 上~下。
125 見：《續高僧傳卷一・譯經篇初・寶唱傳》，《大正》50，頁 427 上~下。
126 梁武帝在朝期間，經常召聚當時高僧，在同泰寺、重雲殿、皇基寺、阿育王
　　寺等寺進行很多禮懺法會，譬如：無遮大會、四部大會、四部無礙法會、救
　　苦濟會、平等會、無礙法喜食宿、無礙會、盂蘭盆齋會等，或供佛、或大赦、
　　建塔、或布施、或講經、或造藏，不一而足，到了晚年尤其耽溺。史書上載
　　梁武帝關於「無遮大會」、「捨身奉佛」的事，可見：《梁書卷五十四・列傳第
　　四十八・諸夷》，頁 791~792。《梁書卷三・本紀第三・武帝下》，頁 71、頁 73、
　　頁 92 等處、《南史本紀卷七・梁本紀中第七・武帝下》，頁 205、頁 210、頁
　　218、頁 224、頁 225、《南史卷七十二・列傳第六十二・文學・杜之偉》，頁
　　1787 等處、《資治通鑑卷一五一・梁紀七・高祖武皇帝七・大通元年》，頁 4723、

泰民安、「除災滌累」、「洗濁煩穢」之心,可謂極盡恭誠之至。梁武帝這麼慎重的躬自禮懺,上行下效,故一直影響著江南人民,如《宋高僧傳》卷二十八云:「自淮以南,民間唯禮《梁武懺》以為佛事,或數僧唄暖,歌讚相高,謂之禳懺法。」[127]可謂其來有自。

　　梁武帝提倡佛教,推行禮懺,一方面固與儒家「禮治思想」合一[128],以求「篤孝治之義,明覺者之旨」[129];另一方面,當然也有鞏固封建統治的政治目的。[130]但這種透過「禮懺」以祈求國泰民安的目的,即使在二〇〇二年的今天,也是必然要存在的一種社會事實。日‧椎名宏雄亦說:中國的懺儀之所以興盛,是配合當時國家社會招福、除災等因素所造成的。[131]故整體而言,中國自從四世紀到六、七世紀之間,僧傳中所見之禮懺、齋懺等,都是為了禳災、避邪、祈雨、治病、息災等現世的利益,這些禮懺、齋懺之法,往往因此而得以流傳下來。[132]

　　如是說來,梁武帝在朝近五十年裏,他之所以有能力在「以

《資治通鑑卷一五九‧梁紀十五‧高祖武皇帝十五‧大同元年》,頁4927、《資治通鑑卷一六〇‧梁紀十六‧高祖武皇帝十六‧太清元年》,頁4950、頁4951《資治通鑑卷一六一‧梁紀十七‧高祖武皇帝十七‧太清二年》,頁4992等處。又見:《續高僧傳卷一‧譯經篇初‧寶唱傳》中亦有記載,見:《大正》50,頁426中~頁427下。另見:《佛祖統紀卷三十七‧法運通塞志第十七之四》,《大正》49,頁348中~351下。

127 見:《宋高僧傳卷二十八‧興福篇第九之三》,《大正》50,頁888中。

128 梁武帝在〈敕答臣下神滅論〉中云:「孟子云:人之所知,不如人之所不知。信哉!觀三聖設教,皆云不滅,其文浩博,難可具載。止舉二事,試以為言。〈祭義〉云:惟孝子為能饗親。〈禮運〉云:三日齋,必見所祭。若謂饗非所饗,見非所見,違經背親,言誠可息。」見:梁‧僧佑撰,《弘明集》卷十,《大正》52,頁60中。

129 梁武帝時,庫部郎何炯答難神滅論語。見:《弘明集》卷十,《大正》52,頁64中。

130 方立天云:「事實上,大乘佛教在中國傳播初期即公元五世紀,彌勒淨土信仰就已經被政治化了。」見:方立天著,《中國佛教研究》上,頁388。另參:古正美著,《大乘佛教:過去和現在》,(北京:北京大學出版社,1992年10月一版一刷),頁99。又見:王志楣撰,〈從《弘明集》看佛教中國化〉,(台北:國立政治大學中國文學研究所博士論文,民國八十五年六月)頁178。

131 參:日‧椎名宏雄撰,〈唐代禪宗の礼儀について〉,收入《印度學佛教學研究》第二十卷第二號,(東京:日本印度學佛教學會,昭和47年(1972)3月),頁768。

132 見:日‧中村元等著,余萬居譯,《中國佛教發展史》上,頁356。

擬時要」、「以備要須」[133]的時候去進行一些「禮懺」、「禳災」、「祈福」等祭祀的法會，除了自己的御身事佛的真心之外，可說與寶唱的對當時翻譯出來的佛經作「總撰集錄」、「注述合離」、「並通鳩聚」、「綸綜終始」，也有相當大的關係。

（四）寶唱撰集經錄成果

齊、梁之間，中土已翻譯出了不少印度佛教的經論，中國的高僧也陸續都有經論著述的出現。[134]據《歷代三寶紀》卷十一、《續高僧傳》卷一、《大唐內典錄》卷四、卷十及《破邪論》卷下等處的記載，梁武帝深知「法海浩汗，淺識難尋」、「佛法沖奧，近識難通」，故在天監年間，屢次敕命寶唱負責總撰經集，校正名錄。寶唱在這種因緣之下，加上自己的辛勤，共纂輯了下列著作：

　　《經律異相一部并目錄》五十五卷（天監十五年敕撰）
　　《名僧傳并目錄》三十一卷（天監十三年）
　　《眾經飯供聖僧法》五卷（天監十五年）
　　《眾經目錄》四卷（天監十五年）
　　《眾經護國鬼神名錄》三卷（天監十五年）
　　《眾經諸佛名》三卷（天監十六年）
　　《眾經擁護國土諸龍王名錄》三卷（天監十六年）
　　《眾經懺悔滅罪方法》三卷（天監十六年，並見《寶唱錄》）
　　《出要律儀》二十卷
　　《翻梵言》三卷
　　《續法輪論》七十餘卷
　　《法集》一百四十卷[135]

---

133 見：《大正》49，頁99中。又見：唐・道宣撰，《大唐內典錄卷四・梁朝傳譯佛經錄第十二》，《大正》55，頁266下。

134 參：褚伯思著，《中國佛教史論》，（台北：佛光文化事業有限公司，民國八十八年一月五版一刷），頁31~35。

135 以上資料，詳見：《歷代三寶紀》卷十一，《大正》49，頁99中、《續高僧傳》卷一，《大正》50，頁426下及《大唐內典錄》卷四，《大正》55，頁266下。又據《大唐內典錄》卷十載，寶唱曾翻譯撰述的佛教經論有「一百餘部」，除上述作品外，尚有《出要律儀》二十卷、《翻梵言》三卷，見：《大正》55，

在佛教史傳中，一般都載寶唱的著作爲「八部，一百七卷」，但我們加以統計，總共是「十二部，三百四十餘卷」。又《破邪論》則載寶唱的著作爲「一千四百三十三部」[136]，此恐有誤。不過，寶唱仍可謂爲著作等身之高僧。

寶唱的這些作品，可大率歸納爲「經籍目錄」、「諸經佛名、鬼神名錄」、「懺悔滅罪法」、「翻譯名義」、「佛法論集」等五大類。道宣說，這些作品都能夠「包括幽奧，詳略古今」、「綴紕區別」、「綸綜始終」、「並通鳩聚」、「注疏合離，甚有科據」[137]的。故《大唐內典錄》說：「（梁武帝）敕沙門寶唱更續經目，乃顯譯有無，證經真僞。……頗爲龐（ㄌㄨㄛˊ）縷。」[138]

從以上這些文獻資料看來，寶唱不僅是梁武帝朝一位「禮懺文的撰集者」，也留下很多「經籍目錄」、「諸經佛名、鬼神名錄」、「懺悔滅罪法」、「翻譯名義」、「佛法論集」等作品，對後來隋、唐人整理梁代的佛經上也打下了很好的基礎。[139]因此，鎌田茂雄說：「寶唱可以說是歷來佛教禮儀書的集大成者」[140]，所論甚是。

頁 331 中。其中《翻梵言》三卷一書，是一部摘錄漢譯經、律、論及撰述的梵語翻譯名詞的音譯、義譯、出典及卷次的佛教辭典，據陳士強之研究，該書即《大正》54 中之《翻梵語》十卷。見：《佛典精解》，（台北：建宏出版社，民國八十四年七月初版一刷），頁 1034～頁 1040。

136 又據唐·法琳《破邪論》卷下所載，寶唱曾翻譯撰述的佛教經論有「一千四百三十三部」之多，見：《大正》52，頁 485 中。

137 見：《大正》50，頁 426 下。

138 見：《大唐內典錄卷四·梁朝傳譯佛經錄第十二》，《大正》55，頁 264 上。

139 如：隋·費長房（約 600 年時人）撰《歷代三寶紀》時，還特別向他請益，並參考了寶唱所纂集的「寶唱錄」之內容。見：《歷代三寶紀》卷四，《大正》49，頁 50 上。及同書卷十一，頁 99 上。道宣的《大唐內典錄》中關於梁代及梁代以前的經典記錄，也都參考過寶唱《寶唱錄》所蒐集整理的資料。見：唐·道宣《大唐內典錄》卷一～卷四，《大正》55，頁 221 上行 6、頁 221 上行 25、頁 221 上行 28、頁 226 下行 28、頁 227 上行 3、頁 227 上行 18、頁 227 上行 29、頁 236 中行 12、頁 252 上行 7、頁 253 下行 13、頁 256 上行 12、頁 258 上行 28……等處，均有「見《寶唱錄》」、「寶唱」等之記載。寶唱另編有《續法記》，宋·道原纂《景德傳燈錄》時，亦曾參用其書。見：《大正》51，頁 204。天監十七年（518），寶唱又奉梁武帝之命，整理日益浩繁的經書目錄，稱爲《梁世眾經目錄》四卷。見：《大正》49，頁 94 中及同書卷十五，頁 126 中。

140 見：鎌田茂雄前揭書文，頁 220。

（五）「《眾經諸佛名》三卷」及「《眾經懺悔滅罪方法》三卷」

寶唱可以說是梁武帝朝對佛教禮儀書的集大成者，然寶唱的所有作品當中，與本書關係最密切的，就是「《眾經諸佛名》三卷」及「《眾經懺悔滅罪方法》三卷」這兩部書。

這兩部書，未見於佛教經錄中。不過，這兩部書與《佛名經》及《水懺》間倒有三點值得注意之處：其一，這兩部書的書名既標舉著「眾經」，代表著這兩部書中所載的「諸佛名號」及「懺悔滅罪方法」，都是依據梁代之時已翻譯出來的漢譯眾經中「雜錄」整理出來的。今考梁朝其他高僧的譯著，寶唱的譯著是有別於其他高僧所譯著之「戒法」、「經」、「集記傳」、「經論疏記」、「經抄」等類的書籍，而是偏重於「雜錄」[141]的。

其二，兩部書都是標舉著「眾經」、「諸佛名號」與「懺悔滅罪方法」三個要項，這正與梁代的二十卷本《佛名經》及《水懺》之內容相合。[142]

其三，今在《敦煌寶藏》中，尚存有「北八三三號（海六十四）」「《諸經佛名》卷上」殘卷一本[143]，其內容性質是否有卷中、卷下？是否與寶唱編撰的「《眾經諸佛名》三卷」有關？仍待考查。

以此言之，梁‧寶唱的「《眾經諸佛名》三卷」、「《眾經懺悔滅罪方法》三卷」與「《水懺》三卷」之間，或許是存在著微妙關

---

141 道宣在《大唐內典錄卷四‧梁朝傳譯佛經錄第十二》錄有梁‧僧祐、僧伽婆羅、寶唱、僧旻、智藏、法朗、慧皎、袁曇允、蕭綱……等人所出經、律、傳、記等九十部，凡七百八十卷。這些譯著中，屬「戒法」者有一卷，屬「集記傳」者有六十三卷，屬「偈」者有一卷，屬「經論傳」者有三十八卷，屬「經論疏記」者有四十六卷，屬「經抄」者有一百卷，屬「經目」者有四卷，屬「義林」者有八十卷，屬「注經」者有一二二卷，屬「僧傳」者有一一卷，屬「論抄」者有二十卷，而寶唱的一百七卷則歸屬「雜錄」。見：《大正》55，頁 264 上。

142 筆者案：「眾經」、「諸佛名號」與「懺悔滅罪方法」三項重點，與敦煌本二十卷《佛名經》、十六卷《佛名經》、三十卷本《佛名經》、《大佛略懺》及《水懺》之內容均相合。

143 見：《敦煌寶藏》62，頁 610~頁 614。

係的。[144]

(六)「《衆經諸佛名》三卷」及「《衆經懺悔滅罪方法》三卷」的消失

據上所述，寶唱依已譯衆經所集錄整理的「《衆經諸佛名》三卷」及「《衆經懺悔滅罪方法》三卷」這兩部書，可能與《水懺》三卷中的「諸佛名號」與「懺悔滅罪方法」存在著微妙關係的。不過，這兩部書爲何都不見於後世的經錄中呢？

關於兩部書不見於後世的經錄中的原因，除了可能是基本的「兵燹祝融因素」[145]之外，尚有智昇所說的「非入藏，故闕不錄」[146]的關係。如上所述，梁武帝對寶唱等自諸經中所集錄的書籍之使用態度是「以擬時要」、「備急之需」而已。[147]也就是說，當時寶唱所撰述的「《衆經諸佛名》三卷」及《衆經懺悔滅罪方法》三

---

144 周叔迦先生於《周叔迦佛學論著集》認爲「寶唱」撰集的「《衆經懺悔滅罪方法》三卷」，即是後世所說的《慈悲道場懺法》，見：《周叔迦佛學論著集》，（北京：中華書局，1991年1月北京一版一刷），頁1106。然周叔迦先生於《法苑談叢》一書又認爲《慈悲道場懺法》是「當時（519~523）僧侶食肉，梁武帝召集京邑大德法師，進行辯論，根據《涅槃經》、《楞伽經》等，制斷食肉，並令諸僧七日懺悔，所以這懺法叫作《慈悲道場懺法》。」見：《法苑談叢》，（台北：文津出版社，民國七十九年六月出版），頁43。另可詳參：徐立強〈「梁皇懺」初探〉，收入：《中華佛學研究》第二期，（台北：中華佛學研究所，民國八十七年三月出版），頁178~頁206。案：由於《慈悲道場懺法》的內容有「浩浩十卷」之多，與敦煌本二十卷《佛名經》中的懺悔文字內容及《水懺》「三卷」的「一萬多言」實在相差懸殊，故筆者傾認爲，《慈悲道場懺法》的作者應歸爲《法苑談叢》中「梁武帝召集京邑大德法師所作」爲宜。至於「寶唱」撰集的「《衆經懺悔滅罪方法》三卷」，則可能爲後來「《水懺》三卷」（即二十卷《佛名經》、十六卷《佛名經》或《大佛略懺》中的三障懺悔文字）之內容。

145 如：蕭齊在東昏侯執政的「永元末，後宮火延祕閣，圖書散亂殆盡。」見：唐·姚思廉撰，《梁書二十一·王泰傳》，頁324。《太平御覽》卷六一八亦載：蕭梁侯景之亂，「軍士夜於宮中置酒奏樂，忽聞大火起，衆便驚散，東宮圖書數百廚焚之皆盡。」魏軍迫江陵，梁元帝怕書落敵手，焚書十四萬卷，所餘十之一、二。隋煬帝在廣陵亦有「焚書三十七萬卷」之舉。引見：高振鐸主編，《古籍知識手冊一·古籍知識》，頁266。

146 見：唐·智昇撰，《開元釋教錄卷六·總括群經錄上之六》，《大正》55，頁538上。

147 見：《大正》49，頁99中。又見：唐·道宣撰，《大唐內典錄卷四·梁朝傳譯佛經錄第十二》，《大正》55，頁266下。

卷，只是中國人就漢譯眾經中之「諸佛名號」及「懺悔滅罪方法」
作過有所選擇的「消化吸收，陶鑄化裁」[148]後之輯錄作品，這自
然已經不是漢譯佛教經典的原本面貌。況且，當時編纂經錄大藏
者對於「正」、「僞」經典的判定，又是謹慎不阿的。[149]方廣錩說：
「（南、北朝至隋、唐）還出現諸如史傳、禮懺、目錄、音義、抄
集，及反映佛教俗信化的大批中華撰著。這些中華撰著，有的被
收入大藏，但更多的卻被編纂經錄大藏的僧人拒之門外，任其自
生自滅。」[150]又說：「重視外國傳入的翻譯，輕視本國僧眾的著述，
這大約是《開元錄》的一個最嚴重的缺點了。……站在狹隘的宗
教立場上編纂大藏，這幾乎是古代佛教目錄學家的共同缺點。」[151]
在《開元錄》時收錄藏經的情形如此，那麼遠在梁代時收編大藏
的情形就更不樂觀了。

　　由上所述，可知寶唱是備受梁武帝禮遇的一位學貫中、印佛
學的「禮懺文之集大成者」。這一位高僧的生平事蹟中，亦曾患有
「腳疾」[152]，此是否與〈水懺序〉中悟達膝上的「人面瘡」之傳
說相關？〈水懺序〉的編撰者當初有否也參照過《續高僧傳》中
關於寶唱「腳疾」的記載？在證據不足的狀況下，筆者只是提出
來供作學界參考。中國自梁、陳以後，佛教的中國化已極爲明顯，
寶唱在天監十六年（517年）奉敕編纂整理的「《眾經懺悔滅罪方
法》三卷」，即爲佛教中國化的顯現，但這部中國化懺悔書的懺悔
文字內容，是否被敦煌僧侶附加在敦煌本二十卷《佛名經》中
── 即爲後世《水懺》三卷的「三障懺悔文字」內容？從上述諸

---

148 見：藍吉富撰，〈貝葉傳經 ── 佛書的翻譯〉，收入：劉岱主編，《中國文化新
　　論・學術篇・浩瀚的學海》，（台北：聯經出版事業公司，民國八十三年五月
　　初版七刷），頁 514、頁 516。
149 這從《開元釋教錄》卷十八中之「疑惑再詳錄」、「僞妄亂真錄」的記載即可
　　得知。即使是在民間與敦煌均已盛行不輟的十六卷《佛名經》，亦一直被排斥
　　在正統的大藏經之外。參：方廣錩〈關於敦煌遺書《佛說佛名經》〉，《中國敦
　　煌學百年文庫・宗教卷二》，頁 206。
150 見：方廣錩著，《佛教大藏經史》，（北京：中國社會科學出版社，1991 年 3 月
　　一版一刷），頁 8。
151 同上，頁 40~頁 41。
152 見：《續高僧傳》卷一，《大正》50，頁 426 中之「又中風疾」、頁 427 中之「天
　　監九年，先疾復動」及頁 427 下之「初以腳氣連發，入東治療」三處。

事來看，我們只能說：他們之間可能存在著微妙的關係。至於確實與否，尚待更充實資料的考證。

三、從〈水懺序〉與《水懺》的關係視之

本章第一節曾說：〈水懺序〉的製作，有可能是編撰者錯綜組合了《賢愚經》卷四與《大涅槃經》卷十六中的「以水洗瘡」故事、《宋高僧傳卷二十一‧釋羅僧》的「感遇異僧」故事、《宋高僧傳卷六‧知玄傳》的「袁盎」、「晁錯」十世冤讎之因果不昧故事，加以潤飾附會而成的。同時也是將《知玄傳》中的「禮懺文六卷」所做的「假設」所造成的。[153]

不過，〈水懺序〉的編撰者做這樣的「附會」與「假設」，其主要動機為何呢？據〈水懺序〉云：「群賢著作，未有無所感而為之者」，也就是說，〈水懺序〉的撰著，也是「感其殊異，深思積世之冤」[154]而寫出來的。此句中的「感」字，是「感觸」、「感動」之意，這在序文中是具有雙向、互動之作用的。易言之，〈水懺序〉的編撰者，是藉著知玄感動於迦諾迦尊者的神異事蹟而滌冤禮懺之事，欲令禮懺者禮拜《水懺》時亦能「有所感而為之」也。這種雙向、互動之作用，其實就是中國經師們在講經、銷文、釋義、發揮玄理時，參入一些因果報應、公案，以加深聽者的印象與了解的通俗宏化之法。[155]

事實上，佛陀於說法時，就常透過「譬喻」（avadāna，阿波陀那）[156]、「本生」（jātaka）、「因緣」（nidāna）、記說（vyākarana）、

---

153 詳參本章第一節之內容。
154 見：《大正》45，頁 968 下。
155 參：印順著，《原始佛教聖典之集成》，（台北：正聞出版社，民國八十三年一月修訂三版），頁 610。
156 梁‧僧佑撰，〈賢愚經記〉云：「慧朗……道業淵博，總持《方等》。以為此經所記，源在譬喻。譬喻所明，兼載善、惡。善、惡相翻，則賢、愚之分也。前代傳經，已多譬喻，故因事改名，號曰《賢愚》焉。」見：《出三藏記集卷九‧賢愚經記第二十》，《大正》55，頁 67 下。阿波陀那，梵 avadāna 之音譯，略作婆陀，意譯為譬喻、出曜、解語。佛所說之經典，依其內容形式之不同，而分類為十二種，稱為十二部經。阿波陀那即為十二部經之一。凡經

本事（iti-vrttaka）[157]等法，作為「敷衍宏教，訓誘之要，牽物引類，轉相證據，互明善、惡、罪、福、報應，皆可寤心，免彼三塗。」[158]也就是說，透過「譬喻」的牽物引類，轉相證據，讓眾生或弟子們能確立正信、解悟正知、踐行正道、堅定正心，不再被俗世諸邪道所迷，使自己的身心能常居清淨安樂之境。故後世佛教經師們在宣揚經法時，多沿襲佛陀的教法，講說一些神異的故事，使聽眾容易信受。自從佛陀滅度後，一直至今天為止，不論是古印度，還是現代中國，這種方法仍然是佛教界所共傳、共信的的「方便之道」。[159]

　　就懺法的立場而言，〈水懺序〉中「知玄遇迦諾迦之神異事蹟」，即可視為一種「使聽眾容易信受」的譬喻「方便」。丁敏教授更詳細的說：「所謂阿波陀那（譬喻），就是佛教教義中關於聖賢的傳記，在律部中，最先常是為闡明制戒的因緣而說到阿波陀那的故事，因此譬喻與因緣相結合而成譬喻因緣。又由於律的作

典中，以譬喻或寓言方式說明深遠甚妙教義之部分，即稱阿波陀那。參：《佛光大辭典》，頁 3631 下。

157 如：唐・玄奘譯，《阿毘達磨大毘婆沙論卷一二六・業蘊第四中自業納息第五之三》：「因緣云何？謂諸經中，遇諸因緣，而有所說。如貪品等，種種因緣。如毘奈耶，作如是說。由善財子等，最初犯罪。是故，世尊集苾芻僧，制立學處。譬喻云何？謂諸經中，所說種種眾多譬喻。如長譬喻、大譬喻等。如大涅槃，持律者說。本事云何？謂諸經中，宣說前際所見聞事。如說過去，有大王都，名有香茅，王名善見。過去有佛，名毘缽尸，為諸弟子說如是法。過去有佛，名為式企、毘濕縛浮……迦葉波，為諸弟子說如是法，如是等。本生云何？謂諸經中，宣說過去所經生事，如熊、鹿等諸本生經。如佛因提婆達多，說五百本生事等。」見：《大正》27，頁 660 上。唐・玄奘譯，《瑜伽師地論卷二十五・本地分中聲聞地第十三初瑜伽處出離地第三之四》亦云：「云何因緣？謂於是中，顯示能請補特伽羅（pudgala）名字種姓，因請而說，及諸所有毘奈耶（vinaya，律）相應，有因有緣，別解脫經，是名因緣。云何譬喻？謂於是中，有譬喻說，由譬喻故，本義明淨，是名譬喻。云何本事？謂諸所有宿世相應事、義、言、教，是名本事。云何本生？謂於是中，宣說世尊在過去世，彼彼方分，若死若生，行菩薩行，行難行行，是名本生。」《大正》30，頁 418 下。「補特伽羅」，人、眾生、數取趣、眾數者。指輪迴轉生之主體而言。數取趣，意為數度往返五趣輪迴者，乃外道十六知見之一，即「我」之異名。佛教主張無我說，故不承認有生死主體之真實補特伽羅，但為解說權便之故，而將人假名為補特伽羅。

158 唐・康法邃造，《出三藏記集卷九・譬喻經序第二十三》：「譬喻經者，皆是如來隨時方便四說之詞，敷衍宏教，訓誘之要。牽物引類，轉相證據，互明善惡罪福報應，皆可寤心，免彼三塗。」《大正》55，頁 68 下。

159 參見：印順著，《華雨集（二）・方便之道・緒言》，頁 5。

用側重在止惡上，於是阿波陀那由聖賢行為的範圍，擴大到敘述凡俗的、甚至罪惡的行為上，並且特別注重在強調行為對其所造成後果的責任承擔上，以達到勸善止惡的作用。於是以因果業報為主題，以譬喻、本生為形式的阿波陀那大量產生，成了根本說一切有部律典中阿波陀那的特色。」[160]佛教經典，無不以正知、正行、正見、正覺、正信等法來闡明因果之理，令人無疑的信、解、行、證；而「戒律」的作用，是僧、尼在維持佛法的實踐中，在日常生活中改造自己思想、言語和行為，讓自己的三業清淨，使僧團堅固，以達到正法久住、莊嚴國土、樂利有情的目的。[161]故〈水懺序〉的編撰者寫下了迦諾迦尊者為知玄（悟達）「以水洗瘡」之事，亦為一種以因果業報為主題，以譬喻、本生為形式的阿波陀那，即為懺悔者改造自己思想、言語和行為，讓自己的三業清淨的過程。

本書在第二章第一節論及「《水懺》的名稱」時，已證明〈水懺序〉中的「以水洗瘡」，事實上來自於《賢愚經卷四・摩訶斯那優婆夷品第二十二》與《大般涅槃經卷十六・梵行品第八之二》兩處。如是言之，〈水懺序〉的編撰者，藉由佛陀傳教說法時，曾經運用「以水洗瘡」的「阿波陀那」來療治眾生苦惱的「身」、「心」病痛的方便法，轉作為中國佛教徒禮拜《水懺》時的「阿波陀那」。據第二章第一節所述，佛陀所用的「水」，並不是一般江河溪泉中的有形之「水」，而是由懺悔者自己於平時生起的「慈善根力」、「慈悲心」、「喜捨心」、「慚愧心」、「菩提心」、「智慧心」等無量無邊宏大誓願心所發出的無形「法水」。也就是說，懺悔者自己本身應該要有「四無量心」去「感」其殊遇的。任何人有了這基本的「四無量心」，加上「稱念佛名」、「佛陀說法」、「六度」、「涅槃寂靜」、「十二因緣」等概念的真實認知，便能正知、正解佛法，從而產

---

160 見：丁敏著，《佛教譬喻文學研究》，（台北：東初出版社，民國八十五年三月初版），頁576~頁577。

161 參：周叔迦著，《周叔迦集》，（北京：中國社會科學出版社，1995 年 12 月一版一刷），頁 132。

生正心、正念，滌除人們因為「貪欲」、「瞋恚」、「愚癡」等所造成的六道輪迴之苦。

〈水懺序〉的撰者，即藉由「知玄的寵遇過奢，名利心起，於德有損」、「西漢史上袁盎、晁錯的故事」與「迦諾迦尊者的以水洗瘡」，彙整融合，變成了不可思議、具有譬喻作用的「三昧法水」。這樣的「三昧法水」，與《水懺》三卷本身的「三世諸佛」及「懺悔文字」，言與音，音與字，字與禮，禮與懺，懺與佛，佛與人，人與「序」，「序」與「法」，彼此之間作了無量無邊雙向的、互動的、動態的融合為一的心力流水，成為一部強調續續不絕的懺悔行為以對其所造成後果的責任承擔，達到勸善止惡作用之懺法。

這樣看來，〈水懺序〉的內容，是撰述者參酌了：發生在印度的佛說「以水洗瘡」故事、發生在「開成（唐文宗，836~840）中」的釋羅僧「感遇異僧」故事、發生在「唐懿宗朝（860~873）」的釋知玄「十世冤讎」因果故事而寫成的。

四、《水懺》的形成過程

綜上所述，《水懺》一書的形成，並不是單純由《佛名經》的懺悔文字內容作集結而已，而是與敦煌「佛名經」遺文、梁朝禮懺、以水洗瘡等因緣，經過「南、北朝」（第四世紀）至「晚唐、五代」（第十世紀）長時期的交相激發蘊釀，非一時、一地、一人所形成的。

若欲返本歸原，《水懺》三卷最初的模型，應該歸諸於印度大乘佛教的佛說「懺悔滅罪方法」。但這些佛說「懺悔滅罪方法」，在我國南、北朝社會傳譯流行之時，仍然是紛雜地分布於各漢譯經、律、論之中的，由於在「末法思想」、「三寶思想」、「功德轉錄」等俗信化、方便化思想的影響下，禮佛與懺悔思想也迅速地

在民間落地生根[162]。梁武帝‧天監十六年（517）寶唱所雜錄整理出來的「《眾經懺悔滅罪方法》三卷」，可能就因於梁武帝的崇尚禮懺、禳災等法事的關係而編撰出來，但是他這一部「《眾經懺悔滅罪方法》三卷」，是否流傳於民間？是否與《水懺》三卷的「三障懺悔文字」內容相同？限於時、空的差異與文獻資料不足之故，這裡只能暫時提出，以蘄更新史料的發現與印證。不過，當北魏‧菩提流支譯出十二卷本《佛名經》之後，有人就將當時候已在民間流傳的三障懺悔文字內容與《馬頭羅刹經》，分別置入十二卷本《佛名經》各卷之中，變成了「敦煌本二十卷《佛名經》」。

　　迨梁代的「敦煌本二十卷《佛名經》」流傳一段時間之後，又陸續被後人加入了其他佛經中的「諸佛名號」及「《佛說罪業應報教化地獄經》」等內容，變成了「敦煌本十六卷《佛名經》」，這時已是隋或唐初了。在隋或唐初之前（730 之前），「三障懺悔文字內容」尚包含於十六卷本《佛名經》之內；到了晚唐、五代之間，中國佛教徒們又從十六卷《佛名經》中略出懺悔文，成為《大佛略懺》一書。同在此時，又有人從《大佛略懺》中分離抄出「單純的三障懺悔文字」，讓這「三障懺悔文字內容」與大部分的「諸佛菩薩名號」分離，捨去了《大乘蓮華寶達問答報應沙門經》及《佛說罪業報應教化地獄經》的部分，並在前、後內容上略加增修潤飾，成為專門讓佛教徒們作為「洗心懺悔」的一部懺悔法。

　　又據北宋‧贊寧在《宋高僧傳卷二十八‧興福篇第九之三》文後的〈總論〉云：

> 自淮以南，民間唯禮《梁武懺》以為佛事，或數僧唄（口＋匿），歌讚相高，謂之禳懺法。其有江表行《水懺法》者，悔其濫費過度之愆，此人偽造，非真法也。[163]

從這份資料來看，我們可以推論出下列四項事實：一、贊寧的《宋

---

162 參方廣錩〈關於敦煌遺書《佛說佛名經》〉一文，見：《中國敦煌學百年文庫‧宗教卷二》，頁213~頁214。

163 見：《宋高僧傳》卷二十八，《大正》50，頁888 中。

高僧傳》完成於988年[164]，則至少在988年以前，江南地區曾經流行過一本「《水懺法》」。二、在《宋高僧傳》完成之時，這一本《水懺法》既已流行到讓贊寧判爲「人僞造」的「非真法」，則知其於江南地區已流行了頗長一段時間。三、贊寧說這本《水懺法》是「人僞造」的「非真法」，則知這本《水懺法》不是漢譯佛教經典。既然是一部懺悔法，則知是由中國人自行編撰而成的一部懺悔書。四、從「悔其濫費過度之愆」這一句來看，當時的《水懺法》一書，已經是被佛教徒們廣泛的用爲懺悔一個人在生活上違犯了「濫費過度之愆」的一部懺悔法。這樣說來，這部《水懺法》，有可能即是自《大佛略懺》中分離抄出的單純三障懺悔文字內容。

不過，這部《水懺法》的「編撰者」是誰？該本《水懺法》與今天《大正》45中的《水懺》三卷是否相同？書中原本的懺悔文字內容爲何？該本《水懺法》中有否加入「〈水懺序〉」的知玄「感遇異僧」與「因果不昧」的傳說？這尚待更詳細資料的考查。

到了十一世紀初，北宋‧沈括（1030~1094）《夢溪筆談》亦云：

> （朱壽昌少與母離失），聞佛書有《水懺》者，其說謂欲見父母者，誦之當獲所願。壽昌乃晝夜誦持，仍刺血書懺，摩版印施於人，唯願見母，歷年甚多。忽一日至河中府，遂得其母，相得慟絕，感動行路，乃迎以歸，事母至孝。[165]

朱壽昌（宋神宗時人）晝夜誦持《水懺》，並且刺血書懺，摩版印施於人，可說是一種精進勤毅的至心懺悔，而最後果真如願尋得生母。《宋史‧朱壽昌傳》亦載：朱壽昌曾用浮屠法灼背燒頂，刺血書佛經，力所可致，無不爲者。至宋神宗‧熙寧（1068~1077）初年，果在同州尋得母親劉氏，後悉迎以歸。連當時王安石、蘇

---

164 贊寧〈進高僧傳表〉文前有「（宋太宗）端拱元年十月日」字樣，故知《宋高僧傳》是完成於988年十月。見：《大正》50，頁709上。

165 北宋‧沈括著，《夢溪筆談校證卷九‧人事一》，收入：楊家駱主編，《中華學術名著‧讀書劄記叢刊第一集》，（台北：世界書局，民國五十年二月初版），頁394。

頌、蘇軾以下等士大夫都爲詩讚美其孝行[166]，則沈括所記者當爲可信之事。

從《夢溪筆談》及《宋史‧朱壽昌傳》這兩份資料可以證明，在宋神宗‧熙寧（1068~1077）之時，這一本《水懺》已經被知識份子們認爲是一部具有感應之用的懺法。再由這樣具有感應作用的情形來看，它與「宋太宗‧至道年間（995~997）」的〈水懺序〉中所云「悟達感迦諾迦之異應，正名立義，報本而爲之云耳！今輒敘夫故實，標顯先猷，庶幾開卷，若禮若誦者，知前賢事跡之有端由，歷劫果因之不昧也」[167]的觀點又若合符節。據此，再與贊寧時的《水懺法》相印證，則我們認爲〈水懺序〉有可能是「宋太宗‧至道年間（995~997）」編撰而成的。

綜上所述，可能在晚唐、五代之間（850~988），已由某位高僧自《大佛略懺》中分離抄出「單純的三障懺悔文字」，讓這「三障懺悔文字內容」與大部分的「諸佛菩薩名號」分離，捨去了《大乘蓮華寶達問答報應沙門經》及《佛說罪業報應教化地獄經》的部分，並在前、後內容上略加增修潤飾，成爲專門讓佛教徒們作爲「洗心懺悔」的一部懺悔法。至於〈水懺序〉一文，有可能是在「宋‧太宗‧至道年間（995~997）」，由另一位高僧將印度的佛說「以水洗瘡」故事、《宋高僧傳卷二十一‧釋羅僧》的「感遇異僧」故事與《宋高僧傳卷六‧知玄傳》的「袁盎」、「晁錯」十世冤讎之因果不昧故事，加以錯綜組合、潤飾附會而成的。由於《水懺》書中的三障懺悔文字內容及〈水懺序〉中的知玄遇迦諾迦尊者三昧法水洗濯十世冤業的故事，能與中國人不貳過思想及滅業求福的現世功德利益思想相契合，又對世道人心具有相當深

---

166 《宋史卷四百五十六‧列傳第二百一十五‧朱壽昌傳》載：「壽昌母劉氏，異妾也。異守京兆，劉氏方娠而出。壽昌生數歲始歸父家，母子不相聞五十年。行四方求之，不置飲食，罕御酒肉，言輒流涕。用浮屠法灼背燒頂，刺血書佛經，力所可致，無不爲者。熙寧初，與家人辭別，棄官入秦，曰：不見母，吾不反矣。遂得之於同州。劉時年七十餘矣。嫁黨氏，有數子，悉迎以歸。京兆錢明逸以其事聞，詔還就官，由是以孝聞天下。自王安石、蘇頌、蘇軾以下，士大夫爭爲詩美之。」見：《宋史》，頁 13405。

167 見：《大正》45，頁 968 下。

遠的影響力，故至明太祖・洪武二十五年（1392）時，正式被明代朝廷收入《南藏》之中。

為免繁複，茲將《水懺》三卷的「形成過程」以流程圖簡示如下：

印度：佛陀所說「懺悔滅罪方法」

↓

南北朝：諸「佛名經」陸續譯出

↓

梁・517 年：寶唱撰集《眾經懺悔滅罪方法》三卷

↓

北魏・524 年：菩提流支譯十二卷本《佛名經》

↓

加入諸佛名號、某僧所撰的三障懺悔文字、《馬頭羅剎經》等

↓

梁・（557 年以前）：敦煌本二十卷本《佛名經》

↓

加入諸佛名號、《佛說罪業應報教化地獄經》等

↓

初唐・730 以前：敦煌本十六卷本《佛名經》

↓分離略出

初唐至晚唐、五代（第十世紀）：《大佛略懺》

↓分離抄出

捨去《大乘蓮華寶達問答報應沙門經》及《佛說罪業報應教化地獄經》

↓

晚唐、五代（第十世紀）：「單純的三障懺悔文字」

↓

加入「三世八佛」、「十六位佛菩薩」、潤飾增修

↓

宋太宗・端拱元年（988 以前）：《水懺法》已傳行江南

↓

宋太宗・至道年間（995~997）：〈水懺序〉撰成、《水懺》三卷（已定型）

↓

宋神宗・熙寧初（1068~1077）：《水懺》三卷（已廣為僧俗採用）

↓

影響中國社會及世道人心漸深

↓

明・洪武 25 年（1392）：《水懺》三卷（正式收入《南藏》）

第三節 《水懺》製作的經典依據

由上所論，整體的《水懺》三卷應包括：宋太宗・端拱元年（988 年）以前的《水懺法》及宋太宗・至道年間（995~997）的〈水懺序〉兩部分，但這兩部分的編撰者皆已不可考。

一、〈水懺序〉的經典依據

綜合前面所述，我們可以知道編撰〈水懺序〉的經典依據可能來自下列三處：

一、是來自於印度的《賢愚經卷四・摩訶斯那優婆夷品第二十二》及《大般涅槃經卷十六・梵行品第八之二》二處的「以水洗瘡」故事。

二、是參酌了《宋高僧傳・釋羅僧傳》中的釋羅僧感遇西蜀異僧故事。

三、是配合了《宋高僧傳卷六・釋知玄傳》中的知玄左足流珠與晁錯、袁盎的十世冤讎之因果故事。

這三處資料中，〈釋羅僧傳〉及〈釋知玄傳〉的故事較無問題，《賢愚經卷四・摩訶斯那優婆夷品第二十二》及《大般涅槃經卷十六・梵行品第八之二》二處是值得斟酌的。也就是說，〈水懺序〉的編撰者有可能沒有參考到印度的《賢愚經卷四・摩訶斯那優婆

夷品第二十二》及《大般涅槃經卷十六‧梵行品第八之二》二處的「以水洗瘡」故事，但這並不能說〈水懺序〉及《水懺》三卷的內容沒有「以水洗瘡」的內涵存在。因為，這種「以水洗瘡」故事，在佛陀之前的婆羅門社會系統之中早有「以水療病」的觀念，這樣的觀念也與佛陀的懺悔滅罪思想相併而生，並伴隨著大乘佛教的傳入中國而間接地嵌入中國人的心坎裏，故不論宋太宗至道年間（995~997）那一位編撰〈水懺序〉的高僧有否參考到印度的《賢愚經卷四‧摩訶斯那優婆夷品第二十二》及《大般涅槃經卷十六‧梵行品第八之二》二處「以水洗瘡」的資料，用「慈悲水」、「大悲水」、「三昧法水」來洗滌心垢的概念作為〈水懺序〉及《水懺》三卷中三昧法水思想的依據，仍可說是古今相通的。[168]

二、《水懺》的經典依據

至於《水懺》三卷，最直接的經典依據即是晚唐、五代形成的《大佛略懺》；廣義而言，則可說為《佛名經》。

但《水懺》三卷中的這一份三障懺悔文字內容，由於在論述懺悔理論與發露懺悔之前，都會先標明「經言」、「經中佛言」、「佛言」、「佛語」、「佛說」等字樣，這表示：二十卷《佛名經》、十六卷《佛名經》、十八卷《佛名經》、《大佛名經》及《大佛略懺》等諸佛名經系統中的這一份三障懺悔文字內容，仍有一位最原始的編撰者直接自漢譯佛教經論中的佛說懺悔理論歸納整理、曾修潤飾而成的。但是，這些「經言」、「經中」、「佛言」、「佛說」等字樣的內容所指的是那些經論呢？據汪師之研究，《水懺》引用的經典，「以《大涅槃經》為最多，其他還有引用《法華經》、《維摩詰經》（《淨名經》）、《楞嚴經》、《華嚴經》、《梵網經》等等。」[169]

---

168 關於印度人以水療病的內容，請詳參本書第五章第一節「《水懺》三昧法水的淵源」部分之論述。

169 見：汪師〈敦煌本《大佛略懺》在佛教懺悔文中的地位〉，收入：項楚主編，《敦煌文學論集》，（四川：四川人民出版社，1997年12月1版1刷），頁397。

　　筆者爲求謹慎，乃按照《水懺》的原文次序，一一尋索這些「經言」、「經中」、「佛言」、「佛說」等字樣的內容在《大正》中的原始來源，並將其相應的經論與原文內容整理如下：

表六：《水懺》引用經論表					
序號	《水懺》原文	《大正》45	經論名稱	經論位置	原文內容
1	佛言：眾生垢重	頁968下行19	《添品妙法蓮華經卷一·方便品第二》	《大正》9，頁140中行16	眾生垢重，慳貪嫉妒，成就諸不善根。
2	一者煩惱，二者是業，三者是果報。此三種法，能障聖道及以人天勝妙好事，是故經中目爲三障	頁969上行23	《人仙經》《大般涅槃經》卷三十六	《大正》1，頁214上行14。《大正》12，頁575上行23	彼優婆塞，善斷三障。一者煩惱惡，二者業惡，三者報惡，是名受惡果報。
3	是故經言，此身眾苦所集，一切皆是不淨。何有智慧者，而當樂此身？	頁969中行17	《信佛功德經》	《大正》1，頁256上行8~28	觀有漏身，不淨可惡。所謂身分上下，髮毛爪齒，皮肉筋骨，如是等種種不淨之物，充滿其身……。
4	經言：當樂佛身。佛身者，即法身也。	頁969中行20	《雜阿含經》卷二十三	《大正》2，頁168中行16	如來之體身，法身性清淨。
5	是故經言：若以頂戴，兩肩荷負，於恒沙劫，亦不能報。	頁969下行3	《妙法法華經卷二·譬喻品第三》	《大正》9，頁18下行26~頁19上行2	手足供給，頭頂禮敬，一切供養，皆不能報。若以頂戴，兩肩荷負，……於恒沙劫，亦不能報。

6	是故經言：此罪性，不在內，不在外，不在中間，故知此罪從本是空。	頁 969 下行 10	《大乘本生心地觀經》卷三	《大正》3，頁 304 上行 19	如是罪相本來空，三世之中無所得，非內非外非中間，性相如如俱不動。
7	經中謂言：凡夫之人，舉足動步，無非是罪。	頁 969 下行 20	《增一阿含經卷三十三·力品第三十八之二》	《大正》2，頁 728 中行 4	凡夫之人，若眼見色，便起染著之心，不能捨離。
8	是故經言：貪、瞋、癡業，能令眾生墮於地獄、餓鬼、畜生受苦	頁 970 上行 3	《入楞伽經卷七·入楞伽經佛性品第十一》	《大正》16，頁 557 中行 18	起貪心已，而能造作貪、瞋、癡業，造業行已，不能自止，如蠶作繭。以分別心而自纏身，墮在六道（天上、阿修羅、人間、地獄、餓鬼、畜生）大險海灘，如轆轤迴轉，不自覺知。
9	如經所明：地獄之中，不枉治人	頁 971 上行 13	《長阿含經卷七·（七）弊宿經卷第三》	《大正》1，頁 43 上行 13~15	諸有殺生、竊盜、邪婬、兩舌、惡口、妄言、綺語、慳貪、嫉妒、邪見者，身壞命終，皆入地獄。
10	經中說言：有三種業，何等為三？一者現報，二者生報，三者後報。	頁 972 中行 20	《大般涅槃經卷四十·憍陳如品第十三之二》	《大正》12，頁 599 下行 27	眾生從業而有果報，如是果報則有三種：一者現報，二者生報，三者後報。
11	如經所明：恕者可為喻，勿殺勿行杖。	頁 973 上行 8	《法句經卷上·刀杖品第十八》	《大正》4，頁 565 中行 2	一切皆懼死，莫不畏杖痛。恕己為可譬，勿殺勿行杖。

12	是故佛言：設得餘食，當如飢世	頁 973 上行 12	《佛說大般泥洹經卷三‧四法品第八》《禪祕要法經》卷上	《大正》12，頁868 下行 24《大正》15，頁249 行 6	設得餘食，常當應作食子肉想，云何弟子而聽食肉？當如飢世，食子肉想。
13	又言：為利殺眾生，以財網諸肉，俱是惡業，死墮號叫獄。	頁 973 上行 14	《六趣輪迴經》	《大正》17，頁455 中行 22~23	殺害彼無邊，當墮眾合獄。生彼地獄已，備受諸楚毒。拷掠滅還生，受如是苦報。起惡身、語、意，讒構相離間，如是罪眾生，當墮號叫獄。
14	是故經言：殺害之罪，能令眾生墮於地獄、餓鬼受苦	頁 973 上行 17	《大方廣佛華嚴經卷二十四‧十第品第二十二之二》	《大正》9，頁549上行 28~29	殺生之罪，能令眾生墮於地獄、餓鬼。
15	經中說言：若物屬他，他所守護	頁 973 下行 13	《大方廣佛華嚴經卷二十四‧十第品第二十二之二》	《大正》9，頁548下行 23	若物屬他，他所受用，於是物中，不與不取。
16	是故經言：劫盜之罪，能令眾生墮於地獄、餓鬼、受苦。	頁 973 下行 16	《大方廣佛華嚴經卷二十四‧十第品第二十二之二》	《大正》9，頁549中行 1~2	劫盜之罪，亦令眾生，墮三惡道。
17	經中說言：但為欲故，關在癡獄，沒生死河，莫知能出。	頁 974 中行 2	《修行本起經卷下》	《大正》3，頁469上行 20	但為貪愛，蔽在癡網，沒生死河，莫之能覺。
18	是故說言：有愛則生，愛盡則滅	頁 974 中行 8	《七佛經》	《大正》1，頁153上行 11	斷除貪愛根，不受眾苦惱。

19	所以經言：婬欲之罪，能令眾生墮於地獄、餓鬼、受苦。	頁 974 中行 9	《大方廣佛華嚴經卷二十四‧十第品第二十二之二》	《大正》9，頁 549 中行 3~4	婬欲之罪，能令眾生墮於三惡道。
20	是故經言：口業之罪，能令眾生墮於地獄、餓鬼、受苦。	頁 974 中行 25	《大方廣佛華嚴經卷二十四‧十第品第二十二之二》	《大正》9，頁 549 中行 5~14	妄語之罪……兩舌之罪……惡口之罪，亦令眾生，墮三惡道。
21	經中佛說：人身難得，佛法難聞，眾生難值，信心難生，六根難具，善友難得。	頁 974 中行 22	《六度集經》	《大正》3，頁 37 中行 4	人道難獲，佛法難聞。
22	經中佛說：有二健兒，一者自不作罪，二者作已能悔。	頁 976 上行 8	《大般涅槃經卷十九‧梵行品第八之五》	《大正》12，頁 477 中行 26~頁 477 下行 3。	一慚二愧。慚者自不作罪，愧者不教他作。……智者有二：一者不造諸惡，二者作已懺悔。
23	又云：有二種白法，能為眾生滅除重障，一者慚，自不作惡；二者愧，不令他作。	頁 976 上行 9	《大般涅槃經卷十九‧梵行品第八之五》	《大正》12，頁 477 中行 25~頁 477 下行 3。	有二白法，能救眾生。一慚二愧。慚者自不作罪，愧者不教他作。……智者有二：一者不造諸惡，二者作已懺悔。
24	經中說言：業報至時，非空非海中，非入山石間，無有地方所，脫之不受報。	頁 976 中行 27	《法句經卷上‧無常品第一》	《大正》4，頁 559 中行 6	非空非海中，非入山石間，無有地方所，脫之不受死。

25	釋提桓因五衰相見，恐懼切心，歸誠三寶，五相即滅，得延天年。如是等比<u>經教所明</u>。	頁 976 下行 1	《長阿含經卷四·（二）遊行經》	《大正》1，頁 26 下行 20	釋提桓因復作頌曰：「陰行無有常，但為興衰法，生者無不死，佛滅之為樂。」
26	<u>佛語須跋陀言</u>：汝師鬱頭藍弗，利根聰明，能伏煩惱，至於非非想處。命終還作畜生道中。	頁 976 下行 19	《大般涅槃經卷四十·憍陳如品第十三之二》	《大正》12，頁 603 中行 18	汝師鬱頭藍弗，利根聰明，能伏煩惱，尚不能斷如是非想非非想處。
27	第一、唯有阿鼻地獄。<u>如經所明</u>：今當略說其相……	頁 977 上行 1	《增一阿含經卷三十六·八難品第四十二之一》	《大正》2，頁 748 上行 8~頁 748 下行 23	阿鼻地獄……炎地獄……大炎地獄……
28	<u>經中佛說</u>：多欲之人，多求利故，苦惱亦多。知足之人，雖臥地上，猶以為樂；不知足者，雖處天堂，猶不稱意。	頁 977 中行 28	《增一阿含經卷三十七·八難品第四十二之二》	《大正》2，頁 754 上行 19	少欲知足，在閑居之處，戒成就，三昧成就，智慧成就，解脫成就，多聞成就……
29	<u>經中佛說</u>：生時不齎一文而來，死亦不持一文而去。	頁 977 下行 6	《增一阿含經卷三十七·八難品第四十二之二》	《大正》2，頁 754 上行 19	此法知足者之所行，非無厭者之所行。少欲者之所行，非無厭者之所行。

　　從以上「二十九處」的資料來看，《水懺》中所謂「經言」、「經中」、「佛言」、「佛語」、「佛說」等字樣的內容，都可以從《長阿含經》、《增一阿含經》、《雜阿含經》、《七佛經》、《人仙經》、《信佛功德經》、《妙法蓮華經》、《修行本起經》、《大乘本生心地觀經》、《法句經》、《入楞伽經》、《六度集經》、《大方廣佛華嚴經》、《大

般涅槃經》、《大般泥洹經》、《添品妙法蓮華經》、《大方廣佛華嚴經》、《六趣輪迴經》等漢譯佛教經論中找到根據。這些漢譯佛教經論中的原文內容，不見得與《水懺》三卷中的內容完全相同，但其文意內容多是相合的。這就可以證明《水懺》中所載關於漢譯經論上的懺悔言論，是直接與佛陀的懺悔思想相契接的。

不過，上表所列的佛說懺悔言論之經論來源，只是根據《水懺》原文中有明白標示「經言」、「經中」、「佛言」、「佛語」、「佛說」等字樣的資料之整理。事實上，其他沒有標明「經言」等文字資料，其實還是很多的。譬如，《水懺》的內容中所引用的佛教名相，除了在前列諸漢譯佛教經論中找到「佛說」根源之外，另外還可以在《大方等集經》、《優婆塞戒經》、《菩薩瓔珞本業經》、《大集法門經》、《楞伽阿跋多羅寶經》、《菩薩地持經》、《仁王般若波羅蜜經》、《大智度論》、《俱舍論》、《成實論》、《阿毘達磨大毘婆沙論》、《成唯識論》、《地藏王菩薩本願經》等經論的內容中找到相應的內容。[170]故清‧彥淨〈重刻水懺隨聞錄序〉云：「三卷懺文，從茲成就。集華藏之玄文，作現生之懺悔」[171]，其義在此。

這樣說來，《水懺》中關於佛說懺悔理論的內容，表面上雖分為「序文」、「禮三世諸佛菩薩」、「懺悔前方便」、「總論懺悔」、「懺悔三障」與「發願回向」六大部分，事實上，是《水懺》及〈水懺序〉的編撰者，將漢譯佛教經論中關於佛陀教化世人的所說過的懺悔理論及滅罪方法，加以淬煉濃縮、增修潤飾而成的一部適合中國佛教徒作為禮懺用的法門。

小　　結

關於作者問題，筆者介紹了佛教文獻的記載及經史目錄中的著錄，整理出了「撰者未明」、宋〈水懺序〉等的「唐‧知玄」說、

---

170 詳參本書第四章關於「《水懺》的內容」部分之論述。
171 見：《卍續》129，頁290上。

元・馬端臨的「後人因《梁皇寶懺》更製而成」說、明・釋禪的「南宋・若訥」說及清・《龍藏・水懺提要》的「唐・知玄抄錄宗密」說五種異說。「後四種異說」雖有持是之理，但在筆者做過各種相關文獻史料的對照之後，發現這四種說法都難以成立。故筆者再從敦煌文獻的資料切入，並參照宋・贊寧在《宋高僧傳卷二十八・興福篇》的文後「〈論曰〉」之說法，發現在「988 以前」已有一部《水懺法》流行民間。因此，如果從〈水懺序〉角度而言，它本身就是由某一位高僧編撰而成的；如果從佛名經系統之《大佛略懺》分離抄出的三障懺悔文字的書法筆勢而言，其抄錄者又不止是一人而已；如果向上追溯敦煌本二十卷《佛名經》中的三障懺悔文字之添入情形而言，又可能與梁代的寶唱有微妙關係。要言之，若欲客觀的確立《水懺》三卷的編撰者，仍應以《大正》45 中的「撰者未明」說較為恰當。

說到《水懺》之形成問題，筆者從「《佛名經》與敦煌遺文的關係」、「梁武帝、寶唱與禮懺的關係」、「〈水懺序〉與《水懺》的關係」三方面關於文獻、史傳、政治與佛教發展史上與《水懺》相關的事實來考查，認為梁・寶唱的《懺悔滅罪方法》三卷可能與敦煌本二十卷《佛名經》中的「三障懺悔文字」存在著極為微妙的關係。而敦煌本二十卷《佛名經》的發展，在唐初之時已變成十六卷本《佛名經》。到了晚唐、五代之時，有人自十六卷本《佛名經》中分離略出了成《大佛略懺》；在此之時，又有人從《大佛略懺》中分離抄出單純的三障懺悔文字，用為專門懺悔煩惱障、業障及果報障的禮懺文。依目前所見的資料視之，在贊寧《宋高僧傳》撰成之年（988 年）以前，江南已有一本「《水懺法》」出現。這本《水懺法》可能就是晚唐、五代自《大佛略懺》中分離抄出單純的三障懺悔文字內容。至宋太宗至道年間（995~997）時，再由〈水懺序〉的編撰者將〈水懺序〉及「二十四諸佛菩薩」置入《水懺法》中，成為正式的「《慈悲水懺法》三卷」（《水懺》三卷）。但因《水懺》一書漸漸的在中國社會與世道人心上產生了鉅大的影響力，故至明・洪武二十五年（1392）時，便被朝廷收

入《南藏》之中。

　　至於《水懺》形成的經典依據，應分〈水懺序〉及《水懺》三卷兩部分言之。〈水懺序〉的經典依據有三：一是來自於印度的《賢愚經卷四・摩訶斯那優婆夷品第二十二》及《大般涅槃經卷十六・梵行品第八之二》二處的「以水洗瘡」故事；二是《宋高僧傳卷二十一・釋羅僧傳》中的感遇西蜀異僧故事；三是《宋高僧傳卷六・釋知玄傳》中的知玄左足流珠與晁錯、袁盎的因果故事。

　　至於《水懺》三卷中的三障懺悔文字內容所引用的經典，除了佛名經系統的《大佛略懺》之外，實際上是最原本的編撰者至少是從《長阿含經》、《增一阿含經》、《雜阿含經》、《七佛經》、《人仙經》、《信佛功德經》、《妙法蓮華經》、《修行本起經》、《大乘本生心地觀經》、《法句經》、《入楞伽經》、《六度集經》、《大方廣佛華嚴經》、《大般涅槃經》、《大般泥洹經》、《添品妙法蓮華經》、《大方廣佛華嚴經》、《六趣輪迴經》、《地藏王菩薩本願經》……等漢譯佛教經論中的佛說懺悔文字內容加以錯綜整理歸納、增修潤飾而成的。

第四章 《水懺》的結構、內容與特色

第一節 《水懺》的結構

一、《水懺》結構簡表

《水懺》的結構，若由整體內容言之，可分為「前序」及「正文」兩大部分。

「前序」部分又分為二：一、標明於宋太宗・至道年間（995~997）所寫的〈慈悲道場水懺序〉（〈水懺序〉）；二、明成祖於永樂十四年（1416）七月初一日所寫〈御製水懺序〉。

「正文」部分即為「《水懺》禮懺內容」，此部分又可分為六項：一、禮三世八佛；二、總論懺悔；三、禮十六佛菩薩；四、懺悔前方便；五、發露懺悔：1.懺悔煩惱障 2.懺悔業障 3.懺悔果報障；六、發願回向。茲以簡表列之：

			表七：《水懺》結構簡表
《水懺》	前序		1.〈御製水懺序〉（明成祖，1416.7.1）
			2.〈慈悲道場水懺序〉（未署名）
	懺悔主體	正文內容	1.禮三世佛
			2.總論懺悔
			3.禮十六佛菩薩
			4.懺悔前方便
			5.發露懺悔：（①煩惱障②業障③果報障）
			6.發願（迴向）

關於「前序」部分的〈御製水懺序〉及〈慈悲道場水懺序〉，雖為後人所加入的資料，然由於這二篇「序文」的加入，《水懺》

的價值也變得水漲船高，故從整體結構視之，應與「正文」部分結合爲一個《水懺》三卷的整體。

至於「正文」部分這六個項目，可說即是構成《水懺》懺悔內容之「主要懺悔部分」，所以筆者視之爲「主體」。當然，若單純以「發露懺悔」而言，其「懺悔煩惱障」、「懺悔業障」、「懺悔果報障」這「三障懺悔文字」的部分，由於在懺文中佔了「將近九成」的份量，故又可獨立成爲一個「小的個體」。另外，由於《水懺》是基於懺悔滅罪而製成的一部獨立懺法，所以筆者認爲看待《水懺》的結構時，不應忽視「其他五項」（一、禮三世八佛；二、總論懺悔；三、禮十六佛菩薩；四、懺悔前方便；五、發願回向）的作用。唯有將每一部分的功能地位平等開展，這才能顯現出結構的意義，也較能符合製懺者的本意。

二、《水懺》結構總表

若由《水懺》的「外在形式」言之，實分爲三卷，亦即分「卷上」、「卷中」、「卷下」三大部分。故以下再將此三卷依其「卷次」分別列出，並配合其「禮懺之次第」，再略顯其「內容概要」，最後並標出每一小部分於《大正》45 冊中的「位置」（頁·位·行），製爲「《水懺》結構總表」：

表八：《水懺》結構總表				
卷次	次第[1]	主要結構	內容概要	頁·位·行
	前序	御製道場水懺序	明成祖以爲：「人生之於世也，自非上智之資，豈能無故作誤爲之愆，或宿世業之繞？」幸有如來廣其慈悲之念，啓懺悔法門。凡人依法，一心懺悔，爲善不止，則積累罪業自然永消。	967 下 28~968 上行 26

---

1 此「次第」之中，筆者標有 1→2→3→4→5→6 等阿拉伯數字，這次第的安排方式，原則上是以「禮十六佛菩薩」爲起算點，而以「發願」爲結算點，形成一個懺悔的循環。然由於其內容量的長短不一，故有些是 1→4，有些是 1→5，有些是 1→6，有些是 1→7，有些是 1→9。

		慈悲道場水懺序	敘述唐懿宗朝時，悟達國師獲帝親賜沉香法座，恩渥甚厚。自爾忽生人面瘡於膝上，苦不堪言。後幸經迦諾迦尊者以三昧法水洗之，方釋累世冤讎業障。	968 中行 3~968 下行 11
	禮佛	禮三世八佛	1.過去佛：南無過去毘婆尸佛、南無尸棄佛、南無毘舍浮佛、南無拘留孫佛、南無拘那含牟尼佛、南無迦葉佛 2.現在佛：南無本師釋迦牟尼佛 3.未來佛：南無當來彌勒尊佛	968 下 13~968 下行 17
卷上	總說	總論懺悔	凡夫愚行，無明闇覆；親近惡友，煩惱亂心；立性無知，恣心自恃；貪戀一切，故造諸罪。已作諸罪，悉皆懺悔；未作之罪，不敢復作。	968 下 18~968 下行 28
		1 禮十六佛菩薩	1.十佛：南無毘盧遮那佛、南無本師釋迦牟尼佛、南無阿彌陀佛、南無彌勒佛、南無龍種上尊王佛、南無龍自在王佛、南無寶勝佛、南無覺華定自在王佛、南無袈裟幢佛、南無師子吼佛。 2.六菩薩：南無文殊師利菩薩、南無普賢菩薩、南無大勢至菩薩、南無地藏菩薩、南無大莊嚴菩薩、南無觀自在菩薩。	968 下 28~969 上行 10
		2 禮敬三寶	禮敬十方盡虛空一切佛、法、僧。	969 上 11~969 上行 17
		3 總攝三障	無始以來，無量諸罪，不外有三：1.煩惱障 2.業障 3.果報障。	969 上 18~969 上行 27
		4 滅罪前方便	欲懺悔者，先興七種心：1.慚愧心 2.恐怖心 3.厭離心 4.發菩提心 5.怨親平等心 6.念報佛恩心 7.觀罪性空心。	969 上 27~969 下行 25
		懺煩惱障		
		5 論煩惱根本	起於三意業：①慳貪 ②瞋恚 ③.癡闇	969 下 25~970 上行 15
		6 發露懺悔	懺悔無始以來因三毒、四識、五住地、六情根、七漏、八倒、九惱、十煩惱、十一遍使、十二入、十六知見、十八界、二十五我、六十二見、九十八使、百八煩惱等所造一切罪。	970 上 15~970 中行 25
		7 發願	願滅三毒等所起諸種煩惱障，生生世世，三慧明，廣四等心，度五道，具足六神通，坐七淨華，洗八解水，具九斷智，成十地行等。	970 中 25~970 下行 10

	1	禮十六佛菩薩	（同前）	970 下 11～970 下行 18
	2	論懺悔本意	懺悔之本，在改往修來，滅惡興善。	970 下 19～970 下行 25
	3	行懺前方便	懇切至禱，生二種心： 1.者自念，我此形命，難可常保。 2.者自念，我此生中，難得值遇如來正法。	970 下 25～971 上行 7
	4	明幽冥神驗	幽顯靈祇，注記罪福，纖毫無差。	971 上行 7～971 上行 22
	5	發露懺悔	懺悔無始以來，因積聚無明，障蔽心目，隨煩惱性所造三世罪。（貪欲等 27 種煩惱）	971 上 22～971 中行 13
	6	發願	願生生世世，折憍慢幢，竭愛欲水，滅瞋恚火，破愚癡暗，拔斷疑根，裂諸見網等。	971 中 13～971 中行 20
卷中	1	禮十六佛菩薩	（同前）	971 中 28～971 下行 6
	2	滅罪前方便	先起四種觀行： 1.觀因緣 2.觀果報 3.觀我自身 4.觀如來身。	971 下行 7～972 上行 1
	3	發露懺悔	懺悔無始以來，日滋日茂之煩惱障。（不得見佛等 24 種煩惱障）	972 上行 1～972 上行 24
	4	發願	願在在處處，自在受生，得心自在、法自在、方便自在，令煩惱及無知結習，畢竟永斷等。	972 上 24～972 中行 2
			懺業障	
	1	禮十六佛菩薩	（同前）	972 中行 2～972 中行 11
	2	總說業障	夫業者，能莊飾世趣，在在處處，不復思惟，求離世解脫。	972 中 12～972 中行 19
	3	明三種業報	1.現報 2.生報 3.後報。	972 中 19～972 下行 5
	4	總相懺悔諸業	懺悔無始以來，積惡如恒沙，造罪滿大地，捨身與受身，不覺亦不知。（作五逆深厚濁纏無間等 31 種罪業）	972 下行 5～972 下行 24
	5	發願	願消無明等罪，諸不善業，生生世世，速成如來三十二相八十種好等。	972 下 24～973 上行 3
	6	別相懺悔諸業一	懺悔身三業：1.先述殺害之業報，次懺悔殺害諸罪。	973 上行 9～973 中行 27

	7	發願	願得生生世世得金剛身,壽命無窮,永離怨憎,無殺害眾生想,使眾生得救度脫。	973 中 27～973 下行 3
	1	禮十六佛菩薩	(同前)	973 下行 4～973 下行 11
	2	別相懺悔諸業二	懺悔身三業:2.先述劫盜之業報,次懺悔劫盜諸罪。	973 下 12～974 下行 25
	3	發願	願生生世世,得如意寶,常雨七珍等。一切眾生之民生資物應念即,皆無偷奪想,能少欲知足,不耽不染等。	974 下 25～974 中行 2
	4	別相懺悔諸業三	懺悔身三業:3.先述婬欲之業報,次懺悔婬欲諸罪。	974 中行 2～974 中行 17
	5	發願	願生生世世,自然化生,不由胞胎,內外因緣,永離情欲等境。	974 中 17～974 中行 23
	6	別相懺悔諸業四	懺悔口四惡業:先述惡口、妄語、綺語、兩舌之業報,次懺悔惡口、妄語、綺語、兩舌諸罪。	974 中 24～975 上行 5
	7	發願	願生生世世,具八音聲,得四辯才,常說和合利益之語等。	975 上行 5～975 上行 10
	8	別相懺悔諸業五	懺悔眼、耳、鼻、舌、身、意六根所造罪業。	975 上 11～975 上行 22
	9	發願	願六根清淨,從方便慧,入法流水,念念增明,顯發如來,大無生忍。	975 上 22～975 中行 5
卷下	1	禮十六佛菩薩	(同前)	975 中 11～975 中行 20
	2	別相懺悔諸業六	懺悔於三寶間所起諸罪。	975 中 21～975 下行 29
	3	發願	願生生世世,常值三寶,尊仰恭敬,無有厭倦等。	975 下 29～976 上行 7
	4	別相懺悔諸業七	懺悔其餘若輕、若重、若麤、若細、若自作、若教他作、若隨喜作、若以勢力,逼迫令作等罪業。	976 上行 7～976 中行 12
	5	發願	願生生世世,慈和忠孝,謙卑忍辱,知廉識恥等。	976 中 12～976 中行 16
懺果報障				
	1	禮十六佛菩薩	(同前)	976 中 16～976 中行 25
	2	總說果報	業報至時,非空非海中,非入山石間。無有地方所,脫之不受報。唯有懺悔力,乃能得除滅。	976 中 26～976 下行 28

3	發露懺悔	懺悔地獄報：阿鼻地獄、及其餘刀山劍樹等地獄罪報。	976 下 28~977 中行 12
4	發願	願阿鼻地獄悉爲淨土，其餘刀山劍樹等地獄一切苦，悉轉爲樂緣。	977 中 12~977 中行 18
1	禮十六佛菩薩	（同前）	977 中 18~977 中行 26
2	發露懺悔	懺悔三惡道報之「畜生道報」及「餓鬼道報」，另外加上「鬼神修羅報」。	977 中 27~978 上行 1
3	發願	願生生世世，質直無諂，離邪命因，除醜陋果，福利人天等。	978 上行 1~978 上行 5
4	發露懺悔	懺悔人天餘報：先述人天間仍有無量餘報，次懺悔 21 種過去、現在、未來人天罪報。	978 上行 5~978 中行 6
5	發願回向	願所生功德，悉皆回向、施與一切眾生，俱同懺悔等八種。	978 中行 6~978 中行 27

三、《水懺》結構的分析

（一）從「卷次」的角度說之

　　「卷上」部分，包含了懺悔前的「總說」及二次的禮懺過程。第一次禮懺的順序是：「禮十六佛菩薩」→「禮敬三寶」→「總攝三障」→「滅罪前方便」→「論煩惱根本」→「發露懺悔」→「發願」七個過程。第二次禮懺的順序是：「禮十六佛菩薩」→「論懺悔本意」→「行懺悔前方便」→「明幽明神驗」→「發露懺悔」→「發願」六個過程。這二次的禮懺過程，都是屬於《水懺》「懺悔煩惱障」內容的前三分之二，另外三分之一則被安排在「卷中」部分。這在整體的禮懺的過程中，應該是作爲「前聲不斷，後聲續起」的功用，以達到續續不絕、循迴不盡的懺悔目的。

　　「卷中」部分，又可分爲二部分：前半部是懺悔煩惱障的尾聲，包含了「禮十六佛菩薩」→「滅罪前方便」→「發露懺悔」→「發願」四個過程。後半部分是二次的懺悔業障過程，第一次禮懺的順序是：「禮十六佛菩薩」→「總說業障」→「三種業報」→「總相懺悔諸業」→「發願」→「別相懺悔諸業一」→「發願」

七個過程。第二次禮懺的順序是：「禮十六佛菩薩」→「別相懺悔諸業二」→「發願」→「別相懺悔諸業三」→「發願」→「別相懺悔諸業四」→「發願」→「別相懺悔諸業五」→「發願」九個過程。但這二次的懺悔業障過程，，也是屬於《水懺》「懺悔業障」內容的前三分之二，另外三分之一亦被安排在「卷下」部分。這在整體的禮懺的過程中，也是作為「前聲不斷，後聲續起」的功用，以達到續續不絕、循迴不盡的懺悔目的。

「卷下」部分，也分為二部分。前半部是懺悔業障的尾聲，包含了「禮十六佛菩薩」→「別相懺悔諸業六」→「發願」→「別相懺悔諸業七」→「發願」五個過程。後半部分是二次的懺悔果報障過程，第一次禮懺的順序是：「禮十六佛菩薩」→「總說果報」→「發露懺悔」→「發願」四個過程。第二次禮懺的順序是：「禮十六佛菩薩」→「發露懺悔」→「發願」→「發露懺悔」→「發願回向」五個過程。這二次禮懺過程就是《水懺》「懺悔果報障」的全部。雖然沒有像「卷上」、「卷中」一樣另外安排三分之一的內容，但這在整體的禮懺的過程中，也是作為「前聲不斷，後聲續起」的功用，以達到續續不絕、循迴不盡的懺悔目的。

從整體懺文的內容來看，《水懺》的結構是按照禮懺儀軌的次序依序排列而成的。至於「卷上」、「卷中」、「卷下」的區分，應該是為了內容的適量分配而已，與《水懺》的思想意涵上的影響無關。

（二）從「禮懺次第」的角度說之

若從禮懺的次第來看，《水懺》的懺悔主體，在「禮三世諸佛」及「總論懺悔」之後，也就是說，懺悔文的重心全落在「懺悔三障」上頭，且其禮懺儀式，是依「煩惱障」→「業障」→「果報障」三障的次序，分別由「八次的禮懺過程」組合而成，關於懺悔三障的架構明白清楚，前後內容有條不紊，可見是一一前進恭敬禮拜的。

為避免繁雜，以下將「八次的禮懺過程」彙整如下（符號「▬」

表示《水懺》此部分是將懺文省略掉了或無此懺文）：

一	二	三	四	五	六	七	八
卷上		卷中			卷下		
頁968下~頁970下	頁970下~頁971中	頁971中~頁972中	頁972中~頁973下	頁973下~頁975中	頁975中~頁976中	頁976中~頁977中	頁977中~頁978中
禮十六佛菩薩	禮十六佛菩薩	禮十六佛菩薩	禮十六佛菩薩	禮十六佛菩薩	禮十六佛菩薩	禮十六佛菩薩	禮十六佛菩薩
禮敬三寶	—	—	—	—	—	—	—
總攝三障	論懺悔本意		總說業障	—	—	總說果報	—
滅罪前方便（興七種心）	行懺前方便（生二種心）	滅罪前方便（起四種觀行）	說三種業障	—	—	—	—
論煩惱根本	明幽冥神驗			—	—	—	—
發露懺悔1（無始以來因三毒、四識、五住地等煩惱）	發露懺悔2（無始以來貪欲等27種煩惱）	發露懺悔3（無始以來不得見佛等24種煩惱）	發露懺悔4總相懺悔諸業（五逆等31種罪業）	發露懺悔6別相懺悔諸業（二.劫盜業）	發露懺悔10別相懺悔諸業（六.三寶間業）	發露懺悔12（地獄報）	發露懺悔13（畜生報、餓鬼報及鬼神阿修羅報）
發願1	發願2	發願3	發願4	發願6	發願10	發願12	發願13
			發露懺悔5別相懺悔諸業（一.懺悔殺害業）	發露懺悔7別相懺悔諸業（三.懺悔婬欲業）	發露懺悔11別相懺悔諸業（七.懺悔其餘罪業）		發露懺悔14（懺悔人天餘報）
			發願5	發願7	發願11		發願14
—	—	—	—	發露懺悔8別相懺悔諸業（四.口四業）	—	—	回向（完）
				發願8			
				發露懺悔9別相懺悔諸業（五.六根業）			
				發願9			
（懺悔煩惱障）			（懺悔業障）			（懺悔果報障）	

以上這八次的禮懺過程，都有一個共同的儀式，那就是：八

次之中，一定都有「禮十六佛菩薩」→「發露懺悔」→「發願」三個連續動作，這三個連續動作，我們可以稱之爲《水懺》的「必備要素」。也就是說，《水懺》在進行懺悔儀程之時，一定是以「十六佛菩薩」爲恭敬禮拜的對象；在禮拜佛菩薩之後，一定會依照煩惱障、業障、果報障三障的問題進行「發露懺悔」；發露懺悔完之後，一定要至誠懇倒，「發下宏願」。這八次的禮懺過程，循序漸進，整齊劃一，簡單明瞭，三障皆同，這在中國懺法當中是極爲少見的。這三障的懺悔，不同於單純的「六根懺悔」，只是針對「眼、耳、鼻、舌、身、意」這六根進行懺悔而已。吳藝苑也說：「《水懺》擇其興七種心、三障罪相懺悔等簡爲三卷，相對於宗密的十八卷，或《佛名經》的三十卷，對懺悔者而言，是更爲具有實用的，此爲《水懺》不同於前二書之處，也或許正爲其流傳長遠的原因」[2]，所論甚是。

　　不過，我們從外表結構上來看，也可以很清楚的看出這八次的禮懺過程的不協調：亦即「懺悔煩惱障」的部分，顯得「頭」重「腳」輕；「懺悔業障」的部分，顯得「腳」重「頭」輕；「懺悔果報障」部分，內容上顯得較少了些。當然，這只是從外表來說，它並不影響到實際的懺悔文字內容。

（三）從各部位內容分別說之

　　當然，《水懺》的懺悔次序，隨著各部位不同的懺悔內容，每次的禮懺過程又各有不同的形式變化。

　　在第一次禮懺過程中，由於是剛開始啓運懺法，所以跟一般的懺法一樣，會先「一心歸命」、「禮三世諸佛」，這過去、現在、未來三世八佛，都有著無量宏願，無量慈悲，無量成就，故禮懺者能以這八佛爲依的話，自能藉由諸佛的慇濟默佑，達到消除罪業的目的。在「禮三世諸佛」之後，再進入「禮敬三寶」的基本儀軌，這「禮敬三寶」在整個《水懺》的懺悔過程中，僅僅在「懺

---

2 見：吳藝苑前揭文，頁94。

悔煩惱障」之前出現了「一次」,故其於整個禮懺過程中應具有「引導性質」的作用。至於後面的「懺悔業障」、「懺悔果報障」之中,雖然省略了此一「禮敬三寶」的過程,其懺悔效力亦是前後相續的。

在「禮敬三寶」之後,進入了「總攝懺悔」、「論煩惱根本」、「論懺悔本意」、「明幽冥神驗」、「總說業障」及「總說果報」六個相近的過程。這六個相近的過程,其實是與「三障」相互配合的。它們都是放在正式發露懺悔之前,故每個過程都有總攝綱領的作用。「論煩惱根本」、「論懺悔本意」及「明幽冥神驗」三項,專門與「煩惱障」的發露懺悔相配合,而爲其懺悔義理的總攝綱領;「總說業障」則專門與「業障」的發露懺悔相配合,而爲其懺悔義理的總攝綱領;「總說果報」則專門與「果報障」的發露懺悔相配合,而爲其懺悔義理的總攝綱領。懺悔三障儼然有序,一一清楚。而三障的引導啓發,又全由前頭的「總攝懺悔」所指標領導。

在「總攝懺悔」之後,關於煩惱障的懺悔部分,又分別鋪置三種懺悔前方便:即「興七種心」、「生二種心」及「起四種觀行」。這三種懺悔前方便,都是佛陀慈悲心的一種方便權宜,故應於思識隨起之時,善與運用,以提振懺悔者的向上增勝之心力。其實,不論是幾種心、幾種觀行,都是一個真心懺悔者在懺悔之前所應具備的基本工夫。故智證云:「因罪從心生,懺須心懺,心心懺悔,罪業自滅。」[3]又,這三種懺悔前方便,雖然放在煩惱障的發露懺悔之前,但應該是與「禮三世諸佛」及「禮敬三寶」的作用相同,亦適用於「業障」與「果報障」的,這才符合《水懺》「三障懺悔文字」依序編撰的目的。

另外,「三障懺悔文字內容」的排列也極爲整齊有序,層遞漸進,且各具特色。

如「懺悔煩惱障」的部分,乃分別就無始以來的「三毒、四

---

3 見:《卍續》129,頁308下。

識、五住地……等煩惱」、「貪欲等二十七種煩惱」及「不得見佛等二十四種煩惱」等四小節進行發露懺悔。其煩惱項目，雖有三、四、五、……百八、二十七、二十四、百八之數目，其實是無量無邊之煩惱障，因爲這些煩惱障，晝夜熾然，開諸漏門，造一切罪。惱亂聖賢，及以四生，遍滿三界，彌亘六道，無處可避！所以修行者應該至心懇禱，向十方法聖眾，慚愧發露，皆悉懺悔。[4]不過，《水懺》在發露懺悔之時，外表看起來雖然是依續遞進，但在「百八煩惱」、「二十七種煩惱」及「二十四種煩惱」三節的數量控制上，亦顯現出不均勻的情形。

　　在「懺悔業障」的部分，因爲懺悔的項目較多，而各個項目亦隨各自不同的內容而各自獨立。其懺悔過程分爲「總相懺悔罪業」及「別相懺悔罪業」兩大部分。「總相懺悔罪業」部分，專門就五逆等「三十一」種罪業進行發露懺悔。至於「別相懺悔罪業」部分，分爲「七項罪業」分別懺悔發願：一是「懺悔殺害罪業」，二是「懺悔劫盜罪業」，三是「懺悔婬欲罪業」，以上三項爲「身三罪業」，內容詳多。四是「懺悔口四罪業」，又細分爲「惡口業」、「妄語業」、「綺語業」、「兩舌業」四小項，但這四小項多內容簡短，草急結束。五是「懺悔六根罪業」，即就眼、耳、鼻、舌、身、意六根進行懺悔，但內容亦嫌簡短粗略。六是「懺悔毀三寶罪業」，此部分亦錯綜複雜的懺悔了在三寶間所可能違犯的罪業。七是「懺悔其餘罪業」，在前面罪業之外，可能疏忽的罪業，再度進行懺悔。這七項別相懺悔的罪業，復與前煩惱障的「貪、瞋、癡」三意業合一，就是含概了凡夫在人世間一切造作行爲，這其實就不離《增一阿含經》所說的：凡違犯「十惡業」者，將墮於地獄、餓鬼、畜生「三惡道」中[5]。蓋《說一切有部》說：「因行十惡而墮三惡道者，爲異熟果（vipāka-phala）；因殺生而致多病短命者，爲等流果（niṣyanda-phala）；因殺生業而遇霜雹、塵穢等害者，爲增

----

4 參：《水懺》卷上原文，《大正》45，頁 970 中。
5 見：東晉·僧伽提婆譯，《增一阿含經》卷四十三，《大正》2，頁 780 下~頁 785下。

上果（adhipati-phala）[6]。」這些「總相懺悔罪業」與「別相懺悔罪業」的罪業，有些部分顯得詳贍明足，有些部分顯得簡短粗略，亦見其不協調之貌。

至於「懺悔果報障」部分，是分別就「懺悔三惡道報」、「懺悔鬼神道報」及「懺悔人天餘報」進行發露懺悔。「三惡道報」部分，首先排列「地獄果報」部分，這是在懺悔阿鼻地獄及其他刀山劍樹等地獄之罪報，這部分較為詳盡明白；其次是排列了「畜生道報」、「餓鬼道報」及「鬼神阿修羅道報」等罪報之發露懺悔，這部分已顯得簡短粗漏；最後則排列了「人天餘報」，這部分雖云為「人天餘報」，其實只是針對「人間的無量餘報」及二十一種過去、現在、未來諸「人間餘報」之發露懺悔，根本未觸及「天道」中的發露懺悔。這從現實意義上說，似乎也較重視「人間」而忽略「天道」，但像這樣詳、簡不一的情形，應該是《水懺》的編撰者有意要以不可見、不可思議、求生不得、求死不能、慘痛無窮的「阿鼻地獄果報」之詳細發露懺悔來涵攝其他各道的果抱的。

這「八次的禮懺過程」，「前二次」位居「卷上」是用來配合「三世八佛」（計一次）之禮拜的，第三、第四、第五「三次」位居「卷中」，第六、第七、第八「三次」則位居「卷下」，如此一來，「卷上」、「卷中」、「卷下」各有「三次禮佛」，均勻分布，這可說是把《佛名經》中的「多佛禮拜」做了改革，抽菁檢要的安置在《水懺》一書中了。若再予以細分的話，又可分為「十四次的懺悔」與「十四次的發願」，此部分留待後面「《水懺》的內容」再予說明。

第二節　《水懺》的內容

《水懺》的內容，依外觀結構來劃分的話，就只有「前序」、

---

6 參：北涼・曇無讖譯，《菩薩地持經》卷三，《大正》30，頁900上~頁906上。

「禮諸佛菩薩」及「三障懺悔文字」三大部分。若再詳予劃分的話，可分爲 1.「前序」、2.「禮諸佛菩薩」、3.「總論懺悔」、4.「懺悔前方便」、5.「懺悔三障」及 6.「發願」六大項內容。

筆者之所以如此劃分，基本上是按照《大正》45 中《水懺》的懺文內容順序，一一論述其懺悔三障的內容與意義。以下依序分述如下：

一、前序及其意義

《水懺》的「前序」部分即指〈水懺序〉及〈御製水懺序〉兩篇序文。

標明於宋太宗・至道年間（995~997）所寫的〈水懺序〉，綜合了漢譯佛經《賢愚經》卷四、《大般涅槃經》卷十六這二處資料，藉佛陀以「三昧法水」爲「摩訶斯那優婆夷」、「釋種諸女」洗除身上毒瘡的故事，再配合《宋高僧傳》中的《知玄傳》及《釋羅僧傳》的傳說故事，形成了一篇悟達國師知玄因得迦諾迦尊者「三昧法水」妙力之助，而能滌除十世因果冤讎業障（「袁盎與晁錯」）的神異事蹟，知玄感於迦諾迦之異應，遂撰成《水懺》三卷的序文。全文共六四八字，將印度的佛陀歷史與中國的高僧傳說合而爲一，敘事手法靈活，人物刻劃栩栩如生，情節過度流暢自然，爲《水懺》的製作因緣作了合理的解釋。雖是傳說附會之作，卻富於佛教的因果感報思想與中國文學作品之趣味，讀來極具感染力。其最大的意義，就是透過知玄遇迦諾迦尊者的故事，作爲傳教說法的譬喻作用，以寄託佛法的深邃義蘊。

明成祖於永樂十四年（1416）七月初一日所御寫的〈御製水懺序〉，由於是「御撰」，在提高《水懺》的地位與價值上頗具象徵意義。序文大致交代了〈水懺序〉中「知玄因三昧水濯積世冤讎而述爲懺文」的內容，並提出「**如來廣慈悲之念，啟懺悔之門**」

的本意，終以「三昧者，其惟在於人心，而不必他求[7]」的主旨。全文雖只有四三九字，思想脈絡卻嚴謹明晰，論述態度理性不阿，故此文之意義，不外是用來彌補〈水懺序〉附會傳說之不足，並將《水懺》三卷的三障懺悔文字內容，引導到理懺、無相懺或無生懺的洗心懺悔之境界。

二、禮諸佛菩薩

所謂「三世諸佛」，應該是指佛陀在傳教說法過程中所說過的「過去世（上 tītādhvan）、現在世（pratyutpannādhvā）、未來世（anāgatadhvan）」中，諸佛如來及菩薩，在《水懺》三卷中是指「過去七佛」、「彌勒佛」（合為「三世八佛」）及「十六佛菩薩」。若依三十卷《佛名經》所載，則有一萬五千多名號。若再以廣義言之，則「三世諸佛」乃指如恆河沙數一樣無量無邊的諸佛菩薩。這無量無邊的諸佛菩薩，既無法用語言文字加以全部說出，吾等有限的人生也無須浪費那麼多的時間來一一進行受持、禮拜、誦讀，故《水懺》乃舉精要之代表以行之。

（一）《水懺》禮拜的諸佛菩薩

1.《水懺》禮拜的三世八佛名號

在《水懺》中的「三世八佛」，則指「毘婆尸佛（Vipaśyin）、尸棄佛（Śikhin）、毘舍浮佛（Viśvabhū）、拘留孫佛（Krakucchanda）、拘那含牟尼佛（Kanakamuai）、迦葉佛（Kāśyapa）、釋迦牟尼佛（Sākyamuni）、彌勒尊佛（Maitreya）」八尊佛。而這八尊佛，亦可區分為三類：

---

7 詳見：《大正》45，頁 967 下~頁 968 上。

表十：《水懺》禮拜的三世八佛簡表		
1.	過去佛	過去毘婆尸佛、尸棄佛、毘舍浮佛、拘留孫佛、拘那含牟尼佛、迦葉佛
2.	現在佛	釋迦牟尼佛
3.	未來佛	彌勒佛

在《長阿含經》卷一、《增一阿含經》卷四十五、西晉・竺法護譯《賢劫經》卷七、《七佛父母姓字經》、宋・法天譯《七佛經》、菩提流支譯十二卷《佛名經》、敦煌遺書「北五〇六號（洪五十九）佛說佛名經卷八」殘卷等經之中[8]，皆有關於這八佛的詳細出世、族姓、父母、生子、弟子、侍者、所居之城、道場樹、初會說法眾、付法偈及順位等生平事蹟的記載。茲依以上資料製作這八佛的「生平事蹟表」及「付法偈表」列之如下：

表十一：八佛生平事蹟表[9]								
八佛名	毘婆尸佛	尸棄佛	毘舍浮佛	拘留孫佛	拘那含牟尼佛	迦葉佛	釋迦牟尼佛	彌勒佛
時劫	九十一劫	三十一劫	三十一劫	賢劫	賢劫	賢劫	賢劫	十小劫
種族	剎帝利	剎帝利	剎帝利	婆羅門	婆羅門	婆羅門	剎帝利	婆羅門
姓氏	拘利若	拘利若	拘利若	迦葉	迦葉	迦葉	瞿曇	
在世中人壽	八萬歲	七萬歲	六萬歲	四萬歲	三萬歲	二萬歲	百歲	八萬四千歲
成道處	波波羅樹下	分陀利樹下	婆羅樹下	尸利沙樹下	烏暫婆羅樹下	尼拘律陀樹下	缽多樹下	龍華樹下
說法會座弟子數	三會十六萬八千十萬八萬	三會十萬八萬七萬	二會七萬六萬	一會四萬	一會三萬	一會二萬	一會千二百五十	三會九十六億九十四億九十二億

8 分見：《大正》1，頁1中~頁10下；《大正》2，頁785下~頁789下；《大正》14，頁50中~頁50下；《大正》1，頁159上~頁160中；《大正》1，頁150上~頁160中、《大正》14，頁158上~頁162下及《敦煌寶藏》59，頁419上~頁420下等處。

9 「七佛」部分參：日・鹽入良道前揭文，頁227。又見：《景德傳燈錄》卷一，《大正》51，頁204上~頁205下。彌勒佛部分悉參：《增一阿含經》卷四十五，《大正》2，頁785下~頁789下及晉・竺法護譯，《彌勒下生經》，《大正》14，頁421上~頁423下等。

主要弟子	騫茶提舍	阿毘浮三婆婆	扶遊鬱多摩	薩尼毘樓	舒槃那鬱多羅	提舍婆羅婆	舍利弗目犍連	
父母	父槃頭母槃頭婆提	父名相母光耀	父善燈母稱戒	父祀得母善枝	父大德母善勝	父善施母財主	父淨飯母大清淨妙尼	父修梵摩母梵摩越
都城	槃頭婆提	光相	祀得無喻	安和	清淨	波羅捺	迦毘羅衛	雞頭
子	方膺	無量	妙覺	上勝	導師	集軍	羅（目+侯）羅	

以下為「七佛」的「付法偈表」：

表十二：七佛付法偈表

七佛名	付法偈	排位
毘婆尸佛	身從無相中受生，猶如幻出諸形像， 幻人心識本來無，罪福皆空無所住。	乃過去莊嚴劫，第九百九十八尊佛也。
尸棄佛	起諸善法本是幻，造諸惡業亦是幻， 身如聚沫心如風，幻出無根無實性。	乃過去莊嚴劫，第九百九十九尊佛也。
毘舍浮佛	假借四大以爲身，心本無生因境有， 前境若無心亦無，罪福如幻起亦滅。	乃過去莊嚴劫，第一千尊佛也。
拘留孫佛	見身無實是佛身，了心如幻是佛幻， 了得身心本性空，斯人與佛何殊別？	乃現在賢劫第一尊佛也，初滅人壽六萬歲時，出成佛道，爲賢劫千佛之首也。
拘那含牟尼佛	佛不見身知是佛，若實有知別無佛， 智者能知罪性空，坦然不怖於生死。	此現在賢劫第二尊佛。次減人壽四萬歲時，出成佛道。
迦葉佛	一切眾生性清淨，從本無生無可滅。 即此身心是幻生，幻化之中無罪福。	此現在賢劫第三尊佛也。人壽減至一萬歲時，出成正覺，賢劫中第九小劫也。
釋迦牟尼佛	法本法無法，無法法亦法。 今付無法時，法法何曾法？	是賢劫第四尊佛也。人壽百歲時出現於世。

從毘婆尸佛的「身從無相中受生，猶如幻出諸形像，幻人心識本來無，罪福皆空無所住。」到釋迦牟尼佛的「法本法無法，無法法亦法。今付無法時，法法何曾法？」可知《水懺》中諸佛如來的付法偈，無不是以「無相」、「如幻」、「無心」、「無識」、「無罪」、「無福」、「無住」、「無法」、「無身」、「無性」、「無善」、「無惡」、「無生」、「無死」、……等否定語法構成，這告訴世人：在無量無邊、恆久不絕的過去、現在、未來三世時空中，無不存在著身相不可思議、法相不可思議的諸佛如來，這些諸佛如來，都是能入於世間，又不會執著於有限時、空塵世中的假相，隨時化生著積極肯定的無上增勝之精進心的。

2.《水懺》禮拜的十六佛菩薩名號

《水懺》最先禮拜的是「三世八佛」，藉由三世諸佛的禮拜，一心觀想其形儀、事蹟與法偈，身、心便能與八佛的無盡願力交相流契，融入無上甚深佛法的場域中，如此乃能叩啓《水懺》三昧法水境界的大門。但佛法無邊、法門無量、諸佛菩薩亦無量無邊、不可計數。尤其像佛教徒們在十二卷《佛名經》發展到三十卷本《佛名經》的過程中，積極精進的禮懺諸佛名號，由禮拜「一萬三千」到「一萬五千」，甚至到抽象的「無量無邊」、「不可思」、「不可數」的諸佛菩薩名號，這可說是一種毅力堅定的修行。唯對於一位根機利快、身心自如的修行者而言，其實在他的行、住、坐、臥之間，就自然包含著「無量無邊」、「不可思」、「不可數」的諸佛菩薩名號，並不一定非得禮拜誦讀到幾千、幾萬、幾億名號才算「積極精進」。不過，《水懺》畢竟是一部懺法，故乃聚集了與釋迦牟尼佛心志相契、相續、相生、相成，多元而一體的十六位佛菩薩作為禮拜的對象，使懺悔的人一心瞻慕而專志仿學之。

如果像《佛名經》一樣，禮拜一萬多尊佛菩薩，相信會使一般信眾無所適從的。[10]《水懺》禮拜的佛菩薩，除了前面作為總開頭的「三世佛」之外，尚以「十六佛菩薩」為皈依、鑑證、學

---

10 見：《華雨集（二）·方便之道》，頁206。

習效法的對象。《水懺》中這「十六佛菩薩」總共出現了「八次」，如果加上前面的「三世八佛」的話，則對於「諸佛菩薩名號」的禮拜變成了「九次」，平均分配在「卷上」、「卷中」、「卷下」三卷之中，每卷剛好「三次」，整齊有序的擺在各項障礙的「發露懺悔」之前。「九次」的出現位置依序分別是：《大正》45 的：卷上頁 968 下行 13→頁 969 上行 3→頁 970 下行 11→卷中頁 971 中行 28→頁 972 中行 4→頁 973 行 4 下→卷下頁 975 中行 13→頁 976 中行 18→頁 977 中行 19。以下先將十六佛菩薩名稱加以表列，然後依序略作介紹：

表十三：《水懺》禮拜的十六佛菩薩表			
毘盧遮那佛	釋迦牟尼佛	阿彌陀佛	彌勒佛
龍種上尊王佛	龍自在王佛	寶勝佛	覺華定自在王佛
袈裟幢佛	師子吼佛	文殊師利菩薩	普賢菩薩
大勢至菩薩	地藏菩薩	大莊嚴菩薩	觀自在菩薩

（二）《水懺》禮拜諸佛菩薩的意義

1.《水懺》禮拜三世八佛的意義

以上「三世八佛」中，「前七佛」在世時都具有極為宏大的心志願力，或言「身從無相中受生」，或言「幻人心識本來無」，或言「罪福皆空無所住」，或言「心本無生因境有」，或言「法本法無法，無法法亦法」，無不都是身心合一、心識一如、法法為人之偈言，他們都是說法無量、智慧無量、成就無量，在天、人之間產生了無量的神妙事蹟。這些偈言，無疑是懺悔者所應遵循之本旨，故釋大貞〈畫中禪師釋水懺敘〉云：

> 七佛偈，真懺法之鼻祖也。[11]

懺法來自於諸佛如來，諸佛如來之源頭來自於七佛，七佛之心法

顯現於七佛偈，故釋大貞之言，可謂爲一語中的。是以〈慈悲水懺科註緣起文〉亦云：

> 諸佛之洪名，采群經之玄義，俾展演者，轉冤家如眷屬；敬禮者，變罪藪爲福田；茲要者，祈業海波平；仰叩覺王，必蒙加被。[12]

由上可知：《水懺》所舉「三世八佛」中之「前七佛」，基本上是能自知「懺悔」，自知「悔過」，自知惕厲精進的代表，這也是過去、現在諸佛如來的代表。

但「彌勒佛」並不是過去佛、現在佛，而是一位「未來」才到這人間成就之佛，故稱之爲「當來」，現在應稱「彌勒菩薩」。據《彌勒下生經》所記，彌勒出身於婆羅門家庭，後爲佛弟子，先佛入滅，以菩薩身爲天人說法，現仍住於兜率天中。[13]又《大毘盧遮那成佛經疏》(《大日經疏》)卷一，謂：「慈氏菩薩係以佛四無量中之慈爲首，此慈從如來種姓中生，能令一切世間不斷佛種，故稱爲慈氏。」[14]《賢愚經》云：「彌勒於三會之中，度人無數，悉依佛陀遺法，種福於無量眾生，既度佛陀之遺殘眾生，然後又化同緣之徒。」[15]彌勒成佛之信仰，印度向來即極爲盛行，且有甚多寺廟都供奉彌勒像；佛法傳來中國後，以晉·道安爲始，欲求生兜率內院的人非常多。如劉宋·明帝造〈龍華誓願文〉、京師諸邑造《彌勒像三會記》、齊·竟陵文宣王造《龍華會記》[16]、陳·南岳慧思禪師（517~577）撰立〈誓願文〉、造《金字般若經》、唐·玄奘亦鼓吹弟子們求生兜率淨土。[17]顯見自南、北朝至唐代

---

12 見：《卍續》129，頁414下。
13 見：晉·竺法護譯，《彌勒下生經》，《大正》14，頁421上~頁423下。
14 見：唐·善無畏（637~735）講解，一行（683~727）筆錄，《大毘盧遮那成佛經疏》，《大正》39，頁582中。
15 見：元魏·慧覺等譯，《賢愚經卷十二·波婆離品第五十》，《大正》4，頁435下。
16 見：梁·僧祐撰，《出三藏集記卷十二·法苑雜緣原始集目錄序第七》，《大正》55，頁92中。
17 以上參見：釋演培前揭書文，頁40。筆者案：此段文字係演培講述，嚴寬所記，「唐」代宜應爲「陳」代之誤植，「思禪師」即「慧思」，今更正。據：《大正》49，《佛祖統紀卷六·慧思傳》，頁179上~頁180下。

之間，中國佛教徒們都盛行著願在彌勒下生時與彌勒同出於世的思想與信仰。

然從大乘佛教的觀點視之，禮懺者不可執著於此「三世八佛」。蓋若以「空間」而言，處處皆有十方佛之存在；若以「時間」而言，時時皆有三世佛之普現。[18]故此三世諸佛，又稱十方諸佛、一切諸佛，其意應指過去、現在、未來三世之眾多諸佛，亦即統稱全宇宙間之諸佛。則不論十二卷《佛名經》、三十卷《佛名經》、《水懺》等所禮拜的是一萬佛，一萬五千佛，還是一億佛、無量無邊不可數諸佛，實皆可以此「八佛」涵攝之。故《水懺》之編撰者深曉諸佛如來懺悔願力之精義，乃直取「八佛」以爲禮拜對象，作爲三世無量無邊、不可說、不可思議諸佛如來懺悔願力的菁英代表。故《水懺》云：

> 志心歸依十方盡虛空界，一切諸佛、大菩薩、辟支、羅漢、
> 四果、四向、梵王、帝釋、天龍、八部，一切聖眾。[19]

即此理也。唯懺悔者進行禮懺之時，此「三世八佛」的基本精神與心志願力仍不能予以斷卻，故應至心禮拜以契應其無量宏道。釋智證亦云：

> 禮懺必先七佛，如世間立宗祖之七廟也。如世弟子孝順七世父母。故凡禮佛，必須觀想。心役名運，身由觀顯，觀即一心空假中，身即一身法報化。想禮佛偈，作觀頂禮。人根，有利鈍之殊；慧心，分淺深之異。佛身及德，不可思議。於行人心，隨力隨分而想觀之，福不唐捐，如飲海水，各令飽滿。故應於禮佛之次，攝心入觀，諦想成就，即得諸佛現前三昧，以我有限之身，心運無窮之企想，必期自他雙利，而懺迴向菩提道，無不尅慈，無不廣者矣。[20]

七佛之慈悲心，如父母之慈悲心；我之懺悔，唯七佛是依。《不退

---

18 見：隋·吉藏（549~623）撰，《觀無量壽經義疏》，《大正》37，頁 236 上~頁 236 中。
19 見：《大正》45，頁 968 下~頁 967 上。
20 見：《卍續》129，頁 296 上。

轉法輪經》云：「娑婆世界，眾生濁亂，貪欲、瞋恚、愚癡，無量諸惡、不善諸法，猶不可盡，惟佛能知業報善惡。」[21]因為「惟佛能知業報善惡」，所以歸依三世八佛的禮拜，一心觀想其形儀、事蹟與法偈，身、心便能與八佛的無盡願力交相流契，融入無上甚深佛法的場域中，如此乃能叩啓《水懺》三昧法水深義的大門。

2.《水懺》禮拜十六佛菩薩的意義

（1）毘盧遮那佛（Mahāvairocana）

毘盧遮那佛（Mahāvairocana），即大日如來。音譯作摩訶毘盧遮那。又作最高顯廣眼藏、遍照王如來、光明遍照、大日遍照、遍一切處、遍一切處、遍照尊。《大日經疏》卷一謂，大日如來分「本地法身」與「加持受用身」兩種，其中，「本地法身」指如來之自證極位，而「加持受用身」指說法之教主，此二身畢竟無二無別。[22]然若從中國禮懺之文類傳統視之，《水懺》中之毘盧遮那佛，應是用來指說「三身」[23]之一的「法身」。法身，又名自性身，或法性身，亦即常住不滅，人人本具的真性。故釋智證云：「毘盧遮那，此云遍一切處，謂毘盧性海，煩惱體淨，眾德悉備，身土相稱，遍一切處，乃法身佛，即我人之本覺妙性也。」[24]則此遍一切處而爲我人之本覺妙性的毘盧遮那佛，原即「人」之自性身也。只不過，我們眾生是迷而不顯，而佛是覺而證得之境也。

（2）釋迦牟尼佛（Sākyamuni）

釋迦牟尼佛（Sākyamuni），爲現在佛，乃「三身」之一。其生平事蹟，已於前面「三世八佛」的部分說過。至於其重要性，

---

21 見：晉・道安譯，《不退轉法輪經卷一・序品第一》，《大正》4，頁 227 上。
22 參：唐・善無畏、一行、寶月等譯，《大毘盧遮那佛成佛神變加持經（《大日經疏》）卷一・入真言門住心品第一》，《大正》18，頁 1 上~頁 9 上。
23 「三身」，法身、報身、應身也。法身，又名自性身，或法性身，亦即常住不滅，人人本具的真性，不過我們眾生迷而不顯，佛是覺而證得了；報身是由佛的智慧功德所成的，有自受用報身和他受用報身的分別，自受用報身是佛自己受用內證法樂之身，他受用報身是佛爲十地菩薩說法而變現的身；應身又名應化身，或變化身，即應眾生之機緣而變現出來的佛身。見：竺摩法師鑑定，陳義孝編，《佛學常見詞彙》，（台北：財團法人佛陀教育基金會，民國八十六年六月出版），頁 74。唯「三身」之名稱與解釋甚多，各經論所舉不一，此不多舉。
24 見：《卍續》129，頁 300 下。

據西宗所云：「釋迦佛，爲娑婆教主，三界大師，故曰本師，即千百億化身是也。釋迦牟尼，此云能仁、寂默，謂其德仁濟群類，其道寂默無爲。」[25]

（3）彌勒佛（Maitreya）

彌勒佛（Maitreya），爲未來佛。其生平事蹟，已於前面「三世八佛」的部分說過。至於其重要性，《賢愚經》云：「彌勒三會，度人無數，悉我遺法，種福眾生，然後乃化同緣之徒。[26]」

（4）阿彌陀佛（amita-buddha）

阿彌陀佛（amita-buddha），此佛光明無量，壽命無量。據《無量壽經》所記，時有國王，聞說佛法，心懷悅豫，尋發無上正真道意，棄國捐王，行作沙門，號曰法藏，高才勇哲，與世超異，於世自在王佛處修行，熟知諸佛之淨土，歷經五劫之思慮，而發殊勝之四十八大願。此後，不斷積聚功德，而於距今十劫之前願行圓滿，成阿彌陀佛。在離此十萬億佛土之西方，報得極樂淨土。此佛威神光明，最尊第一。壽命長久，不可稱計。十方世界，諸天人民，能發無上菩提之心者，齋戒行善，一心專念，乃至十念，念無量壽佛，願生其國，此人即隨化佛，往生其國，住不退轉。通常佛阿彌陀佛居中，觀世音菩薩位左，大勢至菩薩居右，分別爲其脇侍，三者並稱爲「西方三聖」[27]。

（5）龍種上尊王佛

龍種上尊王佛，「五十三佛」[28]之一，爲文殊菩薩（Mañjuśrī）

---

25 見：《卍續》129，頁431下。
26 引見清・西宗《水懺科注》，《卍續》129，頁431下。
27 參：曹魏・康僧鎧譯，《無量壽經》卷上，《大正》12，頁267上~
28 「五十三佛」，出自《觀藥王藥上二菩薩經》，指：普光佛、普明佛、普淨佛、多摩羅跋栴檀香佛、栴檀光佛、摩尼幢佛、歡喜藏摩尼寶積佛、一切世間樂見上大精進佛、摩尼幢燈光佛、慧聚照佛、海德光明佛、金剛牢強普散金光佛、大強精進勇猛佛、大悲光佛、慈力王佛、慈藏佛、栴檀窟莊嚴勝佛、賢善首佛、善意佛、廣莊嚴王佛、金剛華佛、寶蓋照空力王佛、虛空寶華光佛、琉璃莊嚴王佛、普現色身光佛、不動智光佛、降伏諸魔王佛、才光明佛、智慧勝佛、彌勒仙光佛、世靜光佛、善寂月音妙尊智王佛、龍種上尊王佛、日月光佛、日月珠光佛、慧幡勝王佛、師子吼自在力王佛、妙音勝佛、常光幢佛、觀世燈佛、慧威燈王佛、法勝王佛、須彌光佛、須曼那光佛、優曇鉢羅華殊勝王佛、大慧力王佛、阿閦毗歡喜光佛、無量音聲王佛、才光佛、金海光佛、山海慧自在通

之本地（實相法身）名。又稱龍種淨智尊王佛、龍種上佛、龍種尊、龍尊王、龍尊，異稱甚多。然「尊王」之意，蓋取其為種族之最上尊者之意。西宗云：「龍種上尊王，梵語那伽，此云龍，勇健之謂也。種，是種族義，必是姓氏也。上尊者，言其乃種族中之最上最尊，故以上尊而彰其聖號也。王者，自在之稱。佛乃五住究盡，二死永亡，往來無礙，故云自在。」[29]智證亦云：「五住究盡，二死永亡，往來無閡，故聖號，收前諸號。謂法、報、化身具足，現、未自在故。」[30]又據《大乘本生心地觀經》所記，祂是大乘佛教持淨戒以懺悔的重要護持佛之一。[31]

（6）龍自在王佛

龍自在王佛，即上之龍尊王佛，亦為文殊菩薩（Mañjuśrī）本地（實相法身）之一。龍自在王佛與釋迦牟尼佛同為「三十五佛」[32]之一，據《佛說三十五佛名禮懺文》所記，印度五位大乘修行者，於六時禮懺三十五佛而不缺[33]，可見「三十五佛」之信仰在當時即是大乘佛教徒的重要禮懺對象。然取「自在」之意，蓋因其本身能行六波羅密，具正智慧，照了真如之境，並通達一切諸法之圓融無礙，即「智身解脫」之境；而其用世，又能現身說法，度化眾生，即至乎「用無、用相，不礙常寂」之境。[34]然西宗云：「龍自在王。王即自在義，同上解。隨德彰名，大同小異

王佛、大通光佛、一切法常滿王佛。見：《大正》20，頁 663 下~頁 664 中。

29 見：《卍續》129，頁 431 下。

30 見：《卍續》129，頁 300 下。

31 唐・般若譯，《大乘本生心地觀經卷三・報恩品第二之下》云：「龍種淨智尊王佛，當為淨戒阿闍梨。」見：《大正》3，頁 304 中。

32 「三十五佛」出自《大寶積經卷九十八・優婆夷會》，指釋迦牟尼佛、金剛不壞佛、寶光佛、龍尊王佛、精進軍佛、精進喜佛、寶火佛、寶月光佛、現無愚佛、寶月佛、無垢佛、離垢佛、勇施佛、清淨佛、清淨施佛、娑留那佛、水天佛、堅德佛、栴檀功德佛、無量掬光佛、光德佛、無憂德佛、那羅延佛、功德華佛、蓮華光遊戲神通佛、財功德佛、德念佛、善名稱功德佛、紅炎帝幢王佛、善遊步功德佛、鬥戰勝佛、善遊步佛、周匝莊嚴功德佛、寶華遊步佛、寶蓮華善住娑羅樹王佛。

33 見：唐・不空譯，《佛說三十五佛名禮懺文》，《大正》20，頁 42 下~頁 43 中。

34 參：唐・澄觀（738~839）撰，《華嚴經疏卷六・世主妙嚴品第一》，《大正》35，頁

云云。」[35]在《大寶積經卷九十八・優婆夷會》與《觀藥王藥上二菩薩經》中別爲二名,此或許是因爲二者的「大者」——即「圓融、無礙、自在」皆相同;其「小者」—住世因緣相異,而強調「龍種上尊王佛」者,乃「以上尊而彰其聖號」稱之;至於「龍種上尊王佛」者,只是偏重其「自在」之「隨德彰名」而已。故曰:「大同小異」。

（7）寶勝佛（Prabhūtaratna）

寶勝佛（Prabhūtaratna）,音譯袍休羅蘭。又作大寶佛、多寶如來、多寶佛。此佛係《法華經》之讚歎者,爲東方寶淨世界之教主。當他入滅後,以本願力,成全身舍利,每當諸佛宣說《法華經》時,必從地踊出,現於諸佛之前,以爲《法華經》之真實義作證明。世尊有偈云:「此多寶佛,處於寶塔,常遊十方,爲是經故。亦復供養,諸來化佛,莊嚴光飾,諸世界者。若說此經,則爲見我,多寶如來,及諸化佛。」[36]

（8）覺華定自在王佛

覺華定自在王佛,其自在無礙之意,當與前「龍自在王佛」同。據《大智度論》載,「佛告阿難:是眾中十萬億人,於諸法中得無生法忍,是諸人於未來世過六十八億劫,當得作佛。劫名華積,佛皆號覺花（華）。」[37]西宗亦云:「此必是定名。約理而言,覺是果覺,表本智。華即是因,表始智。始本不二,理智一如,不可思議,故云覺華定。彼常居此定,故以此爲號也。」[38]可知祂在諸佛之中,應爲定中之尊勝者。又據《地藏王菩薩本願經》載,覺華定自在王佛,德慧微妙,壽命四百千萬億阿僧祇劫,曾指示婆羅門女,端坐思惟,持念其名號,終而救其母親出離地獄。[39]

---

35 見:西宗《科註》,《卍續》129,頁431下。
36 見:《妙法蓮花經卷四・見寶塔品第十一》,《大正》9,頁32中~頁34上。
37 見:《大智度論卷四十・釋舌相品第六》,《大正》25,頁356上~頁356中。
38 見:《卍續》128,頁431下。
39 見:唐・實叉難陀譯,《地藏王菩薩本願經卷上・忉利天宮神通品第一》,《大正》13,頁778中~頁779上。

（9）迦裟幢佛

迦裟幢佛，據《大淨法門經》云：「迦裟，晉名去穢。」又《大集經》名：「離染」。如云福田、離塵、蓮花等言亦可。又教中有迦裟幢世界，或以世界而立名，未可知也。幢，表其正。佛，乃摧邪顯正，建大法幢等。又幢者，喻法無上，故稱迦裟幢也。[40]釋演培云：「迦裟，是佛淨衣，是人天寶幢相，見者歡喜，遠離邪心，生梵天福。能令一切眾生，滅諸罪垢，廣植眾德。猶如良田，善能增長菩提之芽，圓成佛道。猶如甲冑，煩惱毒箭所不能害。是故三世諸佛，皆共服之。」[41]《地藏經》亦云：「於過去無量阿僧祇劫，有佛出世，號迦裟幢如來，若有男子女人，聞是佛名者，超一百大劫生死之罪。」[42]

（10）師子吼佛

師子吼佛，此佛之名號，蓋取「譬如師子出窟，百獸潛蹤。佛師子出，群魔竄伏故。又云：大師子一吼，小師子勇健。佛師子一吼，諸菩薩等悉皆勇猛精進，故云爾。然而十方諸佛，不過以德彰名，隨義解釋，別無奇巧。[43]《地藏經》亦云：「於過去不可說不可說無量阿僧祇劫，有佛出世，號師子吼如來，若有男子女人，聞是佛名，一念歸依，是人得遇無量諸佛摩頂授記。」[44]

（11）文殊師利（Mañjuśrī）

文殊師利（Mañjuśrī），音譯又作曼殊室利、滿祖室哩；意譯為妙德、妙吉祥、妙樂、法王子。據《首楞嚴三昧經》載，於過去久遠無量無邊、不可思議阿僧祇劫，有龍種上如來，於此世界南方過於千佛國土平等世界，成無上正等覺，教化無數億菩薩眾及聲聞僧，壽四百四十萬歲，度天人已而入涅槃，散身舍利流布天下，彼佛即今之文殊師利法王子。[45]又《佛說文殊師利般涅槃

---

40 以上引見：《水懺科注》，《卍續》129，頁431下。
41 見釋演培前揭書文，頁101。
42 見：《地藏王菩薩本願經卷下·稱佛名號品第九》，《大正》13，頁786上。
43 見：《卍續》129，頁431下。
44 《大正》13，頁786上。
45 見：《首楞嚴三昧經》卷下，《大正》15，頁644上。

經》亦載:「佛告跋陀波羅:此文殊師利,有大慈悲,生於此國多
羅聚落,梵德婆羅門家。其生之時,家內屋宅,化為蓮華。從母
右脇出,身紫金色。墮地能語,如天童子。有七寶蓋,隨覆其上。
詣諸仙人,求出家法。諸婆羅門,九十五種諸論議師,無能酬對。
唯於我所,出家學道,住首楞嚴三昧。以此三昧力故,於十方面,
或現初生出家,滅度入般涅槃。現分舍利,饒益眾生。如是大士,
久住首楞嚴,佛涅槃後四百五十歲,當至雪山,為五百仙人宣暢
敷演十二部經,教化成熟五百仙人,令得不退轉。……若有眾生,
但聞文殊師利名,除卻十二億劫生死之罪。若禮拜供養者,生生
之處恆生諸佛家,為文殊師利威神所護。……設有重障,不墮阿
鼻極惡猛火。」[46]

(12) 普賢菩薩 (Samantabhadra)

普賢菩薩 (Samantabhadra),音譯邲輸跋陀菩薩、三曼多陀
跋陀菩薩、三曼多跋陀羅菩薩,又作遍吉菩薩,為我國佛教四大
菩薩之一。與文殊菩薩為釋迦如來之脇士,文殊駕獅子侍如來之
左側,普賢乘白象侍右側。文殊師利顯智、慧、證,普賢顯理、
定、行,共詮本尊如來理智、定慧、行證之完備圓滿。文殊、普
賢共為一切菩薩之上首,常助成宣揚如來之化導攝益。以此菩薩
之身相及功德遍一切處,純一妙善,故稱普賢。[47]據《華嚴經》
所記,普賢菩薩曾立十種普賢心及十種普賢行法。[48]經中一一述
此十大願,明其功德無量,臨命終時,得此願王引導,往生阿彌
陀佛極樂世界。然此十大願為一切菩薩行願之標幟,故亦稱普賢
之願海。以此菩薩之廣大行願,一般又稱為大行普賢菩薩。唐‧
不空又譯《普賢菩薩行願讚》一卷,以偈頌讚歎普賢菩薩之十大

---

46 見:西晉‧聶道真譯,《佛說文殊師利般涅槃經》,《大正》14,頁480下~頁481
   中。
47 參:《佛光大辭典》,頁5022上~頁5022中。
48 參:東晉‧佛馱跋陀譯,《大方廣佛華嚴經卷三十七‧離世間品第三十三之二》,
   《大正》9,頁634下~頁635上。又見:唐‧實叉難陀譯,《大方廣佛華嚴經
   卷五十三‧離世間品第三十八之一》,《大正》10,頁282上。然此應為其狹義,
   若欲見其「廣大十願行」,應自「卷三十六」至「卷四十三」普賢告普慧等諸
   菩薩之言是。

願，計七言四句六十二頌一七三六字[49]，可見其宏大的行願是極
受重視的。

（13）大勢至菩薩（Mahā-sthāma-prāpta）

大勢至菩薩（Mahā-sthāma-prāpta），音譯摩訶娑太摩鉢羅鉢
跢，意譯作「得大勢」、「大精進」。《觀無量壽經》佛云：此菩薩
「圓光面各二百二十五由旬，照二百二十五由旬，舉身光明，照
十方國，作紫金色，有緣眾生皆悉得見。但見菩薩一毛孔光，即
見十方無量諸佛淨妙光明，是故號此菩薩名無邊光。以智慧光，
普照一切，令離三塗，得無上力，是故號此菩薩名大勢至。」[50]與
觀世音菩薩同為阿彌陀佛之脇侍，為西方三聖之一。據姚秦・鳩
摩羅什譯《思益梵天所問經》載，大勢至菩薩「所投足處，震動
三千大千世界，及魔宮殿。」[51]唐・般剌蜜帝譯《大佛頂如來密
因修證了義諸菩薩萬行首楞嚴經》卷五亦載，大勢至菩薩曾於往
昔恒河沙劫時，隨無量光等如來處學念佛三昧，悟云：「我本因地，
以念佛心，入無生忍。今於此界，攝念佛人，歸於淨土。」[52]又
據《悲華經》所記：當阿彌陀佛入滅後，由觀世音菩薩補其位；
觀世音菩薩入滅後，則由大勢至補處成佛，成阿耨多羅三藐三菩
提，號曰善住珍寶山王如來。[53]

（14）地藏王菩薩（Ksitigarbha）

地藏王菩薩（Ksitigarbha），音譯作乞叉底蘗婆。地，住處之
義；藏，含藏之義。佛陀於《大乘大集地藏十倫經》中云：地藏
菩薩，已成就無量不可思議殊勝功德，已能安住首楞伽摩勝三摩
地，善能悟入如來境界，已得最勝無生法忍。於諸佛法，已得自
在，已能堪忍一切智位，已能超度一切智海，已能安住師子奮迅
幢三摩地，善能登上一切智山，已能摧伏一切外道邪論。為欲成

---

49 見：《大正》10，頁 880 上~頁 881 下。
50 見：《大正》12，頁 344 上。
51 見：《思益梵天所問經卷三・談論品第七》，《大正》15，頁 48 下。
52 見：《首楞嚴經》卷五，《大正》19，頁 128 上~頁 128 中。
53 見：北涼・曇無讖譯，《悲華經卷三・諸菩薩本授記品第四之一》，《大正》3，
　頁 186 下。

熟一切有情,所在佛國,悉皆止住。堅固誓願,勇猛精進。並爲
說頌曰:「起堅固慧清淨心,滅諸有情無量苦,施眾妙樂如寶手,
能斷惑網如金剛,起大悲慧具精進,善持妙供奉世尊,以海智救
苦眾生,登諸趣有無畏岸。」[54]佛陀又云:若未來世,聞是菩薩
名字,或讚嘆,或瞻禮,或稱名,或供養,乃至彩畫刻鏤,塑漆
形像,是人當得超越三十劫罪,百返生於三十三天,常得百千鬼
神日夜護衛。[55]

(15)大莊嚴菩薩

大莊嚴菩薩,釋智證云:「大莊嚴菩薩,稱自性廣大之妙體,
發應物無邊之妙用,莊嚴性海,圓成法身,全即自性廣大之體,
故云大莊嚴。望前以無緣大慈,炤後以同體大,悲廣化眾生,《法
華經》云:『定慧力莊嚴,以此度眾生』,即此義。《大經》云:『具
足智慧及福德二種莊嚴』。」[56]又據《佛藏經》所載,此亦爲過去
久遠無量無邊阿僧祇劫之古佛之一,其壽命六十八百萬億歲,有
六十八百萬億弟子眾。當祂滅度後,舍利亦流布天下,正法住世
五百歲,弟子有多人因之而入涅槃,爲多諸天人所供養。[57]

(16)觀自在菩薩(avalokiteśvara)

觀自在菩薩(avalokiteśvara),音譯阿縛盧枳低濕伐羅。以慈
悲救濟眾生爲本願之菩薩,又作觀世音菩薩、光世音菩薩、觀世
自在菩薩、現音聲菩薩、闚音菩薩。略稱觀音菩薩。別稱救世菩
薩、蓮花手菩薩、圓通大士。與大勢至菩薩同爲西方極樂世界阿
彌陀佛之脇侍,世稱西方三聖。凡遇難眾生誦念其名號,菩薩即
時觀其音聲前往拯救,故稱觀世音菩薩。因其於理事無礙之境,
觀達自在,故稱觀自在菩薩。[58]又《心經》云:「行深般若波羅蜜

---

54 見:唐・玄奘譯,《大乘大集地藏十輪經卷一・序品第一》,《大正》13,頁723
上~頁726中。

55 參:《地藏菩薩本願經卷上・如來讚歎品第六》,《大正》13,頁782中~頁783
中。

56 見:《卍續》129,頁300下。

57 見:姚秦・鳩摩羅什譯,《佛藏經卷中・往古品第七》,《大正》15,頁794下。

58 見:《法華經卷七・觀世音菩薩普門品第二十五》,《大正》9,頁56下~頁58
中。

多時，照見五蘊皆空，度一切苦厄。……是故空中無色，無受、想、行、識，無眼、耳、鼻、舌、身、意，無色、聲、香、味、觸、法，……遠離顛倒夢想，究竟涅槃」[59]，見其修行境界極高，故爲十足之觀自在。據《觀世音菩薩授經記》載：「阿彌陀佛正法滅後，過中夜分，名相出時，觀世音菩薩於七寶菩提樹下，結跏趺坐，成等正覺，號普光功德山王如來。」[60]

綜上所述，此毘盧遮那佛的「人之本覺妙性」、釋迦牟尼佛的「其德仁濟群類，其道寂默無爲」、阿彌陀佛的「四十八大願」、彌勒佛的「龍華誓願，生兜率天」、龍種上尊王佛的「最上最尊，……五住究盡，二死永亡，往來無礙」、龍自在王佛的「勇健自在」、寶勝佛的「踴湧現歡經」、覺華定自在王佛的「始本不二，理智一如」、袈裟幢佛的「滅諸罪垢，廣植眾德」、師子吼佛的「勇猛精進」、文殊師利菩薩的「住首楞嚴三昧。饒益眾生」、普賢菩薩的「身相及功德遍一切處，純一妙善」、大勢至菩薩的「以智慧光，普照一切，令離三塗，得無上力」、地藏菩薩的「堅固誓願，勇猛精進」、大莊嚴菩薩的「智慧及福德二種莊嚴」、觀自在菩薩的「遠離顛倒夢想，究竟涅槃」，皆是我人在塵世之中可爲之誓、之願、之志、之行，只是十六佛菩薩已先覺證，而我等仍然迷而未覺。《大乘本生心地觀經》亦云：「唯有過去十方佛，已受淨戒常護持，二障煩惱永斷除，獲證無上菩提果。未來一切諸世尊，守護三聚淨戒寶，斷除三障屏習氣，當證正等大菩提。現在十方諸善逝，具修三聚淨戒因，永斷生死苦輪迴，得證三身菩提果。」[61]《水懺》之編撰者，可能是要聚攝無限時、空之間的十方諸佛之無量淨戒精神與宏大的願力於此「十六佛菩薩」身上，並將此十六佛菩薩置於每懺之前，以爲懺悔者踐行懺悔之鑑證與學習對象。在大乘佛教懺悔思想中，藉「稱名念佛」的方式，是可以滅除生死業障，

---

59 見：唐・玄奘譯，《般若波羅蜜多心經》，《大正》8，頁848下。
60 見：劉宋・曇無竭譯，《觀世音菩薩授經記》，《大正》12，頁357上。
61 見：唐・般若譯，《大乘本生心地觀經卷三・報恩品第二之下》，《大正》3，頁304中。

也可以速成不退轉地,而成無上真正之道的一種通俗化、深邃化的方便之道。[62]

三、總論懺悔

《水懺》既為懺法,其懺悔理論便非草率立之者也。前面從《水懺》的結構部分,筆者依《水懺》的「內容」與「卷次」之不同,將《水懺》的懺悔理論部分區分為「總攝懺悔」、「論煩惱根本」、「論懺悔本意」、「明幽冥神驗」、「總說業障」及「總說果報」六個相似的過程。事實上,《水懺》之製作,基本上是以懺悔「煩惱障」、「業障」及「果報障」三障為主,並蘄迄於「三昧法水」的微妙境界。故為了凝聚懺悔概念,以下即將該「六個相似的過程」合成「總說懺悔」以為論說。

(一)《水懺》的總論懺悔

《水懺》開始運作,藉由三世一切諸佛慈愍之精神威力,陳說水懺道場總法,《水懺》云:

> 一切諸佛,憫念眾生,為說水懺道場總法。佛言:「眾生垢重,何人無罪?何人無愆?」凡夫愚行,無明闇覆,親近惡友,煩惱亂心,立性無知,恣心自恃。不信十方諸佛,不信尊法聖僧,不孝父母、六親、眷屬。盛年放逸,以自憍倨。貪一切財寶,貪一切歌樂,貪一切女色,心生貪戀,

---

62 如後秦·鳩摩羅什譯:《十住毘婆沙論卷五·易行品第九》云:「或有勤行精進,或有以信方便,易行疾至阿惟越致(不退轉)者,如偈說:東方善德佛、南栴檀德佛、西無量明佛、北方相德佛、……如是諸世尊,今現在十方,若人,不退轉地者,應以恭敬心,執持稱名號。」《大正》26,頁41中。如:北魏·吉迦夜譯,《佛說稱揚諸佛功德經》卷上云:「其有得聞寶海如來名號者,執持、諷誦、歡喜、信樂,其人當得七覺意寶,皆當得立不退轉地,疾成無上真正之道,卻六十劫生死之罪。」《大正》14,87上。

62 見:《大正》疾欲至,不退轉者,應以恭敬心,執持稱名號。」《大正》26,頁41中。如:北魏·吉迦夜譯,《佛說稱揚諸佛功德經》卷上云:「其有得聞寶海如來名號者,執持、諷誦、歡喜、信樂,其人當得七覺意寶,皆當得立不退轉地,疾成無上真正之道,卻六十劫生死之罪。」《大正》14,87上。

意起煩惱。親近非聖，媟狎惡友，不知懺悔！或殺害一切
眾生，或飲酒昏迷，無智慧心。[63]

此段總論懺悔，立於禮懺文前頭，自有其「總標」之用。然所謂
「總標」，在標示何意？此段數句，綜合說明了「眾生垢重」的原
由：由於行為愚昧，被昏闇的無明障蔽了自己的真性；經常會親
近一些不良的朋友，長養了煩惱，擾亂了清境的本心；沒有判斷
的誤立了自己的本性，任意縱放本心，自以為很了不起。他不願
相信有十方正覺諸佛，不願相信有佛法及聖僧。這樣的一個人，
身、心俱亂，自然不知孝順於父母，不知敬愛親戚，不知照顧家
屬。壯年之時，放蕩安逸，高傲自大。於是，連續三個「貪於一
切」的財物珍寶、音樂歌聲、美女姿色，又說明了人們欲望的無
限。欲望無限，當然生起貪執迷戀之心，意識裡便產生了煩惱。
外在行為上，又去親近一些偏邪不正、酒食遊戲的人，不知道做
人要懺悔。既不知要懺悔，也就肆無忌憚的去「殺害一切眾生」，
或「飲酒昏迷」，成為一個「無智慧心」的人。人的容易造罪，當
然不只這樣，《水懺》云：

無始以來，在凡夫地，莫問貴賤，罪自無量。或因三業而
生罪，或從六根而起過，或以內心自邪思惟，或藉外境起
於染著。如是乃至十惡增長，八萬四千諸塵勞門。然其罪
相，雖復無量，大而為語，不出有三：一者煩惱，二者是
業，三者是果報。此三種法，能障聖道，及人天勝妙好事。
是故經中，目為三障，所以諸佛菩薩，教作方便懺悔。除
滅此三障者，則六根十惡，乃至八萬四千諸塵勞門，皆悉
清淨。[64]

其下又云：

凡夫之人，舉足動步，無非是罪。又復過去生中，皆悉成
就無量惡業，追逐行者，如影隨形。若不懺悔，罪惡日深，
故知包藏瑕疵，佛不許可。說悔先罪，《淨名》所尚，故知

63 見：《大正》45，頁698下。
64 見：《大正》45，頁969上。

> 常淪苦海,實由隱覆。……所言三障者:一曰煩惱,二名
> 為業,三是果報。此三種法,更相由藉,因煩惱故,所以
> 起諸惡業,惡業因緣,故得苦果。[65]

原來,人無論貴賤,無論內外因緣,都有可能造作罪業的。此兩
段文字,似有重複之處,然依前、後文視之,實在明其「罪相」
與「障礙」。前段文字,是依於「無始以來,在凡夫地,莫問貴賤,
罪自無量」之後,又連續出現四個「或」句,即「或因三業而生
罪,或從六根而起過,或以內心自邪思惟,或藉外境起於染著」
而說起,此乃借排比之法以總括眾生所造罪業之相的可能來源。
後段文字,是依於「凡夫之人,舉足動步,無非是罪。……包藏
瑕疵,……常淪苦海,實由隱覆」[66]之後。由於眾生的「包藏瑕
疵」、「隱覆」不揭,使得「煩惱障」、「業障」、「果報障」三障更
相由藉,因煩惱故,所以起諸惡業,惡業因緣,故得苦果。

(二)《水懺》總說懺悔的意義

由於眾生的「包藏瑕疵」、「隱覆」不揭,使得「煩惱障」、「業
障」、「果報障」三障「更相由藉」,苦果綿延。《水懺》中的「三
障懺悔文字」,便是要顯露懺悔這些「更相由藉」的苦果,使人自
己與生俱來的心、性、靈、體,能夠妥善運用,而能在世間創造
出一番成就的。清·西宗對於《水懺》關於身、心、智、慧之用
如是說:

> 「心等」之言,據相宗說,集起名心,屬賴耶,即第八識。
> 籌量為意,即第七末那。了別為識,即前六等識。今云「心
> 生」、「意起」,大抵重在前六等識,動身發語,乃至起惑造
> 業,皆由六識,以為殊勝,故可知之矣,戀執著之義也。
> 智,是當人性體;慧,是當人照用。智慧,對識性而言。
> 轉識成智,則能斷惑證真;因迷無智故,造如是等罪。[67]

---

65 見:《大正》45,頁969下。
66 見:《大正》45,頁969下。
67 見:《卍續》129,頁428下~頁429上。

人能「轉識成智」，便與諸佛如來慈悲濟世之本懷相契；若能「斷惑證真」，便能深入造作之根源，尋回迷失之本性。諦閑亦云：

> 對諸佛之覺，說眾生之迷。迷，不覺之謂也。不覺自心與諸佛不二之理，是以法身流轉五道，乃稱眾生。生既與佛同體，諸佛所以愍之念之也[68]。

眾生迷失自性，「不覺自心與諸佛不二之理」，所以《水懺》的懺悔，亦在令眾生明心見性，立地成佛耳。這樣的懺悔，仍然是直接承續於佛陀的教誨內容的，也保留了戒律的精神，既強調「貪、瞋、癡」三毒的造作，也專門以「煩惱障」、「業障」、「果報障」三障的無量罪相事例之陳列為主。但這已不是婆羅門時的自恣，也不是原始佛教的懺摩，更不是單純的說悔儀式，尤其不是耗時費力的禮拜千萬佛名而已，自然也不是天台、法華、華嚴、淨土等宗的懺悔儀軌，而是近於六祖慧能的「無相懺悔」，是大乘佛教獨自成立的《水懺》了。因為，《水懺》三障諸罪相的陳列發露，即是一種「事懺」；懺悔者透過懺悔理論的誦讀禮拜而能心生理悟，則迄乎「理懺」目的；依經參懺而製為懺法，自是一種「作法懺」；觀想如來與念佛報恩，便是一種「取相懺」；「七種心」之興發，直指於人心，誘啟了性靈智慧的生出，當然是一種「無相之懺」，或說「無生之懺」；各種懺悔理論既都兼包，故亦是一種「理事無礙的圓融懺法」了。

《水懺》對於諸佛菩薩之心志願力，以「三世八佛」及「十六佛菩薩」引起，故云「一切諸佛，憫念眾生」。以凡夫自「無始以來，在凡夫地，莫問貴賤，罪自無量」說起，漸漸帶出能障聖道，及人天勝妙好事的「一者煩惱，二者是業，三者是果報」三種標綱的罪相。並由眾生的「包藏瑕疵」、「隱覆」不揭，揭示《水懺》是針對「煩惱障」、「業障」、「果報障」三障必須發露懺悔以期斷絕滅盡之義。《水懺》詳盡的對三障作這樣的懺悔，是讓懺悔者「前念不生即心，後念不滅即佛；成一切相即心，離

---

68 見：作者前揭書文，頁997。

一切相即佛」;「若欲當來覓法身,離諸法相心中洗」[69]的懺悔。此即:往昔所造諸惡業,皆由無始汙穢性,《水懺》一一分別懺,懺盡惡業佛性成。

　　凡夫無明闇覆,心性失真,故動身發語,立即製造了罪業;當下既蒙蔽了自己,又障礙了他人;於事既亂,於理亦偏;一生一世,累生累世,繼續下來,於人文倫理之傷害,豈能不大!故《水懺》懺文分三卷,即針對愚行凡夫的「貪、瞋、癡」三障作一總清理的工作,以達消滅累世冤讎業障之用。當然,消滅累世冤讎業障,應是總清理之表面目的而已,懺悔者與諸佛之慈悲願力合一,進行改往修來之懺悔,旨在徹滌累生累世因為內心根源處之無明覆闇的「貪、瞋、癡」所造作的三障,所以向佛說:未作之罪,不敢更作,這纔是真懺悔。[70]

四、懺悔的前方便

　　《水懺》是佛教八萬四千法門中的「方便」法門。此一「方便」法門,是承自於佛陀傳教說法的善權巧宜。但是,這樣的善權巧宜,真正權運啓用之後,又隨不同人、事、時、地、物之變化而權宜轉益,故實際上是不只八萬四千法門的。然其「方便」之旨,須能歸諸於佛陀的正知、正見、正念、正道之完成與覺悟。《水懺》在文本中共列出了三種懺悔前方便,它們分別是:「興七種心」、「生二種心」及「起四種觀行」。

　　關於此一部分,吳藝苑已作過研究,她認為《水懺》中的「七種心」、「二種心念」與「四種觀行」有其相通之處,故曾製表予以合併討論,其理大致可探。[71]然筆者認為「慚愧心」一列,依《水懺》「自惟我與釋迦如來,同為凡夫,而今世尊成道以來」之句,既言「釋迦如來」,故實應將「紹繼佛法聖種」與「觀如來身」、

69　參:宋・宗寶編,《六祖大師法寶壇經・機緣第七》,《大正》48,頁355上。
70　見:《卍續》129,頁429上。
71　見:吳藝苑前揭文,頁77。

「觀我自身」一同並列為宜。「怨親平等」一列，據《水懺》「於
一切眾生，起慈悲心，無彼我相。……相著因緣，生諸煩惱；煩
惱因緣，造就惡業；惡業因緣，故得苦果」之句，既言「慈悲心」、
「相著因緣」，故亦應將「觀因緣」與「觀果報」一同並列為宜。
至於「觀罪性空」一列，據《水懺》「既從因緣而生，則可從因緣
而滅」之句，亦言及「因緣而生」、「因緣而滅」，而凡此皆為佛口
所宣說，故實應將「紹繼佛法聖種」、「觀如來身」與「觀因緣」
一同並列為宜。又其於「恐怖心」、「菩提心」及「怨親平等心」
三列均以空白表示，筆者認為這三項均與諸佛菩薩之「大慈大悲
心」欲救六道眾生脫離無量無邊幽冥地獄之理念相當，故應間以
加入「紹繼佛法聖種」、「觀如來身」、「觀我自身」之心為宜。茲
借引其表，並「略作修正」、「融會統合」，列之如下：

表十四：《水懺》懺悔前方便簡表		
七種心	二種心念	四種觀行
慚愧心	紹繼佛法聖種	觀如來身、觀我自身
恐怖心	紹繼佛法聖種、身命難可常保	觀如來身、觀因緣、觀果報
厭離心	身命難可常保	觀如來身、觀我自身
發菩提心	紹繼佛法聖種	觀如來身、觀我自身
怨親平等心	紹繼佛法聖種	觀如來身、觀因緣、觀果報
念佛報恩心	紹繼佛法聖種	觀如來身、觀我自身
觀罪性空心	紹繼佛法聖種	觀因緣、觀如來身

（一）《水懺》的懺悔前方便

　　《水懺》的懺悔前方便，分置於三個不同位置，但都安置在
「懺悔煩惱障」的內容部分。一是：

　　欲滅三障者，當用何種心，可令此障滅除？先當興七種心
　　以為方便。何等為七？一者慚愧，二者恐怖，三者厭離，
　　四者發菩提心，五者怨親平等，六者念報佛恩，七者觀罪

性空。[72]

其二為：

> 若欲行此法者，先當外肅形儀，瞻奉尊像，內起敬意。緣
> 於想法，懇切至禱，生二種心。何等為二？一者自念：我
> 此形命，雖可常保，一朝散壞，不知此身，何時可復？若
> 復不值諸佛聖賢，忽逢惡友，造眾罪業，復應墮落深坑險
> 趣。二者自念：我此生雖得值遇如來正法，不為佛法，紹
> 繼聖種，淨身口意，善法自居。而今我等，私自作惡，而
> 復覆藏。言他不知，謂彼不見，隱匿在心，傲然無愧。此
> 實天下愚惑之甚，即今現有十方諸佛大菩薩，諸天神仙，
> 何曾不以清淨天眼，見於我等，所作罪惡？[73]

其三為：

> 復應各起四種觀行，以為滅罪，作前方便。何等為四？一
> 者，觀於因緣；二者，觀於果報；三者，觀我自身；四者，
> 觀如來身。[74]

諸佛如來廣慈悲之念，開啟懺悔法門，其意即本於「方便」
（upāya）。惟論者或曰：造罪而可懺，則眾生為求其欲樂，皆先
犯而後懺，世間豈不狂亂？

隋・慧遠《大乘義章》中即舉出大乘佛教修行者的「四種方
便」：一、進趣方便，如見道前之「七方便」等，即趣向菩提的準
備，亦即加行道。二、權巧方便，如二智中之方便智等，以實無
三乘之法門，而為應物權現之。三、施造方便，如「十波羅蜜」
中之「方便波羅蜜」等，即為達成理想目的所作的善巧之事。四、
集成方便，如《十地經論》之「六相說」，諸法同體巧相集成，即
諸法之本質均同，一中即具一切，一切之中亦成於一，彼此巧妙
地相即互立。[75]

---

72 見：《大正》45，頁 969 上~頁 969 中。
73 同上，頁 970 下~頁 971 上。
74 同上，頁 971 下。
75 參：隋・慧遠撰，《大乘義章卷十五之十二・巧方便義》，《大正》44，頁 766
　　上。「七方便」：又稱「七方便位」、「七位」、「七賢」、「七賢位」、「七加行位」，

　　故大乘佛教的方便，是說修行者在不同的時、空、人、事、知、行等方面上，藉由善巧方便之法，使自己獲得正知、正行，甚而與諸佛如來一樣同證佛法，修成正果。由於其本旨是與諸佛如來一樣在慈悲救世，其心又自始至終均是一任專純無邪，故表面之權宜身行雖不合於常法，對六道眾生的罪業又能作釜底抽薪的懺除，故曰方便。這樣的方便，並非助長世人「先犯而後懺」，亦非鼓勵人「懺而再犯」之意。東晉·竺難提譯《大乘方便經》云：

> 若見十方眾生受諸樂報，見已作如是念：願一切眾生得一切智樂。若見十方眾生受諸苦報，為眾生懺悔諸罪，作是大莊嚴。如是眾生所受苦惱，我悉代受，令彼得樂。以是善根，願成一切智，除一切眾生苦惱。以是因緣故，畢竟不受一切諸苦，純受諸樂，是名菩薩摩訶薩行於方便。[76]

能以悲愍之心「為眾生懺悔諸罪」，這是一種大莊嚴，亦為諸佛如來之本衷。但這種大莊嚴，在特殊必要之時，也會權宜的令自己處於五欲之中，「能知隨宜，行於方便。如是教化一切眾生，隨其所欲而為現身。於所須物，心無吝惜。乃至捨身，為眾生故。愛樂善根，不求果報。知諸眾生作善根已，心無退轉，即於爾時，心生捨離。所現五欲，永無戀著。」[77]眾生之心既能捨離，永無戀著，則不可能會耽溺於五欲之中，再造罪海。印順亦云：

> 為了宏法利生，無論是攝引初學，種植出世善根；或是適應當時當地的一般根機，不能不善巧的設施方便（upāya）。佛法展開的修行方便，是重「信」的。淺近容易一些，也就能普及一些。「佛法如大海，漸入漸深」，所以由淺而深，由易入難，不能不說是善巧的方便。[78]

每個人的根機不同，諸佛如來自是清楚的，所以諸佛如來自會隨

　　分別是：五停心觀、別相念住、總相念住、煖法、頂法、忍法、世第一法。
76 見：《大寶積經一百六·大乘方便會第三十八之一》，《大正》11，頁595上。
77 見：《大正》11，頁595上。
78 見：《華雨集二·方便之道·緒言》，頁10。

機制宜，救度眾生。《水懺》於書前先禮三世諸佛，並以「十六佛菩薩」為懺悔之鑑證，「以三昧法水為濯積世冤讎」，所立的方便之意正是如此。印順又說，在「佛法」中，「懺悔」是進修的方便，與「戒學」有關；到了「大乘佛法」，「懺悔罪業」為日常修持的方便。從大乘經典去看，幾乎重「信」的經典，說到「念佛」，都會說到消除生死重罪的。中國佛教流行的種種懺法，就由此而來。[79]可知大乘佛教以方便道行之，是更宜於教化眾生的，這不但易於令眾生調伏心性，懺除諸罪，而眾生又能不復重犯諸罪，且能令不信佛法者轉信之，信之者又能因此增廣[80]，增廣之後，智慧與思想內涵便更充實，這真是一種不可思議的微妙法門。

　　唯「心者，身之神明，所為善則善應，所為惡則惡應，若影之隨，形響之隨聲。」[81]故《水懺》每於懺罪之前，必先「興七種心」、「生二種心」及「起四種觀行」。蓋此「心」不能先懺，事、理不能先熟，縱使後續之懺罪事項再多，亦非真懺；反之，苟能激懺此「心」，再輔以諸般罪業之白露，則事、理兼懺，佛法乃成。

（二）《水懺》懺悔前方便的意義

1.慚愧心（紹繼佛法聖種）（觀如來身）（觀我自身）

　　　　第一、慚愧者：自惟：我與釋迦如來，同為凡夫，而今世
　　　　尊成道以來，已經爾所塵沙劫數，而我等相與耽染六塵，輪
　　　　轉生死，永無出期。此實天下可慚、可愧、可羞、可恥。[82]

釋迦如來，既與吾人同為世間凡夫，則彼能得道成佛，我亦能得道成佛。本書在第二章關於「慈悲」一名的闡述時即已述及：《水懺》以「慈悲」為懺名，除了慈愍眾生苦，悲拔眾生業之外，尚與四無量心、菩提心、慚愧心、智慧心等無量心合一的。《水懺》此種觀點，是將凡夫與「釋迦如來」相比，其基準點是著落於：

---

79 見：《華雨集二‧方便之道‧第四章懺悔業障》，頁 165。
80 參：《菩薩地持經卷五‧方便處戒品之餘》，《大正》30，916 上。
81 見：明成祖〈御製水懺序〉，《大正》45，頁 968 上。
82 見：《大正》45，969 中。

釋迦如來能以堅固之正知、正覺、正念、正行等修行工夫而立於極樂淨土的成就,而我等自身卻相與耽染於六塵之中,輪轉生死,永無出期,這是身爲尊貴的「人」的一種慚愧羞恥,從而引起凡夫自己應懺悔向上勇猛精進之心。所以,清・西宗亦云:「一以不得作佛爲恥。蓋聖、凡同體,不成聖道,終墮輪迴。作是想,可爲愧死無地。」[83]《大般涅槃經》云:

> 有二白法,能救眾生:一慚;一愧。慚者,自不作罪;愧者,不教他作。慚者,內自羞恥;愧者,發露向人。慚者,羞人;愧者,羞天;是名慚愧。若有眾生,造作諸罪,覆藏不悔,心無慚愧,不見因果,及以業報,不能諮啟有智之人,不近善友,如是之人,一切良醫,乃至瞻病,所不能治。[84]

佛如良醫,然佛所醫者人之心,自心若覆藏不悔,心無慚愧,不見因果,及以業報,不能諮啟有智之人,不近善友,則佛亦不能救拔之。《佛遺教經》亦云:

> 慚恥之服,是諸莊嚴,最爲第一。慚如鐵鉤,能制人非法。是故比丘,常當慚恥,勿得暫替。若離慚恥,則失諸功德。有愧之人,則有善法。若無愧者,與諸禽獸無相異也。[85]

可見慚之與恥,雖二而一,一者,心也。故心能慚恥,莊嚴第一。《俱舍論》云:「於諸功德,及有德者,無敬、無崇、無所忌難、無所隨屬,說名無慚;即是恭敬所敵對法,爲諸善士所訶厭法,說名爲罪;於此罪中,不見怖畏,說名無愧。」[86]「無慚」、「無愧」爲「大乘百法」中之二種心所有法[87],凡夫處世,染執於一切法中,業障便隨緣而生。故心能慚恥,愧止惡行,是懺悔者守戒修持之要津。《成唯識論》亦云:

---

83 見:《卍續》129,頁435下。
84 見:《大般涅槃經卷十九・梵行品第八之五》,《大正》12,頁477中。
85 見:後秦・鳩摩羅什譯,《佛垂般涅槃略說教誡經》(佛遺教經),《大正》12,頁1111中。
86 見:唐・玄奘譯,《阿毘達磨俱舍論卷四・分別根品第二之二》,《大正》29,頁21上~頁21下。
87 參見:玄奘譯,《大乘百法明門論本事分中略錄名數》,《大正》31,頁855下。

> 云何為慚？依自法力，崇重賢善為性，對治無慚，止息惡
> 行為業。……云何為愧？依世間力，輕拒暴惡為性，對治
> 無愧，止息惡行為業。[88]

止息惡行，除了依自法力，崇重賢善之外，尚須依世間力，輕拒
暴惡。故智證云：「自心思惟，久遠劫前佛，與我同是凡夫，因佛
獨于空王佛所，發菩提心，故能成佛也。」[89]

諸佛如來，皆能自慚自愧，「內自羞恥」，「發露向人」，故為
聖賢之種也。以其慚愧之心，恆量具足，于空王佛所，發菩提心，
運慈悲心，行無量宏願智慧心，常遍滿三千大千世界，故能無始
無終，隨眾生取用。諸佛如來有如是功德，故《水懺》云：

> （如來）無為寂照，離四句，絕百非，眾德具足，湛然常
> 住。雖復方便，入於滅度，慈悲救接，未曾暫捨，生如是
> 心，可謂滅罪之良津，除障之要行！[90]

「滅罪之良津，除障之要行」，即是學諸佛如來「慈悲救接，未曾
暫捨」之心。西宗云：「以此觀如來身，直須常如佛學，常如佛心。
能作是觀者，當知吾身亦同如來，豈獨如來為如來身哉？」[91]以
此而言，諸佛如來雖能自慚自愧，「內自羞恥」，「發露向人」，實
則藉以教化六道眾生者，迄於隨宜方便之道耳。

諸佛難遇，佛法難值，《水懺》撰述者以「慚愧心」置於「七
種心」之首，即欲令懺悔者興起真心，以其自身之真心，去默契
於諸佛如來聖種之心，凡、聖二身一體，彼此交相感應，乃能帶
出其他六心、二心及四種觀行，待諸心朗然活現，即與《水懺》
三昧法水深義相為應和矣。故這樣的「慚愧心」，與「慈悲心」、「喜
捨心」、「菩提心」、「智慧心」、「勇猛心」、「精進心」、「紹繼佛法
聖種」、「觀如來身」及「觀我自身」等是相融相攝、相印相成的。

---

88 見：玄奘譯，《成唯識論》卷六，《大正》31，頁29下。
89 見：《卍續》129，頁308下~頁309上。
90 見：《大正》45，頁971下~頁972上。
91 見：《卍續》129，頁464下~頁465上。

2.恐怖心（身命難可常保）（觀如來身）（紹繼
佛法聖種）（觀因緣）（觀果報）

> 第二、恐怖者：既是凡夫，身、口、意業，常與罪相應。
> 以是因緣，命終之後，應墮地獄、畜生、餓鬼，受無量苦，
> 如此實為可驚、可恐、可怖、可懼。[92]

不論是菩薩、聲聞，還是緣覺、羅漢，只要在身、口、意上一有
染汙不淨，同樣會常與罪業相應，遭受苦報。凡夫之人，無明顛
倒，罪業自是無量；若是隱覆埋藏，尤為無形殺手，潛伏身心，
隨時索人性命。諦閑云：「吾人即今，既是一個博地凡夫，隨惑流
轉，身所作、口所談、意所思，無一不是惡多善少，故云與罪相
應。甚至純惡無善，即是三惡因緣，命終福盡，即招三惡道果。
一失人身，萬劫不復，故云受無量苦。」[93]《水懺》又云：

> 所有諸惡，不善之業，三世輪轉，苦果無窮。沈溺無邊巨
> 夜大海，為諸煩惱羅剎所食。未來生死，冥然無涯；設使
> 報得，輪轉聖王，王四天下。飛行自在，七寶自足。命終
> 之後，不免惡趣。四空果報，三界極尊，福盡還作，牛領
> 中蟲。況復其餘，無福德者，而復懈怠，不勤懺悔。此亦
> 譬如抱石沈淵，求出應難！[94]

凡夫的無量罪業，不是今生受盡，來生就必享福的。萬般帶不去，
唯有業隨身；今生今世不能澈懺澈悟，生生世世無不長受三業纏
縛，永無翻身成佛之日，故曰「三世輪轉，苦果無窮」。智證解釋
說：恐，是內心產生的憂慮。怖，是外顯的怖懼。「既是凡夫」一
句，同樣是指凡夫在身、口、意三業上的造作，也就是說凡夫多
是耽迷於六塵之中而不自知的。「相應」，與「相當」的意思接近，
也就是永無出期的意思。「六根」會再攀攬「六塵」，若只是單純
犯一小項，就單純受一種果報。但是一般多是交相攀緣，所受的
果報便是交互累增的，這在佛法上絕無纖毫之謬。貪、瞋、癡是

---

92 見：《大正》45，969 中。
93 見：諦閑前揭書文，頁 1012。
94 見：《大正》45，頁 971 下。

染罪的起因,十惡業為緣,人們享盡形壽之後,即受果報。最可恐怖之處,即是三途。地獄是火途,畜生是血途,餓鬼是刀途[95],此三途,聞之實足駭聽,故說「可驚」。仔細思量三途果報,實在是令人心生寒毛,所以說「可恐」。仔細思量三途果報,實在應該畏懼,所以說「可怖」。見之決當消魂,故曰「可懼」[96]。貪欲、瞋恚、愚癡對眾生的荼毒那麼嚴重,諸佛菩薩是看得很清楚的,所以普賢菩薩曾發過無量大願,願以諸佛如來為禮拜的對象,在祂們繼續運轉法輪的同時,向祂們陳說一切罪垢,以得累積功德,迴向於菩提。

《普賢菩薩行願讚》云:

> 我曾所作眾罪業,皆由貪欲、瞋恚、癡,由身、口、意亦如是,我皆陳說於一切。所有十方群生福,有學、無學、辟支佛,及諸佛子、諸如來,我皆隨喜咸一切。所有十方世間燈,以證菩提得無染,我今勸請諸世尊,轉於無上妙法輪。所有欲現涅槃者,我皆於彼合掌請,唯願久住剎塵劫,為諸群生利安樂。禮拜供養及陳罪,隨喜功德及勸請,我所積集諸功德,悉皆迴向於菩提。[97]

諸佛如來,清淨無染,慈心常在,法輪常轉,六道眾生自無始以來的罪業,方有懺悔陳罪的方便。能知怖畏者,方能開化入善,滅罪信法,《長阿含經》卷一云:「有恭敬心,易可開化;畏怖後世無救之罪,能滅惡法,出生善道。」[98]《不退轉法輪經》亦云:「當使未來眾生有不信者,聞斯果報,則便恐怖,令生信解。」[99]《大般涅槃經》亦載:「能自改悔,還歸於法。自念所作一切不善,

---

95 引見:《大明三藏法數》卷十二。即:一、火途對瞋忿,眾生若無慈悲心,常懷瞋忿,則將感生地獄道,常為鑊湯爐炭等熱苦所逼。二、刀途對慳貪,眾生若無惠施心,常懷慳貪,則將感生餓鬼道,常受刀杖驅逼等苦。三、血途對愚癡,眾生若無智慧,愚癡不了,則將感生畜生道,強者伏弱,互相吞噉,飲血食肉。

96 見:《卍續》129,頁 309 下~頁 310 上。

97 見:唐・不空譯,《普賢菩薩行願讚》,《大正》10,頁 880 上~頁 880 中。

98 見:後秦・佛陀耶舍、竺法念譯,《長阿含經卷一・(一)大本經》,《大正》1,頁 8 中。

99 見:晉・道安譯,《不退轉法輪經卷四・安養國品第九》,《大正》4,頁 252 下。

如人自害，心生恐怖，驚懼慚愧。除此正法，更無救護。」[100]《法華經》云：「三界無安，猶如火宅；眾苦充滿，甚可怖畏。」[101]西宗亦云：「（懺悔者）一念此身無常，死墮惡趣無有出期，二念此身罪惡，不能瞞昧諸佛神祇，畢竟到閻羅王所，受諸苦惱，有此二心，自然慚愧恐怖，急求懺悔，不敢自欺。」[102]有了恐怖、慚愧之心，信、解諸佛正法的能力自會增強，故欲行、證《水懺》者，應於「慚愧心」後，增起「恐怖心」，以為真心之強化。

　　這樣的「恐怖心」，事實上即是「身命難可常保」、「觀如來身」、「紹繼佛法聖種」、「觀因緣」、「觀果報」諸方便心匯聚而成。

3.厭離心（觀如來身）（身命難可常保）（觀我自身）

　　第三、厭離者：相與常觀，生死之中，唯有無常、苦空、無我、不淨、虛假，如水上泡，速起速滅。往來流轉，猶如車輪。生老病死，八苦交煎，無時暫息。眾等相與，但觀自身，從頭至足，其中但有三十六物：髮、毛、爪、齒、眵、淚、涕、唾、垢、汗、二便、皮、膚、血、肉、筋、脈、骨、髓、肪、膏、腦、膜、脾、腎、心、肺、肝、膽、腸、胃、赤、白痰癊、生、熟二藏。如是九孔常流。是故經言：「此身眾苦所集，一切皆是不淨！」何有智慧者，而當樂此身？生死既有如此種種惡法，甚可患厭。[103]

　　《增一阿含經》卷三十九云：「為罪之人，當求方便成，無根之信。」[104]便是要脫離世間輪迴諸苦。關於「苦」，西宗云：「水泡起滅，流轉車輪，正喻無常、虛假、生老病死三句。正言苦空、八苦者，謂生苦、老苦、病苦、死苦、求不得苦、愛別離苦、冤憎會苦、五陰熾盛苦，如是八種，皆言苦者，生如活剝牛皮，死如落湯螃蟹。老者，眼暗、耳聾、腰跎、背曲，乃至疾患呻吟，無能療治。如是等事，恒常逼迫煎熬，無暫停息，故云苦也。」[105]

---

100 見：《大般涅槃經卷十·如來性品第四之七》，《大正》12，頁425中。
101 見：《法華經卷二·譬喻品第三》，《大正》9，頁14下。
102 見：《卍續》129，頁454下。
103 見：《大正》45，頁969中。
104 見：《增一阿含經卷三十九·馬血天子品第四十三之二》，《大正》2，頁764中。
105 見：《卍續》129，頁436上。

佛教的「不淨」，是汙穢、鄙陋、醜惡、過罪之總稱。《南本涅槃經》云：「見凡夫身，三十六物不淨充滿。」[106]故不淨觀（a-śubhā-smrti）即是觀自體三十六物之不淨。所謂不淨觀，即是觀想自、他肉體之骯髒、齷齪，以對治貪欲煩惱的觀法。據《大乘義章》卷十二論及「五停心觀」[107]時云：「不淨觀中，略有二種：一、厭他身，觀他不淨。二、厭己身，觀己不淨。觀他身中，有其九相：一者死相，二者脹相，三青瘀相，四膿爛相，五者壞相，六者血塗相，七虫噉相，八骨鎖相，九離壞相。《大智論》加一燒相，少一死相。」不論是他身，還是己身，都在講此身之不淨。故其後又云：「觀自身中，有五不淨：如《大智論》說：『一、種子不淨，是身過去，結業爲種，現以父母精血爲種。二住處不淨，在母胎中，生藏之下，熟藏之上，兩界之間，安置己體。三、自相不淨，是身具有九孔常流，眼出眵淚，耳出結聹，鼻中出洟，口出涎吐，大小便道流出屎尿。四、自體不淨，是身具有三十六物所共合成。，……於此門中，要唯二種：一、皮等觀；二、除去皮肉，爲白骨觀。……五、終竟不淨，此身死已，埋則成土，虫噉成糞，火燒成灰，究竟推求，無一淨相，名終不淨。』」[108]

此外，《禪法要解》亦載，若淫欲多者，應修習「死屍不淨」、「己身不淨」兩種不淨觀。尤其是「人身」之「四大」：地大（prthivī-dhātu）、水大（ab-dhātu）、火大（tejo-dhātu）、風大（vāyu-dhātu），這「四大」雖名爲「我」，但穢惡不淨，且終歸爲敗壞之法，令人不貪色想，極可厭患，故實則是空無之假相而已[109]。故僧肇云：「四大元無主，五陰本來空。[110]」《別譯阿含經》亦云：

---

106 見：《南本涅槃經》卷二十二，《大正》12，頁749中。
107 指：「不淨觀」、「慈悲觀」、「因緣觀」、「界分別觀」和「安那般那觀」，又名「五度門」。
108 見：隋·慧遠撰，《大乘義章》卷十二、卷十三，《大正》44，頁697下~頁698上。
109 見：姚秦·鳩摩羅什譯，《禪法要解》，《大正》15，頁242上~269下。
110 見：宋·道原纂，《景德傳燈錄卷二十七·諸方雜舉徵拈代別語》，《大正》51，頁435中。

> 今所患苦，甚為難忍；所受苦痛，遂漸增長；苦痛逼切，
> 甚可患厭。[111]

一個心知慚恥，愧悔前惡之人，運以慈悲心作虔誠之發露懺悔，並不會怕一般皮肉肢體上的苦痛；他真正趕到難忍之苦痛，是失去真我而不得精神自在的我之苦痛；這種苦痛無形無貌，而傷鑠力勝過人間利刃。故諸佛如來運菩提心懺悔發願，留偈勸世，不外令人患厭捨棄造業綿延之假我，另生一活潑真實之我。故《成唯識論》卷一載：「一者執我，體常周遍，量同虛空，隨處造業，受苦樂故。二者執我，其體雖常，而量不定，隨身大小，有舒卷故。三者執我，體常至細，如一極微，潛轉身中，作事業故。……諸有情類，無始時來，緣此執為實我、實法，如患夢者患夢力故，心似種種外境相現，緣此執為實有外境。愚夫所計實我、實法，都無所有，但隨妄情而施設故，說之為假。內識所變，似我似法，雖有而非實我法性。然似彼現故，說為假外境；隨情而施設故，非有如識。內識必依因緣生故，非無如境，由此便遮增減二執。境依內識而假立故，唯世俗有，識是假境所依事故，亦勝義有。」[112]

內識依於因緣，故凡夫多緣此而執為實我、實法，我身便被種種假相纏縛同轉。故佛對於眾生對個體的心身產生錯執之相，甚至是「取法相者」，都認為應該要捨棄不執的，《金剛般若波羅蜜經》即云：「眾生無我相、人相、眾生相、壽者相」，「若心取相，則為著我、人、眾生、壽者」，「若取法相，即著我、人、眾生、壽者」，「若取非法相，即著我、人、眾生、壽者」，「是故不應取法，不應取非法」，「法尚應捨，何況非法？」，文後並云「一切有為法，如夢幻泡影，如露亦如電，應作如是觀。」[113]是以，《水懺》云：

> 我此形命，雖可常保，一朝散壞，不知此身，何時可復？

---

111 見：《別譯雜阿含經卷九‧一八六》，《大正》2，頁441中。
112 見：唐‧玄奘譯，《成唯識論》卷一，《大正》31，頁1中。
113 見：姚秦‧鳩摩羅什譯，《金剛般若波羅蜜經》，《大正》8，頁749上~p749中及頁752中。

> 若復不值諸佛聖賢，忽逢惡友，造眾罪業，復應墮落深坑
> 險趣。[114]

諸法無我，一切苦空，則生死之中，唯有無常（anitya）。故《佛說無常經》云：「外事莊彩咸歸壞，內身衰變亦同然，唯有勝法不滅亡，諸有智人應善察，此老病死皆共嫌，形儀醜惡極可厭。少年容貌暫時住，不久咸悉見枯羸，假使壽命滿百年，終歸不免無常逼。老、病、死、苦常隨逐，恒與眾生作無利。」[115]西宗云：「有智慧者，信心清淨。了知此身，四大合成，八苦所集，如斯穢惡不堪，總是生死根本，豈當好樂而貪著乎？如是厭患思惟而已。」[116]所言甚是。

我身由「四大合成，八苦所集」，故此一「厭離心」，事實上亦包含著「觀如來身」、「身命難可常保」與「觀我自身」之相為映照。

4.發菩提心（身命難可常保）（紹繼如來聖種）（觀如來身）（觀我自身）

> 第四、發菩提心者：經言：「當樂佛身。」佛身者，即法身也。從無量功德智慧生，從六波羅蜜生，從慈悲喜捨生，從三十七助菩提法生，從如是等種種功德智慧生如來身。欲得此身者，當發菩提心，求一切種智，常樂我淨，薩婆若果，淨佛國土，成就眾生，於身命財無所吝惜。[117]

---

114 見：《大正》45，頁970下~頁971上。
115 見：唐・義淨譯，《佛說無常經》，《大正》17，頁745下~頁746上。
116 見：《卍續》129，頁437上。
117 見：《大正》45，頁969中。西宗《科註》：「慈、悲、喜、捨，四無量心也。三十七等，隨機設化，方便法門，故云助。三十七助菩提法。即下文三十七品，謂四念處，即四念位也，四正勤，即煖位也。四如意足，即頂位也。五根，即忍位也。五力，即世第一位也。七覺支，係修道，八正道，係初果，共為三十七助道品也。四念處者，謂觀身不淨、觀受是苦、觀心無常、觀法無我是也。四正勤者，謂已生惡令斷，未生惡令不生，位未生善令生，已生善令增長是也。四如意足者，得如意足。進如意足，慧如意足是也。五根者，謂信根、進根、念根、定根、慧根是也。五力者，謂信力、進力、念力、定力、慧力是也。七覺支者，謂念覺支、擇法覺支、精進覺支、喜覺支、輕安覺支、定覺支、捨覺支是也。八正道者，謂正見道、正語道、正思惟道、正業道、正命道、正精進道、正念道、正定道是也。從如是下，結上六度四等三七之文。意謂有如是功德妙行，始得生如來身。如來身，即上佛法身，此

前面既言慚愧心、恐怖心與厭離心之產生，此處便應與諸佛如來一般發起慈悲心、菩提心，使懺悔發露之力，作人、佛的三昧合一。

　　菩提心為一切諸佛之種子，淨法長養之良田，懺悔者若能發起此心，勤行精進，當能在懺悔過程中速成無上菩提。《水懺》為中國大乘佛教的一部懺法，故於文中云：「欲得此身者，當發菩提心」。則其所重者，乃透過懺悔者「菩提心」之興起，使發露懺悔之踐履，能與慈悲心、慚愧心、喜捨心、智慧心、精進心等心合一，終而與諸佛如來心願契應，達成滅盡諸業之目標。本書於第二章第一節「釋慈悲」部分曾就慈悲、菩提心與《水懺》之關係略作說明，以為《水懺》中的「慈悲」，即是「菩提心」，是「大悲心」，是「如來心」，是「方便心」，是「智慧心」、是「究竟心」，是「佛」、「懺悔者」與「眾生」一如的心。《大日經》亦云：

　　　菩提心為因，悲為根本，方便為究竟。[118]

懺悔者以菩提心與大悲心作為根本，禮拜懺悔之時方能隨生方便妙法。《大樂金剛不空真實三昧耶經般若波羅蜜多理趣釋》亦云：

　　　菩提心為因，即一切如來菩提心，亦是一切如來不共真如妙體、恒沙功德，皆從此生。[119]

這也就是說，懺悔者以菩提心為因，則其發露懺悔，必與一切諸佛如來的菩提心、真如妙體、恒沙功德渾然為一。故《華嚴經》云：

　　　諸佛如來，以大悲心而為體故，因於眾生，而起大悲；因於大悲，生菩提心；因菩提心，成等正覺。譬如曠野沙磧

身若非菩提智等，則不能生。故云當發菩提心等云云。求一切種智者，智有三種，內法內名、外法外名、能知能解者，名一切智。即聲聞緣覺之智也。能用諸佛一切道法，發起眾生一切善種，差別分別而無謬者，名道種智，即菩薩之智。能知一切道，知一切種智即佛果智也。」見：《卍續》129，頁437下~頁438上。

118 見：唐・善無畏、一行共譯，《大毘盧遮那佛神變加持經卷一・入真言門住心品第一》，《大正》18，頁1中~下。

119 見：唐・不空譯，《大樂金剛不空真實三昧耶經般若波羅蜜多理趣釋》卷上，《大正》19，頁609下。

> 之中，有大樹王，若根得水，枝葉華果，悉皆繁茂。生死
> 曠野菩提樹王，亦復如是。一切眾生而為樹根，諸佛菩薩
> 而為華果，以大悲水饒益眾生，則能成就諸佛菩薩智慧華
> 果。[120]

諸佛如來乘真理而來，由真如而現身。懺悔者與一切諸佛如來的
菩提心、真如妙體、恒沙功德渾然為一，則能得諸佛如來之真言、
真語、利語、法語。《長阿含經卷十二·清淨經》云：「如來於過
去、未來、現在，應時語、實語、義語、利語、法語、律語、無
有虛也。佛於初夜，成最正覺，及末後夜。於其中有所言說，盡
皆如實，故名如來。復次，如來所說如事，事如所說，故名如來。」
[121]又《大智度論卷五十五》云：「行六波羅蜜，得成佛道……智知
諸法如，從如中來。」[122]懺悔者能優遊於如如之境，自能常住於
清淨心境。

　　諸佛如來依於清淨心境，行大慈大悲之心，與慚愧心、菩提
心、智慧心一如運世，則能萬行圓滿，妙力無窮。故《攝大乘論
本》言法身佛之德行具有：自心圓滿、具常住圓滿、具清淨圓滿、
無功用圓滿、能施有情大法樂圓滿、遍行無依止圓滿、平等利多
生圓滿等「七種圓滿」。[123]《雜阿含經》載，如來有「十力」[124]，
懺悔者能運行這十種大智力，自能應世間一切萬法，如如自在，
與諸佛菩薩同具有不共通於聲聞緣覺之「十八種功德法」[125]、顯

---

120 見：《大方廣佛華嚴經卷四十·入不思議解脫境界普賢行願品》，《大正》10，
　　頁 846 上。
121 見：《大正》1，頁 75 下。
122 見：《大正》25，頁 454 下。
123 參：唐·玄奘譯，《攝大乘論本卷下·彼果智分第十一》，《大正》31，頁 151
　　上。
124 「十力」為：「處非處智力、業異熟智力、靜慮解脫等持等至智力、根上下智
　　力、種種勝解智力、種種界智力、遍趣行智力、宿住隨念智力、死生智力、
　　漏盡智力」參：劉宋·求那跋陀譯，《雜阿含經卷二十六》，《大正》2，頁 186
　　下~頁 187 中。又見：《摩訶般若波羅蜜經卷五·廣乘品第九》，《大正》8，頁
　　255 上~下。
125 「十八種功德法」為：「諸佛身無失、口無失、念無失、無異想、無不定心、
　　無不已捨心、欲無減、精進無減、念無減、慧無減、解脫無減、解脫知見
　　無減、一切身業隨智慧行、一切口業隨智慧行、一切意業隨智慧行、智慧知
　　見過去世無閡無障、智慧知見現在世無閡無障」詳參：《摩訶般若波羅蜜經

現「如來八相」[126]，隨應不可思議妙法。如來有如是多的性行、
功德、妙境、智力、法相，一言以蔽之，即《水懺》所云：

> 佛身者，即法身也。從無量功德智慧生，從六波羅蜜生，
>
> 從慈、悲、喜、捨生，從三十七助菩提法生。[127]

而凡此種種，無非是當初佛陀興發「慈悲心」、「喜捨心」、「慚愧
心」、「菩提心」、「智慧心」的成就。這樣的懺悔，是業障的滅除，
也是佛身、法身的三昧定持。故西宗云：「自身雖凡夫，實可以超
凡而入聖，惟在發起勝心耳，作是觀者，當知我身即如來身。自
身亦有三身，慧身，妙法身，應一切身也。眾生法身，既與功德
相應，何故無有如來德用？應知此知蓮花未開，諸惡見葉共包裹
故，如金山被瞋恚泥所封著故，亦如虛空被愚癡雲之所蔽故。」[128]
《大乘法界無差別論》云：

> 稽首菩提心，能為勝方便，得離生死苦，病苦依過失。……
>
> 眾生界清淨，應知即法身，法身即涅槃，涅槃即如來。[129]

「菩提心」是眾生與如來身相契應的方便橋梁，故智證亦云：昔
佛說一百二十種菩提心，即說一百二十種譬喻。中一喻云：「如人
依附於王，不畏餘人，行人亦然。依菩提心大勢力王，不畏障蓋
惡道之難。」《大經》云：佛住尼連禪河邊，告阿難言：「我欲洗，
可取衣及澡豆。」佛既入水，一切飛鳥水陸之類，及五百梵志，
皆來河邊，各相謂言：「云何得此金剛身？」乃至聞佛說：「佛性
義即是我故。」即發無上菩提心，尋時出家，修菩提道。一切非
鳥水陸之屬，亦發菩提心。[130]

　　上言梵志與鳥能為證菩提道，一時同發菩提心；《水懺》也說

卷五・廣乘品第九》，《大正》8，頁 255 下~頁 256 上。
126 「如來八相」為：「降兜率相、託胎相、降生相、出家相、降魔相、成道相、
　　說法相、涅槃相」。參：梁・僧佑撰，《釋迦譜》卷一至卷四，《大正》50，頁
　　1 上~頁 76 中。
127 見：《大正》45，頁 969 中。
128 見：《卍續》129，頁 464 上。
129 見：唐・提雲般若譯，《大乘法界無差別論》，《大正》31，頁 892 上~頁 894
　　上。
130 見：《卍續》129，頁 308 下。

「佛身者,即法身也。從無量功德智慧生,從六波羅蜜生,從慈、悲、喜、捨生,從三十七助菩提法生」,則「佛性」即「我」,「我心」即「佛心」,「物」、「我」與「佛」皆無差別,「佛身」、「法身」原本應是清淨一如、圓滿自在的。故懺悔者,應於自色身,歸依清淨法身佛;於自色身,應歸依圓滿報身佛;於自色身,應歸依千百億化身佛;成就爲「一體三身自性佛」[131]。

這樣的「發菩提心」,是自知此身如佛之心,故與「身命難可常保」、「紹繼如來聖種」、「觀如來身」及「觀我自身」俱爲相互牽涉影響之心,故筆者一併合論。

5.怨親平等心（觀如來身）（紹繼佛法聖種）（觀因緣）（觀果報）

> 第五、怨親平等者:於一切眾生,起慈悲心,無彼我相。何以故爾?若見怨異於親,即是分別。以分別故,起諸相著,相著因緣,生諸煩惱;煩惱因緣,造就惡業;惡業因緣,故得苦果。[132]

懺悔者生起菩提心之後,若能能再定持精進,生起「怨親平等心」,則慈悲心、喜捨心、慚愧心、智慧心等心皆與之一體渾然,圓融併生。

「怨」者,即佛教「八苦」之一的「怨憎會苦」(apriya-samprayoga-duhkha),謂眾生不由自主,不得不與憎惡者會合之苦惱。又作非愛會苦、怨憎惡苦、不相哀相逢會苦。據《中阿含經卷七‧分別聖諦經》:「謂眾生實有內六處,不愛眼處,耳、鼻、舌、身、意處,彼同會一,有攝和習,共合爲苦。如是,外處、更樂、覺、想、思、愛,亦復如是。」凡此,皆是因爲不愛之境與身、心、內、外諸處會合而引發之痛苦。故若眾生處於怨憎會時,「身受、苦受、遍受、覺、遍覺,心受、苦受、遍受、覺、遍覺,身心受、苦苦受、遍受、覺、遍覺。」[133]又《五王經》載,「世

---

131 參:宋‧宗寶編,《六祖大師法寶壇經‧懺悔第六》,《大正》48,頁354中。
132 見:《大正》45,頁969中。
133 見:東晉‧僧伽提婆譯,《中阿含經卷七‧舍梨子相應品分別聖諦經第十一》,《大正》1,頁468上。

人薄俗，共居愛欲之中，共諍不急之事，更相殺害，遂成大怨。各自相避，隱藏無地，各磨刀錯箭，挾弓持杖，恐忽相見。會遇狹道，各自張弓澍箭，兩刀相向，不知勝負是誰。當爾之時，怖畏無量。」[134]怨憎會苦，真是世間之大苦，唯若加之於親近之人，其傷其害，非惟巨大；其怖其畏，異爲無量。故《八大人覺經》第六覺知云：

> 貧苦多怨，橫結惡緣。菩薩布施，等怨惡親，不念舊惡，不憎惡人。[135]

凡夫眾生，處於六道輪迴之中，不知不覺者，不遇善友，不遇聖人，必自無始以來即續續不絕的添造惡業，惡業因緣，復續續不絕的結怨憎惡，苦怨其中，三世不得解脫。《水懺》的怨親平等心，即於懺悔者自心中生起平等對待之心，不偏於善人，不偏於惡人，不念其新仇，不念其舊惡，不緣於貧苦，不執於富樂，一皆迎之以純樸無偏之心，而，這樣純樸無偏之心，又緣於前面慈悲心、喜捨心、慚愧心、菩提心、智慧心而來。

據唐・慧琳（737~820）《一切經音義》卷二十：「《倉頡篇》：親，愛也。」又同書卷四十六：「《倉頡篇》：親，愛也，近也。《說文》：親，至也。」[136]可見，慧琳所解釋的「親」字，有「親愛」、「親近」、「至親」之義。故對於「親愛」、「親近」、「至親」者，若能以平等心看待，便不會共居愛欲之中，共諍不急之事，更相殺害，遂成大怨。蓋世人多爲無明煩惱所覆蔽，無了因之力，故不能得顯佛道。《水懺》云：

> 雖有正因靈覺之性，而為煩惱黑暗叢林之所覆蔽，無了因力，不能得顯。我今應當發起勝心，破裂無明顛倒重障，斷滅生死虛偽苦因，顯發如來大明覺慧，建立無上涅槃妙果！[137]

---

134 見：《五王經》，《大正》14，頁 796 下。
135 見：《大正》17，頁 715 中。
136 見：《大正》54，頁 432 上、頁 611 下。
137 見：《大正》45，頁 971 下。

西宗云：「以不平等故，直至造諸惡業，而得苦果，所以必要平等。作如是想，自然四相俱空，怨者冤讎，親者親愛，怨親一體，不起憎愛，是為平等。《圓覺》云：『觀冤家如己父母』」[138]是也。故一個具有如來大明覺慧之人，會理解人世間與親友相關的「因即果，果即因，因果雙忘，不可思議」[139]之道，發之於菩提心，施之於如來身，使身、心二一兼融，又無執於身心，去成就涅槃的無上妙果。

是以，《水懺》這種「冤親平等心」，即是以大慈悲為本，對於怨敵，心無憎恨；對於所愛，亦無執著，而以平等、愛憐之心接待眾人。懺悔者須能於懺悔過程之中，興發「長養一切功德平等心、一切語言法平等心、於一切眾生平等心、於一切眾生業報平等心、入一切法平等心、於一切淨穢佛剎平等心、於一切眾生幸若好若醜平等心、於一切行無所選擇平等心、入一切如來力無所畏平等心、入一切如來智慧平等心。」[140]凡能安住此種平等心者，則得如來無上平等心。又《瑜伽師地論》卷三十二云：「先於一親、一怨、中庸所，發起勝解，於此三品，由平等、利益、安樂上，意、樂俱行作意，欲與其樂。」[141]對於親友之怨憎，甚而推廣至一邑、一國、一方、一切世界，佛陀皆是以平等心分別對治救拔的，《俱舍論》卷二十九云：「諸有情類平等，平等無有親怨。……若彼本來煩惱，增盛不能。如是，平等運心，應於有情，分為三品。所謂親友，處中怨讎。親復分三，謂上、中、下。中品唯一。怨亦分三，謂上、中、下，總成七品。分品別已，先於上親，發起真誠與樂勝解。此願成已，於中、下親，亦漸次修如是勝解。於親三品得平等已，次於中品、下中、上怨，亦漸次修如是勝解。由數習力，能於上怨起與樂願，與上親等修此勝解，既得，無退。次於所緣，漸修令廣，謂漸運想思惟，一邑、一國、

---

138 見：《卍續》129，頁438下。
139 見：《卍續》129，頁463下。
140 見：《華嚴經卷三十七‧離世間品三十三之二》，《大正》9，頁636下。
141 見：唐‧玄奘譯，《瑜伽師地論》卷三十二，《大正》30，頁462下。

一方、一切世界，與樂行相無不遍滿，是為修習慈無量成。[142]」
又，《景德傳燈錄卷五》亦載：「若以國法論，理須誅夷。但以佛
教慈悲，冤親平等，況彼求欲供養，罪可恕矣。」[143]冤親雖多，
以平等心去對待救拔，則冤無不可解，罪業無不可滅，而心力流
水乃能無窮流進。

是以，懺悔者「若能自觀察，則無有諸入；深見因緣者，更
不外求師。」[144]自己能觀察洞悉因緣，便不受諸入影響，便能「不
外求師」，看待世事。若有彼、我之別，便易怨異於親，即是分別。
以分別故，起諸相著，相著因緣，生諸煩惱；煩惱因緣，造就惡
業；惡業因緣，故得苦果。《水懺》之懺悔，兼顧六道眾生，故應
由己而發，利成於人。故由慚愧心而發，總續以菩提心與慈悲心，
續而連結「怨親平等心」，復與「觀如來身」、「紹繼佛法聖種」、「觀
因緣」、「觀果報」同時迸發，方為懺悔者真正平等均心之顯現。

6.念報佛恩心（紹繼佛法聖種）（觀如來身）（觀我自身）

> 第六、念報佛恩者：如來往昔無量劫中，捨頭目髓腦，支
> 節手足，國城妻子，象馬七珍，為我等故，修諸苦行，此
> 恩此德，實難酬報！是故經言：「若以頂戴，兩肩荷負，於
> 恒沙劫，亦不能報。」我等欲報如是恩者，當於此世，勇
> 猛精進，捍勞忍苦，不惜身命，建立三寶，弘通大乘，廣
> 化眾生，同入正覺[145]。

佛陀在世間的德行，除了於「往昔無量劫中，捨頭目髓腦，支節
手足，國城妻子，象馬七珍，為我等故，修諸苦行」等精進精神
之外，尚有甚多。如《增一阿含經》載：

> 如來出世，必當為五事，云何為五？當轉法輪；當度父母；
> 無信之人，立於信地；未發菩薩心，令發菩薩意；於其中
> 間，當授佛決。[146]

---

142 見：《阿毘達磨俱舍論卷二十九·分別定品第八之二》，《大正》29，頁150下。
143 見：《景德傳燈錄卷五·第三十三祖慧能大師》，《大正》51，頁236下。
144 見：《長阿含經卷一·（一）大本經》，《大正》1，頁8上。
145 見：《大正》45，頁969中～下。
146 見：《增一阿含經卷二十八·聽法品第三十六》，《大正》2，頁703中。

也就是說，佛對世人之恩澤，至少可以「當轉法輪；當度父母；無信之人，立於信地；未發菩薩心，令發菩薩意；於其中間，當授佛決」這五件事來涵括之。

「當轉法輪」者，是說佛陀既已成道，當轉法輪，度脫有情，饒益一切。故前往鹿野苑爲五比丘說法，即說四聖諦、八聖道、布施、持戒、生天等法。世尊並云：「若知諸色是無我者，是色則不作惱壞相，當不受苦。應如是見，應如是知。如是有色，以色無我，是故一切色能生惱，色能生苦。雖生苦惱，亦不可得色之定性。色既不定，亦不可願色如是有，亦不可道願如是無。其色既然，受、想、行、識，亦復如是。」[147]可知，這不僅是個自在、無畏、清淨的無上微妙法輪，不惟是當時一切天、人、梵志、婆羅門、沙門所無法轉動，使五比丘等無結無縛，解脫光潔，得法淨眼，也有了甚深的無我思想存在。

「當度父母」者，是說佛陀既已成道，念父恩最重，當與說法，令其享壽無窮，及得遠離塵垢，故還於本國，與父說法。至於母親，惟念母恩，育養情深，況有誓願，還度父母，故昇忉利天（Trāyastrimśa），爲母說法三個月。[148]佛陀又說：「如來從智慧度無極生，設人觀察，推其本末，過去、當來、現在諸佛，誰爲母者？則當了知。智慧度無極，是其母也。」[149]可見佛陀之意，除了孝親之外，更重在度化眾生，使眾生得智慧，其心量可謂至爲宏大。

「無信之人，立於信地」者，是說佛陀既已成道，對於惛闇無明，不能信佛之人，施以種種善巧譬喻說法，令其生信，而能學佛成佛。蓋「信」爲入佛道之第一步，故菩薩五十二階位中，

147 參：隋・闍那崛多譯，《佛本行集經卷三十四・轉妙法輪品下》，《大正》3，頁 810 中~頁 824 下。依《佛本行集經》載之「五比丘」是：憍陳如、跋提梨迦、摩訶那摩、波沙波、阿奢踰時。

148 見：西晉・竺法護譯，《佛昇忉利天爲母說法經》卷中，《大正》17，頁 792 中。

149 見：西晉・竺法護譯，《佛昇忉利天爲母說法經》卷中，《大正》17，頁 792 中。

即以十信位為首，五根或七力[150]中，亦以信根、信力為最初。所以，《雜阿含經》卷二十六云：「何等為信力？於如來所起信心，深入堅固。諸天、魔、梵、沙門、婆羅門及餘同法所不能壞，是名信力。」[151]在《華嚴經》中，即載有甚多信佛之功用：「信為道元功德母，增長一切諸善法。除滅一切諸疑惑，示現開發無上道。淨信離垢心堅固，滅除憍慢恭敬本。信是寶藏第一法，為清淨手受眾行。信能捨離諸染著，信解微妙甚深法。信能轉勝成眾善，究竟必至如來處。」[152]《大智度論》亦云：「佛法大海，信為能入，智為能度。如是義者，即是信。若人心中，有信清淨，是人能入佛法。若無信，是人不能入佛法。」[153]能信佛者，如人之手，能入佛法、無漏根力、覺道、禪定寶山中，自在取用，用之不竭；反之，即入寶山，亦無所得。又《攝大乘論》云：「信有三處：一、信實有；二、信可得；三、信有無窮功德。信實有者，信實有自性、住佛性。信可得者，信引出佛性。信有無窮功德者，信至果佛性。起三信已，於能得方便施等波羅蜜中，求欲修行，故名為樂。此信及樂，為正意體。由此得信樂，修行施等波羅蜜則不難，能令究竟圓滿。」[154]也就是說，「信」與「樂」為二而一的佛法正意，有了信與樂，則能繼續修習施等波羅蜜，進而明生功能，圓滿明長功能。

「未發菩薩心，令發菩薩意」者，是說佛陀既已成道，當度一切有情，故說六度萬行之法，與諸凡夫成立菩薩大乘之行，轉度一切，同成正覺。據《華嚴經》載，菩薩安住世間，與眾生並處，應學諸佛如來一般，普發各種「十種」威德善心與宏大心願，如：十迴向心、十種心、十種意、十種決定心、十種金剛心、十種直心、十種平等心、十種不捨深心、十種發不動心、十種發無

---

150 五根：(信、進、念、定、慧)；七力：(信力、精進力、慚力、愧力、念力、定力、慧力)。
151 見：《大正》2，頁188上
152 見：《華嚴經卷六·賢首菩薩品第八之一》，《大正》9，頁433上。
153 見：《大智度論卷一·初序品中緣起義釋論第一》，《大正》25，頁63上。
154 見：陳·真諦譯，《攝大乘論釋卷七·釋應知入勝相第三之一》，《大正》31，頁200下。

懈怠心、十種發無量無邊廣心、十種發無量無邊廣大心、十種滿心、十種無畏心、十種智心[155]等，諸如此類之心，概而言之，實即諸佛如來的「大慈大悲心」，即菩薩愛念一切眾生，常隨其所求而饒益之之「大慈心」；及菩薩憫念一切眾生，常懷悲心以拯救濟拔，令其離苦得樂之心。佛陀傳教說法，為的不是傳教說法而已，而是令未發菩薩心者，令發菩薩意，使佛法不滅。

「於其中間，當授佛決」者，是說佛陀既已成道，觀諸大乘根器，若行菩薩道而成熟者，即為說法授記（vyākarana），令彼當來皆得成佛。最有名者為《長阿含經卷五·闍尼沙涇第四》中載，佛記伽伽羅大臣（巴 Kakkata）命終後生天，其餘五十人得斯陀含（sakrd-āgāmin），五百人得須陀洹（srota-āpanna）。[156]又《無量壽經》卷上載，法藏比丘經世自在王佛授記，而成阿彌陀佛。[157]《法華經》卷二載，舍利弗等聲聞佛之授記[158]；同書卷四亦載，佛告諸世眾，提婆達多（Devadatta）卻後過無量劫，當得成佛，號曰天王如來、應供、正遍知、明行足、善逝、世間解、無上士、調御丈夫、天人師佛世尊，世界名天道。[159]又《觀世音菩薩授經記》，即敘佛在波羅奈國鹿苑中，為華德藏菩薩說以無依止一法得如幻三昧，當時彌勒、文殊等諸正士及安樂國土之觀音、勢至二大士皆得此三昧，次說觀世音菩薩在阿彌陀佛滅度後，成等正覺，號普光功德山王如來。[160]諸如此類，皆是佛陀對世人於未來世之證果及成佛名號之預言，亦是佛陀自修諸苦行及初轉法輪以來一貫的救世濟人大願之顯現。

155 詳參：《華嚴經》卷八、卷十四、卷十六、卷二十、卷二十二至二十六、卷三十三、卷三十七至卷四十一、卷五十五、卷六十等處，分見於《大正》9，頁488 中、頁445 上、頁451 下、頁635 中、頁652 中、頁657 上、頁746 上、頁658 中、頁445 下、頁645 上、頁548 下、頁636 下、頁640 下、頁634 下、頁635 上、頁637 下、頁642 上、頁647 上、頁652 上、頁553 下等處，文繁不具。

156 見：《大正》1，頁34 中。
157 見：《大正》12，頁270 上。
158 見：《大正》9，頁12 上。
159 見：《大正》9，頁35 上。
160 見：劉宋·曇無竭譯，《觀世音菩薩授記經》，《大正》12，頁 353 中~頁 357 下。

　　佛陀有如是無量無邊心量大願,《水懺》中的二十四位三世諸佛亦復如是,故西宗云:「如來苦行,不為自求,但求一切眾生同入正覺,俱出生死故,我等當體佛心。如佛所願,酬佛所望,是名真報佛恩,是真一乘無上之道也。頂戴荷負於恒沙劫之久,亦不能報,極言佛恩深種。」[161]

　　中國儒家的報恩觀念,由個人做起,推而及親,再推而社會,終至於天下,一切循其倫常致序。但佛教徒所重視的不止如此,而是在於契合於諸佛如來內在心性,期藉懺悔理論與戒體的精進定持,念佛與憶佛的懺悔,將諸佛如來那種深繫於三世時空與平等普濟六道眾生的宏觀與願力,做一恆久常行之繼承與發揚。

　　是故禮拜《水懺》者,於前五種心興發之後,即欲將此種「念佛報恩心」激發出來。使自己與諸佛如來一樣,能夠勇猛精進,捍勞忍苦,不惜身命,建立三寶,弘通大乘,廣化眾生,同入正覺。這樣的「念佛報恩心」,實際上是與「紹繼佛法聖種」、「觀如來身」、「觀我自身」相為表裏的。

7.觀罪性空心（紹繼佛法聖種）（觀因緣）（觀如來身）

　　第七、觀罪性空者:罪無自性,從因緣生,顛倒而有。既從因緣而生,則可從因緣而滅。從因緣而生者,狎近惡友,造作無端。從因緣而滅者,即是今日洗心懺悔。是故經言:「此罪性不在內,不在外,不在中間。」故知此罪,從本是空![162]

在佛教懺悔思想中,「罪」與「戒」是息息相關的。[163]據佛教戒律

---

161 見:《卍續》129,頁349上。
162 見:《大正》45,頁969下。
163 據聖嚴云:照《四分律》的內容來看,比丘的二百五十戒,比丘尼的三百四十八戒,是止持;二十種犍度,是作持。前者是戒,後者是律;唯在戒中也有律在律中也有戒這在中國佛教中是必須明白的。書中舉出較重要的戒,如「四棄」:婬戒、盜戒、殺人戒、大妄語戒。「十三僧殘」:故失精、摩觸女人、與女人麤語、歎身索供、作媒人、無主僧不處分過量房舍、有主僧不處分房舍、無根重謗他、假根謗他、破僧違諫、助破僧違諫、汙家擯毀違僧諫、惡性拒僧違諫。「二不定法」:一、比丘單獨與一個女人,在隱蔽覆障並可作婬欲法的處所共坐,而說非為佛法之所許說的話語;二、比丘單獨與一個女人,在露現而不可作婬欲法的處所共坐,而說非為佛法之所許說的話語。參:聖

書籍所載，倘若比丘、比丘尼犯戒之後，就必須依所犯的罪名而用不同的悔罪方式，且須經過一定清淨比丘人數的鑑證，方能合法出脫。[164]

當然，這是從「戒律」的角度而說的，我們若從大乘經典的說法來看，則有明顯的差異。如《北本大涅槃經》云：「一切眾生所作罪業，凡有二種：一者輕，二者重。若心、口作，則名爲輕；身、口、心作，則名爲重。」[165]像這裡所說的罪輕、罪重，就不是以地獄名稱、年數及求悔罪以出罪的人數來看，而是從一個人的身體行爲、口出言語及內心思考三個因緣角度來說的。又《佛說大方廣善巧方便經》云：摩拏縛迦爲了不讓伽吒女人喪命，與她結爲夫婦，十二年後，又復精進修持梵行，亦生梵天界。[166]如以「戒律」視之，摩拏縛迦應是犯了染愛非法之重罪，然摩拏縛迦不希望伽吒女人喪命，則是一種因緣，但此一因緣，係發自他的大悲心之智慧行，能令她適本所願，不致命終，故不爲破戒，亦無所謂罪業。蓋不壞其本心，設有極重之罪，亦不斷善根故。

若是不壞其本心，則罪無輕、重之分，亦無罪性可言，《觀普賢菩薩行法經》云：

> 菩薩所行，不斷結使，不住使海，觀心無心，從顛倒想起，如此想心，從妄想起，如空中風，無依止處。如是法相，不生不滅，何者是罪？何者是福？我心自空，罪福無主，一切法如是，無住無壞。……觀心無心，法不住法中，諸

嚴著，《戒律學綱要》，（台北：法鼓文化事業股份有限公司，1999 年 5 月一版五刷），頁 236～頁 265。

164 這些懺法，多載於姚秦‧鳩摩羅什所譯之《十誦律》五十八卷、姚秦‧佛陀耶舍共竺佛念所譯之《四分律》六十卷、東晉‧佛陀跋陀羅共法顯所譯之《僧祇律》四十卷、劉宋‧佛陀什共智勝所譯之《五分律》三十卷、元魏‧般若流支所譯之《解脫戒本經》一卷及義淨所譯之《一切有部律》一百九十八卷等處。至於比丘、比丘尼所犯的罪名、墮地獄的類別、年數、使用的悔罪方式，與所求悔而得出罪的清淨比丘人數之關係，可詳參：聖嚴著，《戒律學綱要》，頁 274、頁 278。

165 見：《北本大涅槃經卷二十‧梵行品第八之六》，《大正》12，頁 483 下。

166 參：宋‧施護譯，《佛說大方廣善巧方便經》卷一，《大正》12，頁 166 上～頁 169 上。

法解脫，滅諦寂靜。[167]

諸法既隨心空而滅諦寂靜，罪性自亦本空；罪性既本空然，其心自亦空然。故《維摩詰所說經》云：

> 罪性不在內，不在外，不在中間。如佛所說，心垢故，眾生垢；心淨故，眾生淨。心亦不在內，不在外，不在中間。如其心然，罪垢亦然，諸法亦然。……罪福為二，若達罪性，則與福無異。[168]

此外，《法苑珠林》亦云：「觀罪性空，罪從心生，心若可得，罪不可無。我心自空，空云何有？善心亦然，罪福無主，非內非外，亦無中間，不常自有，但有名字；名之為心，但有名字；名為罪福，名字即空；還原返本，畢竟清淨，是為觀罪性空，翻破無明顛倒執著心也。」[169]《大乘六情懺悔》云：「諸罪實無所有，眾緣和合，假名為業，即緣無業，離緣亦無，非內非外，不在中間。過去已滅，未來未生，現在無住。故所作以其無住，故亦無生。」[170]《釋禪波羅蜜》卷二云：「外塵無知，豈得有心？既無內、外，豈有中間？若無中間，則無停處。如是觀之，不見相貌，不在方所，當知此心，畢竟空寂。」[171]如果懺悔者心中的無明、顛倒都滅絕了，則所有的罪業自亦滅絕，生、死二事亦跟著滅絕，十二因緣大樹亦自然壞散，苦集子果因之而脫，道滅二諦因之而顯，則心中自有大智大慧，朗朗照明三千大千世界，十方諸佛恆量現前。

西宗云：「不在內、外、中間，正謂從本是空，無有實相之意，非真有在、有不在而分別之也。」[172]白居易《白氏長慶集》亦有〈懺悔偈〉云：「無始劫來所造諸罪，若輕、若重、無大、無小，

---

167 見：《大正》9，頁392下。
168 見：姚秦・鳩摩羅什譯，《維摩詰所說經卷中・入不二法門品第九》，《大正》14，頁541中、頁550下。
169 見：唐・道世撰，《法苑珠林卷八十六・懺悔篇第八十六・違順部第三》，《大正》53，頁915下~頁916上。
170 見：《大正》45，頁921下。
171 見：《大正》46，頁486中。
172 見：《卍續》129，頁440上。

我求其相中間、內、外，了不可得是名懺悔。」[173]樂天將一個人自無始以來所造作的輕、重、大、小罪業全數騰空，恆爲觀罪性空心之最佳注腳。凡拜《水懺》之懺悔者，宜以此觀罪性空心去匯攝前六心，成爲一個無礙圓融、渾然一體之懺悔心。

由上所述，七種心中的「觀罪性空心」，懺悔者在觀想之時，實又與「慈悲心」、「慚愧心」、「恐怖心」、「厭離心」、「菩提心」、「怨親平等心」、「念佛報恩心」、「觀因緣」、「紹繼佛法聖種」及「觀如來身」相爲融合，故筆者一併論之。

大乘佛法爲了宏法利生，無論是攝引初學，種植出世善根，或是適應當時當地的一般根基，不能不善巧的設施方便（upāya）[174]。方便之門，雖言權宜善巧，實在順興懺悔心，懺悔之人，以此懺悔心，滌蕩三世累障，自心隨即清淨，心淨即無罪[175]，無罪即成佛。故《水懺》云：

> 生如是等七種心已，緣想十方諸佛聖賢，擎拳合掌，披陳至到，慚愧改革，舒歷心肝，洗蕩腸胃。如此懺悔，亦何罪而不滅？亦何福而不生？若復不爾，悠悠緩縱，情慮躁動，徒自勞形，於事何益？[176]

《六祖大師法寶壇經》云：「諸佛世尊，唯以一大事因緣出現於世，一大事者，佛之知見也。世人外迷著相，內迷著空，若能於相離相，於空離空，即是內、外不迷。若悟此法，一念心開，是爲開佛知見。」[177]《水懺》之作，亦是一「大事因緣」，此一「大事因緣」與諸佛世尊無異，欲令眾生「於相離相，於空離空，即是內、外不迷」耳。世人著迷於內、外、空、相，故失其本心，故第七種心即云：「從因緣而滅者，即是今日洗心懺悔」。

依序觀之，此七種心之興起，即在令懺悔者本於與樂拔苦之

---

173 引自：明・如巹（1425～？）續集，《緇門警訓卷六・白侍郎六讚偈並序》，《大正》48，1074 上。
174 見：印順著，《華雨集（二）・方便之道》，頁 10。
175 參：宋・宗寶編，《六祖大師法寶壇經・疑問第三》，《大正》48，頁 352 上。
176 見：《大正》45，頁 969 下。
177 見：《六祖大師法寶壇經・機緣第七》，《大正》48，頁 355 下。

心,令自己置身於因緣場域中,去觀照自身,觀照如來身,觀照生命無常,對自己無始以來的無量罪業心生慚愧;續接此慚愧之心,細心的觀察錯綜複雜的因緣及果報,產生恐怖之心;承此恐怖之心,戒慎地對自身的四大皆空之汙穢不淨產生厭離之心;順此厭離之心,同感於諸佛如來的莊嚴與大願,生起菩提之心;依此菩提心,發行於人世間,對疏怨親眾一律生起平等心;繼此平等心,去體知此身難得,諸佛難值,佛法難聞,而生念佛報恩心;懷此念佛報恩心,復與諸佛如來彼此交感之後,而與不生不滅之空性作最後之融合;懺悔方便心乃就。

要言之,《水懺》之「方便」,乃以一會七,運七合一;七心一體,一體七心;加上四種觀行與二種心的交流互惠,綜合融會成《水懺》懺悔之前方便心,便可以權宜善巧的來對治八萬四千業障,「若欲當來見法身,離諸法相心中洗」[178],洗盡無始以來之無量罪垢,還得清淨無染之身、心,以與諸佛如來同行於等覺大道。

五、懺悔三障

有了三世諸佛如來的宏願、十六佛菩薩作鑑證、認知了懺悔的總義、加上懺悔前方便的發用,便可以正式懺悔無始以來的三障了。以下依《水懺》中「煩惱障」、「業障」及「果報障」的次序論述。

(一)懺悔煩惱障

1.《水懺》發露懺悔的煩惱障(kleśāvarana)內容

依《水懺》所陳列的煩惱障(kleśāvarana),共為三大類,茲分述如下:

(1)因緣所引起的煩惱障

---

178 見:《六祖大師法寶壇經・懺悔第六》,《大正》48,頁355上。

　　《水懺》在此部分所發露懺悔的煩惱障，從「或因三毒根，造一切罪」開始，至「或因見、諦、思、惟九十八使、百八煩惱，晝夜熾然，開諸漏門，造一切罪」為止，計懺悔發露了三毒等、四識等、五住地等、六情根等、七漏等、八倒、九惱、十煩惱、十一遍使、十二入、十六知見、十八界、二十五我、六十二見、九十八使、百八煩惱等「四十四種因緣」所造的一切罪[179]，故筆者名之曰「因緣所引起的煩惱」。由於在懺悔發露之時，《水懺》只是標示出佛教的名相，而這些名相又為認識佛教的重要內容，故筆者據西宗之研究[180]，並追尋他們的來源[181]，製表陳列如下：

<table>
<tr><th colspan="4">表十五：因緣所引起的煩惱障表</th></tr>
<tr><th>序號</th><th>名相</th><th>依據經典</th><th>內容概要</th></tr>
<tr><td>1</td><td>三毒根</td><td>《北本大涅槃經》卷二十九</td><td>貪能致老，瞋能制病，癡能致死，故云「三毒根」。又三為生死罪惡之根本，故曰「根」。</td></tr>
<tr><td>2</td><td>三漏</td><td>《長阿含經》卷二《阿毗達磨論》</td><td>三漏者，一欲漏，欲界；二有漏，上二界一切煩惱，除無明；三無明漏，三界無明，令心連注，流散不絕，故曰為漏。又流動其心，故名為漏。</td></tr>
<tr><td>3</td><td>三苦</td><td>《俱舍論》卷二十二</td><td>「三苦」者，一苦苦，三界已苦，欲界復苦。二壞苦，樂壞時苦，等於三塗。三行苦，即處中苦，通於無色。</td></tr>
<tr><td>4</td><td>三倒</td><td>《陰持入經》卷上</td><td>「三倒」者，心顛倒、想顛倒、見顛倒。</td></tr>
<tr><td>5</td><td>三有</td><td>《大智度論》卷三</td><td>「三有」者，即三界，謂欲有、色有、無色有，即三界之因果不忘。有生有死，故名曰有。</td></tr>
<tr><td>6</td><td>四識住</td><td>《雜阿含經》卷二</td><td>「四識住」者，「色識住，色識住，想識住，行識住」也。</td></tr>
<tr><td>7</td><td>四流</td><td>《雜阿含經》卷十八</td><td>「四流」者，「一欲流，欲界惑；二有流，上二界惑，除見癡；三見流，三界見；四無明流，三界癡，亦名四軛。」</td></tr>
<tr><td>8</td><td>四取</td><td>《俱舍論》卷二十</td><td>「四取」者，「欲取、見取、戒取、我語取，能取自身相續不絕，故名為取。」</td></tr>
</table>

179 見：《大正》45，頁970上~中。
180 詳見：《卍續》129，頁443上~頁448上。
181 關於各名相之出處與內容概要，除了參酌西宗與智證之注解外，並逐一參考《佛光大辭典》各名相的解說。

9	四執	《大智度論》卷七《三論玄義》	「四執」者，「一生執不生，二不滅執滅，三斷執不斷，四不常執常。」
10	四緣	《成唯識論了義燈》卷六、《大毘婆沙論》卷二十一	「四緣」者，「一因緣，諸法和合；二次第緣，心心數法；三所緣緣，法無所依；四增上緣，法無所得。」
11	四大	《俱舍論》卷一	「四大」者，地大、水大、火大、風大，謂四大假合而成身也。
12	四縛	《長阿含經》卷八	「四縛」者，「貪縛、癡縛、戒取縛、見取縛，謂不出三界，不得解脫，故云縛。」
13	四貪	《瑜伽師地論》卷二十六	「四貪」者，「顯色貪、形色貪、妙觸貪、供奉貪」。此四者皆相應於婬貪之心。
14	四生	《瑜伽師地論》	「四生」者，云：「胎、卵、溼、化也。」
15	五住	《大乘義章》卷五	「五住」者，「見為一住，名見一切住」，又思惑分三住。一欲愛住、一色愛住、一無色愛住，又塵沙惑與無明惑，合為一住。
16	五蓋	《北本涅槃經》卷三十九、《摩訶止觀》卷五上	「五蓋」者，覆真實義為蓋，即「色、受、想、行、識」。亦名「五陰」，即覆蓋之意，如日月本明，而雲霧為之掩護，則日月陰翳，為之蓋蔽，自性真如本體，卻被色受想行識，五者陰蓋，便因迷造罪。又名「五蘊」，積聚之謂。又《止觀》云：「貪欲、瞋恚、愚癡、睡眠、掉舉，為五蓋。」
17	五慳	《成實論》卷十	「五慳」者，「住處慳、護他勿慳、稱讚慳、財慳、法慳。」
18	五見	《大毘婆沙論》卷四十六	「五見」者，「一薩迦耶見，即身見，執我我所，執身有我故；二邊見，隨身計斷常，墮二邊見故；三見取，執前諸見為勝為能，或執一切有漏等法，妄謂常樂我淨，即是涅槃故；四戒取，非因計因；五邪見，撥無因果。」
19	五心	《大乘法苑義林章》卷一	「五心」者，「率爾心、尋求心、決定心、染淨心、等流心。」
20	六根	《俱舍論》卷一	「六根」者，一眼根，謂喜怒視相；二耳根，謂聽審相續；三鼻根，謂愛憎香臭；四舌根，謂嘗味甘苦；五根身，謂貪嫌滑澀；六意根，謂審查思量。即眼、耳、鼻、舌、身、意中六情，俱以「識」為之根也。
21	六識	《長阿含經》卷八	「六識」者，「眼識，玄黃不真；耳識，苦樂音異；鼻識，觀氣旋光；舌識，辯說邪正；身識，隨機現儀；意識，緣慮循空。」

22	六想	《雜阿含經卷二》	「六想」者,「眼、耳、鼻、舌、身、意,其識各有相應想。」
23	六受	《雜阿含經卷十七》	「六受」者,「眼受色、耳受身、鼻受香、舌受味、身受觸、意受法,六根領受六淨也。」
24	六行	《大法門集經》卷下	「六行」者,眼、耳、鼻、舌、身、意,各有所司,則各有所行也。
25	六愛	《雜阿含經卷十三》	「六愛」者,「眼、耳、鼻、舌、身、意,各因所觸而生愛。」
26	六疑	《大毘婆沙論》卷四十三、《淨名經》	「六疑」者,「貪、瞋、癡、慢、疑、覺,六者俱有疑,亦名俱生惑。」
27	七漏	《中阿含經》卷二	「七漏」者,「見漏、諸根漏、忘漏、惡漏、親近漏、愛漏、念漏。」漏,即煩惱之異稱,指一切煩惱之流注漏泄。
28	七使	《俱舍論》卷十九	「七使」者,「欲使、恚使、愛使、慢使、無明使、見使、疑使。」
29	八倒	《北本涅槃經》卷二	「八倒」者,「無常計常、無樂計樂、無我計我、不淨計淨,此凡夫四倒也。常計無常、樂計無樂、我計無我、淨計不淨,此二乘四倒也。」
30	八垢	《涅槃經》、《宗鏡錄》卷七十六、《三藏法數》卷三十三	「八垢」者,「念垢、不念垢、念不念垢、我垢、我所垢、自性垢、差別攝、受垢也。」即八妄想,自性汙染,總名爲垢。
31	八苦	《中阿含經》卷七	「八苦」者,「生苦、老苦、病苦、死苦、怨憎會苦、愛別離苦、求不得苦,五陰熾盛苦也。」
32	九惱	《淨名經》《大智度論》卷九	「九惱」者,「過去愛我怨家、過去憎我知識、過去惱我已身、現在愛我怨家、現在憎我知識、現在惱我已身、未來世亦然,一世有三,三世有九,故云九惱。」
33	九結	《成實論》卷十	「九結」者,愛結、恚結、慢結、無明結、見結、取結、疑結、嫉結、慳結也。當中此中,能和合苦,故名爲結。
34	九緣	《成唯識論》卷二至卷五	「九緣」者,一眼識,緣明、緣空、緣根、緣境、緣作意、緣根本依、緣染淨依、緣分別依、緣種子。二耳識,緣空、緣根、緣境、緣作意、緣根本依、緣染淨依、緣分別依、緣種子。三鼻識,緣根、緣境、緣作意、緣根本依、緣染淨依、緣分別依、緣種子。四舌識,緣根、緣淨、緣作意、緣根本依、緣染淨依、緣分別依、緣種子。五身識,緣根、緣境、緣作意、緣根本依、緣染淨依、緣分別依、緣種子。六意識,緣作意、緣根本依、緣染淨依、緣分別依、緣種子。七第七識,緣染淨依、緣分別依、緣種子。八第八識,緣根本依、緣染淨依、緣種子也。總名曰「九緣生識」。

35	十煩惱	《俱舍論》卷十九、卷二十	「十煩惱」者，一忿、二惱、三恨、四覆、五諂、六誑、七憍、八害、九嫉、十慳。
36	十纏	《俱舍論》卷二十一	「十纏」者，一、忿恚纏曰瞋，二、隱覆自罪纏曰覆，三、意識昏迷纏曰睡，四、五情暗冥纏曰眠，五、嬉遊纏曰戲，六、三業躁動纏曰掉，七、屏處起罪不自修纏曰無慚，八、露處起罪不羞他纏曰無愧，九、財法不能惠施纏曰慳，十、他榮心生熱惱纏曰嫉，謂之十纏也。
37	十一遍使	《俱舍論》卷十九《成唯識論》卷六	「十一遍使」者，謂不信、懈怠、不慚、不愧、多貪、多瞋、多癡、昏迷、放逸、慳悋、毒害。此十一遍使也，反此則爲十一善。
38	十二入	《俱舍論》卷一	「十二入」者，謂眼、耳、鼻、舌、身、意，此六根入，屬能，能者，能見聞覺知也。色、聲、香、味、觸、法，此外六塵入，屬所，所者，著見聞覺知之所也，入以互相涉入爲義，亦名「十二處」。
39	十六知見	《大品般若經》卷一	「十六知見」者，「一、我者知見，起我我所。二、生者知見，如父有子。三、受者知見，命根成就。四、命者知見，能舉事故。五、有情者知見，蘊和合而生。六、養育者知見，因緣故長。七、眾數者知見，諸法有數。八、人者知見，妄計我是人。九、作者知見，手足能所。十、使作者知見，力能役他。十一、起者知見，作後世業。十二、使起者知見，亦令他作。十三、受者知見，苦樂果現。十四、使受者知見，厭於苦樂。十五、知者知見，五識名知。十六、見者知見，目觀色像。」
40	十八界	《大毘婆沙論》卷七十一	「十八界」者，即六根、六塵、六識，爲十八界者，有分別辨析之義，又種族義，界畔義。
41	二十五我	《金七十論》卷上	「二十五我」者，即「二十五諦」，「一、墮冥初爲世間本性，乃生覺。二、從覺爲中陰，即生我心。三、從我心中，我慢便生五塵。已上成八。五塵生於五大，五大生成十一根，通上總成二十四。又至神我主諦，共爲二十五我也。」

42	六十二見	《長阿含經》卷十四《大品般若經》卷十四	「六十二見」者,即色、受、想、行、識五陰,於三世推之而成也。每一陰具四句,如云色大我小,我在色中,我大色小,色在我中。離色是我,即色是我,餘四例推可知。五陰共成二十,以過去、現在、未來三世配之,成六十,加根本斷常二法,共成六十二也。
43	見、諦、思、維九十八使	《阿毘達磨發智論》卷五《大毘婆沙論》卷四十六	「見、諦、思、維九十八使」者,「見諦,攝欲界三十二使、色界二十八使、無色界二十八使,共八十八使。思維,攝欲界四使,色界三使,無色界三使,共十使,合之成九十八也。」即「九十八隨眠」、「九十八煩惱」,無量煩惱也。
44	百八煩惱	《大方等集經》卷五十九《大智度論》卷七	「百八煩惱」者,即九十八使,更加十纏,成一百八也,即「一百八見」、「百八結業」,以煩惱能生種種惡業之故。

從《水懺》所發露的這四十四種不同的「名相」來看,不論是出自《長阿含經》、《中阿含經》、《增一阿含經》、《般若經》、《涅槃經》、《淨名經》,還是《禪波羅蜜次第法門》、《唯識論》、《俱舍論》、《大智度論》、《大毘婆沙論》、《瑜伽師地論》等,這都說明了:《水懺》所發露懺悔的煩惱障,可說是包含了漢譯佛教的基本經論。

另外,《水懺》是很有秩序的,將各種名相依據其「數字」的多寡,由小而大,由少而多,一貫排列遞升,讓懺悔者很清楚的知道自己發露了那些罪業,長養了那些煩惱。最重要的是,其基本罪源都是起自於「貪、瞋、癡」三毒;而其最後雖然以「百八煩惱」作結,其實《水懺》在這裡所懺悔發露的,即是來自於人世間各種可能的不同「因緣」,由於這些「因緣」的偶合,凡夫從無防備,故產生了無量無邊的煩惱,而這些煩惱,是「能斷眾生慧命根」之「賊」,是「能劫眾生諸善法」、「入於生死大海」之「瀑河」,是「能繫眾生於生死獄,不能得出」之「羈鎖」,令「六道牽連,四生不絕,惡業無窮,苦果不息」,故《水懺》在此部分配合了「七種心」,令懺悔者在諸佛如來的鑑證之下,「運此增上善

心，求哀懺悔。」[182]

（2）**隨煩惱性所引起的煩惱障**

前面是基於人世間各種可能的不同「因緣」所引起的煩惱障，這些煩惱障，如果纏留人身，則凡夫俗子將因「**積聚無明，障蔽心目，隨煩惱性**」等又引起無量無邊的三世罪，故《水懺》又從「**耽染愛著，起貪欲煩惱**」開始，至「**起四住地，構於三界苦果煩惱**」止，繼續懺悔發露了無始以來「隨煩惱性」所引起的「二十七種」煩惱障[183]。為使其內容明白顯現，今亦列表如下：

表十六：隨煩惱性所引起的煩惱障表		
序號	造罪源由	所生起之煩惱
1	耽染愛著	貪欲煩惱
2	瞋恚忿怒	懷害煩惱
3	心憒惛懵	不了煩惱
4	我慢自高	輕傲煩惱
5	疑惑正道	猶豫煩惱
6	謗無因果	邪見煩惱
7	不識緣假	著我煩惱
8	迷於三世	斷常煩惱
9	朋狎惡法	見取煩惱
10	僻稟邪師	戒取煩惱
11	一切四執	橫計煩惱
12	守惜慳著	慳吝煩惱
13	不攝六情	奢誕煩惱
14	心行弊惡	不忍煩惱
15	怠惰緩縱	不勤煩惱
16	疑慮躁動	覺觀煩惱
17	觸境迷惑	無知解煩惱
18	隨世八風	彼我煩惱
19	諂曲面譽	不直心煩惱
20	獷強難觸	不調和煩惱
21	易忿難悅	多舍恨煩惱
22	凶險暴害	慘毒煩惱
23	乖背聖諦	執相煩惱
24	執於苦集滅道	顛倒煩惱
25	隨從生死十二因緣	輪轉煩惱
26	無始無明住地	恒沙煩惱
27	起四住地	構於三界苦果煩惱

182 見：《大正》45，頁970上。
183 見：《大正》45，頁971上~中。

這些煩惱的由來，據《水懺》所示，是因積聚無明，障蔽心目，「隨煩惱性」等所引起的三世罪，不論是一開始的「耽染愛著」，還是最後的「起四住地，構於三界」，一脈連貫下來，都是眾生之前的「因緣所引起的煩惱障」未能斷滅去除，結果纏留身、性之中，於是又引起了「貪欲」、「懷害」、「不了」、「輕傲」、「猶豫」、「邪見」、「著我」、「斷常」等無量無邊的煩惱。而這些「隨煩惱性」等所引起的「二十七種」煩惱障，又與「積聚無明，障蔽心目」相關，故西宗云：「法性本明，本來無有罪業。因無明煩惱之所昏蔽而不明」，蓋「積聚無明者，即無智慧之明，不能了境惟心，而遮蔽心目，故隨之而造諸惡業。」[184]也就是說，在先前生起的煩惱障，又隨順無明之造作，繼續產生了新的煩惱。

此一部分，《水懺》中配合了「身命難可常保」、「紹繼佛法聖種」二種方便心，強調「人之居世，誰能無過？學人失念，尚起煩惱。羅漢結息，動身口業。豈況凡夫，而當無過？」等煩惱結起之理解與認識，不過，「智者先覺，便能改悔。愚者覆藏，遂使滋蔓！所以積習長夜，曉悟無期！若能慚愧發露者，豈唯止是滅罪，亦復增長無量功德，豎立如來涅槃妙果。」[185]有了這樣的理解，再針對「二十七種」煩惱障一一發露懺悔，可說與前面的煩惱障與七種心又作了銜接。

（3）不能修持學佛的煩惱障

前面兩種煩惱障之發露懺悔，都被安置在《水懺》的「卷上」。由「因緣」而起無量無邊的煩惱障，再因「煩惱性」之纏留，繼續又添造了更多的煩惱障然人生在世之苦，就在於這些「因緣」與「煩惱性」所引起的煩惱，在人身心之中日深日厚、日滋日茂之後，又繼續對人造成更嚴重影響的煩惱障。故前面發露懺悔了兩類煩惱障之後，《水懺》又切入煩惱的裏層，從「障不得見佛、不聞正法、不值聖僧煩惱」開始，至「障學佛果，百萬阿僧祇諸行之煩惱」為止，對於凡夫「二十四種」「不能修持學佛」之煩惱

---

184 《卍續》129，頁456下。
185 見：《大正》45，頁970下～頁971上。

障，繼續加以發露懺悔[186]。由於《水懺》舉出了「三慧」、「三觀」、「三三昧」、「三明」、「四禪天」、「四妙行」、「四無無礙智」、「四攝法」、「五停心觀」、「五忍位」、「五根」、「五力」、「六通」、「六度」、「七方便」、「八正道」、「七覺支」、「八解脫」、「九空定」、「十智」、「十行」、「十迴向」、「十願」、「十地」等名相，這些名相的內涵，多關涉於我人「**修持學佛**」的境界，故筆者立名曰「**不能修持學佛之煩惱障**」。筆者加以整理之後，並就其「性質」略作陳述，列於表右：

表十七：不能修持學佛的煩惱障表		
序號	煩惱障	煩惱性質
1	障不得見佛不聞正法不值聖僧煩惱	不得見三寶
2	障不見過去未來一切善惡業行出離煩惱	不見三世出離
3	障受人天尊貴之煩惱	不得人天尊貴
4	障生色無色界禪定福樂之煩惱	不能得禪定
5	障不得自在神通飛騰隱顯，遍至十方諸佛淨土聽法之煩惱	不得神通以聞
6	障學安那般那數息不淨因緣觀等諸煩惱	不能學得觀行
7	障學煖頂忍第一法七方便等諸煩惱	不能感受七方便
8	障學慈悲喜捨聞思修等煩惱	不能學四無量心三慧
9	障學空平等中道解三觀義煩惱	不能學得三觀義
10	障學助道品念處正勤根力如意足諸煩惱	不能學三十七助道品
11	障八正道示相之煩惱	不能學八正道示相
12	障學七覺支不示相之煩惱障	不能學七覺支不示相
13	障學八解脫九空定煩惱	不能學九空定
14	障學於十智三三昧煩惱	不能學十智三三昧
15	障學三明六通四無礙煩惱	不能學無礙
16	障學六度四等煩惱	不能學六度四等
17	障學四攝法廣化之煩惱	不能學廣化眾生
18	障學大乘心四弘誓願煩惱	不能學四弘誓願
19	障學十明十行之煩惱	不能斷界外塵沙
20	障學十迴向、十願之煩惱	不能斷界外無明
21	障學初地、二地、三地、四地、明解之煩惱	不能內照明空
22	障學五地、六地、七地、諸知見煩惱	不能知假外用
23	障學八地、九地、十地、雙照之煩惱	不能雙照平等
24	障學佛果，百萬阿僧祇諸行之煩惱	不能修智成佛

---

186 見：《大正》45，頁972上。

「修持學佛」是「人之所以異於禽獸」者的「幾希」妙道，可是凡夫俗子多不能慎重其機緣，往往任意棄置不理。這部分「二十四項」煩惱障的由來，是由前面「因緣」和「煩惱性」所引起的煩惱罪業沒有消除斷滅之故，所以它們在罪罪增罪之後，茁壯成深厚的蠻垢，致令先天智慧重重覆蓋，眾善無法生起，自然的又是煩惱罪患重重障礙了。這些重重障礙，自是影響一位佛教徒想要學佛、學禪、學法等而不能學習獲益的業障。

《水懺》在這個部分，又配合了「觀於因緣」、「觀於果報」、「觀我自身」、「觀如來身」四種方便心，以與前面的「七種心」及「二種觀行」相為融貫契接，然後針對這些「修持學佛」的煩惱過患，一一發露懺悔。故西宗云：「業力覆藏，縱善法在前，而心境俱違，自然斷除眾善，一切善法俱障[187]」，一個人「因緣」和「煩惱性」所引起的煩惱罪業之前，想要修持學佛，自是不可能了。

2.《水懺》發露懺悔煩惱障的意義

若從「煩惱障的結構」視之，《水懺》的煩惱障，大致是分為三類：1、因緣所引起的煩惱障。2、煩惱性所引起的煩惱障。3、不能修持學佛的煩惱障。

若從「整體煩惱障的內容」視之，不管是那一類，不管是開始、中間過程，還是末尾的結束部分，同樣都是肇因於無始以來的「貪欲、瞋怒、愚癡」這三毒，都是《水懺》要一一滌蕩懺悔的煩惱障。懺悔者只要一件一件，一層一層，層遞發露下去，則無量煩惱障必能懺除滅盡的。

懺法累贅冗長，故失方便度化世人之機，然若無基本前提，亦失引領作用，故《水懺》於「正懺煩惱障」之前，先就煩惱障的來源作一基本前提的論述：

> 先應懺悔煩惱障。而此煩惱，皆從意起，所以者何？意業起故，則身與口，隨之而動。意業有三：一者慳貪，二者

---

187 見：《卍續》129，頁466下。

瞋恚,三者癡闇。由癡闇故,起諸邪見,造諸不善。……
夫此煩惱,諸佛菩薩,入理聖人,種種訶責,亦名此煩惱,
以為怨家,何以故?能斷眾生慧命根故。亦名此煩惱,以
之為賊,能劫眾生諸善法故。亦名此煩惱,以為瀑河,能
漂眾生入於生死大海故。亦名此煩惱,以為羈鎖,能繫眾
生於生死獄,不能得出故!所以六道牽連,四生不絕,惡
業無窮,苦果不息,當知皆是煩惱過患![188]

此處先標明「煩惱障」的根本源頭,即「慳貪、瞋恚、癡闇」三
種「意業」,然後進行煩惱障之懺悔。

　　所謂「意」(manas)者,音譯作「末那」,意謂「思量」也,
即周遍思惟之心理作用。如將之作爲認識機能之依據,則稱意根,
爲六根之一。於十二處中,稱爲意處。於十八界中,稱爲意界。
依六識家之見,心、意、識三者同體異名。依八識家而言,心即
指阿賴耶識,意指末那識,而識則指前五識(眼、耳、鼻、舌、
身)兼及意識。[189](其詳見「懺悔業障」部分)

　　貪(lobha,rāga)、瞋(pratigha,dvesa)、癡(moha,mūdha),
又作「三火」、「三毒」、「三垢」。「貪」,爲俱舍七十五法之一,唯
識百法之一。欲求五欲、名聲、財物等而無厭足之精神作用。即
於己所好之物,生起染汙之愛著心,引起五取蘊而產生諸苦。又
作貪欲、貪愛、貪著,略稱欲、愛。《法華經》云:「三界眾生,
多諸患難,雖復教詔,而不信受,於諸欲染,貪著深固。」[190]《俱
舍論》卷二十廣引諸經,謂緣五欲之境而起貪欲,纏縛其心,故
稱「欲軛」。書中又舉出欲貪、欲欲、欲親、欲愛、欲樂、欲悶、
欲耽、欲嗜、欲喜、欲藏、欲隨、欲著等十二項冠有「欲」字之

---

188 見:《大正》45,頁 969 下~頁 970 上。
189 「六根」:眼、耳、鼻、舌、身、意。「十二處」:又稱「十二處」、「十二入處」,
　　即「六根」加「六處」,爲長養「心」、「心所」之法。即:「六根」加上色、
　　聲、香、味、觸、法。「十八界」:乃指在我人一身中,能依之識、所依之根
　　與所緣之境等十八種類之法。即:「六根」加「六處」再加上感官緣對境所生
　　之眼、耳、鼻、舌、身、意六識。
190 見:《法華經卷二・譬喻品第三》,《大正》9,頁 14 下~頁 15 上。

異稱。[191]《俱舍論》卷二十二則將貪分爲四種：顯色貪、形色貪、妙觸貪、供奉貪。[192]又據《瑜伽師地論》卷五十五載，貪係由取蘊、諸見、未得境界、已得境界、已受用之過去境界、惡行、男女、親友、資具、後有及無有等十事而生，經由以上等十事所生起之貪，依序稱爲事貪、見貪、貪貪、慳貪、蓋貪、惡行貪、子息貪、親友貪、資具貪、有無有貪。[193]

瞋，係指對有情（生存之物）怨恨之精神作用。於俱舍宗屬於不定地法之一，於唯識宗屬於煩惱法之一。據《俱舍論》卷十六[194]、《成唯識論》卷六[195]所載，對違背己情之有情，生起憎恚，使身心熱惱、不得平安之精神作用，名之爲瞋。又忿、恨、惱、嫉、害等隨煩惱，皆以「瞋」之部分爲體，是爲六根本煩惱之一。《大智度論》云：「瞋恚其咎最深，三毒之中，無重此者。九十八使中，此爲最堅。諸心病中，第一難治。」[196]《增一阿含經》云：「過去恒沙數，諸佛般涅槃，汝竟不遭遇，皆由瞋恚火。」[197]

癡，又作痴，愚癡之意。爲心所之名。謂愚昧、無知、不明事理之精神作用。俱舍宗視爲大煩惱地法之一，唯識宗則視爲煩惱位心所之一，與「無明」、「無智」同。爲三不善根之一、六根本煩惱之一、十隨眠之一，爲一切煩惱之所依。三界繫中，於四諦及修道中斷之。據《瑜伽師地論》卷八十六載，癡有：無智、無見、非現觀、惛昧、愚癡、無明、黑闇等異名。[198]又同論卷五十五謂，隨煩惱中，覆、誑、諂、惛沉、妄念、散亂、不正知等，

191 見：《阿毘達磨俱舍論卷二十‧分別隨緣品第五之二》，《大正》29，頁108上。
192 見：《阿毘達磨俱舍論卷二十二‧分別賢聖品第六之一》，《大正》29，頁117中。
193 見：《瑜伽師地論卷五十五‧攝決擇分中五識身相應地意地之五》，《大正》30，頁603中。
194 參：《阿毘達磨俱舍論卷十六‧分別業品第四之四》，《大正》29，頁83中~頁88中。。
195 參：《成唯識論卷六》，《大正》31，頁33中~下。
196 見：《大智度論卷十四‧初釋品中屬提波羅蜜義第二十四》，《大正》25，頁167中。
197 見：《增一阿含經卷十四‧高幢品第二十四之一》，《大正》2，頁619下。
198 見：《瑜伽師地論卷八十六‧攝事分中契經事行擇攝第一之二》，《大正》30，頁779中。

皆以癡之一分爲體。[199]《成唯識論》卷六謂,諸煩惱之生起,必由癡,故癡必定與其餘九根本煩惱相應。[200]

三毒之烈,通攝三界之一切煩惱,眾生在世,鮮能不受其障害。姚秦・鳩摩羅什譯《大寶積經卷九十六・善臂菩薩經・勤授長長會》有「我見諸眾生,三火所惱熱」[201]之句。《北本大涅槃經》卷二十九佛云:「世間之毒,我所不畏」,「毒中之毒,不過三毒」[202],足見「三毒」之厲害。《大智度論》卷二十一亦載,人若耽溺於這三毒,臨終必將產生「脹相、壞相、血塗相、膿爛相、青相、噉相、散相、骨相、燒相」等「九相」之果報。[203]

「無明能生一切染法」[204],由於貪、瞋、癡的造作,眾生無明覆闇,遂生生世世,糊裡糊塗地不停犯錯,染上加染,致罪業有增無減,長期深陷於三途裏,遭受著刀插鋸戳、血肉橫飛、油炸火煉的果報,這確實是苦不堪言。所以《大智度論》說:

> 貪欲、瞋恚、愚癡,名為三不善根,是欲界繫法。佛說貪欲、瞋恚、愚癡,是欲界繫不善。……貪欲有二種:一者邪貪欲,二者貪欲。瞋恚有二種:一者邪瞋恚,二者瞋恚。愚癡有二種:一者邪愚癡,二者愚癡。是三種邪毒,眾生難可化度;餘三易度。[205]

「三毒」有正、邪之分,眾生對「三種邪毒」是「難可化度」,而餘三毒則較易度化。《增一阿含經》亦說:比丘有此三不善根,必墮地獄、餓鬼、畜生三惡趣。另外,因之而起的尚有「三善根」、「等聚」、「邪聚」、「定聚」、「不定聚」之說。佛說:「善根」「等聚」、「定聚」當奉行,「不善根」、「邪聚」、「不定聚」當遠避之。

---

199 見:《瑜伽師地論卷五十五・攝決擇分中五識身相應地意地之五》,《大正》30,頁 603 中。
200 參:《成唯識論卷六》,《大正》31,頁 33 中~下。
201 見:《大正》11,頁 542 下。
202 見:《大正》12,頁 540 中。
203 見:《大正》25,頁 217 上~頁 218 中。
204 見:梁・真諦(499~569)譯,《大乘起信論・解釋分》,《大正》32,頁 577 上。
205 見:《大智度論卷三十四・釋初品中信持無三毒義第五十二》,《大正》25,頁 312 中~頁 312 下。

206

　　這三種意業，自人心根源處生起之後，如怒濤猛獸，威力不可阻擋，能令眾生，墮於地獄、餓鬼、畜生受苦。若生人中，得貧窮孤露，兇狠頑頓，愚迷無知。這在佛經中是屢見不鮮的。如《華嚴經》云：

> 貪欲之罪，亦令眾生，墮三惡道。若生人中，得二種果報：一者多欲，二者無有厭足。瞋惱之罪，亦令眾生，墮三惡道。若生人中，得二種果報：一者常為一切求其長短，二者常為眾人之所惱害。……隨逐貪欲，瞋恚愚癡，常為種種煩惱大火之所燃燒，不能志求出要方便。[207]

凡夫無有厭足，事事求其長短，心志自然紛亂不定，而為種種煩惱之大火所燃燒，生生世世，苦無出期。故《華嚴經》又云：

> 入邪見網，為種種愚癡叢林所覆。隨逐虛妄邪道徑路，常為愚癡之所盲冥。……為諸煩惱暴水所沒，欲、有、見、無明四流所漂，隨生死流入大愛河，為諸煩惱勢力所食，不能得出。[208]

　　煩惱既是大火，又是暴水，其無情「勢力」致令眾生在生死苦海中煨燒燋沸、隨波逐流，恣任掙扎亦苦無出期。但諸佛如來仍有「智慧法水」[209]，可以滅此大火，治此暴水。一切眾生本來與佛陀一樣具有佛性，因為不見佛性，故為煩惱繫縛生死；倘能洞見佛性，諸結煩惱便不能轉動，人人皆得解脫生死，得大涅盤。

---

206 詳參：《增一阿含經卷十三・地主品第二十三》，《大正》2，頁614中~頁614下。所謂「善根」，是指不貪善根、不恚善根、不癡善根。所謂「等聚」，是指等見、等治、等語、等業、等命、等方便、等念、等定。所謂「邪聚」，是指邪見、邪治、邪語、邪業、邪命、邪方便、邪念、邪定。所謂「定聚」，是指知苦、知習、知盡、知道、知善聚、知惡趣。所謂「不定聚」，是指不知苦、不知習、不知盡、不知道、不知等聚、不知邪聚。

207 見：《大方廣佛華嚴經卷二十四・十地品第二十二之二》，《大正》9，頁549中。

208 見：《大正》9，頁549下。關於「四流」，又見《雜阿含經卷十八・弟子所說誦第四品》，《大正》2，頁127上、《增一阿含經卷二十三・增上品第三十一》，《大正》2，頁672中。陳・真諦譯，《阿毘達磨俱舍釋論卷十五・中分別惑品第五之二》，《大正》29，頁261上。

209 參：元魏・吉迦夜、曇曜共譯，《雜寶藏經》卷二，《大正》4，頁455上。

[210]煩惱心心相續，無少間歇，誠爲諸罪之根本。故《水懺》又云：

> 論懺悔者，本是改往修來，滅惡興善。人之居世，誰能無過？學人失念，尚起煩惱；羅漢結習，動身口業！豈況凡夫，而當無過？但智者先覺，便能改悔；愚者覆藏，遂使滋蔓！所以積習長夜，曉悟無期！若能慚愧，發露懺悔者，豈夫只是滅罪，亦復增長無量功德，堅立如來涅槃妙果[211]。

此處之「改往修來，滅惡興善」，乃懺文首段「未作之罪，不敢更作」的語意增強。蓋「往者」雖逝，罪業卻潛於吾人阿賴深識之中，無始因緣竄起，業障果報依然綿延而生。故西宗云：「學人者，學之爲言效也，效古聖先賢精修道業，故謂之學。如云勤修戒、定、慧，息滅貪、瞋、癡，識心達本源，故號爲沙門。如斯等輩，堪稱學人，稍有些些怠墮，即爲失念了也。古云：暫時不在，猶同死人。今言失念而起煩惱者，正此意也。」[212]故懺悔者既知不敢更作之理，便應對「來者」多下功夫；而所下之功夫，即是所謂「興善」；唯善業興起，乃能增長無量功德，堅立如來涅槃妙果。

至於「善」的問題，是我國自古以來一直難以說得很清楚的重要哲學命題之一。先秦儒家所講的「善」，是與「性」、「命」、「仁」、「天命」、「道」與「道德」等命題，經過相當長的發展時間，逐漸合而爲一而說出的。從周初的「民彝」、「命哲」的觀念，到孔子的「爲仁由己」，及子貢言「夫子之性與天道，不可得而聞」，一直都顯得漠然隱約，沒有客觀化、理論化的觀念表詮。到了《中庸》的「天命之謂性，率性之謂道」，已略見其明顯化；至孟子的「乃若其情，則可以爲善矣」（《孟子‧告子上》）、「可欲之謂善」（《孟子‧盡心下》），才正式明白的把「性善」觀念說出來。而孟子所說的性善，實際便是心善。這是一種每個人皆可在自己的心上當下認取善的根苗，而無須向外憑空懸擬；也是在說，凡道德性的善，它的自身便是在人之內部要爲人作主的，其本身即是具

---

210 參：《大般涅槃經卷十‧如來性品第四之七》，《大正》，12，頁 423 上。
211 見：《大正》45，頁 970 下。
212 見：《卍續》129，頁 453 上。

有自我實現的要求。[213]

佛教講的「善」（kuśala），與儒家這種「成仁」、「爲人作主」的善是不同的。在佛教中的善，指其性安穩，能於現在世未、來世中給予自他利益的白淨法。與不善、無記（非善亦非不善）合稱爲三性。其中，善爲白法（清淨之意），不善爲黑法（汙濁之意）。廣義言之，「善」指與善心相應之一切思想行爲，凡契合佛教教理者皆屬之；狹義則指法相宗心所法之一，包括信、慚、愧、無貪、無瞋、無癡、精進、輕安、不放逸、行捨、不害。[214]也就是說，《水懺》的懺悔，重視的是善心相應之一切思想行爲能夠清淨而無染汙、避免因緣果報的累世纏縛而能與諸佛如來同生涅槃寂靜境界的定持精進之修持。

凡夫若是自性染汙不淨，諸業種子便時時熏習內識心田，長久積聚之後，果熟而結成於外。故智證亦云：「結習，即過去煩惱結之種子，雖證無學，出三界外，但斷現行，種子猶在，動身發語，無不是業，出纏上士尚爾，況在纏下愚乎？改悔，則復於無過；覆藏，則又增自欺。所以其罪日增，如水之滋潤乎蔓草也。[215]」三界虛空，內、外、上、下，無處不是吾人罪業種子，故若此心迷惑而不能定持，懺悔終必無功，此《水懺》撰述者之深意焉。

另外，幽冥靈祇，爲佛教懺悔思想中之重要概念之一。儒家亦重祭祀幽冥，如「祭如在，祭神如神在」（《論語・八佾》）是。但孔子「不語怪、力、亂、神」（《論語・述而》），主張「未能事人，焉能事鬼」（《論語・先進》）、「非其鬼而祭之，諂也」（《論語・爲政》）這是因爲當時的怪、力、亂、神是「非理之正」、「有未易明者」[216]，而孔子是重視現實、人事及理性的人，對於力不由理，神不由正的事，他是不會任意亂說的。佛教的幽冥靈祇，牽涉於

---

213 參：徐復觀著，《中國人性論史》，（台北：臺灣商務印書館，1999 年 9 月初版12 刷），頁 161~頁 182。
214 見：《成唯識論》卷六云：「善謂信、慚、愧，無貪等三根，勤安不放逸，行捨及不害。」《大正》31，頁 29 中。
215 見：《卍續》129，頁 328 下。
216 見：南宋・朱熹著，《四書章句集注》，（台北：大安出版社，民國七十五年四月初版），頁 98。

累世冤讎果報，《水懺》之所以能在世俗盛行，即立基於此。《水懺》云：

> 幽顯靈祇，注記罪福，纖毫無差。夫論作罪之人，命終之後，牛頭獄卒，錄其精神，在閻羅王所，辯覈是非。當爾之時，一切怨對，皆來證據，各言：汝先屠戮我身，炮煮蒸炙。或先剝奪於我，一切財寶，離我眷屬。我於今日，始得汝便於時，現前證據，何得敢諱！唯應甘心，分受宿殃。[217]

佛眼慧達無礙，照澈陰陽三界，大凡人心之惻隱，地獄之幽靈，無不了然清楚。故此處以閻羅王所內的罪犯對話為引子，借罪犯間之是非辯覈，令人明瞭「幽顯靈祇，注記罪福，纖毫無差」之理。西宗云：「凡人多謂惡業可隱，故不思懺悔，蚤知終無隱藏，何如先向佛前發露懺悔，冀得免耳，慎勿懈怠，然而懺後改過，必不更作，庶可得免，如或倚其懺悔，更造新殃，欲求免者，未之有也，思之慎之，當自免之」[218]，惡業如果隱藏得了，人心就不可能會有諸苦；人既能感得諸苦，便表示因緣果報之不虛。《水懺》接著又將地獄果報的實狀予以描繪一番，《水懺》云：

> 地獄之中不枉治人。若其平素，所作眾罪，心自忘失者，臨命終時，造惡之處，一切諸相，皆現在前。各言：汝昔在於我邊，作如是罪，今何得諱？是時作罪之人，無藏隱處，於是閻羅王切齒訶責，將付地獄，歷無量劫，求出莫由。此事不遠，不關他人，正是我身，自作自受。雖父子至親，一旦對至，無代受者。我等相與，得此人身，體無眾疾，各自努力，與性命競，大怖至時，悔無所及。[219]

心自忘失者，便不會造業生罪；心若忘失者，在地獄中絕不會成為漏網之魚。一切在世間的身、語、言、動，絕不關他人，必由作罪之人，自作自受，雖父子至親，一旦對至，無代受者。以是

---

217 見：《大正》45，頁971上。
218 見：《卍續》129，頁455下。
219 見：《大正》45，頁971上。

之故,凡夫在世,動身、語、意,宜慎勿懈。以其緣起不滅,即知心造惡業必不可隱;既知諸惡業不可隱,則知其人當信佛精進;而此身行之精進,即時時惕厲懺悔之心也。此種「心」,是「眾生」之心,亦是「諸佛」之心。故「一切世界中,無法而不造,如心佛亦爾,如佛眾生然,心佛及眾生,是三無差別」[220]。三界唯心所造,幽冥世界自亦因心而現,故若其平素心自忘失,因貪、瞋、癡而作眾罪者,臨命終時,造惡之處,一切諸相,皆現在前,屆時連罪福都纖毫無差,凡夫焉能不懺悔?

煩惱惡業對人所造成的障礙,身、心、內、外、上、下,周遭你、我、他、物,無不同時波及,說它是古今中外聖賢哲士之所共患也不為過。所以《水懺》一書,在「懺悔煩惱障」的部分,佔了極大的篇幅,依序陳列了無量無邊的煩惱罪業,即是希望將三毒與無明等能一併掃蕩去除,使煩惱便能化為菩提,令智慧心性活躍起來。

(二)懺悔業障(karmāvarana)

1.《水懺》發露懺悔的業障內容

《水懺》所發露懺悔的內容,依經文所列,可分為兩大類:一、總相懺悔業障。二、別相懺悔業障。「總相懺悔業障」部分,是以廣義角度發露懺悔「作五逆深厚濁纏無間」等「三十一種」業障。「別相懺悔業障」又分為七小項:一、別相懺悔殺害業障;二、別相懺悔劫盜業障;三、別相懺悔婬欲業障;四、別相懺悔四口惡業障;五、別相懺悔六根業障;六、別相懺悔三寶間業障;七、別相懺悔雜餘業障。為求明白顯示,茲據《水懺》原文[221]及筆者的理,將其內容製表如下:

(1)總相懺悔業障

---

220 見:《大方廣佛華嚴經卷十・夜摩天宮菩薩說偈品第十六》,《大正》9,頁465下~466上。

221 以下「業障」內容部分,見:《大正》45,頁973上~頁976中。

序號	罪業行為	業障性質
	表十八：總相懺悔業障內容表	
1	作五逆，深厚濁纏	無間罪業障
2	造一闡提	斷善根業障
3	輕誣佛語	謗方等業障
4	破滅三寶	毀正法業障
5	不信罪福	起十惡業障
6	迷真返正	癡惑之業障
7	不孝二親	反戾之業障
8	輕慢師長	無禮敬業障
9	朋友無信	無義之業障
10	作四重八重	障聖道業障
11	毀犯五戒	破八齋業障
12	五篇七聚	多缺犯業障
13	優婆塞戒	輕重垢業障
14	菩薩戒，不能清淨	如說行業障
15	前後方便	汙梵行業障
16	月無六齋	懈怠之業障
17	年三長齋	不常修業障
18	三千威儀	不如法業障
19	八萬律儀	微細罪業障
20	不修身戒	心慧之業障
21	春秋八王[222]	造眾罪業障
22	行十六種惡	律儀業障
23	於諸眾生	無渧傷業障
24	不矜不念	無憐潛業障
25	不拔不濟	無救護業障
26	心懷嫉妒	無度彼業障
27	於怨親境	不平等業障
28	耽荒五欲	不厭離業障
29	因衣食、園林、池沼	生蕩逸業障
30	以盛年放恣情欲	造眾罪業障
31	作有漏善迴向三有	障出世業障[223]

---

222 「八王」，指「立春、春分、立夏、夏至、立秋、秋分、立冬、冬至」，此八日，天、地、鬼、神、陰、陽交代，故言「八王」。四天王案行，以此諸天民隸，有福增壽，有罪減算，若冒冥無知，不預作善，取付地獄，如來拔苦，勸修齋戒，令其得樂。詳參：《法苑珠林》卷八十八，《大正》53，頁 932 下~頁 933 上。

223 以上內容，參見：《大正》45，頁 972 下。

業障的總相懺悔內容，從「無間罪業」、「斷善根業」、「謗方等業」開始，到最後的「生蕩逸業」、「造眾罪業」、「障出世業」為止，總共「三十一」項罪業，這些都是從身、口、意三業的廣義面發露的。這些內容，大部分都可以共同作為僧、俗大眾懺悔修持之用的。有些部分，如「反戾之業」、「無禮敬業」、「無義之業」，分別說及「父子」、「師長」、「朋友」相互間關係之懺悔，甚至也與儒家「五倫」中的「三倫」理序思想是不謀而合的。

（2）別相懺悔業障

表十九：別相懺悔業障表			
懺悔類別	序號	罪業行為	業障性質
懺悔殺害罪業	1	或因貪起殺，因瞋因癡	慢殺業障
	2	或興惡方便，誓殺願殺	咒殺業障
	3	或破決湖池，焚燒山野，畋獵魚捕	捕殺業障
	4	或因風放火，飛鷹放犬，惱害一切	惱害殺業障
	5	或以檻弶坑撥，扠戟弓弩，彈射飛鳥走獸之類。	射殺業障
	6	或以罟網罾釣，撩鹿水性，魚鱉黿鼉，蝦蜆螺蚌，濕居之屬，使水陸空行，藏竄無地。	網殺業障
	7	或畜養雞豬、牛羊、犬豕、鵝鴨之屬，自供庖廚	庖殺業障
	8	或貨他宰殺，使其哀聲未盡，毛羽脫落，鱗甲傷毀，身首分離，骨肉消碎，剝裂屠割，炮燒煮炙	貨他宰殺業障
	9	或復興師相伐，疆場交爭，兩陣相向，更相殺害	戰殺業障
	10	或自殺教殺，聞殺歡喜	聞殺業障
	11	或習屠儈，質為刑戮，烹宰他命，行於不忍	屠殺業障
	12	或恣暴怒，揮戈舞刃。或斬、或刺、或推著坑塹，或以水沈溺，或塞穴壞巢，或土石（石+追）（石+罩），或以車馬，雷轢踐踏一切眾生。	恣意殺業障
	13	或墮胎破卵，毒藥蠱道，傷殺眾生，墾土掘地，種植田園，養蠶煮繭，傷殺滋甚	傷殺業障
	14	或打撲蚊蚋，搯嚙蚤虱，或燒除糞掃，開決溝渠，枉害一切。或噉果實，或用穀米，或用菜茹，橫殺眾生。或然樵薪，或露燈燭，燒諸蟲類。或取醬醋，不先搖動。或瀉湯水，澆殺蟲蟻。如是，乃至行住坐臥，四威儀中，恒常傷殺飛空著地微細眾生。	微細眾生殺業障
	15	或以鞭杖枷鎖，桁械壓拉，拷掠打擲，手腳蹴踏，拘縛籠繫，斷絕水穀。	斷絕水穀業障

懺悔劫盜罪業	1	或盜他財寶，興刀強奪。	盜他財寶業障
	2	或自奪身，逼迫而取。	逼奪盜取業障
	3	或恃公威，或假勢力，高桁大械，枉壓良善，吞納姦貨，拷直為曲。	恃公盜貨業障
	4	或任邪治，領他財物，侵公益私，侵私益公；損彼利此，損此利彼；割他自饒，口與心吝。	任邪盜財業障
	5	或竊沒租估，偷渡關津，私匿公課，藏隱使役。	竊沒租估業障
	6	或是佛法僧物，不與而取。或經像物。或治塔寺物。或供養常住僧物。或擬招提僧物。或盜取誤用，恃勢不還。	盜三寶物業障
	7	或自借，或貸人，或復換貸漏忘，或三寶物，混亂雜用。	混用僧俗物業障
	8	或以眾物、穀米、樵薪、鹽豉、醬醋、菜茹、果實、錢帛、竹木、繒綵、旛蓋、香華、油燭，隨情逐意。	隨意盜物業障
	9	或自用，或與人，或摘佛華果，用僧鬘物，因三寶財物，私自利己。	盜僧花果物業障
	10	或作周旋朋友，師僧同學，父母兄弟，六親眷屬，共住同止，百一所須，更相欺罔。	更相欺盜業障
	11	或於鄉鄰比近，移籬拓牆，侵他地宅，改標易相，虜掠資財，包占田園，因公託私，奪人邸店，及以屯野。	盜他田宅業障
	12	或攻城破邑，燒村壞柵，偷賣良民，誘他奴婢。	盜賣良民業障
	13	或復枉壓無罪之人，使其形殂血刃，身彼徒鎖，家緣破散，骨肉生離，分張異域，生死隔絕。	盜散家緣業障
	14	或商估博貨，邸店市易，輕秤小鬥，減割尺寸，盜竊分銖，欺罔圭合，以麤易好，以短換長，欺巧百端，希望毫利。	欺盜小利業障
	15	或穿窬牆壁，斷道抄掠，抵捍債息，負情違要，面欺心取。	穿牆盜物業障
	16	或非道陵奪，鬼神禽畜，四生之物	非法陵盜業障
	17	或假託葡相，取人財寶	假託盜財業障
懺悔婬欲罪業	1	或偷人妻妾，奪他婦女	婬人妻女業障
	2	侵陵貞潔，汙比丘尼	陵潔汙尼業障
	3	破他梵行，逼迫不道	破他梵行業障
	4	濁心邪視，言語嘲調	邪心色欲業障
	5	或復恥他門戶，汙賢善名	恥他汙賢業障
	6	或於男子，五種人所，起不淨行	居處不淨業障

懺悔口四罪業	惡口業	1	出言醜獷，發語暴橫	暴橫惡口業障
		2	不問尊卑，親疏貴賤，稍不如意，便懷瞋怒，罵詈毀辱，猥褻穢惡，無所不至。	罵詈毀辱業障
		3	或怨黷天地，訶責鬼神，貶斥聖賢，誣汙良善。	怨恨訶責業障
	妄語業	1	意中希求名譽利養，匿情變詐，昧心厚顏。	妄語昧心業障
		2	指有言空，指空言有。見言不見，不見言見。聞言不聞，不聞言聞。知言不知，不知言知。作言不作，不作言作。	誑惑世人業障
		3	父子君臣，親戚朋舊，有所談說，未嘗誠實。	謊妄亡國業障
		4	或假妖幻，每自稱讚，謂得四禪，四無色定，安那般那十六行觀，得須陀洹，至阿羅漢。得辟支佛，不退菩薩，天來、龍來、鬼來、神來、旋風、土鬼皆至我所，顯異惑眾，求其恭敬，四事供養。	顯異惑眾業障
	綺語業	1	言辭華靡，翰墨艷麗。文過飾非，巧作歌曲。形容妖冶，模寫婬態。使中下之流，動心失性，耽荒酒色，不能自返。	綺語惑人業障
		2	或恣任私讎，忘其公議。使彼忠臣孝子，志士仁人，強作篇章，文致其惡。	文過飾非業障
	兩舌業	1	面譽背毀，巧語百端，向彼說此，向此說彼。唯知利己，不顧害他。讒間君臣，誣毀良善。使君臣猜忌，父子不和。夫妻生離，親戚疏曠。師資恩喪，朋友道絕。至於交扇二國，渝盟失歡，結怨連兵，傷殺百姓。	挑撥離間業障
懺悔六根所作罪業		1	或眼為色惑，愛染玄黃，紅綠朱紫，珍玩寶飾。	色彩眼惑業障
		2	或取男女長短黑白之相，姿態妖艷。	姿色眼惑業障
		3	或耳貪好聲，宮商絃管，妓樂歌唱。	耳迷樂歌業障
		4	或取男女音聲語言啼笑之相。	耳惑語聲業障
		5	或鼻藉名香，沈檀龍麝，鬱金蘇合，起非法想。	鼻迷名香業障
		6	或舌貪好味，鮮美甘肥，眾生血肉，資養四大，更增苦本，起非法想。	舌貪滋味業障
		7	或身樂華綺，錦繡繒縠，一切細滑，七珍麗服，起非法想。	身迷華麗業障
		8	或意多亂想，觸向乖法。	意亂乖法業障
懺悔佛法僧間一切諸障		1	常以無明覆心，煩惱障意。見佛形像，不能盡心恭敬，輕蔑眾生，殘害善友。破塔毀寺，焚燒經像，出佛身血。	壞寺毀佛業障
		2	或自處華堂，安置尊像卑猥之處，使煙薰日曝，風吹雨露，塵土汙坌，雀鼠毀壞，共住同宿，曾無禮敬。	汙坌尊像業障
		3	或裸露像前，初不嚴飾，遮掩燈燭，關閉殿宇，障佛光明。	穢行障佛業障
		4	或於法間，以不淨手，把捉經卷。	汙法沾經業障
		5	或臨經書，非法俗語。	臨經稱俗業障
		6	或安置床頭，坐起不敬。	恣置經書業障

	7	或關閉箱篋，蟲蠱朽爛。	朽爛經書業障
	8	或首軸脫落，部帙失次。	恣經脫散業障
	9	或挽脫漏誤，紙墨破裂。自不修習，不肯流傳。	脫誤經紙業障
	10	或眠地聽經，仰臥讀誦，高聲語笑，亂他聽法。	眠臥讀經業障
	11	或邪解佛語，僻說聖意。非法說法，法說非法，非犯說犯，犯說非犯。輕罪說重，重罪說輕。	邪解佛語業障
	12	或抄前著後，抄後著前。前後著中，中著前後。綺飾文詞，安置己典。	綺盜經文業障
	13	或為利養，名譽恭敬。為人說法，無道德心。求法師過，而為論義。非理彈擊，不為長解，求出世法。	名聞利養業障
	14	或輕慢佛語，尊重邪教，毀呰大乘，讚聲聞道。	輕慢佛語業障
	15	或於僧間，有障殺阿羅漢，破和合僧，害發無上菩提心人。斷滅佛種，使聖道不行。	斷滅佛種業障
	16	或剝脫道人，鞭拷沙門，楚撻驅使，苦言加謗。	鞭拷沙門業障
	17	或破淨戒，及破威儀。	破戒壞儀業障
	18	或勸他人，捨於八正，受五行法。	勸離正道業障
	19	或假託行儀，闚竊常住。	闚竊常住業障
	20	或裸露身形，輕衣唐突。在經像前，不淨腳履，踏上殿塔。	不敬經像業障
	21	或著屩屐，入僧伽藍，涕唾堂房，汙佛僧地。乘車策馬，排突寺舍。	慢汙僧地業障
懺悔其餘諸惡業	1	或信邪倒見，殺害眾生，解奏魍魅魍魎鬼神，欲希延年，終不能得。	信邪倒見殺害業障
	2	或妄言見鬼，假稱神語。	妄語稱神業障
	3	或行動傲誕，自高自大。	身行高傲業障
	4	或恃種姓，輕慢一切。以貴輕賤，用強陵弱。	階級輕慢業障
	5	或飲酒鬥亂，不避親疏，惽醉終日，不識尊卑。	醉亂傷倫業障
	6	或嗜飲食，無有期度。	口欲無度業障
	7	或食生膾，或噉五辛，薰穢經像。	穢物薰經業障
	8	排突淨眾，縱心恣意，不知限極。	恣意無節業障
	9	疏遠善人，狎近惡友。	恣意害善業障
	10	或貢高矯假，優蹇自用，跋扈抵突，不識人情。自是他非，希望僥倖。	貢高我慢業障
	11	或臨財無讓，不廉不恥，屠肉沽酒，欺誑自活。	無廉無恥業障
	12	或出入息利，計時賣日，聚積慳剋，貪求無厭，受人供養，不慚不愧。	貪求無厭業障
	13	或無戒德，空納信施。	無戒無品業障
	14	或捶打奴婢，驅使僮僕，不問饑渴，不問寒暑。	屈辱卑下業障
	15	或伐撤橋梁，杜絕行路。	斷絕行路業障
	16	或放逸自恣，無記散亂，摴蒲圍棋，群會屯聚，飲食酒肉，更相擾餞，無趣談話，論說天下，從年竟歲，空喪天日，初中後夜，禪誦不修，懈怠懶惰，屍臥終日。於六念處，心不經理。見他勝事，便生嫉妒。心懷慘毒，備作煩惱。致使諸惡猛風，吹罪薪火，常以熾然，無有休息。三業微善，一切俱焚。善法既盡，為一闡提。墮大地獄，無有出期。	放逸自恣業障

以上爲《水懺》所發露懺悔的「業障」內容，共懺悔了「總相身、語、意業」。「身三業」：殺害業、劫盜業、婬欲業。「口四業」：惡口業、妄語業、綺語業、兩舌業。「六根業」：眼業、耳業、鼻業、舌業、身業、意業。「三寶間所起一切諸業」及「其餘諸惡業」等業障。

2. 《水懺》發露懺悔業障的意義

「業」（karman）者，音譯作羯磨，爲造作之意。意謂行爲、所作、行動、作用、意志等身心活動，或單由意志所引生之身心生活。若與因果關係結合，則指由過去行爲延續下來所形成的力量。此外，業亦含有行爲上善、惡、苦、樂等因果報應思想，及前世、今世、來世等輪迴思想。本爲印度自古以來所流行之思想，佛教即採用此一觀念，作爲人類朝向未來努力的根據。[224]

一般而言，業分身、語（口）、意三業（trīni-karmāni）。據《別譯雜阿含經》卷五言：身業者，指身所作及無作之業，有善有惡，若殺生、不與取、欲邪行等爲身惡業；若不殺、不盜、不淫，即爲身善業。語業者，身業者，指口所作及無作之業，有善有惡，若妄語、離間語、惡語、綺語等爲口惡業；若不妄語、不兩舌、不惡語、不綺語，則爲口善業。意業者，身業者，指意所起之業，有善有惡，若貪欲、瞋恚、邪見等爲意惡業；若不貪、不瞋、不邪見，即爲意善業。[225]

《瑜伽師地論》卷九十則將三業分爲：善業（kuśala-karman），指以無貪、無瞋、無癡等爲因緣之業。惡業（akuśala-karman），指以貪、瞋、癡等爲因緣之業。無記業（avyākrta-karman），此又名三性業，指非以無貪、無瞋、無癡等爲因緣之業，亦非以貪、瞋、癡等爲因緣之業。[226]

《俱舍論》卷十五則作「三受業」或「三受報業」，即：順樂受業（sukha-vedanīya-karman），指福業及順第三靜慮而受之善

---

224 以上參：《佛光大辭典》，頁 5494 中~下。
225 見：《大正》2，頁 403 中~下。
226 見：《大正》30，頁 807 中~下。

業。順苦受業（duhkha-vedanīya-karman），指非福業。順不苦不
樂受業（aduhkhāsukha-vedanīya-karman），指能感一切處阿賴耶
識之異熟業，及第四靜慮以上之善業。另外，「三業」也作「三時
業」或「三報業」，即：順現法受業（drsta-dharma-vedanīya-
karman），指此生所造，此生成熟之業。順次生受業（upapadya-
vedanīya-karman），指此生所造，於第二生成熟之業。順後次受業
（apara-paryāya-vedanīya-karman），指此生所造，於第三生以後次
第成熟之業。[227]

　　佛教中的「業」，其理甚深，是故大智聖賢在闡釋佛教思想時，
常出現二業、四業、五業、六業、七業、八業、九業、十念業[228]等
不同之名相，然這些名相之出現，雖然各有不同的思想脈絡，不
外是佛陀就吾人面對生活時，關於人的言語、行為、意志等身心
活動狀態之釐清，後世聖賢智學根據佛陀教化眾生時所說的內
容，加以引申推衍，累積而成的。但這些名相雖多，其實不外身、
口、意三業而已。一個人身、口、意三業的造作，對於眾生的阻
擾力量是不可忽視的。三業若是善業，自會助益眾生之成長精進；
若為惡業，則會障蔽了正道，對眾生的生活品質造成嚴重的後果，
形成所謂的「業障」（karmāvarana）。業障一多，業力也跟隨著變
強，所以《有部毘奈耶》卷四十六說：「不思議業力，雖遠必相牽，
果報成熟時，求避終難脫。」[229]因此，《水懺》云：

---

227 見：《大正》31，頁 81 上~下。
228 二業：或引業與滿業；或善業與惡業；或助業與正業等是（《俱舍論》卷十七、
　　《觀無量壽經疏》卷四）。四業：如黑黑異熟業、白白異熟業、黑白黑白異熟
　　業、非黑非白無異熟業是（《發智論》卷十一）五業：如取受業、作用業、加
　　行業、轉變業、證得業是（《大乘阿毘達磨雜集論》卷七）。六業：如地獄業、
　　畜生業、餓鬼業、人業、天業、不定業是（《成實論卷八·六業品》）。八業：
　　如時果俱定順現業、時定果不定順現業、時果俱定順生業、時定果不定順生
　　業、時果俱定順後業、時定果不定順後業、時不定果定業、時果俱不定業（《俱
　　舍論》）。九業：如欲界之作業、無作業、非作非無作業。加上色界之作業、
　　無作業、非作非無作業。加上無色界之無作業、非作非無作業、無漏業，總
　　計九種業是（《成實論卷八·九業品》）。十念業：如善導即主張「十念業成」
　　的往生方式。參：《佛光大辭典》，頁 151 下、頁 217 中、頁 299 下、頁 1166
　　中、頁 1296 上頁 1782 下等處。
229 見：《大正》23，頁 879 上。

> 夫業（karman）者，能莊飾世趣，在在處處，不復思惟，
> 求離世解脫。所以六道果報，種種不同，形類各異。當知，
> 皆是業力所作，佛十力中，業力甚深。凡夫之人，多於此
> 中，好起疑惑。何以故爾？現見世間，行善之人，觸向轗
> 軻；為惡之者，是事諧偶，謂言：天下善惡無分！[230]

業力之不可思議，它如影隨形的附著於眾生身心之中，莊飾了三
千大千世界，令善人、惡人都難以看清善、惡的真面目。西宗云：
「凡夫作業繁多，勤勤無怠，似有莊嚴修飾之象也。世者，如造
三毒十惡等之罪業，莊嚴地獄三塗之世趣也，縱行五戒十善等之
善業，生于天上人間，猶為世趣，未能出世而超三界故也。」[231]《水
懺》又云：

> 如此計者，皆是不能深達業理。何以故爾？經中說言：「有
> 三種業：何等為三？一者，現報；二者，生報；三者，後
> 報。」現報業者，現在作惡，現身受報；生報業者，此生
> 作善作惡，來生受報；後報業者，或是過去無量生中，作
> 善作惡，於此生中受，或在未來無量生中，方受其報。若
> 今行惡之人，現在見好者，此是過去生報、後報善業熟故，
> 所以現在有此樂果，豈關現在作諸惡業，而得好報？若今
> 行善之人，現在縈苦者，此是過去生報、後報惡業熟故，
> 現在善根力弱，不能排遣，是故得此苦報，豈關現在作善，
> 而招惡報[232]？

在這裡，《水懺》依據經典所載，明白道出了「三世業報」：現報
業、生報業與後報業。今生今世之行善與作惡，並不是今生今世
就一筆勾銷，而是要看過去世與此世中，到底累積了多少業障，
然後衡量時、空環境與人、物、事、理，又在不同時、空環境與
人、物、事、理上漸次受報。何以知然？《水懺》云：

> 現在世間為善之者，人所讚嘆，人所尊重，故知未來必招

---

230 見：《大正》45，頁972中。
231 見：《卍續》129，頁474上。
232 見：《大正》45，頁972中。

樂果。過去既有如此惡業，所以諸佛菩薩，教令親近善友，共行懺悔，善知識者，於得道中，則為全利。[233]

《成實論卷八·報業品第一百四》也說：「善業得樂報，不善業得苦報，不動業得不苦不樂報。」[234]罪福纖毫無差，雖是父子至親也不能替受，故《大寶積經卷九十六·勤授長者會第二十八》亦云：「閻羅常告彼罪人，無有少罪吾能加，汝自作罪今自來，業報自招無代者。」[235]其身心之煎熬，可謂苦不堪言，《大乘起信論》乃曰：「凡夫業繫苦」[236]。業力若到極精微之後，又會形成了通力，其勢強不可遏，故《俱舍論卷九·分別世品第三之二》云：「一切通中，業通最疾。凌虛自在，是謂通義。通由業得名，為業通。此通勢用速，故名疾。中有具得，最疾業通。上自世尊，無能遮抑，以業勢力最強盛故。」[237]業力障礙如是強大，唯有慚愧懺悔，乃能止惡法之增長；加以信佛、憶佛、念佛，業障方能消失，善力方能成就。

故若從《水懺》的整體結構而言，「總相身、語、意業」便是一個獨立的「大體」，在這個「大體」之下，又包了「殺害」、「劫盜」、「婬欲」、「口四」、「六根」、「三寶間」、「其餘」七個附屬的「小個體」，故謂之為「別相懺悔」；在七個附屬的「小個體」之中，《水懺》又各自詳細的展露了自己部分的細項罪業。

若從上表的七個「別相懺悔」的細部內容而言，《水懺》懺悔了深入而細微的罪業，共包括了「殺害罪業」的「慢殺」、「咒殺」、「捕殺」、「惱殺」、「射殺」、「網殺」、「庖殺」、「宰殺」、「戰殺」、「聞喜殺」、「屠殺」、「恣意殺」、「傷殺」、「眾生殺」、「斷絕殺」等十五項的罪業；「劫盜罪業」的「盜財」、「逼奪盜」、「恃公盜」、「任邪盜」、「竊沒」、「盜三寶物」、「混用僧俗物」、「隨意盜」、「盜三寶財物」、「盜僧花果物」、「更相欺盜」、「盜他田宅」、「盜賣良

233 見：《大正》45，頁972下。
234 見：《大正》32，頁298上。
235 見：《大正》11，頁542中。
236 見：《大正》32，頁578中。
237 見：《大正》29，頁46上。

民」、「盜散家緣」、「欺盜小利」、「穿牆盜」、「非法陵盜」、「假託盜財」、「假託盜財」等十七項的罪業；「婬欲罪業」的「婬人妻女」、「陵潔汙尼」、「破他梵行」、「邪心色欲」、「恥他汙賢」、「居處不淨」等六項的罪業；「口四罪業」的「暴橫惡口」、「罵詈毀辱」、「怨恨訶責」、「妄語昧心」、「誑惑世人」、「謊妄亡國」、「顯異惑眾」、「綺語惑人」、「文過飾非」、「挑撥離間」等十項的罪業；「六根罪業」的「色彩眼惑」、「姿色眼惑」、「耳迷樂歌」、「耳惑語聲」、「鼻迷名香」、「舌貪滋味」、「身迷華麗」、「意亂乖法」等八項的罪業；「三寶間所起一切諸業」的「壞寺毀佛」、「汙坌尊像」、「穢行障佛」、「汙法沾經」、「臨經稱俗」、「恣置經書」、「朽爛經書」、「恣經脫散」、「脫誤經紙」、「眠臥讀經」、「邪解佛語」、「綺盜經文」、「名聞利養」、「輕慢佛語」、「斷滅佛種」、「鞭拷沙門」、「破戒壞儀」、「勸離正道」、「闌竊常住」、「不敬經像」、「慢汙僧地」等二十一項的罪業；「其餘諸惡業」的「信邪倒見殺害」、「妄語稱神」、「身行高傲」、「階級輕慢」、「醉亂傷倫」、「口欲無度」、「穢物薰經」、「恣意無節」、「恣意害善」、「貢高我慢」、「無廉無恥」、「貪求無厭」、「無戒無品」、「屈辱卑下」、「斷絕行路」、「放逸自恣」等十六項的罪業。而這些細微的罪業，全部加起來是「九十三項」罪業，若與前面總說業障的「三十一項」結合，總計是「一百二十四項」，這可以說就是代表著有形的事懺，以通向無量無邊的無生懺悔。

因為，這些業障雖是細緻的分類為各個不同的種類，其中每一種小項之間，事實上又隨著犯罪者的「無明」，帶動了「貪」、「瞋」、「癡」三毒，「貪」、「瞋」、「癡」三毒再造就了「身」、「口」、「意」三業，「身」、「口」、「意」三業再牽連攀引，而交纏羅縛成一個大的罪業集團，這個罪業集團便以不可思議的業力煩惱障礙著眾生。所以當一個人犯了此中的任何一種小小的罪業之時，其實他已經先殘滅了自己可能成就的善緣種子，而另外種下了惡緣種子，使自己在極短的時間之內，在極小的空間環境之中，連續的牽引出無量無邊的罪業。自己既造作了無量無邊的罪業，再由

己而向外觸發，將擴及周遭的親朋好友，乃至於整個社會、國家之中。而他人若是得道的高僧大德，能固守戒、定、慧之生命者，那犯者對他人的連帶罪障影響力還算較小；若他人也是個貪欲繁多、瞋恚怒罵、癡迷不省之人，如此週而復始，始而復纏，纏綿不絕，不遇三寶，又無良善因緣的話，則其於他人的連帶影響力，將是如恆河沙數一樣不可計量、不可思議。[238]

另外，若從各個分別罪相的總數量來看，「身三罪業」的「三十八項」，明顯的比「口四罪業」的「十項」與「六根罪業（意業）」的「八項」還多，這告訴我們：罪業的造作，雖是起於無明的貪、瞋、癡之意，但變成罪業障礙時，有很多罪相是直接顯現在可以看到的身體行爲上的。至於「三寶間罪業」的「二十一項」與「其餘諸罪業」的「十六項」，則是綜合了「身三」、「口四」、「六根（意）」的罪業的。

再從各個分別罪相的擺設位置來看，「身三罪業」第一，「口四罪業」第二，「六根罪業（意業）」第三，「三寶間罪業」第四，「其餘諸罪業」第五，這樣的安置，明顯的是由外而內、由大而小、由粗而細、由細而微、由微而根、由根而無明的澈底發露懺悔。《大乘本生心地觀經》卷三亦云：「若欲如法受戒者，應當懺罪令消滅。起罪之因有十緣，身三、口四及意三。生死無始罪無窮，煩惱大海深無底，業障峻急如須彌，造業由因二種起。所謂現行及種子，藏識持緣一切種，如影隨形不離身，一切時中障聖道，近障人天妙樂果。在家能招煩惱因，出家亦破清淨戒。」[239]

所以，《水懺》於發露懺悔完業障之後，即云：「上來所有一切眾罪，若輕、若重、若麤、若細、若自作、若教他作、若隨喜作、若以勢力逼迫令作，如是，乃至讚歎行惡法者。今日至誠，皆悉懺悔。」[240]《水懺》這「所有一切眾罪」，其實也可以用「十

---

238 關於「十不善業」對人的影響，可詳參：元魏・般若流支譯，《正法念處經卷一・十善業道品第一》之內容。見：《大正》17，頁1中~頁12上。
239 見：《大乘本生心地觀經卷三・報恩品第二之下》，《大正》3，頁303中~下。
240 見：《大正》45，頁976中。

不善業」或「十惡業」予以概括，據佛陀所說，凡樂行十不善業者，必墮於地獄、餓鬼、畜生、人、天諸道中受苦。[241]

（三）懺悔果報障（vipākāvarana）

1.《水懺》發露懺悔果報障的內容

關於果報的發露懺悔，《水懺》分為三大部分：一為懺悔地獄罪報；二為懺悔三惡道報；三為懺悔人天餘報。地獄報中，又分為阿鼻地獄罪報及經論中所說的刀山劍樹等地獄罪報兩項。三惡道報中，即分為畜生道報、餓鬼道報、鬼神修羅道報三項。[242]人天餘報中，則發露了過去現在未來三世中的二十一種人天罪報。為減卻繁瑣，筆者依據《水懺》原文[243]，並依前後文之意思，略作增補。製表如下：（符號「（　）」中的文字代表筆者所加）

表廿：果報障的內容表

果報	果報分類	序號	果報內容	果報作用
三惡道罪報	阿鼻地獄	1	上覆：七重鐵城	（重重包圍，不可逃離）
		2	上覆：七重鐵網	
		3	下基：七重鐵刀為林	上火徹下，下火徹上，東西南北，通徹交過，如魚在鑊，脂膏皆盡。
		4	下力：無量猛火，縱廣八萬四千由旬	
		5	其城四門，有四大銅狗，其身縱廣四千由旬，牙爪鋒長，眼如掣電。	（勾撕人肉）
		6	無量鐵觜諸鳥，奮翼飛騰。	啄罪人肉
		7	牛頭獄卒，如羅剎而有九尾，尾如鐵叉，復有九頭，頭上十八角，角有六十四眼。	一一眼中，皆悉迸出諸熱鐵丸，燒罪人肉。然其一瞋一怒，哮吼之時，聲如霹靂，（碎人心神）。
		8	無量無邊刀輪	空中而下，從罪人頂入，從足而出。於是罪人痛徹骨髓，苦切肝心。如是，經無數歲，求生不得，求死不得。

---

241 詳參：《正法念處經》，《大正》17，頁 1 上~頁 417 下。該經即強調凡犯「身三」、「口四」、「三毒」諸罪業者，必墮於地獄、餓鬼、畜生、人、天諸道中。

242 筆者按：大乘佛教中關於「三惡道」的說法，是指相對於「三善道」「阿修羅、人、天」的「地獄→畜生→餓鬼」，而不是「畜生→餓鬼→阿修羅」。關於此部分，詳見後面「果報障的分析」。

243 以下「果報障」部分，見：《大正》45，頁 977 上~頁 978 中。

其餘地獄		1	刀山劍樹地獄	身首脫落罪報
		2	湯鑊爐炭地獄	燒煮罪報
		3	鐵床銅柱地獄	燋然罪報
		4	刀輪火車地獄	劈礰罪報
		5	拔舌犁耕地獄	楚痛罪報
		6	吞噉鐵丸烊銅灌口地獄	五內消爛罪報
		7	鐵磨地獄	骨肉灰粉罪報
		8	懺悔黑繩地獄	肢節分離罪報
		9	灰河沸屎地獄	惱悶罪報
		10	鹹水寒冰地獄	皮膚拆裂裸凍罪報
		11	豺狼鷹犬地獄	更相殘害罪報
		12	刀兵巨爪地獄	更相搏撮研刺罪報
		13	兩石相磕地獄	形骸碎破罪報
		14	眾合黑耳地獄	解剔罪報
		15	闇冥肉山地獄	斬剉罪報
		16	鋸解釘身地獄	斷截罪報
		17	鐵棒倒懸地獄	屠割罪報
		18	燋熱叫喚地獄	煩冤罪報
		19	大小鐵圍山間	長夜冥冥，不識三光罪報
		20	阿波波地獄	八寒八熱
		21	阿婆婆地獄	
		22	阿矻矻地獄	
		23	阿羅羅地獄	
		24	一切諸地獄中，復有八萬四千鬲子地獄，以為眷屬	此中罪苦，炮煮楚痛，剝皮刷肉，削骨打髓，抽腸拔肺，無量諸苦，不可聞、不可說
畜生道		1	（畜生）	無所識知罪報
		2	（牛屬）	負重牽犁償他宿債罪報
		3	（畜生）	不得自在為他研刺屠割罪報
		4	無足二足四足多足	（為人烹食罪報）
		5	身諸毛羽鱗甲之內	為諸小蟲之所喫食罪報
餓鬼道		1	餓鬼	長受饑渴，百千萬歲，初不曾聞漿水之名罪報
		2	餓鬼	食噉膿血糞穢罪報
		3	餓鬼	動身之時一切肢節火然罪報
		4	餓鬼	腹大咽小罪報
鬼神修羅		1	（鬼神修羅）	諂諛憍詐罪報
		2	鬼神	擔沙負石填河塞海罪報
		3	鬼神羅剎鳩槃茶惡鬼神	生噉血肉受此醜陋罪報

	1	人間流殃宿對	癃殘百病六根不具罪報
	2	人間邊地邪見	三惡八難罪報
	3	人間多病消瘦	促命夭枉罪報
	4	人間六親眷屬	不能得常相保守罪報
	5	人間親友凋喪	愛別離苦罪報
三	6	人間冤家聚會	愁憂怖畏罪報
世	7	人間水火盜賊刀兵危險	驚恐怯弱罪報
人	8	人間孤獨困苦流離波迸	亡失國土罪報
	9	人間牢獄繫閉幽執側立	鞭撻栲楚罪報
天	10	人間公私口舌	更相羅染更相誣謗罪報
	11	人間惡病連年累月不瘥	枕臥床席不能起居罪報
餘	12	人間多瘟夏疫	毒癘傷寒罪報
	13	人間賊風腫滿	否塞罪報
報	14	人間為諸惡神伺	求其便欲作禍祟罪報
	15	人間鳥鳴百怪飛屍邪鬼	為作妖異罪報
	16	人間虎豹豺狼	水陸一切諸惡禽獸所傷罪報
	17	人間（惱障無量苦痛）	自縊自殺罪報
	18	人間投坑赴火	自沈自墮罪報
	19	人間（造作業障）	無有威德名聞罪報
	20	人間衣服資生	不能稱心罪報
	21	人間行來出入有所運為值惡知識	為作留難罪報

　　以上為《水懺》所發露懺悔的「果報障」內容，共懺悔了「地獄罪報」、「三惡道報」、「人天餘報」三大部分。對於這些果報，前面「總說果報障」已說過，是由無量罪業所產生的因果效應，此處《水懺》又云：在阿鼻地獄之中，「罪人之身，遍滿其中，罪業因緣，不相妨礙」，只管受報，絕無恩赦。且其時間與狀態是「經無數歲，求生不得，求死不得」[244]，幾乎是永無出期，痛楚萬分。為何會這樣呢？《水懺》云：

　　　　經中佛說：多欲之人，多求利故，苦惱亦多。知足之人，
　　　　雖臥地上，猶以為樂。不知足者，雖處天堂，尤不稱意[245]。
　　　　但世間人，忽有急難，便能捨財，不計多少，而不知此身，

244　見：《大正》45，頁977上。
245　此處之「經」，可見：《正法念處經卷六十二·觀天品之四十一》，《大正》17，頁368中。

> 臨於三塗深坑之上，一息不還，便應墮落。忽有知識，勸
> 營功德，令修未來善法資糧，執此慳心，無肯作理。夫如
> 是者，極為愚惑！何以故？經中佛說：生時不齎一文而來，
> 死亦不持一文而去。苦身積聚，為之憂惱，於己無益，徒
> 為他有。無善可恃，無德為怙。致使命終，墮諸惡道。[246]

可見，貪欲繁多，不知滿足，執此慳心，無肯作理，既不願積得
行善，又汲汲營營，自然會在六道中輪迴不已。所以，「相與稟此
閻浮，壽命雖曰百年，滿者無幾。於其中間，盛年夭枉，其數無
量。但有眾苦煎逼，心形愁憂，恐怖未曾暫離！如此，皆是善根
微弱，惡業滋多，致使現在凡有所為皆不稱意。當知，悉是過去
已來惡業餘報。」[247]業業積多而相逼，冤讎交映而浮現。此外，
現在、未來，人天之中，無量禍橫，災疫厄難，衰惱罪報，亦如
影隨形，附體顯報。

2.《水懺》發露懺悔果報障的意義

從因果的角度而言，前面所論的「業」是「因」，此節所論的
「報」是「果」；無量無邊的因，自然會形成無量無邊的果。「業」
與「報」並稱，意為「業」之報應，或「業」之果報，或說「業
因」與「果報」。而且，業報有善業報及惡業報之分，善業得樂報，
不善業得苦報，不動業得不苦不樂報。但佛陀之世，也有持否認
之說者，如《大乘法苑義林章》載：「諸邪見外道，計無愛養等，
見行善者反生惡趣，見行惡者反生善趣，便謂為空，或總排撥一
切空。」[248]他們認為並沒有因果之理，故主張「因果皆空」。

然而，佛教是主張因果業報的相互為依與感應相生的，《成唯
識論》云：「諸法於識藏，識於法亦爾，更互為果性，亦常為因性」、
「能熏識等，從種生時，即能為因，復熏成種，三法展轉，因果
同時。如炷生焰，焰生焦炷；亦如蘆束，更互相依，因果俱時，

---

246 見：《大正》45，頁 977 中~下。
247 見：《大正》45，頁 978 上。
248 見：唐・窺基撰，《大乘法苑義林章卷一・總料簡章》，《大正》45，頁 250 上。

理不傾動。」[249]《水懺》即是循此因果之理，爲洗冤業以就善果。當然，既是懺悔累世冤讎業障，所發露懺悔的當然是指不善業的苦報。所以在發露完業障之後，《水懺》云：

> 經中說言：業報至時，「非空非海中，非入山石間，無有地方所，脫之不受報。[250]」唯有懺悔力，乃能得除滅！何以知然？釋提桓因（Śakra Devānām-indra）[251]，五衰相見，恐懼切心，歸誠三寶，五相即滅，得延天年。如是等比，經教所明，其事非一。故知懺悔，實能滅禍。但凡夫之人，若不值遇善友獎導，則靡惡而不造，致使大命將盡，臨窮之際，地獄惡相，皆現在前。當爾之時，悔懼交至，不預修善，臨窮方悔。悔之於後，將何及乎？殃禍異處，宿預嚴待，當獨趣入，到地獄所，但得前行，入於火鑊，身心摧碎，精神痛苦，如此之時，欲求一禮一懺，豈可復得？[252]

此處著意強調「懺悔實能滅禍」的概念，旨在鼓勵凡夫用心懺悔。當然，《水懺》之所以要如此強調，並特意舉釋提桓因「恐懼切心，歸誠三寶，五相即滅，得延天年」的例子，其重點即是在說明：「果報必定隨身而至」、「大命將盡，臨窮之際，地獄惡相，皆現在前」，屆時欲求一禮一懺，是不可復得的。蓋惡行既造，罪業乃定，定業注記，三世無差，故日・貞慶《法華開示抄》云：「定業既熟，不依聖果，不拘佛力，般若威力，神咒功能，皆無轉之。」[253]即使是佛陀本身，亦不能隨意逃避的。《資行鈔・事抄中一之上》云：

---

249 見：《大正》31，頁 8 下、頁 10 上。
250 見：吳・維祇難譯《法句經卷上・無常品第一》則云：「非空非海中，非入山石間，無有地方所，脫之不受死」，《大正》4，頁 559 中。又見：日本・照遠撰，《資行鈔・事抄中一之上》，《大正》62，頁 519 上。原文作：「非空非海中，非在山石間，無有地方所，脫之示受業。」
251 Śakra Devānām-indra，音譯釋迦提桓因陀羅，略稱釋提桓因、釋迦提婆。又作天帝釋、天主。並有因陀羅、憍尸迦、娑婆婆、千眼等異稱。本爲印度教之神祇，於古印度時，即稱因陀羅；入佛教後，稱爲帝釋天。據諸經論所載，祂原本是摩伽陀國之婆羅門，因修布施等福德，遂生忉利天，成爲三十三天中的忉利天主。後爲護法主神，乃十二天之一。參：《佛光大辭典》，頁 3776 上~中。
252 見：《大正》45，頁 976 中~下。
253 見：《法華開示抄卷二十六・經第八之一》，《大正》56，頁 463 上。

「若定業者，佛亦不免。即如調達推山押佛時，迸石方四十里隨逐，世尊處處走避天上，人間委隨不捨，乃至場，足趺血出。……佛是圓德，何惡不盡？亦有業報，以誘眾生。」[254]故諸佛如來慈悲，開啓方便之門，令眾生得依懺悔力以滅除罪業。所以《水懺》又云：

> 眾等莫自恃盛年，財寶勢力，懶惰懈怠，放逸自恣，死苦一至，無問老少、貧富、貴賤、皆悉摩滅，奄忽而至，不令人知！夫人命無常，喻如朝露，出息雖存，入息難保，云何忽此，而不懺悔？但五天使者既來，無常殺鬼卒至，盛年壯色，無得免者。當爾之時，華堂邃宇，何關人事？高車大馬，豈得自隨？妻子眷屬，非復我親！七珍寶飾，乃為他玩！以此而言，世間果報，皆為幻化，天上雖樂，會歸敗壞，壽盡魂逝，墮落三塗。[255]

語語叮嚀，句句懇切，生命無常，喻如朝露，出息雖存，入息難保，云何忽此，而不懺悔？大限來臨之時，人間的一切華堂邃宇、高車大馬、妻子眷屬、七珍寶飾等親眷、住行、玩好，皆為幻化而已。除了業力隨身之外，其餘無一可以並攜受報，即使往歸天上，亦有可能會歸敗壞，壽盡魂逝，墮落三塗。故《無量壽經》卷下亦云：「天地之間，五道分明，恢廓窈冥，浩浩茫茫，善惡報應，禍福相承。」[256]《水懺》又云：

> 是故佛語須跋陀（Subhadra）[257]言：「汝師鬱頭藍弗（Udraka-rāma-putra）[258]，利根聰明，能伏煩惱，至於非非想處。命終還作畜生道中，飛狸之身，況復餘者？」故知未登聖果以還，皆應輪轉，備經惡趣。如不謹慎，忽爾一朝，親嬰

---

254 見：《大正》62，頁519上。
255 見：《大正》45，頁976下。
256 見：《大正》12，頁277上。
257 Su 中 h 上 dr 上，意譯作善賢、好賢、善好賢。為佛陀入滅前，最後受教誡得道的弟子。
258 Udraka-rāma-putra，又作優陀羅羅摩子、鬱頭藍子、鬱陀羅伽。意譯作雄傑、猛喜、極喜。乃住於王舍城附近阿蘭若林中，說非想非非想定之外道仙人。釋尊出家後，先訪阿羅邏迦藍，次就此仙人求法。

> 此事，將不悔哉！如今被罪，行詣公門，己是小苦，情地
> 悼惶。眷屬恐懼，求救百端，地獄眾苦，比於此者，百千
> 萬倍，不得為喻。眾等相與，塵劫以來，罪若須靡。云何
> 聞此，安然不畏、不驚、不恐，令此精神，復嬰斯苦，實
> 為可痛！[259]

前有釋提桓因懺悔滅罪成功之例，此處則舉鬱頭藍弗「命終還作
畜生道中」為例，一正、一反，轉而強調果報的必然性。《瑜伽師
地論》云：「已作不失，未作不得」[260]，則「不失之惡業」與「未
得之善報」，均應於此刻立即發露懺悔。果報三世綿蕩，未有不爽，
故懺悔者應循其理，生起慚愧、恐怖之心，大力懺悔，真心面對
業力果報，返回滅除業因，使惡因、惡果一起懺除，善因、善果
一併頓生。

　　若從整體結構而言，「果報障」又可區分為「三惡道報」、「鬼
神阿修羅報」及「三世人天餘報」三個附屬的「小部分」；這三個
附屬的「小部分」之中，又各有詳細的「果報小單位」。

　　若從上表中三個「小部分」的細部內容而言，《水懺》分別懺
悔了深入而細微的果報。首先是發露懺悔「三惡道報」，但這「三
惡道報」又將「阿鼻地獄」獨立成一個大段，可見「阿鼻地獄」
果報障在《水懺》中是很重要的。據《地藏菩薩本願經》卷上載，
凡犯殺父、殺母、殺阿羅漢、破和合僧、出佛身血等五逆（五無
間業）者，必墮阿鼻地獄（無間地獄）[261]。在「阿鼻地獄」中，
由無量「猛火」、「四大銅狗」、「鐵嘴飛鳥」、「牛頭獄卒」及「無

---

259 見：《大正》45，頁976下。
260 見：《瑜伽師地論卷三十八・本地分中菩薩地第十五・初持瑜伽處力種性品第
　　八》，《大正》30，頁502中。
261 見：《大正》12，頁779下~頁780中。「阿鼻地獄」乃「八大地獄」中最苦之
　　地獄，因五事業感而成，故又云「無間地獄」，蓋指：一者，日夜受罪，以至
　　劫數，無時間絕，故稱無間；二者，一人亦滿，多人亦滿，故稱無間；三者，
　　罪器、叉棒，鷹、蛇、狼、犬，錐磨、鋸鑿，剉斫、鑊湯、鐵網、鐵繩、鐵
　　驢、鐵馬，生革絡首，熱鐵澆身，飢吞鐵丸，渴飲鐵汁，從年竟劫數那由他，
　　苦楚相連，更無間斷，故稱無間；四者，不問男子、女人、羌、胡、夷、狄、
　　老、幼、貴、賤，或龍、或神，或天、或鬼，罪行業感，悉同受之，故稱無
　　間；五者，若墮此獄，從初入時，至百千劫，一日一夜，萬死萬生，求一念
　　間暫住不得，除非業盡，方得受生，以此連綿，故稱無間。

量無邊刀輪」等地獄諸刑具的「上火徹下，下火徹上，東西南北，通徹交過，如魚在鏊，脂膏皆盡」，範圍無量無邊，「重重包圍，不可逃離」，罪人居於其中，「痛徹骨髓，苦切肝心」、「身心撕裂」的無量痛苦果報。

其次是發露了「其餘地獄道報」中的「刀山劍樹地獄」、「湯鑊爐炭地獄」、「鐵床銅柱地獄」等二十三種地獄及其附屬的「八萬四千鬲子地獄」中的「身首脫落」、「燙燒煮沸」、「膚肉燋燃」、「身軀劈礫」、「扯拔舌根」、「熔鐵灌臟」、「骨肉成灰」、「肢節分解」、「惱悶沸屎」、「鞭裂凍傷」、「豺唒鷹啄」、「刀撮爪刺」、「火炮烹製」、「石磕形骸」、「解剃雙耳」、「斬剉身肉」、「鋸身截骨」、「倒懸屠割」、「燋灼逼喚」、「冥不見光」、「八寒八熱」、「剝皮刷肉，削骨打髓，抽腸拔肺，無量諸苦，不可聞、不可說」等無量無邊的罪報楚痛。在經論中，因為地獄道中的火聚甚多，故又稱為「火塗」。「地獄果報」之後，接著發露了「無識無知」、「負重償他」、「為他斫割」、「為人烹宰」、「為物喫食」等五項的「畜生罪報」；因為在此處受報的眾生，大多是強者伏弱，互相吞噉，飲血食肉，故又被稱為「血塗」。再下來，發露了「恆饑無水」、「食噉膿糞」、「動身肢燃」、「腹充咽細」等四項的「餓鬼道報」；因為在此處受報的眾生，大多是受到刀杖軀逼等之苦，故又被稱為「刀塗」。在經論中，多是將「火塗」、「血塗」與「刀塗」等「三塗」說成「三惡道報」、「三惡趣」、「三惡」或「三途」。262依佛陀所說，都是以「貪、瞋、癡」三毒來配對這「火、刀、血」三塗的，此可明業障與果報間的直接關係了。至於「鬼神阿修羅報」的懺悔，只發露了「諂諛憍詐」、「塡沙塞石」、「生噉血肉」等三項罪報，這在《水懺》懺悔「果報障」的內容比例上來說，是極為稀少的。

「三世人天餘報」部分，發露了「殘病無根」、「遭惡遇難」、「瘦病夭枉」、「六親析離」、「親友死別」、「冤家索業」、「災厄危

---

262 見：宋・法雲編，《翻譯名譯集卷二・地獄篇第二十三》，《大正》54，頁1092上。

難」、「顛沛流離」、「牢獄幽執」、「口舌誣謗」、「惡病不瘥」、「瘟
疫傷寒」、「陰氣痞塞」、「惡神禍祟」、「邪怪妖異」、「禽傷獸擊」、
「莫救縊殺」、「墮入火坑」、「威德幾無」、「資生難足」、「惡人留
難」等二十一項罪報，份量也算不少。這些罪報，包含了人世間
所有的天災、人禍，人的生、老、病、死等等。不過，《水懺》在
這「二十一項」的「三世人天餘報」中所發露懺悔的內容，實際
上只有「人道」所牽引出來的果報，未陳列出「天道」的果報。

　　以上是從整體內容而言的，以下從其數量上來說。「阿鼻地獄」
的「八項」，加上「其餘地獄道報」的「二十四項」，總計「地獄
道報（narakagati）」是「三十二項」。「畜生道（tiryagyoni-gati）」
總計是「五項」。「餓鬼道（preta-gati）」總計是「四項」。「鬼神阿
修羅報（asura-gati）」總計是「三項」。「三世人（manusya-gati）
天（deva-gati）餘報」總計是「二十一項」。也就是說，「地獄道
報」的內容，是「畜生道」的「六倍餘」，是「餓鬼道」的「八倍」，
是「鬼神阿修羅報」的「十倍餘」，此正可見「地獄道報」地位的
重要了。當然，罪報之痛苦是無形狀態而難能具體化的，故不得
以數目多寡來衡量其苦痛差別。但是，「地獄道」中的三十二項果
報，其實也只是一個「概括」而已，因為「阿鼻地獄」與其附屬
的「八萬四千鬲子地獄」中的地獄，其實是無量無邊而不可計數
的。[263]這無疑是在強調，眾生造就了惡業之後，必定要墮入「地
獄」之中，遭受著無盡無止之刑罰果報的。總括而言，《水懺》所
發露的這些罪報，其實就是包含了「地獄、畜生、餓鬼、阿修羅、
人、天」這「六道輪迴」的果報。

　　接下來，是關於五道（六道）的次第問題。佛教經論中對「三
惡道」的次第，有著三種狀況。其一，《般泥洹經》卷上是列序為

---

263 關於佛教所說的「八大地獄」及其附屬的「十六小地獄」，在各大經論中都可
　　見到，常見的如：後秦・佛陀耶舍、竺佛念共譯，《長阿含經卷十九・(三十)
　　世記經・地獄品第四》，《大正》1，頁 121 中~頁 125 中。隋・闍那崛多等譯，
　　《起世經卷二・地獄品第四之一》，《大正》1，頁 320 下。又如：《正法念處
　　經卷五・地獄品第三之一》，《大正》17，頁 27 上~頁 91 上、《翻譯名譯集卷
　　二・地獄篇第二十三》，《大正》54，頁 1091 下及《地藏菩薩本願經卷上・地
　　獄名號品第五》，《大正》13，頁 781 下~頁 782 中等處。

「鬼神→畜生→地獄」；其二，《增一阿含經》卷三、《佛說無量壽經》卷上、《佛說大阿彌陀經》卷上等處是列序爲「地獄→餓鬼→畜生」；其三，《長阿含十報法經》卷下、《法華經》卷二、《北本大般涅槃經》卷十等處則列序爲「地獄→畜生→餓鬼」。[264]二者的主要差別，即在於「畜生」與「餓鬼」的先、後不同。筆者認爲，佛教經論中的「畜生道」，大多是禽畜間之強者伏弱，互相吞噉，飲血食肉的苦報；而「餓鬼道」，大多是帶火而行，頸小腹大，恆患飢渴，若遇清流，則猶如猛火，故其苦痛狀況，應是更甚於「畜生道」的。不過，據《過去現在因果經》卷三中載，「輪迴五道」的次第依序是：「地獄→畜生→餓鬼→人→天」。[265]《水懺》「果報障」的排列次序，正與佛陀所觀察的這五道眾生的次第相同，可知《水懺》對於果報障的發露懺悔，是直接契連於佛陀思想的。另外，佛陀所說的「輪迴五道」，到了《正念法處》、《大智度論》等經時，尚說爲「五道輪迴[266]」，而《佛地經》、《阿毘達磨大毘婆娑沙論》則已講成「五趣」[267]，蓋取「趣往五道」之意。但《法華經玄義》加上「阿修羅道」之後，「五道輪迴」已變爲「六道輪迴」[268]了。

---

264 依序分見：《大正》1，頁 181 上、《大正》2，頁 614 中、《大正》12，頁 267 下、《大正》12，頁 328 下、《大正》1，頁 240 上、《大正》9，頁 13 上、《大正》12，頁 427 下。

265 見：劉宋・求那跋陀羅譯，《過去現在因果經》卷三，《大正》3，頁 641 中~下。書中云：佛陀於深夜中，以「天眼觀」依序觀察在「地獄→畜生→餓鬼→人→天」五處的眾生，由於眾生都障於業力，故長受苦報，不可脫出迷津，佛陀把它說成「輪迴五道」。

266 見：《大智度論》卷十，《大正》25，頁 134 中。《正法念處經》，《大正》17，頁 1 上~頁 417 下。

267 詳見：唐・玄奘譯，《佛地經》，《大正》16，頁 722 上。又見唐・玄奘譯，《阿毘達磨大毘婆娑沙論卷一百七十二・定蘊第七中攝納息第三之七》，《大正》27，頁 864 下~頁 869 上。

268 見：隋・智顗撰，《法華經玄義卷二下》：「六道差別，非自在等作，稀從一念無明心出。無明與上品惡行業合，即起地獄因緣，如畫出黑色；無明與中品惡行業合，即起畜生道因緣，如畫出赤色；無明與下品惡行合，起鬼道因緣，如畫青色。無明與下品善行合，即起修羅因緣，如畫黃色；無明與中品善行合，即起人因緣，如畫白色；無明與上品善行合，即起天因緣，如畫上上白色。」，《大正》33，698 下。筆者按，大乘佛教是把「阿修羅道、人道、天道」三道講成「三善道」，而「地獄、畜生、餓鬼」三道講成「三惡道」。不過，「天」、「人」、「阿修羅」三善道仍爲善、惡雜業諸障之所趣，故仍必須在「六道」

《地藏菩薩本願經》云：「除非業盡，方得受生」[269]，這是在說「果報障」的嚴重。《水懺》關於「果報障」的發露懺悔，基本上正是要讓懺悔者除滅斷盡所有的果報障礙的。

六、發願（迴向）

（一）《水懺》的發願內容

在整體《水懺》的內容中，依照煩惱障、業障及果報障的次序，分別在各項發露懺悔的末尾進行了「十四次」的大願，最後一次並作了總迴向，茲據《水懺》的原文內容略作整理，列表如下：

表廿一：發願內容表

屬性	次序	發願對象	發願內容目的	位置
煩惱障業障	1	願因三毒根、四識、五住地、六情根、七漏、八垢、九結、十纏、十一遍使、十二入、十八界等所引起的無量無邊之煩惱障，能夠懺悔盡除。	三慧明，三達朗，三苦滅，三願滿。廣四等心，立四信業，滅四惡趣，得四無畏。度五道，豎五根，淨五眼，成五分。具足六神通，滿足六度業，不為六塵惑，常行六妙行。坐七淨華，洗八解水，具九斷智，成十地行。十一空能解常用，棲心自在，能轉十二行法輪，具足十八不共之法，無量功德，一切圓滿。	970 中—970 下
	2	願因無明障蔽心目，隨煩惱性而生耽染愛著、瞋恚忿怒、心憒憒憒等意業所起之一切煩惱，能夠懺悔盡除。	折憍慢幢，竭愛欲水，滅瞋恚火，破愚癡暗，拔斷疑根，裂諸見網。能深識三界，猶如牢獄、四大毒蛇、五陰怨賊、六入空聚、愛詐親善。修八聖道，斷無明源；正向涅槃，不休不息；三十七品，心心相續；十波羅蜜，常得現前！	971 中
	3	願因長養煩惱，日深日厚，日滋日茂，而障不得見聞三寶、障不得見三世善惡業行、障不得自在神通等業所引起之一切煩惱，能夠懺悔盡除。	在在處處，自在受生，不為結集業行之所迴轉。以如意通於一念頃，遍至十方淨諸佛土，攝化眾生，於諸禪定，甚深境界，及諸知見，通達無礙。心能普周一切諸法，樂說無窮，而不染著。得心自在，得法自在，方便自在，令此煩惱，及無知結習，畢竟永斷，不復相續，無漏聖道，朗然如日！	972 上

	4	願因或作五逆,深厚濁纏,無間罪業;或造一闡提,斷善根業;輕誣佛語,謗方等業等所引起之一切罪障,能夠懺悔盡除。	所生福善,願生生世世,滅五逆罪,除闡提惑。如是輕重諸罪惡業,從今已去,乃至道場,誓不更犯,常習出世清淨善法,精持律行,守護威儀,如度海者,愛惜浮囊,六度四等,常標行首,戒定慧品,轉得增明,速成如來三十二相,八十種好,十力無畏,大悲三念,常樂妙智,八自在我,歸依諸佛,願垂護念。	972 下
	5	願因存有殺害心識,常懷慘毒,無慈潛心;或因貪起殺,因瞋因癡,及以慢殺;或興惡方便,誓殺顧殺,以及咒殺等所引起之一切罪業,能夠懺悔盡除。	得金剛身,壽命無窮,永離怨憎,無殺害想。於諸眾生,得一子弟,若見危難急厄之者,不惜身命,方便救脫,然後為說微妙正法,使諸眾生,睹形見影,皆蒙安樂,聞名聽聲,恐怖悉除。	973 中
	6	願因存有盜取心識,或盜他財寶,興刃強奪;或自奪身,逼迫而取;或恃公威等所引起之一切罪業,能夠懺悔盡除。	得如意寶,常雨七珍,上妙衣服,百味甘饌,種種湯藥,隨其所須,應念即至。一切眾生,無偷奪想,皆能少欲知足,不耽不染,常樂惠施,行給濟道,捨頭目髓腦,如棄涕唾,迴向滿足,檀波羅蜜。	974 下
	7	願因心懷愛欲,或偷人妻妾,奪他婦女,侵陵貞潔,汙比丘尼,破他梵行等所引起之一切罪業,能夠懺悔盡除。	生生世世,自然化生,不由胞胎,清淨皎潔,相好光明,六情開朗,聰利明達,了悟恩愛,猶如桎梏。觀彼六塵,如幻如化。於五欲境,決定厭離。乃至夢中,不起邪想。內外因緣,永不能動。	974 中
	8	願因惡口、妄語、綺語、兩舌等所引起之一切罪業,能夠懺悔盡除。	生生世世,具八音聲,得四辯才。常說和合利益之語,其聲清雅。一切樂聞,善解眾生方俗言語。若有所說,應時應根,令彼聽者,即得解悟。超凡入聖,開發慧眼。	975 上
	9	願因眼、耳、鼻、舌、身、意六根所引起之一切罪業,能夠懺悔盡除。	眼能徹見十方諸佛菩薩清淨法身,不以二相。耳能常聞十方諸佛聖眾所說正法,如教奉行。鼻能常聞香積,入法位香,捨離生死,不淨臭穢。舌能常餐法喜禪悅之食,不貪眾生血肉之味。身能披如來衣,著忍辱鎧,臥無畏床,坐法空座。意能成就十力,洞達五明,深觀二諦,空平等理。從方便慧,入法流水,念念增明,顯發如來大無生忍。	975 上
	10	願因無明覆心,煩惱障意,於三寶間,見佛形像,不能盡心恭敬,輕蔑眾生,殘害善友,破塔毀寺,焚燒經像,出佛身血所引起之一切罪業,能夠懺悔盡除。	生生世世,常值三寶,尊養恭敬,無有厭倦。天繪妙綵,眾寶纓絡,百千伎樂,珍異名香,華果鮮明,盡世所有,常以供養。若有成佛,先往勸請,開甘露門。若入涅槃,願常得獻最後供於眾僧中,修六和敬,得自在力,興隆三寶,上弘佛道,下化眾生。	975 下

	11	願其餘未懺諸罪,如因信邪倒見,或妄言見鬼,假稱神語等所引起之一切罪業,能夠懺悔盡除。	生生世世,慈和忠孝,謙卑忍辱,知廉識恥,先意問訊,循良正謹,清潔義讓,遠離惡友,常遇善緣,收攝六情,守護三業,捍勞忍苦,心不退沒,立菩提志,不負眾生。	976中
	12	願因罪業深重,墮於阿鼻地獄及刀山劍樹等無量無邊罪報,能夠懺悔盡除。	地獄等報,即時破壞;阿鼻鐵城,悉為淨土,無惡道名。其餘地獄,一切苦具,轉為樂緣。刀山劍樹,變成寶林。湯鑊爐炭,蓮花化生。牛頭獄卒,除捨暴虐,皆起慈悲,無有惡念。地獄眾生,得離苦果,更不造因,等受安樂,如第三禪,一時俱發,無上道心。	977中
果報障	13	願因多欲不知足所引起之畜生道報、餓鬼道報、鬼神修羅道報,能夠懺悔盡除。	滅無癡垢,自識業緣,智慧明照,斷惡道身。永離慳貪,飢渴之苦,常餐甘露,解脫之味。質直無諂,離邪命因,除醜陋果,福利人天。從今以去,乃至道場,決定不受四惡道報,唯除大悲,為眾生故,以誓願力,處之無厭。	978上
	14	願於現在、未來,人天之中,因罪業引起的無量禍橫,災疫、厄難、衰惱等罪報,能夠懺悔盡除。	願以此懺悔三障。所生功德,悉皆迴向,施與一切眾生,俱同懺悔。願與一切眾生,現生之內,身心安樂,三災八難,不吉祥事,咸悉消除。衣食豐饒,正信三寶,捨此報身,皆得往生極樂世界,親覲彌陀,得受記(艸別),當來世中,見彌勒佛,聽聞正法,如教進修。又願生生世世,在在處處,常值國王,興隆三寶,不生外道邪見之家。又願生生世世,在在處處,蓮華化生,種族尊勝,安隱快樂,衣食自然。又願生生世世,在在處處,慈仁忠孝,等心濟物,不生一念,逆害之心。又願生生世世,在在處處,常為諸佛之所護念,能降魔怨,及諸外道,與諸菩薩聚會一處,菩提道心,相續不斷。又願生生世世,在在處處,興顯佛法,修行大乘,分身無量,救度眾生,直至道場,無有退轉。如諸佛菩薩,所發誓願,所修福智,所行迴向,我亦如是。發願修集,迴向虛空界,盡眾生界,盡眾生業煩惱盡,我此修行,迴向終無有盡。發願迴向已。	978中
			發願迴向已,至心信禮常住三寶。《慈悲水懺法》卷下	

（二）《水懺》發願內容的意義

「願」（pranidhāna），是指心中欲成就所期目的之決意。據佛教經論所說，諸佛菩薩皆於發心之初，志求無上菩提，欲度一切眾生。如《無量壽經》卷上載，「人有至心精進，求道不止，會當剋果，何願不得？」[270]又《放光般若經》卷三云：「菩薩爲眾生故，起大誓願。」[271]

若從其發願的屬性來說，《水懺》的「十四次大願」，即是針對「煩惱障」、「業障」、「果報障」所發的誓願。

若從發願的對象而言，《水懺》的「十四次大願」，係分別就《水懺》的「十四次懺悔」而發的，也就是針對「因緣所引起的煩惱障」、「煩惱性所引起的煩惱障」、「不能修持學佛的罪障」、「造五逆、深厚濁纏等罪業」、「殺害罪業」、「劫盜罪業」、「婬欲罪業」、「口四罪業」、「六根罪業」、「三寶間所起罪業」、「其餘罪業」、「地獄果報」、「畜生道報、餓鬼道報、阿修羅道報」及「人天餘報」等十四次懺悔的內容所發的。這「十四次大願」不但都是整齊的排在「十四次懺悔」的後面，且其份量都極爲平均。

若從發願的內容及其目的而言，則包含了「十善業成，身心如佛」、「智慧清明，心目無礙」、「煩惱盡滅，佛慧現前」、「濁纏永斷，無漏朗然」、「無殺無害，身心清淨」、「民生念至，無劫盜想」、「節愛欲水，永離情緣」、「善語柔言，言益眾生」、「六根清淨，顯發如來」、「恭敬三寶，弘道度生」、「慈和忠孝，禮義廉恥」、「無間頓失，淨土應現」、「純直無諂，少欲知足」及「虛空有盡，我願無窮」等十四項。簡略的說，即是「已作之罪，今起懺除；未作之罪，絕不更犯」。當然，這「十四次大願」，與三世諸佛如來一樣，都是既誓願自己與六道眾生，皆能藉這些懺悔，懺除自無始以來所造作的一切諸障；也誓願自己與六道眾生，皆能藉這

---

270 見：《大正》12，頁 267 下。
271 見：西晉・無羅叉譯，《放光般若經卷三・問僧那品第十六》，《大正》8，頁20 上。

些懺悔，成就諸佛如來大業。

諸佛菩薩皆於發心之初，志求無上菩提，欲度一切眾生。《水懺》之次第發願，正是要至心精進，求智慧果，就無上菩提大道，並度化一切眾生的。故西宗云：「懺悔畢竟滅罪，滅罪畢竟福生，福生則智慧、功德自然成就也。所以次第發願，求其功德，而顯是懺悔力用之功能也。」[272]

第三節　《水懺》的特色

以上的探討，對《水懺》的結構與內容作了全面性的認識，尤其是《水懺》在配合上〈水懺序〉之後，我們也看出了已然搖身一變，變成一部以「三昧法水」為主的懺法。印順曾說，在重信的大乘教典中，「懺悔業障」已成為修行的方便；「大乘佛法」所說的懺悔，便有了「向現在十方佛懺悔」、「懺悔今生與過去生中的惡業」及「懺悔罪過涵義的擴大」三項特色[273]。《水懺》的懺悔三障，大體上亦在這「三項特色」中開展，這樣開展下來的「結構」與「內容」，便有如下的特色：

一、《水懺》結構上的特色

（一）嚴整中見靈活

《水懺》之結構，若由整體內容言之，可分為「前序」及「正文」兩大部分。

「前序」部分，包括了明成祖的〈御製水懺序〉及〈水懺序〉二篇序文，依年代「後」「先」順序安置，這兩篇「序文」雖為後人之作，卻是《水懺》「三昧法水」思想的立足點。

「正文」部分，包括「禮三世八佛」、「總論懺悔」、「禮十六佛菩薩」、「懺悔前方便」、「發露懺悔」及「發願回向」六項。若將「禮三世八佛」與「禮十六佛菩薩」結合爲「禮諸佛菩薩」一項，則《水懺》之結構基本上是：「前序」、「禮諸佛菩薩」、「總論懺悔」、「懺悔前方便」、「發露懺悔」及「發願回向」「六大部分」。

這「六大部分」分布在《水懺》的禮懺過程上，又可分爲「八次的禮懺過程」，且這「八次的禮懺過程」，是個嚴整有度的禮懺過程；且這八次又都有一個共同的儀式，那就是：八次過程之中，一定都有「禮十六佛菩薩」→「發露懺悔」→「發願」三個基本的連續動作。這三個基本的連續動作是循序漸進、整齊劃一、無一有異的，使得《水懺》的結構在嚴整之中更有靈活的安排。

當然，在「發露懺悔」的部分，「三障」又各有特色。首先是，在「三障」的發露懺悔前，都會引用經論，加入懺悔的原由、理論與思想，然後再分別一一懺悔。其次，在懺悔「煩惱障」的部分，除了加進了「總論懺悔」之外，又加入了「興七種心」、「起二種心」及「起四種觀行」的「懺悔前方便」，這可以說是既嚴整，又靈活，不致於讓《水懺》的結構太過於僵化的一種安排。其三，在「懺悔煩惱障」部分，分別懺悔了由「因緣所引起的煩惱障」、「由煩惱性所引起的的煩惱障」及「不能修持學佛煩惱罪障」，這有愈益細緻深懺的意味，也符合全部滌盡斷除的本意。在「懺悔業障」部分，先安排「身三業」，再依序安排「口四業」、「六根業」、「三寶間業」及「其餘罪業」，也是整齊有序，而趨向於靈活細緻。在「懺悔果報障」部分，先安排「地獄果報」，再分別置入「畜生報障」、「餓鬼報障」、「阿修羅報障」及「人天餘報」，也是儼然有序，而富靈活細緻化的特色。

（二）關節分配得宜

《水懺》從「禮三世八佛」的呼應佛法上的三世諸佛如來，到「總論懺悔」將佛說的懺悔理論摘要提出，然後以「十六佛菩薩」爲鑑證，交織以「懺悔前方便」的心力運作，以及三障懺悔

文字作全面而澈底的「發露懺悔」及「發願迴向」，可以說是環環相抱相承，節節遞接遞進的。

另外，「八次的禮懺過程」中，又可以看出「十四次」的「懺悔」加「發願」。禮佛懺悔之心既已具備，「因緣所引起的煩惱障」→「由煩惱性所引起的的煩惱障」→「不能修持學佛煩惱罪障」→「五逆等罪」→「殺害罪」→「劫盜罪」→「婬欲罪」→「口四罪」→「六根罪」→「三寶間所起罪」→「其餘諸罪」→「地獄報」→「畜生等報」→「人天餘報」這十四次懺悔結構體的安置，可以說都是一個關節照應著下一個關節的，不但使得「八次的禮懺過程」能夠一步一步的向前推進，而且每一個關節的發露懺悔又是節節回應前面的「懺悔總論」，待禮懺結束之後，自然完成「三昧法水」的洗瘡功能的。

二、《水懺》內容上的特色

吳藝苑曾說，《水懺》在中國佛教懺文中的特色有五種：一、標舉「慈悲」之名尤具攝化之用；二、《水懺》是懺悔自無始以來的罪障；三、《水懺》從與七種心為始，由內至外，結構整然；四、《水懺》所懺對象可至無窮無盡的眾生界；五、《水懺》懺悔自三惡道以至人天六道的果報。[274]經筆者綜合整理之後，《水懺》的內容特色如下：

（一）至心懺悔，猶如流水

《水懺》之所以稱作「水懺」，正因為它的懺悔內容之續續發露，如同源源不絕的細長流水般。這種續續發露，又和〈水懺序〉中的「三昧法水」是相融為一的。

這種相融，又是產生於懺悔者自己內在心性的精進不輟，再藉由諸佛菩薩的禮拜與三障懺悔文字之誦讀，才能發揮功用而對

無始以來的無量罪業斷滅懺除。〈水懺序〉中所述西漢初年關於袁盎與晁錯的是非恩怨，固有其歷史事實；然人面毒瘡與悟達之間，終究只是個附會傳說而已；唯這樣的附會傳說，卻與懺悔者自己內心中的「毒瘡」相應，故還須由懺悔者出自存在於「內心深處」的慈善根力來續續懺悔，方能令「三昧法水」流出。故《水懺》勇猛精進的禮佛與懺悔，便是承繼於釋尊時的「以水洗瘡」法，復由中國 —— 乃至外國歷代高僧的「至心懺悔」所驗證出來的。[275]

《水懺》以「三世八佛」、「十六佛菩薩」的無量慈悲願力為基點，再由〈水懺序〉中「知玄遇異僧」的事蹟論作為因緣果報的理論根據，繼續有懺悔者自己興起懺悔的方便心向前精進懺悔，然後由「三障懺悔文字內容」細細續續進行了一大片流動不息的「三毒」、「四識」、「五住地」、「六情根」、「七漏」、「八倒」、「九瑙」……等煩惱障的發露，再加上流進不絕的「十不善業」的續續懺悔，最後令「六道輪迴果報」的一一顯現，而以正知、正見一一正受懺除。全部內容，從「一心歸命」開始，連續不絕的往「恣心自肆」、「心生貪戀」、「無智慧心」、「內心自邪思惟」、「增上勝心」、「發菩提心」、「慈悲心」、「慚愧心」、「菩提心」、「怨親平等心」、「四等心」、「二種心」、「洗心懺悔」、「洗心懇禱」、「隱慝在心」、「不直心」、「五種心」……等等之「至心懺悔」，無不皆如清淨流水之洗滌汙垢也，亦合於佛陀原本修行的淨化無瑕之

---

275 中國歷代高僧中實際精進懺悔所驗證出來的「懺如流水」，如《高僧傳》卷十二載：「（釋弘明）誦《法華》，習禪定，精勤理懺，六時不輟」、「（釋道嵩）宋元徽中，來京師，止鍾山定林寺。守靜閑房，懺誦無輟」、「（釋慧彌）後聞江東有法之盛，迺觀化京師，止于鍾山定林寺。……足不出山三十餘年，曉夜習定，常誦《般若》，六時禮懺，必為眾先。」以上見：《大正》50，頁408上、中、下。又《續高僧傳卷二十九‧釋德美傳》載：「（德）美乃於西院造懺悔堂，像設嚴華，堂宇宏麗，周廊四注，複殿重敞，誓共合生，斷諸惡業，鎮長禮懺，潔淨方等。凡欲進具，必先依憑，滌蕩身心，方登壇位。又於一時，所汲浴井，忽然自竭，徒眾自立，無從洗織。美乃執爐臨井，苦加祈告，應時泉涌還同。」見：《大正》50，頁697中。這種大精進懺悔，連百濟高僧亦然，如《宋高僧傳卷十四‧唐百濟國金山寺真表傳》載：「（真表）苦到懺悔，舉身撲地，志求戒法。……至於再，至於三。……身心和悅，猶如三禪，意識與樂根相應也。四萬二千福河常流，一切功德尋發天眼焉。」見：《大正》50，頁794上。

旨。[276]

（二）內容適中，文字優美

此處所謂「內容適中，文字優美」，是針對〈水懺序〉、《佛名經》的「佛名禮拜」及佛陀言說之「懺悔滅罪方法」而言的。

〈水懺序〉一文，雖然是一篇附會的傳說之描述，但是通篇文章，透過迦諾迦尊者之「示疾」與悟達之「時時顧問」，先將故事之進行暗壓了一道伏筆；至「分袂誌約」、「悟達患人面瘡」、「徬徨四顧」，使故事之發展連翻了數層之轉折；及至「悟達」與「人面瘡」之對話，又帶出了西漢史上的「袁盎」與「晁錯」之恩怨，使故事達於最高潮；終以「三昧法水」濯除宿瘡，既作為前因之解套，又交代了《水懺》三卷的製作因緣。所以，從「唐懿宗朝，有悟達國師知玄者」，至「悟達感迦諾迦之異應，正名立義，報本而為之」，前後故事，以第一人稱的全知觀點進行論述，「勸信」、「懺悔」的主題明確，「十世冤讎」的情節曲折多變，「人物」鮮活如真，「語言」莊嚴淨麗，「文字」優美流暢，讀來興味盎然。既為一篇書序，又像是真實的一篇傳記，可視為一篇遙寄懺悔深義的寓言，亦可當作一篇短篇的傳奇小說。

上面已言，《水懺》三卷的「三障懺悔文字」之遠源是《佛名經》。而三十卷本《佛名經》的內容，除了保有原來十二卷本《佛名經》的一萬多佛名號之外，又增添了其他佛名經號、功德文、懺悔文、《大乘蓮華寶達菩薩問答報應沙門經》、《佛說罪惡應報教化地獄經》等資料，使得原本單純的佛名懺悔，變成了注重因果報應的複雜經典。但是，《水懺》所禮拜的「三世八佛」，是佛陀在世之時即已為佛弟子們熟知的「佛法」代表。至於「十六佛菩薩」，或取自「三十五佛」，或取自「五十三佛」，或為釋尊之左右手，或為「地獄不空，不成菩提」的地藏，均是適合僧眾共同信受禮拜的佛法象徵。這「二十四位佛菩薩」，相較於《佛名經》中

---

276 關於內蘊於《水懺》的三昧法水思想之詮釋，詳見本書第五章第二節部分之論述。

單獨對「諸佛菩薩」的敬佛禮拜，可說已經簡省掉不少的「時間」與「體力」。這樣的「取」「捨」，既能保存諸佛菩薩的志力願旨，又不會讓懺悔的進行流於形式與氾濫。

至於在漢譯佛教經典中的佛說懺悔滅罪理論與方法，原本是佛陀因人、因時、因地，隨機制宜的說法內容，這些內容常因印度人書寫、記載文字的習慣而顯得重複冗長，不盡然適合根機不同的人來禮誦研究。所以，我們若是將佛滅後各部派間所記載的佛說懺悔理論與方法全部加以統合的話，其實是極為龐雜、繁複的。但是，《水懺》三卷的編纂整理，掌握了《佛名經》中「三障懺悔文字」的基本內容，全文估約一萬二千字，配合上「二十四位佛菩薩」及〈水懺序〉，也展現了下列幾項文學美：在內容上，《水懺》綜括了佛說的懺悔理論與滅罪方法，既上承於佛說之言，又彙成了屬於自己的「三昧法水」的懺法。在結構上，《水懺》是嚴整有序，綱舉目張的，它先確立了「懺悔總論」，再加入「懺悔前方便」，並依照「三障」的次序及「發願」的過程，一一鋪陳到底，可說是章法清楚，布局有度。在技巧上，《水懺》善用了大量的引用、排比、疑問、譬喻、頂真、類疊、層遞、對偶、錯綜等修辭手法[277]，使得佛教的懺悔理論與思想，能使有限、有形的懺悔文字，形成交互疊生的無限、無形的攝受融合效果。在語言上，淺如口語，明白曉暢，論述合乎邏輯推演，說理紮實簡勁，事證詳明不阿。在句法上，雖以四字句為多，然或駢或散，或判斷，或敘述，不拘定式，流暢自然。又站在懺悔者的立場行文，故令

---

277 關於這些修辭，全文到處可見。引用者，如「經言」、「經中佛說」、「經中佛說」等是。排比者，如鋪陳「佛名」、「七方便心」、「三障」、「十四次的懺悔」等是。疑問者，如「眾生垢重，何人無罪？何者無愆？」、「人之居世，誰能無過？」等是。譬喻者，如「不淨虛假，如水上泡」、「如魚吞鉤，不知其患」、「如蠶作繭，自纏自縛」等是。頂真者，如「若見怨異於親，即是分別，以分別故，起諸相著；相著因緣，生諸煩惱；煩惱因緣，造諸惡業；惡業因緣，故得苦果」等是。類疊者，如「不信十方諸佛，不信尊法聖眾，不孝父母六親眷屬」、「貪一切財寶，貪一切歌樂，貪一切女色」等是。層遞者，如「三毒根」、「四識住」、「五蓋」、「六識」……「百八煩惱」等是。對偶者，如「滅瞋恚火，破愚闇癡」、「壽盡魂逝」、「屠肉沽酒」等是。錯綜者，如「既從因緣而生，則可從因緣而滅。從因緣而生者，狎近惡友，造作無端；從因緣而滅者，即是今日洗心懺悔」等是。

懺悔者誦來順口，既可以親契佛說之言，也成爲懺悔者的心聲的反映。所以，《水懺》中「十四次的懺悔」，有經有緯，有綱有目，有枝有葉，前前後後，續續不絕懺悔下來，可說把原本可能很龐雜、繁複，又雜亂無章的佛說懺悔理論與方法，簡明順暢的陳述了出來，故《水懺》三障懺悔文字之編撰整理，曾被稱爲「寫得相當好」的文章。[278]

總括言之，《水懺》的懺悔內容，是內容適中而文字優美的。

（三）理論實踐，雙線並行

《水懺》雖爲一部懺法，但它也是懺悔理論與親身實踐雙線並行的。

《水懺》在開頭的兩篇「序文」，將《水懺》的懺悔理論思想先定了獨特的內容與風格。「總論懺悔」部分，即是「三昧法水」思想的「懺悔理論基礎」。「禮三世八佛」、「禮十六佛菩薩」與「三障懺悔文字」中的「十四次的懺悔內容」，則是與理論交相配合的「實踐工夫」。即：因三毒而起的罪業，先有「經上的理論」之陳述，再有罪業的發露懺悔與發願；因無明而起的罪業，也是先有「經上的理論」之陳述，再有罪業的發露懺悔與發願；其餘的「日滋日茂等所累造諸罪」→「五逆等罪」→「殺害罪」→「劫盜罪」→「婬欲罪」→「口四罪」→「六根罪」→「三寶間所起罪」→「其餘諸罪」→「地獄報」→「畜生等報」→「人天餘報」這十四次的懺悔與發願，均是如此配合的。

《水懺》的全部內容，是同時含概著「事懺」、「理懺」、「無生懺」等懺悔理論的，也是在中國人自編自創、適合於道俗七衆，大小乘、三世、十業的一種「化教懺」[279]。但這樣的「懺悔理論」，

---

278 見：印順著，《華雨集（二）·方便之道》，頁 194。此句本是印順用來稱讚三十卷《佛名經》中「懺悔文字」的，但據我們的研究，此部分「懺悔文字」內容，實即《水懺》的全部懺悔文字。

279 詳參：《卍續》64，頁 106~頁 107。依《四分律羯磨疏》卷一所載，懺悔分爲「制教懺」與「化教懺」兩種：違於戒律的罪，用「制教懺」；有關業道的罪，用「化教懺」。「制教懺」只適合於出家五衆、小乘、現犯罪業；「化教懺」通於道俗七衆，大小乘、三世、十業。

再經過懺悔者親自精進無懈、細細綿綿的「踐篤發露」，形成了兩路彼此兼包、雙線互含而輪輪湧進向上的無礙圓滿懺法。也就是說，當懺悔者進行《水懺》的懺悔理論之發露時，其身心狀態是同時進行著三障細細罪業之陳說的；反之，當懺悔者進行到三障細細罪業之發露時，其身心狀態是同時進行著懺悔理論的陳說的。

（四）純白精一，戒懺合體

　　《水懺》的內容，透過作者嚴整而靈活的布局安排後，再經由懺悔者的發露懺悔，便是一種承自於佛陀那種「純白精一」的精神，而這種精神，實際上正好將佛陀的懺悔思想與戒律精神合而爲一。

　　《水懺》的純白，是純正至善的力量；《水懺》的精一，是不懈不怠的發露懺悔。故《水懺》是戒條的修持，是戒行的踐履，是煩惱障、業障、果報障的斷滅淨除，終而造就了戒體的淨化。故《水懺》用不懈不怠、續續前進的發露懺悔，即是懺悔者修懺時的勇猛精進。因於戒體的勇猛精進，懺悔者本身必然產生定持之力；有了定持之力，懺悔者的大智大慧必然闊然活現，懺悔者的大智大慧闊然活現，妙法乃能敻出戒懺一如、人佛一體、理心攝融而行源源不絕之心水。是以，「戒、定、慧行，名爲行法」[280]，此一行法，即行《水懺》不絕如縷之懺悔發露也。《水懺》之懺悔發露，與諸佛如來之無量悲願心力合一，復運行七種方便心，三障的鋪陳發露，戒體本身即趨向於微妙善心善力之構成。故「菩薩具修種種方便行海，調伏成熟一切眾生，一切所有悉能捨棄，成就無邊清淨戒體，住佛境界。」[281]又「若人持戒，當得見佛。戒爲最上莊嚴，戒爲最上妙香，戒爲勸喜勝因。戒體清淨，如清冷水，能除熱惱。戒法最大，世間咒法、龍蛇之毒而不能侵。持

280　見：《大乘本生心地觀經卷二・報恩品第二之上》，《大正》3，頁299中~下。
281　見：《華嚴經卷二十六・入不思議解脫境界普賢行願品》，《大正》10，頁 778下。

戒的名聞,持戒獲安樂。」[282]

《水懺》全書的內容,或身、心、內、外,或過去、現在、未來,或周遭你、我、他、物等的煩惱障;或「總相懺悔身、語、意業」,或別相懺悔「身三業」;或「口四業」;或「六根業」;或「三寶間所起一切諸業」及「其餘諸惡業」等業障;或懺阿鼻地獄,或懺其餘地獄,或懺三惡道報;或懺人天餘報等的果報障;無不是佛陀製定戒律時所懇切叮嚀告誡的行為標範。《水懺》運用了善力因緣的力量,加上諸佛菩薩的鑑證,一一的發露懺悔,這可說是懺悔與戒律的合成體。

(五)深淺兼顧,僧俗通用

《水懺》雖是一般的懺法,此懺法卻是深淺兼顧,僧俗通用的。

整部《水懺》的內容,繼承於佛陀所言說的懺悔思想,此懺悔思想的深度自是不可思議的。全書所有的文字中,除了在「懺悔煩惱障」部分有少許內容是針對「受過戒的僧尼」而發的之外,其餘關於「三毒等所造罪」、「無明等所造罪」、「滋茂等所造罪」、「五逆等罪」、「殺害罪」、「劫盜罪」、「婬欲罪」、「口四罪」、「六根罪」、「三寶間所起罪」、「其餘諸罪」、「地獄報」、「畜生等報」、「人天餘報」等懺悔內容,無一不是鑽入於三障罪業的深層根蒂而發露的,故《水懺》是一部具有深層義蘊的懺法。

但是,《水懺》極有規律、極有次序的引用經論中簡易明白的懺悔理論,這不但適合於任何人去閱讀理解,也適合於任何人去進一步認識佛教、相信佛教,知道自己的根本罪業,從而懺除一切罪障,讓自己成就如諸佛如來一樣的無上道業。故不論是出家僧尼,還是普羅大眾;不論是將相王侯,還是販夫走卒;只要是有心之人,《水懺》是所在皆宜的。

---

282 見:施護譯,《佛說大乘戒經》,《大正》24,頁1104上。

（六）三障為體，含攝諸罪

《水懺》的懺悔內容，無疑是以「三障懺悔文字」為其主體，並以此來含攝無量無邊諸罪的。

據經論所記，六道眾生自無始以來所犯的罪業，是無量無邊、不可計數的。既然是無量無邊、不可計數，那懺悔者如何能知懺悔了什麼？懺悔淨盡了呢？若把懺悔內容寫得太過於「簡略」，這對懺悔者而言，便無法達成省思悔過的目的；若是將佛名或罪業一而再，再而三的「重複」、「累疊」，這對懺悔者而言，也不見得能含概可能犯過的全部罪業。

《水懺》的「懺悔三障」，可說是避免了罪業「簡略」或佛名「重複」的缺失。《水懺》的主體雖為「三障」，事實上含藏了大乘佛教所說的「四障」、「五障」或「一切障」，故《水懺》的「懺悔三障」，既可以作為懺悔的基本理論根據，又造就了懺悔者所應具備的宏觀視野。懺悔者有了宏觀的視野後，又懺悔了無始以來的一切罪業，在《水懺》中，細緻的分述了「煩惱障」、「業障」與「果報障」三大部分的罪業，每一部分又很有秩序的，將各種名相依據其數字的多寡，由小而大，由少而多，一貫排列下來，讓懺悔者很清楚的知道自己發露了那些罪業，長養了那些煩惱，這可說是成就了微觀的、科學的一種動態的（－being）懺悔。事前明其因緣，中間鋪以諸業，最後懺除果報，於是一切罪業便能釜底抽薪的懺除滅盡了。

三、《水懺》結構內容上的商榷

前面大略陳述了《水懺》在結構、內容上的特色，多是針對其優良面而言的。事實上，這樣的一部懺法，也不是說沒有值得商榷的地方。

首先，是關於《水懺》的外顯結構問題。《水懺》的「八次的禮懺過程」及「十四次」的「懺悔發露」與「發願回向」，固然有

「嚴整中見靈活」及「關節分配得宜」的特色，但是整體結構上的分布，也露出一些瑕疵：若從「禮懺的過程」而言，八次的禮懺過程並不平均；從「罪障的分布」言之，三障懺悔文字難分先後；從「罪障的多寡」而言，或多、或少都顯得不夠均衡。

其次，是關於〈水懺序〉的問題。〈水懺序〉的內容，基本上是綜合了西漢史上的「袁盎、晁錯」事、《賢愚經》卷四、《大般涅槃經》卷十六的「以水洗瘡」故事、《宋高僧傳》中的〈知玄傳〉及〈釋羅僧傳〉的傳說所合成的。這樣合成的一篇序文，固然有佛陀說法時的「阿波陀那」（avadāna）（譬喻）作用，對佛法的傳播流行、勸化普羅大眾來信仰佛教，或許有其微妙效用，但全文終究只是一種「附會傳說」，與「真實故事」的「本然力量」畢竟有所差別。尤其是，迦諾迦的神異事蹟與巖下的泉水，如果是用於根機明利者，自有其不可思議的無上妙用；如果是用於根機遲鈍者，或是貪心多欲者，恐難達到譬喻妙效，甚而會引來不良效果。

其三，是關於《水懺》主體內容上的問題。《水懺》雖然是一部具有「至心懺悔，猶如流水」、「內容適中，文字優美」、「理論實踐，雙線並行」、「純白精一，戒懺合體」、「深淺兼顧，僧俗通用」、「三障為體，含攝諸罪」等特色的一部懺法，但是整體內容上，也露出如下缺失：若從「滅罪前方便」而言，《水懺》在「煩惱障」的部分總共混合了「七種方便心」、「二種心」與「四種觀行」，這雖各自有其作用，卻顯得有點混亂不一，似難凝聚為真正的「前方便」；若從「煩惱障」而言，雖說可以「因緣所引起」、「煩惱性所引起」及「不能修持學佛」區分之，其實際內容卻有甚多混淆雜列之嫌；若從「業障」而言，「總相懺悔業障」部分倒有幾近於總括之意，但是「別相懺悔業障」部分卻顯得有些簡陋瑣碎。

小 結

　　《水懺》的結構，嚴整中得見靈活，每個關節處亦配合得宜。《水懺》的結構，若由整體內容言之，可分為「前序」及「正文」兩大部分。「前序」部分又分為二：一、為〈御製水懺序〉；二、為未署撰者之〈慈悲道場水懺序〉。「正文」部分即為「《水懺》禮懺內容」，此部分又可分為六項：一、禮三世佛；二、總論懺悔；三、禮十六佛菩薩；四、懺悔前方便；五、發露懺悔：1.懺悔煩惱障 2.懺悔業障 3.懺悔果報障；六、發願回向。若從卷次言之，全書又分上、中、下三卷，分別配合「煩惱障」、「業障」與「果報障」三障，而三障中又可分成「十四次的發露懺悔」與「十四次的發願（回向）」之流程。

　　《水懺》的內容，依外觀結構來劃分的話，就只有「前序」、「禮三世諸佛」及「三障懺悔文字」三大部分。若再依照《大正》45 中《水懺》三卷的排列順序，則可劃分為「前序」、「禮三世諸佛」、「總論懺悔」、「懺悔前方便」、「懺悔三障」及「發願」六大項內容。

　　懺門為佛陀慈悲濟世之方便法門之一，故《水懺》將說明因緣故事及懺悔思想的兩篇「序文」乃置於文首，以為後文之憑依；「三世諸佛菩薩」為佛弟子信仰思想的皈依對象，故置於序後論說；既有憑依，遂開懺悔本意，故以經說懺悔諸理為次，令懺者遵循；既有懺理可循，復循十六佛菩薩之本行本願，以為懺悔者之學習榜樣；學習榜樣既立，遂由懺悔者自身興起前方便心，以為本懺預作準備；準備齊全後，便能真正上路，一一進行續續不絕的發露懺悔；發露懺悔結束之後，復與諸佛菩薩之心志願力契合，也發下宏願與迴向。此中每一項內容都有一定的作用與意義，每一項內容都前後相承相發，最終目的則在開展內蘊於《水懺》的「三昧法水」思想，滌除滅盡我人心性中的萬古「毒瘡」，使佛

法在此一方便法門之下，續續綿延不絕。《水懺》的編撰者如此安排，是要在懺悔理論與實際踐履兼顧的情形下，禮懺者可以定心安穩的禮拜三世佛，可以簡易清楚的認知懺悔理論，可以與三世諸佛菩薩的心思願力進行萬古恆久的交心活動，也可以將無量無邊、不可計數的罪業一併懺除，並可以用朗然自在的清淨自身發下宏願，繼續走向涅槃而淨樂的人生旅途。

《水懺》結構上的特色，一為「嚴整中見靈活」，一為「關節分配得宜」。《水懺》內容上的特色，共有「至心懺悔，懺如流水」、「內容適中，文字優美」、「理論懺悔，雙線並行」、「純白精一，戒懺合體」、「深淺兼顧，僧、俗通用」、「三障為體，含攝諸罪」六種。這可說是自印度的佛說懺悔滅罪方法，轉化成中國懺悔滅罪方法的一套佳妙組合。

不過，《水懺》在結構上的分布，整體視之略嫌不夠均衡；《水懺》內容中的〈水懺序〉，可能會因為「附會傳說」而產生些許不佳的副作用；再則，「懺悔前方便」的內容混成三類；「煩惱障」的內容也混淆雜列；「別相懺悔業障」部分的繁簡不均；均是《水懺》內容方面值得再斟酌的地方。

第五章 《水懺》「三昧法水」
思想的詮釋

在《水懺》卷上、卷中、卷下三處的開頭部分，都有「一切諸佛，愍念眾生，為說《水懺》道場總法」十六個字[1]，這交代了二個基本概念：一、《水懺》的編撰與「一切諸佛，愍念眾生」之「心」相同；二、本懺法之編撰是取自於「流水」的本義。〈水懺序〉的作者再加上了佛說的「以水洗瘡」，從而帶出了「三昧法水」，使得《水懺》三卷的三障懺悔文字又增加了深層的思想意義。不過，這種「三昧法水」的思想，並不是迦諾迦尊者或悟達國師所專有，也不是〈水懺序〉作者所捏造，筆者認為，《水懺》這種由「四無量心」所生出，而能洗滌眾生無量業障的不可思議之法水[2]，可說就是佛陀懺悔思想的一種阿波陀那（譬喻）式之作用。亦即，透過續續不絕的至心發露，以斷絕滅盡人身之諸不善惡業，並詮顯出《水懺》三卷本身所蘊含的懺悔思想。《水懺》三卷本身所蘊含的懺悔思想，即是「三昧法水」思想的「體」；《水懺》續續不絕的至心發露，即是「三昧法水」思想的「用」。這「體」、「用」是密合一如，不可分離的。以下即從「三昧法水的思想淵源」、「三昧法水思想的詮釋」及「三昧法水思想的特色」三節進行論述。

---

1 分見：《大正》45，頁 968 下、971 中、975 中三處。
2 本書第二章第一節《水懺》釋題」部分曾說：三昧法水，本身是一種由自己的慈善根力生起，再藉諸佛如來與樂拔苦的精神所蘊釀而成，帶有極為深奧微妙的力量，而能洗滌眾生無量業障的不可思議之法水。

第一節 《水懺》「三昧法水」思想的淵源

　　本書第二章講過，《水懺》卷上、卷中、卷下三處的「《水懺》道場總法」之「水」，及〈水懺序〉中「以水洗瘡」之「水」，有可能取義於印度的《賢愚經卷四·摩訶斯那優婆夷品第二十二》及《大般涅槃經卷十六·梵行品第八之二》二處的「以水洗瘡」故事的佛說之「法」——與諸佛如來一體融合而流行無礙如流水的「慈悲心」、「喜捨心」、「慚愧心」、「菩提心」、「智慧心」之發用。[3]

　　事實上，佛說的「以水洗瘡」故事，應可向前推至早期的印度古文明。據羅米拉·塔帕爾（Romila Tapar 1931~）之研究，印度人約於西元前二三〇〇年左右，開始產生了絢麗壯觀之「印度河流域文明」[4]（Indus Valey Civilization，近來改稱爲「哈拉巴文化」）。當時祭祀之儀式極爲繁多而隆重，且很多膜拜的神祇都成爲後世印人之偶像。[5]林煌洲先生云：「印度河文明的開創者似爲

---

3 詳參本書第二章第一節「《水懺》的名稱」部分之論述。
4 「哈拉巴文化」（the Harappa culture）之前驅爲俾路支斯坦（baluchistan）山丘之村落遺址——即納爾（Nal）文化之村落遺址、馬克藍（Markran）海岸至印度河三角洲西邊——即庫里（Kulli）文化之村落遺址，以及沿著拉賈斯坦（Rajasthan）與旁遮普（Punjab）境內河流而建立之一些村落共同體。其涵蓋範圍極爲廣闊，不僅包括印度河平原（旁遮普與信德），並包括拉賈斯坦之北部及西印度之加提雅瓦爾（Kathiawar）地區。參：印·羅米拉·塔帕爾著，林太譯，《印度古代文明》，（台北：淑馨出版社，民國八十三年七月初版一刷），頁9。
5 據日人辛島辛諸人之研究，印度河流域文明城塞內之沐浴場與印度教重視沐浴當有淵源之關係；出土文物裡之陶器花紋中多有毘巴爾（Pippal leaf motif，即印度菩提樹 Ficus Religiosa）圖案，在印章之圖案及其文字中亦常見代表菩提樹之紋樣，並見於俾路支斯坦之納爾（Nal）與阿富汗史前遺跡之姆提伽（Mundigak）之陶器上，凡此皆與印度教及佛教以菩提樹爲神聖之象徵不無關係；又常於赤陶上及印章圖案中發現繪有長瘤之牡牛，此可能與後世印度教濕婆神（Siva）之座騎牡牛同爲聖牛；又摩罕吉達羅之一枚印章中繪有一人像坐於台座上，雙腳於前方作折疊坐姿，頭上有角，手腕上戴有許多手環，該人周圍有許多犀牛老虎象水牛圍繞儼然如萬獸之主般之 Pashupati）濕婆神之原型；圖案中亦列在二叉菩提樹樹中央有似女性之人像，而其周圍繪有尊崇此人像之其它人物與動物，其前方則立有七位女性人像，此被認爲表示某種宗教祭祀儀式，亦可能即後世印度教沙普陀瑪提卡（Saptamatrika，七母神）。另一枚印章上刻有一女性人像坐於樹

達羅維第人（Dravidians）（或譯爲「達羅毘荼」）；從大浴場……
的設計等觀之，印度河文明似乎爲宗教文明。」[6]他們視「水」爲
「真純之物」，水中含有「火」，可給予眾生歡愉；水中有甜液，
可作藥料。[7]這可窺知他們的「宗教文明」是把「水」與「印度河」、
「祭拜神明」、「沐浴除汙」、「醫藥治病」等視爲具有著密切關係
的。

　　後來，由雅利安人（Aryan）所創立的「吠陀（Veda）時代」
中，他們對「水神」—— 阿巴斯（Apas）也特爲禮敬，甚而與其
他神明一起奉爲神明[8]。從《梨俱吠陀》（Rg-veda）的讚歌中，水
神－阿巴斯（Apas），就是一尊「流動不止」而「清淨無邪」之
代表神。雅利安人認爲在祭祀時祂常與女神合一，保護人們，並
視人們之真實與虛僞而賞賜恩物。其主要能力即在「滌除汙穢」，
且能洗雪品格上之罪惡，給予人們適用之「醫藥」，使人延年益壽
而不滅[9]，這無疑是一種宗教信仰式的水療思想。

枝上，樹下有老虎仰望，此圖案酷似著名之桑奇（Sanci）佛教遺跡第一塔東門
之女夜叉像，而後世之印度教、佛教與耆那教中亦常見之。另外，於諸般圖案
中亦見印度教及佛教常用之卍字記號及那克沙陀（Nakshatra，星宿）標幟。凡此，
皆見是時人民已崇拜甚多神明，並爲祈禱求福之對象。參：日·辛島昇、桑山
正進、小西正捷、山崎元一等著，林煌洲譯，《印度河文明－印度文化之源流》，
（台北：國立編譯館，民國八十二年八月初版），頁141~頁145。
6 見：林煌洲著，《印度河文明－印度文化之源流·序》，（台北：國立編譯館，民
國八十二年八月初版），頁1。
7 參：周祥光著，《印度哲學史》，（台北：國防研究院、中華大典編印會，民國五
十三年四月出版），頁34~頁35。
8 當時被常被印度人民敬拜的著名神祇如：天神帝奧斯（Dyau）與婆樓那
（Varuna）；太陽神蘇利亞（Sūrya），彌陀羅（Mitra），薩毘陀（Savitar），普善
（Pūshan）及毘濕奴（Vishnu）；朝神二騎士阿須雲弟兄（asvins）與黎明之神烏
薩斯（Ushas）；風雨之神則有因陀羅（Indra），阿巴耐巴（apam napat），魯特羅
（Rudra），馬魯特（Maruts）；而太虛之神則有風神伐育（Vayu），雨神巴犍雅，
水神阿巴斯（apas）；地上之神祇有地神普利色吠（Prithivi），火神阿耆尼（agni），
司不滅之神蘇摩（Soma）；與印度河神信都（Sindhu），比雅士河神毘巴斯（Vipās），
蘇特萊濟河神蘇埵陀那（Sutdri），薩爾蘇底河神薩羅斯伐底（Sarasvati）等。參：
A. A. Macdonnel 著，"INDI´S PAST"（《印度文化史》），龍章譯，（台北：中華書
局印行，未標出版年月日），頁19~頁20。
9 如《梨俱吠陀·水神頌》（七·四○）對之歌頌云：一、「眾水」從泛濫中出來
—— 她們的首領是海－滌清地流動著，永不睡眠。因陀羅，那牡牛，那發施雷
霆者，挖掘她們的水道。這裡讓「眾水」－那些女神－保護我。二、那「眾水」，
或從天上來，或從地下掘出，或是天然的自由流瀉，光亮的，滌清的，奔流向

這樣「滌除汙穢」、「洗除罪惡」、「延年益壽」的宗教信仰，長久在印度傳統社會中流傳著，但後來卻成為印度婆羅門教的迷妄信仰。如：唐・玄奘譯《瑜伽師地論卷七・本地分中有尋有伺等三地之四》載：「又有外道，起如是見，立如是論：若有眾生，於孫陀利迦河沐浴支體，所有諸惡皆悉除滅。」[10]這裏的「外道」，即指「妄計清淨論」的「水淨婆羅門」，他們都認為從水中可以洗淨罪惡，得生天而解脫。他們也認為，每天多次沐浴、不浴或苦行，是可以淨除諸惡而達到解脫的，如唐・地婆訶羅譯《方廣大莊嚴經卷七・苦行品第十七》載：「諸外道者，著我見者，修諸苦行，無明所覆，虛妄推求，自苦身心，用求解脫。……或一日一浴，一日二浴，乃至七浴，或常不浴。」[11]又玄奘譯《大唐西域記卷四・窣祿勤那國》亦載：「殑伽河（恒河）……其味甘美，細沙隨流。彼俗書記，謂之福水。罪咎雖積，沐浴便除。輕命自沉，生天受福。死而投骸，不墮惡趣。揚波激流，亡魂獲濟。」[12]不管生前造業如何，只是跳入河中沐浴一番，輕者生天，死不墮惡道，可說已是盲目的迷信了。所以印順說：「（以水）淨除惡業，是印度神教所共信的」。不過，「水淨的末流，真是迷信到家了！」[13]

佛陀傳教說法，常和世俗權宜合一，但並沒有被世俗的觀念所誤導，反而是常用現世社會既成的事例作為譬喻（阿波陀那，avadāna）[14]，或敘述一些佛菩薩、佛弟子於過去世永劫受生的本

大洋。這裡讓「眾水」——那些女神——保護我。三、那君主婆樓那，他分辨人們的真實與虛偽，他去到她們之中流滴出甘露那光亮的，滌清的；這裡讓「眾水」——那些女神——保護我。參：糜文開編譯，《印度三大聖典》，（台北：中華文化出版事業委員會，民國四十七年五月再版），頁21~頁22。

10 見：《大正》30，頁312中。
11 見：《大正》3，頁581上。
12 見：《大正》51，頁891中。
13 詳參：印順著，《華雨集（二）・方便之道》，頁188~頁190。
14 如劉宋・法護等譯，《除蓋障菩薩所問經卷六》云：「菩薩成就十種法，得如於水。何等為十？一者善法如水，流潤赴下；二者種植諸善法種；三者信樂歡喜；四者潰壞諸煩惱根；五者自體無雜清淨；六者息除煩惱炎熾；七者能止諸欲渴愛；八者深廣無涯；九者高下充滿；十者息諸煩惱塵垢。」見：《大正》14，頁718下。又，《佛說寶雨經》卷四亦有相近之記載：「菩薩成就十種法，得如於水。何等為十？一者隨順善法；二者常能生長一切白法；三者歡喜淨信，悅

生（jātaka）故事[15]，這一方面既可彌補言不盡意的遺憾，同時又可融合傳統佛教的懺悔思想之喻意，然後再創發為一己之新說。

　　在原始佛教及大、小乘的經論中，即有很多此類的記載。如：《稱讚淨土佛攝受經》曾說，若能飲用極樂世界八功德水者，「定能長養諸根四大，增益種種殊勝善根，多福眾生，常樂受用。」[16]很顯然地，佛陀的這種思想，已非雅利安人社會中的「水淨」迷信，而是重在長養善根的功德之水。又，《達摩多羅禪經》卷下云：「三昧法水，念頃不住，如天德瓶，守護不壞，常出珍寶，隨意無盡。」[17]《大乘本生心地觀經》卷三佛云：「為是慈念善根力，命終上生於梵天，長受梵天三昧樂，得遇如來受佛記。」[18]《雜譬喻經》卷上亦載，羅閱祇國一婆羅門母，教其子學習父親一日入恒河水洗浴三次可得神通之法，其子曰：「唯有如來八解之池，三昧之水，浴此乃無為（asaṃskṛta）耳。」[19]此處的三昧之水，即是沐浴於佛陀之教法也；然此「無為」（asaṃskṛta）者，不是中國老子的「無為」，而是「涅槃」（nirvāna）之意。[20]因此，眾生應「當求智慧，以然意定，去垢勿汙，可離苦行，慧人以漸，安徐稍進，洗除心垢。」[21]《大莊嚴論經》亦載，婆羅門聞佛說法，悉云：「我聞汝說無我之法，洗我心垢。」[22]《心地觀經》卷三云：「以慚愧水洗塵勞，身心俱為清淨器。」[23]《大方廣佛華嚴經》卷六載：「當願眾生，蠲除汙穢，無婬怒癡，已而就水。當願

樂滋潤；四者令一切煩惱相續朽敗；五者自性澄清，無濁潔淨；六者息滅一切煩惱燒然；七者捨離一切諸欲愛渴；八者甚深難度；九者於等不等地方充滿；十者息滅一切諸煩惱塵。」見：《大正》16，頁297中。

15 詳參：《華雨集（二）・方便之道》，頁187~頁189。
16 見：唐・玄奘譯，《稱讚淨土佛攝受經》，《大正》12，頁348下。
17 見：東晉・佛陀跋陀羅譯，《達摩多羅禪經卷下・修行觀入第十六》，《大正》15，頁321下。
18 見：《大乘本生心地觀經卷三・報恩品第二之下》，《大正》3，頁302上。
19 失譯，《雜譬喻經卷下・14、羅閱祇國》，《大正》4，頁505下~頁506上。
20 見：丁敏《佛教譬喻文學研究》，頁543。
21 見：《法句經卷下・塵垢品第二十六》，《大正》4，頁568中。
22 見：姚秦・鳩摩羅什譯，《大莊嚴論經第一》，《大正》4，頁260中。
23 見：《大乘本生心地觀經卷三・報恩品第二之下》，《大正》3，頁304上。

眾生,向無上道,得出世法,以水滌穢。」[24]同書卷四十三載:「三昧正受輪,三轉淨法輪,清淨心爲盾,明利智慧劍,摧滅諸煩惱,外道眾魔怨,甚深智慧海,正法一味水。」[25]《普賢菩薩行願讚》云:「諸佛法受用,救世我頂禮,自手流清水,能除餓鬼渴,三界如意樹,頂禮蓮花手,大慈水爲心,能息瞋恚火。」[26]《無量壽經》卷下所云:「宜自決斷,端身正行,益作諸善,修己潔體,洗除心垢。」[27]《觀藥王藥上二菩薩經》云:「晝夜六時,心想明利,猶如流水,行懺悔法。」[28]

　　以上這些經籍中的「三昧法水」、「三昧之水」、「慚愧水」、「一味水」、「清水」、「大慈水」等,都是佛陀用來譬喻佛法的,不過,這已與達羅毘荼人的「潔沐祭儀」、雅利安人的水神「藥用觀念」、婆羅門教與耆那教的「宿命觀」完全不同,這些「三昧法水」,常常都與「慈念善根力」、「智慧」、「如意」、「無上道」等名詞合一的,是用來「洗除心垢」、「滌除汙穢」的。印順也說,大乘佛教的懺悔,是以善法來淨除內心垢穢,既沒有沐浴求淨的古老迷信,也可解決業報通俗發展所引起的問題,也適應、淨化了世俗水淨的迷妄行爲。[29]此正與佛陀權便教化世人之意相合。

　　〈水懺序〉的「以水洗瘡」,與《賢愚經》卷四及《大般涅槃經》卷十六二處「以水洗瘡」相合,故〈水懺序〉編者將〈水懺序〉置於《水懺》三卷前端,基本上是與印度古文明的「水療」思想與當時印度神教「水淨」思想相通的。不過,經上所記載的佛說,事實上是在告訴吾人:「以水洗瘡」一事只是個順應通俗的方便道、易行道,這是一種不可執著(abhiniveśa)的譬喻說法,真正的三昧妙藥,應是發自於內心裏的「慈善根力」,而且不只這種「慈善根力」能產生妙藥法力,連「慈悲心」、「喜捨心」、「精

24 見:《大方廣佛華嚴經卷六・淨行品第七》,《大正》9,頁431上~中。
25 見:《大方廣佛華嚴經卷四十三・離世間品第三十三之八》,《大正》9,頁670中。
26 見:《大正》10,頁881中。
27 見:《無量壽經》卷下,《大正》12,頁275下。
28 見:劉宋・畺良耶舍譯,《佛說觀藥王藥上二菩薩經》,《大正》20,頁664中。
29 詳參:《華雨集(二)・方便之道》,頁190~頁191。

進心」、「菩提心」、「慚愧心」、「方便心」與「智慧心」等亦復如是。也就是說，《水懺》懺悔者所進行的禮拜懺悔，必須是發自於「本心」之自覺的、自悟的、自懺的、反省的、改過的、自露的、自淨的發露懺悔，懺悔者方能獲得真正的安樂[30]，亦即是應該要有「四無量心」的發露。再進一層說，所謂「三昧法水」，就是指存在於每個人「慈、悲、喜、捨」四無量心的暢流無礙無止之運作，這種暢流無礙無止之運作，是要人們（眾生）在面對生活環境的挑戰時，無時無刻都顯發這「四無量心」去迎接它，人們自然能夠時時產生「三昧法水」，時時成為慈悲妙藥，既可洗濯一己因無明（avidyā）顛倒（viparīta）所生所造之罪業汙垢，並可因之而達到拯救六道眾生免於苦難的懺悔目的。

第二節　《水懺》「三昧法水」思想的詮釋

日・椎名宏雄曾經感慨地說：後世懺法走向佛教禮儀的形式化，將會失去宗教的生命力[31]。清・彥淨云：「根基頑頓者，非但未通其理，抑且不解其文，亦何從而通微合漠哉？[32]」清・榮譚〈隨聞錄序〉云：「（《水懺》）猶工部之詩，詞邇而旨遠，事湫而理灝，匪管見之可窺，寧野心之頗鑑？[33]」釋演培也說：「經說懺悔法門，其義極為高廣，因果非常分明，看來好像簡單，實際深

---

30 如：後秦・佛陀耶舍譯，《四方律比丘戒本》：「我今欲說波羅提木叉戒，汝等諦聽，善思念之：若自知有犯者，即應自懺悔。不犯者，默然；默然者，知諸大德清淨。若有他問者，亦如是答。如是，比丘在眾中，乃至三問。憶念有罪，而不懺悔者，得故妄語罪。故妄語者，佛說障道。法若彼比丘，憶念有罪，欲求清淨者，應懺悔，懺悔得安樂。」見：《大正》22，頁1015中。

31 參：日・椎名宏雄撰，〈唐代禪宗の礼儀について〉，收入《印度學佛教學研究》第二十卷第二號，（東京：日本印度學佛教學會，昭和47年（1972）3月），頁769。

32 見：《卍續》129，頁290上。

33 見：《卍續》129，頁289下。又，清・瑞斌亦云：《水懺》「法門高廣，因果分明，言簡意賅，深不可測。如不屢析條分，凡愚昧者，未易覺悟耳。屈於人心不古，世風日下，將視佛菩薩之經文懺典為迂談腐論，而不可信從者矣。」見：《卍續》128，頁289上。

不可測，不可等閒視之，亦不可照懺法拜拜，就算完全懺悔一切罪惡清淨。[34]」四家所言甚是。如果只是從外在的懺悔儀軌來看懺悔，那只要照著懺法順序「拜懺」，就可算是「拜了《水懺》」，吾人如果不能從思想層次再予闡釋，「拜懺」而不知「所懺」，是無法呈現出《水懺》之深層義蘊（deeper meanings and implication）的。

筆者嘗試以〈水懺序〉及《水懺》中的「懺悔文字」為其開展核心，參酌大藏中的「佛說之言」與「後賢論說」，分別從「面對業力‧不息不止」、「正視苦集‧離苦解脫」、「滅業成人‧重鑄成佛」及「恆轉心水‧恆活新生」四個主要綱領，層層漸深漸廣，對內蘊於《水懺》中的「三昧法水」思想，作一創造性、開展性、活潑性的詮釋。

一、面對業力，不息不止

（一）面對業力

雖說「大道玄曠，非有非無；真心幽微，絕思絕議」[35]，但《水懺》之「三昧法水」，仍須自「有」、「無」、「思」、「議」之中，以言其「有」、「無」、「思」、「議」之可能。本書在第四章關於《水懺》內容之論述，已就《水懺》的內容意義作了初層的詮釋，那是義理論證之如實舉出，以利於懺悔者作為能隨法、如法之前導；此節關於業力之論析，與《水懺》本身「懺不息，悔不止」之開展，可說是一種佛陀言說之「懺悔滅罪方法」的基本認知，有了此一層次的基本認知，再度往《水懺》的玄曠大道作深一層次之詮釋。

「面對業力」，是進行《水懺》懺悔發露的基本前提。〈水懺序〉中的知玄，在前十世的修行中，都是一位潔淨無穢、戒律精

---

34 見：演培，《慈悲三昧水懺講記》，頁 3。
35 見：《真心直說》，《卍續》113，頁 474 下。

進的高僧，因於潔淨無穢、戒律精進的修持，故其戒體多與諸佛如來和合不二；戒體既與諸佛如來和合不二，則得諸佛如來的一切功德妙法，一切邪魔外道自然無法親近浸蝕其身。十世前的晁錯，即使洞曉知玄是一位潔淨無穢、戒律精進的高僧，卻一樣是世世代代、時時刻刻，隨時為其冤讎而伺機索報。果不其然，即使知玄曾經累積了十世的精進戒律之修行道境，因為得到唐懿宗的優渥恩寵，親臨法席，賜沈香座，世俗的功名利祿心隨緣起業，原本純潔無穢的戒體沾染世塵，才一稍微晃動，戒體便顯鬆弛失度。於是晁錯隨即乘虛而入，於其膝上化為人面瘡，逼得知玄必須每日以飲食餵之，彼則開口吞啖，與人無異。要命的是，遍召名醫，皆拱手默然。[36]

〈水懺序〉中的袁盎與晁錯、知玄與人面瘡，無疑是佛教傳教說法的一種譬喻：袁盎與知玄，戒體也，眾生也，懺悔也，佛也，法也，心也，人也；晁錯與人面瘡，毒也，業也，欲也，貪也，瞋也，癡也，慢也，疑也。人非聖賢，何人無過？尤其是時、空環境經過較大的變化後，擺在眼前的萬鍾厚祿、聲聞名利與權勢威力，隨時可以使一位原本戒律精嚴無失而與諸佛如來一體無二的高僧，倏忽之間戒體鬆垮，結構解體，基本組織皆一一散落委地。當純潔之心正在妄動之時，所有存在於戒體的無量微妙法力於剎那間失去功能，那毒瘡似的莫明業力，便能如細菌般伺機竄入戒體之中，動搖修持者之根本，令其求生不得，求死不能。即使人間有神醫聖手，不論多有仁心仁術，亦不能滌除此一無明因緣所造作之無形毒業。

解鈴還須繫鈴人，唯有此人生起慚愧心，運發菩提心，契合於大慈心、大悲心、大喜心、大捨心、智慧心、菩提心、精進心，與人間大導師 —— 諸佛如來的心願法力合一，請諸佛如來為鑑，勇敢的面對無始以來所造諸惡業，至心真誠懺悔，發露陳說，並以戒慎恐怖心自持，生起厭離貪欲穢身之心，甚而不惜身命的建

---

36 以上參見：〈水懺序〉，《大正》45，頁968中。

立三寶,弘通大乘,再以怨親平等心對待六道眾生,盡去顛倒之心,斷除罪惡之心,滅其因緣,進行直質淨心的發露懺悔。唯修持者能懺其前愆,悔今現過,令未作之罪戒持不作,此心乃如清淨流水,此流水乃能一一滌除因緣而起的貪欲汙垢;方於滌除之際,勢必痛徹骨髓,甚至於恍惚昏絕,然此人原本與諸佛如來懺願心力合一的真然戒體,此時遂復重生。迦諾迦尊者於西蜀彭州茶籠山山巖下的三昧法水,是諸佛如來的心水,亦是知玄慚愧懺悔之心而生的心水[37],與大慈心、大悲心、大喜心、大捨心、智慧心、菩提心、精進心結合之後,陳之以禮懺文,稽叩諸佛如來,《水懺》法體於焉成立。

　　不能以純然直質淨心勇敢的面對自己所造作的業力,便不知佛陀懺悔思想之旨,不知自己所犯為何業,不知自己何以會有煩惱,不知自己何以會有諸業,不知自己何以會有果報?如是之不知,即使是在進行禮拜懺悔,只是與人隨意作些機械性的懺悔禮拜,仍然昏憒茫然,此自不可能驟生法效,存在於懺悔者心中的三昧法水之不可思議微妙法力便無以運行成流。

　　印順說,業是有種種不同的,但有一點是絕對相同的,就是「諸業」在沒有受報以前,如不是修證解脫,那是怎麼也不會失壞的。有定業,就會有果報;今生不受報,來生不受報,就是千千萬萬生,業力照樣存在,只要因緣和合,還是要受報的。〈水懺序〉感遇聖僧故事的編撰,也就表示著業力不失壞的意義。[38]唐・道宣說:「任業增生,無成聖義。……原夫懺悔之設,務在專貞。微使肝膽,露於眾前,慚愧成於即日,固得罪終福始,言行可依。」[39]故《水懺》云:

> 夫業者,能莊飾世趣,在在處處,不復思惟,求離世解脫。
> 所以六道果報,種種不同,形類各異,當知皆是業力所作。

---

37 以上參見:〈水懺序〉,《大正》45,頁968中~下。

38 參:印順著,《成佛之道・第三章　五乘共法》,(台北:正聞出版社,民國八十三年六月初版),頁74。

39 見:《續高僧傳卷二十九・興福篇第九・總論》,《大正》50,頁699下~頁700上。

40

世趣渾沌無形,紅塵煙燄紛紛;世事糾葛盤旋,人間業業相成。但是,我們不能忽略的是,印度佛教這種「業力輪迴」的觀念,事實上在印度雅利安人(Aryan)的「獻祭」儀式中即已萌芽。雅利安人進入印度後,接受了達羅毘荼人(Dravidians)所祭祀的諸神,並修改了他們崇拜的形式與禮節。[41]據 Surendranath Dasgupta 的研究,在宗教祭祀上又較先前達羅毘荼人更為傾注心力,他們認為在「獻祭」時,倘能沐浴淨身,正確遵守所有祭儀之細節,正確念誦咒語,則此特定之神秘行為於一段時間經過之後,將產生一種「不可見」(adrsta)或「新」(apūrva)之神秘力量,而能遂得所欲之物[42]。Surendranath Dasgupta 復云:「獻祭被視為具有一種神秘的潛在力量,甚至超越諸神,而有時則敘述諸神是經由獻祭才得以獲取其神位。獻祭幾乎被視為唯一的職責,他又被稱作業(karma)或活動(kriyā)及不變的律則。」[43]

「獻祭」既然被視為具有一種「不可見」(adrsta)或「新」(apūrva)之神秘力量,無疑會對彼時印度人民的思想產生極大之刺激作用。所以 Surendranath Dasgupta 接著說:這是件有趣的事,因為我們在這個關聯中注意到並發現「業力定律」的萌牙,業力律從此對印度思想發揮著決定性的影響,直到現今。[44]若從原始宗教崇拜天地神祇、運用神力、祈禱與祭祀及直覺而非理性

---

40 見:《大正》45,頁 972 中。
41 參:印·許馬雲·迦比爾著,王維周譯,《印度的遺產》,(上海:上海人民出版社,1959 年 8 月 3 版 1 刷),頁 54。
42 參:Surendranath Dasgupta 著,林煌洲譯,《A History of Indian Philosophy》(《印度哲學史》),(台北:國立編譯館,民國八十五年三月初版),頁 45~頁 46。
43 見:Surendranath Dasgupta 前揭書文,頁 45~頁 46。其前後內容為:「獻祭」是任何一件小事都必須符合的一種機制。在「獻祭」中即使不合處極小,……都足以破壞整個「獻祭」的成效。甚至,「獻祭」中說錯一個字,也可能會帶來可怕的後果。……。但如果能正確地行使獻祭,即使最細微處也放不過,則無任何力量可限制該「獻祭」目的的成果。……。因此,「獻祭」被視為具有一種神秘的潛在力量,甚至超越諸神,而有時則敘述諸神是經由「獻祭」才得以獲取其神位。「獻祭」幾乎被視為唯一的職責,他又被稱作業(karma)或活動(kriyā)及不變的律則。
44 見:Surendranath Dasgupta 前揭書文,頁 46。

的基本特徵來說[45]，雅利安人的「獻祭」儀式是宗教發展的正常現象，李志夫亦云：「業力說，學者們都以為是印度下層社會人所傳出。或許他們是基於信仰；也許是給自己苦難之人生製作定心丸，聊作心靈之慰藉而已。」[46]但是，若說獻祭的目的是透過禮拜祭祀、念誦咒語，產生不可見或新之神秘力量，而取得所欲之物，則已與怪力亂神接近。

業力定律萌牙後，印度人相信一切有情生命所作之業，不會隨著生命的死亡而滅盡，隨著生命之三世而流轉無窮。於是，「因業力的牽制，使我們死後自我（靈魂）不得歸於梵，而受輪迴的果，即轉生為虫、魚、鳥、獸、人、神、或入天國、地獄。這樣，印人便認人生為痛苦，解脫為樂，而相率以靜修苦行為解脫的法門了。」[47]尋求解脫並非錯誤，模糊的業力觀念與儀式咒語則是危險的。

故唐君毅亦云：「在婆羅門教之《吠陀》（Vedas）、《奧義書》（Upanishads）及《吠檀多》（Vedanta）學派，大皆信有天神（Brahmā）或大梵（Brahman），為一切有情或生命所自出，而其自身則超越于一切流轉生死之有情生命之上，而永恆遍在，亦圓滿自在，無一切苦，具究竟樂者。故人對於禮讚崇拜，更加觀想，亦即可超于其所造之業，所感之苦之上，出此生命之流轉之外；而由證知其自我生命之原自大梵來，知此我之即梵，而我即可歸還于梵，與梵為一。」[48]所以，印度原本的業報輪迴說，可說是

---

45 《宗教與文明》書中論及「原始宗教的基本特徵」有四：一從崇拜的對象來看，最初是以外在于人的自然存在物為主，如日月星辰、山河大地等是；二、從崇拜的形式來看，有單純的對神力的敬畏與崇拜，有主體主動的運用神力，如魔法或巫術是；三、從祈禱與祭祀來看，最初多是以犧牲和隆重的儀式，對精怪、鬼魂、祖先等作獻祭；四、從原始人群的信仰心理來考察，大多是直覺和非理性的，沒有系統的教理、教義、教團這些極為特徵化的宗教要素。，可詳參：潘顯一、冉昌光主編，《宗教與文明》，（四川：四川人民出版社，1999年5月一版一刷），頁36~頁40。

46 見：李志夫著，《印度思想文化史》，（台北：東大圖書股份有限公司，民國八十四年四月初版），頁90。

47 見：糜文開編譯，《印度三大聖典‧序》，頁14~頁15。

48 見：唐君毅著，《中國哲學原論‧原道篇‧卷三》，（台北：臺灣學生書局，2000年9月全集校訂版三刷），頁6。

印度文化主流的婆羅門（Brāhmana）教，東方的耆那（Jaina）教所公認的，在業報說通俗流布中，一般信眾可能帶些宿命的傾向」，而佛陀所說的，卻是世俗迷妄行為的淨化。[49]

　　佛陀創教之始，也是受到當時社會思想的影響，一心一意學習著外道靜修苦行的解脫法門，但在六年的靜修苦行中，每天一食一麥，仍無所獲。後來受到牧牛女獻乳糜食，因得大善巧方便，遂能於菩提樹下而取正覺。[50]若無此大善巧方便，光是單純的靜坐淨食與隔離世塵，恐怕難以悟道。悟道後，他的舊有看法已滌除淨盡，並產生了超越當時婆羅門教或其他外道的思想境界，建立了更新、更純、更廣、更活、更適合於人類修持學佛的一套教法。他認為，如果視「梵」為最高至上的神，或是「與梵為一」的話，都是執著於「神我」或「自我」的泥淖中，仍然不可能超越三世之永恆流轉。反之，唯有淨盡諸業，業力才不致於繼續牽引人的精神本體，人的精神方能無染無垢而獲得大自在。

　　業力是的確是存在的，一切世間，各隨業力，現起成立。[51]但是，一切世間業力的存在，應是諸緣和合而成的，故一切眾生的一切六根造作，悉是有為而虛假的行為，這些行為活動又對人們產生莫明的影響作用。言因緣者，即是業也。若假因緣和合有者，即是無常，無常即苦，苦即無我。以是義故，我於諸見，心無存著。[52]所以，一切諸行，有為無常，如是遷改，無有常住，破壞離散，不得自在，是磨滅法，暫須臾間，非久停住。[53]這樣的業力，是由人自召，非鬼神所能主宰的，是絕對平等、無偏的，是絕對有報，只是時間遲速不同的，是肯定向上進取的[54]，如果一個人去執迷於「一神」或「梵我」，仍然三世都會兜遊盤繞於業報

---

49 參：《華雨集（二）·方便之道》，頁 188。
50 參：《大方廣善巧方便經》卷三，《大正》12，頁 174 下。至於其於菩提樹下所悟之「十二因緣」緣生緣滅之法，詳見下部分「真性解脫」之論述。
51 見：隋·闍那崛多等譯，《起世經卷一·閻浮洲品第一》，《大正》1，頁 310 中。
52 以上見：《別譯雜阿含經》卷十一，《大正》2，頁 448 下。
53 見：《起世經卷二·地獄品第四之一》，《大正》1，頁 320 中。
54 見：劉漵凡著，《唐前果報系統的建構與融合》，（台北：臺灣學生書局，民國八十八年八月初版），頁 415~頁 417。

之中，不自覺的自割、自傷、自戕，生死無已。[55]

　　佛陀認為，這是因為自己的無明闇覆，使得生已還活，既得活已，業力因緣，復起東西。[56]人唯能自覺自悟，方能與諸佛如來所發的無量懺悔願力作貫通一如的契應。人的無明，應對於複雜多變的人間社會之中，若無自覺、自悟、自淨、自進之力的流行，不惟使自己愈益無明，亦使複雜多變的人間社會繼續長久地湮陷於無明地獄之中，難見生機之光。大智慧之人，察覺人生是在「明」與「無明」中發展以求打破無明之歷程，察覺人乃「明」與「無明」俱生之道，察覺人由陷溺執著而染患「無明」，故此心之流動，須以「表現於有現以成其無限」，即在於不滯於所見所明，乃能成其大化流行之道。[57]因此，唯有無執、無我，方能跳脫輪迴之苦，此形不自造 亦非他所作，因緣會而生，緣散即磨滅。[58]故《賢愚經》云：

　　　　三藏諸學，各弘法寶，說經講律，依業而教。[59]

三藏經律中所載，不論是身、語、意諸業，還是表業、無表業，善業、不善業，共業、不共業，無不盡屬一個人的心思造作活動，此一心思造作活動，非但能牽引過去、現在、未來的其他因緣，招感無量相應的果報，作用力強大，可支配一個人生於天上、阿修羅、人間、地獄、餓鬼、畜生六道之中，足見業力對人影響之多之大了。自覺、自悟、自淨、自進之人，會依於諸佛如來大慈、大悲之力，念佛、憶佛、觀佛、稱佛，與諸佛如來廣大心願力相應相契，常住清淨業海中。故《華嚴經》云：

---

55 《起世經卷二‧地獄品第四之一》云：「自割裂已，作如是知：我今已傷，我今已死，以業報故，即於是時，復有冷風，來吹其身，須臾復生，肌體皮肉，筋骨血髓，生已還活，既得活已，業力因緣，復起東西」，《大正》1，頁 320下。

56 見：隋‧都那崛多等譯，《起世經卷二‧地獄品第四之一》，《大正》1，頁，320下。

57 參：劉國強撰，〈「明」與「無明」──唐君毅所啟之明〉，收入：江日新主編，《牟宗三哲學與唐君毅哲學論》，（台北：文津出版社，民國八十六年十二月初版），頁 339~348。

58 見：《雜阿含經》卷四十五，《大正》2，頁 327下。

59 見：《出三藏記集卷九‧賢愚經記第二十》，《大正》55，頁 67下。

> 本修方便大慈海，充滿一切諸眾生。……念佛功德無量故，
> 得生廣大歡喜心。世間無與如來等，離垢稱王住法門。清
> 淨業海滿眾生，一切悉見無有餘。[60]

《水懺》在「依業而教」的原則下，詳盡的對煩惱障、業障、果報障三障作不息不止的懺悔，便是一種事懺與理懺的結合兼併。這樣的結合兼併所進行的懺悔，便是依於諸佛如來大慈、大悲之力，念佛、憶佛、觀佛、稱佛，與諸佛如來廣大心願力相應相契，常住清淨業海中的發露懺悔。在〈水懺序〉中，透過知玄與人面瘡及袁盎與晁錯的十世冤障之譬喻引動，生出了三昧法水的思想。在《水懺》三卷中，續續進行志心歸依十方盡虛空界，一切毘婆尸佛、尸棄佛、毘舍浮佛等諸佛菩薩、辟支、羅漢、四果、四向、梵王、帝釋、天龍、八部，一切聖眾的禮懺。《水懺》中，再則對佛陀所說的各種懺悔理論進行申論解說，說明無始以來諸惡業對人產生的牽制力之強大，從而總論凡夫能夠就一生一世、累生累世所造作的「貪、瞋、癡」三障在內心根源處的無明覆闇悉皆懺悔，改往修來，勇敢的向佛陳說：「未作之罪，不敢更作」，精盡修持六度，這纔是真正的進行《水懺》之懺悔。有了基本的懺悔理論，再權宜的使「慚愧心」，與「慈悲心」、「喜捨心」、「恐怖心」、「菩提心」、「厭離心」、「念佛報恩心」、「智慧心」、「勇猛心」、「精進心」、「怨親平等心」、「觀罪性空心」、「紹繼佛法聖種」、「身命難可常保」、「觀如來身」、「觀我自身」、「觀因緣」及「觀果報」等心是相融相攝、相印相成，形成懺悔滅罪的前方便；繼而在《水懺》三卷之中一一對「因緣所引起的煩惱障」→「由煩惱性所引起的的煩惱障」→「不能修持學佛煩惱罪障」→「五逆等罪」→「殺害罪」→「劫盜罪」→「婬欲罪」→「口四罪」→「六根罪」→「三寶間所起罪」→「其餘諸罪」→「地獄報」→「畜生等報」→「人天餘報」這十四次禮懺過程層遞向前推進，每一個關節的發露懺悔與前面的「前序」、「禮三世諸佛菩薩」、「懺

---

60 見：《華嚴經卷二・世間淨眼品第一之二》，《大正》9，頁401上。

悔總論」、「懺悔前方便」作脈絡式的繫聯。最後，繼續前面的十
四次禮懺過程作整齊有序的十四次大願及迴向。這十四次大願及
迴向，則包含了「十善業成，身心如佛」、「智慧清明，心目無礙」、
「煩惱盡滅，佛慧現前」、「濁纏永斷，無漏朗然」、「無殺無害，
身心清淨」、「民生念至，無劫盜想」、「節愛欲水，永離情緣」、「善
語柔言，言益眾生」、「六根清淨，顯發如來」、「恭敬三寶，弘道
度生」、「慈和忠孝，禮義廉恥」、「無間頓失，淨土應現」、「純直
無諂，少欲知足」及「虛空有盡，我願無窮」等「已作之罪，今
起懺除；未作之罪，絕不更犯」的懺悔願力。[61]這樣的懺悔，可
說是同時兼含了過去、現在、未來三世輪迴報應觀的理論之前進，
期使無始以來所造諸惡業，透過《水懺》懺法的起運流行，能徹
頭徹尾的斷盡滅除，不復與無明業力滯留於我們的六根意識底
層。故〈水懺序〉與《水懺》三障懺悔文字內容的懺悔，實際上
就是令懺悔者去勇敢的面對自己自在三世之中 —— 即自無始以來
所造作的一切垢重罪業。《水懺》云：

> 眾生垢重，何人無罪？何人無愆？[62]

罪愆之造，起自於無始，緣接於未來，故聖賢之人，深知三世業
力果報，無不持戒精進，六度不絕，至心懺悔禮拜；垢重眾生，
焉能自恃無罪，恣意妄為？《水懺》又云：

> 凡夫之人，舉足動步，無非是罪。[63]

舉足動步，言身、語、意諸業，還是表業、無表業，善業、不善
業，共業、不共業，無不盡屬一個人的心思造作活動。事實上，
眾生與佛，本來是一；一為無量，無量為一。[64]故眾生原本不致
造業生罪。只是「無明」昏闇，而誘餌利牽，眾生遂萌生貪、瞋、
癡業，令自己失卻佛性，任意舉足動步，即累造罪愆。故《水懺》
中「何人無罪？何人無愆？」雙「何」之疑問，與雙「無」之「否

---

61 此即《水懺》「前序」、「三世諸佛菩薩」、「總論懺悔」、「懺悔前方便」、「三障
　　懺悔文字」與「發願迴向」的整體內容之總括。
62 見：《大正》45，頁 968 下。
63 見：《大正》45，頁 969 下。
64 見：《卍續 120・死心悟新禪師語錄》，頁 127 下。

定」，指涉了眾生罪如重垢之難除。一「無」一「非」，「否定」之後，再次「否定」，一樣成就了肯定的「是」罪！《水懺》又云：

> 貪、瞋、癡業，能令眾生墮於地獄、餓鬼、畜生受苦。[65]

> 以業因緣，輪迴六道，出生入死，改形易報，不復相識。[66]

無始以來的業力，縛附吾人之身心是如此嚴重，其罪垢當然深重。罪垢既已深重，一出五濁塵世，自亦舉足動步，隨緣造罪。業業追隨緣緣，緣緣追隨業業，無明復加無明，貪、瞋、癡業當然不絕如縷。貪、瞋、癡業是因，地獄、餓鬼、畜生受苦是果；因成就果，果還心因；因因果果，果果因因。在在處處無不是眾生諸業，諸業改形易報，無有了時，倘不能悟出者，自然長久落難於六道輪迴果報之中而不可自拔了。

凡夫在六道中進進又出出，當然不知自己的本然為何，於是就會「斷除眾善，不得相續。」[67]懺悔者若是善根力弱的話，根本就無法出離「三世業報」[68]。是故，業報之理如此深邃，一個禮拜《水懺》之懺悔者，在進行禮拜儀程之時，內心中最基本的修持工夫，即是勇敢的面對無始以來所造的無量業力。

（二）不息不止

三世盡是業力，如影隨形，恆據人心，恆制人身，恆亂人意，恆縛人行。凡夫平時安居無事，不易察覺業力在身，一朝業力成熟，忽然間顯現無常之果報，往往令人「以無主故，眼淚晝夜，恆如水流，啼哭呼號，常無斷絕。」[69]故凡能勇敢的面對無始以來所造的無量業力者，更須不息不止的持戒守律，慚愧懺悔，以與諸佛如來的慈悲心、菩提心、智慧心與向上提昇心同行並進。

大乘佛教的「懺悔業障」，最初是針對「五無間罪」而說的。在《華嚴經‧普賢行願品》中，則不限於五無間罪，而是廣義的

---

65 見：《大正》45，頁970上。
66 見：《大正》45，頁973上。
67 見：《大正》45，頁972上。
68 見：《大正》45，頁972中。
69 見：《佛本行集經卷十九‧車匿等還品中》，《大正》3，頁740下~頁741上。

擴展於「一切不善業」。[70]但到了《大乘三聚懺悔經》，又再擴充
為懺悔五種障 ——「業障」、「煩惱障」、「眾生障」、「法障」、「轉
後世障」。[71]在《大方等大集經》中，亦出現了四障 ——「業障」、
「煩惱障」、「眾生障」、「法障」的說法[72]。《水懺》之懺除諸業，
便是這種懺悔理論的綜合，即是由懺悔者自己心中之真心念誦開
始，對於自己於過去無始劫中，由貪、瞋、癡所引發之身、口、
意所產生的無量無邊諸惡業，進行無我無執之面對與迎接。此心
之運作，併須覺知，若此無量無邊之諸惡業有體相者，必是盡虛
空界亦不能容受的。故懺悔者進行《水懺》之念誦禮拜，悉應洞
晰〈水懺序〉中的因果感報之理，以其清淨真心，遍布於法界之
中，乃至於極微塵剎之中，悉在一切諸佛菩薩眾前，殷重慎實，
誠心發露懺悔。懺悔之進行固應直質一心，懺悔之後，須能定持
淨戒，不復造作，令己身恆住於淨戒之中。一切功德雖如諸佛如
來，然虛空界盡，眾生界盡，眾生業盡，眾生煩惱盡，懺悔者之
懺悔乃盡。唯虛空界，乃至眾生煩惱，悉不可窮盡，《水懺》懺悔
者所進行的懺悔亦無有窮盡。其念念相續，無有間斷；其身、語、
意業，無有疲厭。[73]《水懺》云：

> 然其罪相，雖復無量，大而為悟（語），不出有三。何等為
> 三？一者煩惱障，二者是業障，三者是果報障。[74]

也就是說，不論佛說懺悔業障的「障」是「五無間罪」、「一切不
善業」、「四障」，還是「五障」，「大而為悟（語），不出有三」的。
面對這「三障」的懺悔，即佛說懺悔思想的真實體現。若從《水

---

70 見：印順著，《華雨集（二）‧方便之道》，頁 191。

71 見：隋‧闍那崛多共笈多譯，《大乘三聚懺悔經》云：「是眾生等有諸業障，云
　 何懺悔？云何發露？謂煩惱障，諸眾生障，法障，轉後世障」，《大正》24，頁
　 1091 下。

72 參：隋‧那連提黎耶舍譯，《大方等大集經卷三十五‧日藏分‧陀羅尼品第二
　 之一》、《大方等大集經卷四十三‧日藏分‧念佛三昧品第十》、《大方等大集經
　 卷四十八‧月藏分‧第十四第一義諦品第五》，分見：《大正》13，頁 243 上、
　 頁 286 上、頁 315 下。

73 以上詳參：般若譯，《華嚴經卷四十‧入不思議解脫境界普賢行願品》，《大正》
　 10，頁 845 上。

74 見：《水懺》卷上，《大正》45，頁 969 上。

懺》的「懺儀」層面而言，確實只在「懺除三障」四字而已。這懺悔三障的結構內容，在透過《水懺》「八次的禮懺過程」，即指八次的「禮十六佛菩薩→發露懺悔→發願」作不息不止的連續懺悔。[75]而這「八次」，又可類分爲「十四次的懺悔內容」。懺悔者針對這十四次的「連續發露懺悔」進行不息不止的理、事兼融並進之懺悔，即是一層又一層地向人心根源處的內底頑垢作無盡的深入斷滅，一層又一層的滌懺，一層又一層的省思，一層又一層的精進，一層又一層的向上提昇、向善圓滿的發露與懺悔。

　　「發露」與「懺悔」，「布薩」與「自恣」，「舉罪」與「出罪」，「戒律」與「佛法」，在佛陀時代的僧團生活中，確實有它的一定意義。[76]印度大乘佛教的「三寶思想」、「人天地獄因緣法」、「小乘阿毘曇法」、「大乘摩訶衍法」、「出家功德法」等思想，在東漢末年已和懺悔滅罪的觀念，一併傳入中國[77]，而《水懺》又是中國高僧在中國境內，爲推行佛教懺悔思想，專門從佛教經論之中節錄出來的一部適合於中國環境、人心的懺法。中國人認爲，宇宙的和諧均衡是依賴天地的複雜關係，而此種關係的保持必須藉由必要之禮儀的正當實踐。而其正當的實踐，又是一個人、一個家庭與一個社會之福祉的根本。[78]

　　今從《水懺》之整體義視之，「十四次的懺悔內容」雖爲「十四次」，事實上是吾人內心底層無量無邊不可計數罪業的發露懺悔；此無量無邊不可計數罪業的發露懺悔，又由吾人活潑自存的清淨本心所運發而生；此活潑自存的清淨本心，的確與「無量劫以來諸佛如來之願力」相續相生的；此「無量劫以來諸佛如來之

75　其八次之範圍依序是在《大正》45 的：「頁 968~頁 970 下」→「頁 970 下~頁 971 中」→「頁 971 中~頁 972 中」→「頁 972 中~頁 973 下」→「頁 973 下~頁 975 中」→「頁 975 中~頁 976 中」→「頁 976 中~頁 977 中」→「頁 977 中~頁 978 中」的「連續過程」。

76　詳參：印順著，《原始佛教聖典的集成》，頁 105~頁 130。

77　詳見本書第二章「關於《水懺》的名稱‧懺法」部分的論述。

78　見：蔡英文譯，〈宗教的儀式〉（"Ritual in Religion"），收入：幼獅文化事業公司編輯部，《觀念史大辭典》（"Dictionary of the History of Ideas"），（台北：幼獅文化事業股份有限公司，民國七十七年三月初版），頁 406。

願力」，又必於無量劫世之後恆與吾人相隨。然其取用之道，須發自「純一清白」[79]本心之「不息」、「不已」的工夫；由此「不息」、「不已」之工夫，乃可直接讓「佛⇆人⇆罪」三者融合爲一體之道，此即「人」居「人世間」的「純一清白」之一種大懺悔。此一大懺悔，在層層滌洗吾人之身心汙垢，令本來之身心恢復活潑生躍的機能，故《水懺》中不息不止的懺悔，實即〈水懺序〉中迦諾迦尊者所說的一種存在而活化（has been activating）之「三昧法水」。

然「懺悔三障」，只是《水懺》外在形式之具文；「十四次的懺悔過程」只是《水懺》的儀程。此具文者，是「工具」，是「器」；此儀程者，是「制儀」，是「軌則」。器者，「用」也，用「語」、用「言」、用「身」、用「心」、用「行」以達於懺也；軌則者，助「語」、助「言」、助「身」、助「心」、助「行」之路程，非懺也；「懺」與「道」一如，方是《水懺》矣。這外在器用的「制儀」、「軌則」的續續進行，近似於海德格的「展露」（Disclose，Discover）。這是對人生存在之可能性相，進行層層曚蔽、封閉的揭開，以顯其存在之意義。這是人如何被發現於生命與世界之方式，是如何展露自己於世界中之方式。我之一生，不是生於世界之任何處，而是生在世界一特定的「那裏」，而成爲如此如此之我的人生。我既生在「那裏」，我如此如此的在「那裏」，我便得負我在「那裏」的一切責任，計劃人生存在之性相的一切。[80]《水懺》文中所「發露的懺悔」的，原本只是「眾經」中的「懺悔滅罪方法」，沒有所謂「制儀」、「軌則」之問題，只有讓我的人生活得是「人」的人生。是故，《水懺》文中所「發露的懺悔」，便是人們的一種「慈」（maitrya；maitrī）「善」（kuśala）之心的發用[81]，是人們本來無礙之「本性」（tathatā）之流行，故「十四次的懺悔

---

79 取自《雜阿含經》卷十五「邊際究竟邊際，離垢邊際，梵行已終，『純一清白』，名爲上士」之「純一清白」義，見《大正》2，頁104下。

80 參：唐君毅著，《哲學論集‧海德格「人生存在性相論」》，（台北：臺灣學生書局，民國七十九年二月全集校訂版），頁403~頁404。

81 詳參：日‧多田孝正〈懺悔に關する中國の考察〉文，頁42。

內容」之連續發露懺悔，即是人用與諸佛如來懺願力合一而進行了「不息、不止」之生機的慈善根力活動（active；lively）。

　　《水懺》正是這種續續不息、懺悔不止的懺法，「慈根力」與「善根力」同「時」併行，再由惡因、惡果組成的「罪業」，與善因善緣生起的「本心」，二者同時俱現於懺悔的「場域」中，歷經「時」與「空」的交相攝融，「人」與「法」的合體契印，此即豁顯了吾人「本性」（tathatā）之大能。故諦閑云：「全性起修，故不二而二。」[82]何謂「不二而二」？蓋「從因至果，各論伏斷，爲宗用；專言當部得益之相，爲用用。」[83]「宗用」爲《水懺》本身的伏斷之用，是爲一用；「用用」爲運轉《水懺》後的當部得益之用，此亦爲一用；二用爲二，但二用又合爲一體之用，故曰「不二而二」。釋瑞斌〈慈悲水懺隨聞錄序〉亦云：「竊思懺典（《水懺》），法門高廣，因果分明，言簡意賅，深不可測。」[84]

　　人的「本識」（阿賴耶識，ālaya），會同時造就「善」（kuśala）、「惡」（pāpa）萬有種子（bīja）。[85]但聖、智之人，往往於惡緣之未起，先以善緣治其命；若有惡緣已緣起，則慚愧、恐懼而正面懺除，永不染觸之。如《大般涅槃經》卷中云：「身、口、意業淨，智慧樂多聞，此則爲上樂，慧者之所行」[86]是也。凡夫之人則反是，往往緣於「無明」（avidyā）之造作，善緣之未起，惡緣已先起；惡緣一起之後，貪欲、瞋恚、愚癡，三火交煎；身三、口四、六根，隨緣造業，莫得自在之力，於是，墜入因緣果報之漩流，身心遂長受（vedanā）幽闇無間（avīci）之劇苦，難脫六趣（gati）輪迴（samsāra）之翻騰，萬劫而不復。尤須注意者，此處眾生所趨之「無間」與「輪迴」，是無始以來所不能迴避的業力，《水懺》

---

82 見：《諦閑大師遺集・第四篇釋懺・水懺申義疏》，頁963。
83 見：諦閑前揭書文，頁964。
84 見：《卍續》128，頁289上。
85 見：劉宋・紹德慧詢等譯，《菩薩本生鬘論》卷十五云：「善中不害，以悲爲體，正翻瞋害，損惱有情，百數之中，此通善染，有支自性，惟阿賴耶，此爲三界、五趣、四生之體，離此識性，皆總不成。」《大正》3，頁381上。
86 見：《大般涅槃經》卷中，《大正》1，頁196中。

云:「非空非海中,非入山石間,無有地方所,脫之不受報」[87],正是此意。佛陀知此緣起,故云「一切諸苦無常」(巴 sabbe saṅkhārā aniccā),勸吾人不能執迷(abhiniveśa)於「無常」(anitya)與「我」(ātman),而應「正受」[88]的面對無量既成之惡業。《水懺》即是正取佛陀之本懷,慈愍眾生之憂苦,欲拔濟眾生走往向上之路(anodos),又取佛陀「諸根不搖動,心意會諸法,而棄於此身,恬然絕思慮,亦復無諸受」[89]之精神,連續不絕的進行澈底的「發露懺悔」,這即是一種「不息」、「不止」的活潑懺悔力。《水懺》所面對的,也是眾生執迷於「無明」造作所產生的惡業(akuśala-karman)之輪迴受報,同時欲引領眾生向無量善業(kuśala-karman)發展。故《水懺》之懺悔,是一顆慈悲心的、慚愧心的、菩提心的、般若心的種子,因於這種實存而有的種子之萌芽、茁壯、開花、結果,乃能生出〈水懺序〉中源源不絕的、活化的、有機的「三昧法水」。

　　「三昧法水」既是一種人與心的融和攝成,則《水懺》與「中國人」強調的「心」、「人」或「道」是緊密的「和合」的。[90]《水懺》的發露懺悔,即是將「心」、「人」與「道」作緊密而融通的「和合」,形成一種活潑不息之大懺悔力;此活潑不息之大懺悔力,即在「不息不止」的動態能量(-being 能)牽引作用下,達成滅盡業障之目標,故《水懺》云:「唯有懺悔力,乃能得除滅」[91],誠哉斯言。

　　是以,《水懺》「十四次的懺悔內容」之續續說理,即在明示

---

87 見:《大正》45,頁976中。但《法句經卷上‧無常品第一》則云:「非空非海中,非入山石間,無有地方所,脫之不受死。」,《大正》4,頁559中。
88 見:東晉‧竺曇無蘭譯,《寂志果經》:「復以是身,得三昧定,歡喜安穩,以無罣礙,觀視具足,無有身類,成無所與,當定欣喜。譬如青蓮、芙蓉、蘅華,生於污泥,長養水中,雖在水中,其根葉華實,在水無著,亦無所汙。比丘如是,於是身與三昧,安隱歡喜,彼以是正受之心,至于堅住,得無有異,清淨其心,無有欲塵。」《大正》1,頁274中。
89 見:《大般涅槃經》卷下,《大正》1,頁205中。
90 參見:龔雋著,《「大乘起信論」與中國化》,(台北:文津出版社,民國八十四年十一月初版),頁146。
91 見:《大正》45,頁976中~下。

罪罪有其因（hetu）。此「因（hetu）之用，又有「內因」義與「外緣」義，《水懺》懺悔理論之鋪陳為其「內因」義，「內因」向內尋索，終歸於「真如之心」[92]，其續續懺理之說，說眾生與佛契機之心，具不生性、不滅性、不增性、不減性、無差別相，此為《水懺》「用用」（諦閑語）之初始義。人人緣因而造罪，無始之罪相自無以計數，是以「十四次的懺悔內容」之續續發露，即是緣「事」細分，一一（vyasta）[93]俱說。此「緣事細分」之一一俱說，只是《水懺》的「外緣」義，外緣向外尋索，終歸於帶有迷執的「生滅之心」。《水懺》懺悔三障，務期懺除盡淨，雖為外在可感之事相，根本之懺卻在恢復吾人明澈之本性，具具有可生性、可滅性、可增性、可減性、差別相，此為《水懺》用用之第二義。二義雙線齊出，諸緣和合而成，染、淨同時俱現，理、事俱行併進，二二而一一，一一而二二，「不二而二」，「一而不一」，設再契印於諸佛如來之悲願，佐以七種懺悔「方便」（upāya）心之善權（kauśalya）作用，理、事二懺復與無生、無相之懺聚攝和合，則業障便能一一依法滌除。若是事事緣「善」契「法」而懺，則無始以來諸罪業自然轉化（transform）[94]，自能一路向上進展，細細續續的向上精進，《水懺》「三昧法水」之「全」義乃得彰顯。則此一彰顯，是在於將「不可說」（an-abhilāpya）之「道」（satya），開顯為「可說」，再由其續續懺悔不止之「言說」，說出了「佛說」之「道」。林師安梧云：

> 溯源而說「言」，當以「道」為依歸；就開展而說，「道」

---

92 此取《大乘起信論》「一心二門」之意，見：《大正》32，頁576上。

93 取自《雜阿含經》卷十五「一毛為百分，射一分甚難；觀『一一』苦陰，非我難亦難。」之「一一」義，見《大正》2，頁108下。

94 唐君毅云：「欲拔此苦，則必須『轉化』此生命無始以來于無數世界中、所造一切招苦之業，藏于當前生命狀態之底層者。」見：《中國哲學原論·原道篇·卷三》，（台北：臺灣學生書局，2000年9月全集校訂版三刷），頁5~頁6。葛兆光亦云：「從五至七世紀的思想史進程來看，似乎並不是佛教征服了中國，而是中國使佛教思想發生了『轉化』。在佛教教團與世俗政權、佛教戒律與社會道德倫理、佛教精神與民族立場三方面，佛教都在發生著靜悄悄的立場挪移。」見：葛兆光撰，〈征服與轉化 —— 五至七世紀中國思想史中的佛教〉，收入：饒宗頤主編，《華學》第三輯，（北京：紫禁城出版社，1998年11月一版一刷），頁78。

之流出而為「言」。「道」乃是「言」之秘藏處,「言」乃「道」
之開顯處,「道」是「不可說」,而此「不可說」即隱含一
「可說」,「可說」必指向於「說」,「說」之為「說」,必指
向於「說出了對象」,此「說出了對象」即為一「言說的論
定」,此是經由「語言的邏輯決定」而做成的論定。[95]

「道」賴「言」說,「言說」「說出了對象」,對象因之而活存。然
此「言說」畢竟本為「不可說」,故不能因「可說」而執於「言說」,
「言說」方成為其活躍之「言說」。西宗亦云:「說所不盡,故又
言其餘。」[96]嚴復曾云:「自世尊宣揚正教以來,其中聖賢,于泥
垣皆不著文字言說,以為不二法門,超諸理解。豈曰無辨?辨所
不能言也。然而津逮之功,非言不顯,苟不得已而有云,則體用
固可得以微指也。」[97]《水懺》續懺不息,悔罪不止,亦「不得
已而有云」之「言說」也,故其續續「言說」,實無所「說」;其
於三障諸業,詳而非詳;以其詳而非詳,乃能「空」、「無」、「自
在」,如如生力,迄乎「八萬四千塵勞皆悉清淨」[98]之不可思議境
界,且能繼續不絕地「正向涅槃,不休不息,三十七品,心心相
續。」[99]《水懺》又云:

> 在在處處自在受生,不為結集行業之所迴轉。以如意通於
> 一念頃遍至十方,淨諸佛土,攝化眾生,於諸禪定,甚深
> 境界,及諸知見,通達無礙。心能普周一切諸法,樂說無
> 窮,而不染著。得心自在,得法自在,方便自在,令此煩
> 惱及無知結習,畢竟永斷,不復相續,無漏聖道,朗然如
> 日。[100]

三十七品等法[101],定持精進之力,心心相續不絕,恰好用來對治

95　見:林師安梧撰,〈《揭諦》發刊詞－「道」與「言」〉,收入:《揭諦學刊》第
　　一期,(嘉義:南華管理學院哲學系,民國八十六年八月出版),頁5。
96　見:《卍續》129,頁504上。
97　見:王栻主編,《嚴復集》,(北京:中華書局,1986年1月一版一刷),頁1380。
98　見:《大正》45,頁969上。
99　見:《大正》45,頁970中。
100 見:《大正》45,頁972上。
101 「三十七品」,即「三十七道品(bodhi-pākṣika)」,又稱「三十七覺支」、「三

無量無邊的「煩惱及無知結習」，令這些惡行畢竟永斷，不復相續。這「善力」與「惡力」二道心力，一樣是相續相成不斷前進的，一道可塑身成佛，一道能縛身成魔。因「惡力」所形成之業障，如「五重」惡法，層層纏裹吾身，最外層是鐵衣，次層是皮裘，三層是布袍，四層是羅衫，五層是輕綃。《水懺》便是在微妙「時」、「空」流動場域中的一種「生善滅惡」[102]的懺法。這樣的懺法，可次第除去層層蠱障，去之又去，直至根本無明極細微障皆悉去盡，回復本體清淨法身。[103]亦即，《水懺》是在開顯「禮佛如水」義，「佛說如水」義，「方便如水」義，「懺理如水」義，「懺罪如水」義，「名相如水」義，「發願如水」義，「回向如水」義，「慈力如水」義，「悲力如水」義，「喜力如水」義，「捨力如水」義，「善力如水」義，「此身如水」義，「此心如水」義，「智慧如水」義，此即爲《水懺》洗心懺悔的「三昧法水」。

二、正視苦集・離苦解脫

（一）正視苦（duḥkha）集（samudaya）

以上探討了《水懺》「三昧法水」的「面對業力・不息不止」義，接下來由「正視苦集」的基礎，繼續深入「離苦解脫」之義。

眾生行於世間，若是「執著」（abhiniveśa）於無常（nirvāṇa）之我（ātman），則無量諸「苦」（duḥkha）自然源源「集」（samudaya）聚現前。《水懺》之所以續續累懺三障，無非是在正視「執我」之「苦」之「集」。

佛陀出家學道，主要的目的就是要證得真正智慧，來對治人

十七菩提分」、「三十七助道法」、「三十七品道法」，乃追求智慧，進入涅槃境界之三十七種修行方法。循此三十七法而修，即可次第趨於菩提，故稱爲菩提分法。即：「四念處」＋「四正勤」＋「四如意足」＋「五根」＋「五力」＋「七覺支」＋「八正道」。見：《大般涅槃經》卷上，《大正》1，頁191上。
102 見：《大正》45，頁971下。
103 關於「五重纏裹」，參：明・袾宏著，《竹窗隨筆》，（台北：財團法人佛陀教育基金會，民國八十八年七月版），頁20。

世的無量苦惱。六年苦行無功後，終在菩提樹下，「逆、順觀十二因緣，於座上成阿耨多羅三藐三菩提。」[104]佛陀所證悟之順逆「十二因緣」（dvādaśāngika-pratītyasamutpāda）者，依其緣生（pratītyasamutpanna-dharma）順序是：「癡」（無明，avidyā）→「行」（潛在之意志活動，samskāra）→「識」（vijñāna）→「名色」（nāma-rūpa）→「六入」（sad-āyatana）→「觸」（sparśa）→「受」（vedanā）→「愛」（trsnā）→「取」（upādāna）→「有」（bhava）→「生」（jāti）→「老死」（jasā-marana）。佛陀認為，一切諸法，皆無「個我」（ātman）之存在，亦無實在之「自性」（svabhāva），個我與自性之所以能被人們察知，係由種種因、緣（條件）和合而成立，此真理稱為緣起（pratītya-samutpāda）。「因」（hetu）為主要條件，「緣」（pratītya）為輔助條件，宇宙間任何事理，皆因各種「內」、「外」、「有形」、「無形」的「因」、「緣」條件之相互依存交感而生無常詭譎之聚散變化，變化無常，不可拘持。此種緣起真理，具有「如性」（tathatā）義、「不虛妄性」（avitathatā）義、「不異如性」（anaññaathatā）義、「相依性」（idappaccayatā）義。[105]《水懺》將煩惱障、業障、果報障，與慈悲心、菩提心、

---

104 見：《長阿含經卷一・（一）大本經》，《大正》1，頁7中~頁7下。佛說：「即以智慧觀察所由：從生有老、死，生是老、死緣，生從有起，有是生緣；有從取起，取是有緣；取從愛起，愛是取緣；愛從受起，受是愛緣；受從觸起，觸是受緣；觸從六入起，六入是觸緣；六入從名色起，名色是六入緣；名色從識起，識是名色緣；識從行起，行是識緣；行從癡起，癡是行緣。是為緣癡有行，緣行有識，緣識有名色，緣名色有六入，緣六入有觸，緣觸有受，緣受有愛，緣愛有取，緣取有有，緣有有生，緣生有老、病、死、憂、悲、苦惱，此苦盛陰，緣生而有，是為苦集。菩薩思惟：苦集陰時，生智，生眼，生覺，生明，生通，生慧，生證。於時，菩薩復自思惟：何等無故老、死無？何等滅故老、死滅？即以智慧觀察所由：生無故老、死無，生滅故老死滅；有無故生無，有滅故生滅；取無故有無，取滅故有滅；愛無故取無，愛滅故取滅；受無故愛無，受滅故愛滅；觸無故受無，觸滅故受滅；六入無故觸無，六入滅故觸滅；名色無故六入無，名色滅故六入滅；識無故名色無，識滅故名色滅；行無故識無，行滅故識滅；癡無故行無，癡滅故行滅；是為癡滅故行滅，行滅故識滅，識滅故名色滅，名色滅故六入滅，六入滅故觸滅，觸滅故受滅，受滅故愛滅，愛滅故取滅，取滅故有滅，有滅故生滅，生滅故老、死、憂、悲、苦惱滅。菩薩思惟：苦陰滅時，生智，生眼，生覺，生明，生通，生慧，生證。爾時，菩薩逆、順觀十二因緣，如實知，如實見已，即於座上成阿耨多羅三藐三菩提。」

105 見：吳汝鈞著，《印度佛學研究》，（台北：臺灣學生書局，民國八十四年五月

慚愧心、厭離心、恐怖心、怨親平等心、念佛報恩心、觀罪性空
心與智慧心等相爲銜接,復以〈水懺序〉中迦諾迦的異應,闡明
因果交感之理,則此種懺悔之進行,亦爲視「無明」爲過去之「惑」
因,「行」爲過去之「業」因,「識」、「名色」、「六入」、「觸」、「受」
爲現在之「苦」果。「愛」爲現在之「惑」因,「取」、「有」爲現
在之「業」因,「生」、「老死」爲未來之「苦」果。過去「因」與
現在「果」,可合爲「一重因果」;現在「因」與未來「果」,又可
合爲另外的「一重因果」。楊惠南教授歸納爲「三世兩重的因果」
[106]。這裡的三世,實際就是無量時間義,而兩重實際就是無量時
間之無量苦集義;以無量無止之時間流行,散射乎苦集與重重因
緣之感召相應,惡業因緣果報逐伺機浮現,人們乃於生生世世中
不斷地障蔽著原本自在自如之「我」。故《水懺》之發露懺悔者,
發露懺悔此已受障蔽之「我」的罪業,這與佛陀不斷指出有關「我」
的種種邪見及其產生的原因,而主張離於「常」、「斷」、「有」、「無」
兩邊的中道的「無我論」是相承繼的。佛陀所說的這種緣起,雖
針對此「我」而發,然此「我」並非「狹隘執著」之「無我」,它
可以與中國的「人性之我」相攝相融,亦可與西方之「自由意志」
相容相成,但不形成某些西方哲學中「自然」與「自由」的二律
背反或壁壘分明,甚而走向決定論或機械論(Determinism,
Mechanism),而是一種生機盎然之「我」。此生機盎然之「我」,
不受過去、現在、未來所牽制,道德活動的因果律法爾如是,活
動的因關連著緣起中的相對自由,活動的果關連著苦的寂滅(幸
福)。[107]

　　佛陀視「眾生可愍,常處闇冥,受身危脆,有生,有老,有
病,有死,眾苦所集,死此生彼,從彼生此,緣此苦陰,流轉無

初版),頁 17。
106 見:楊惠南著,《印度哲學史》,(台北:東大圖書股份有限公司,民國八十四
　　年八月初版),頁 169。
107 參:王師開府撰,〈初期佛教之「我」論〉,收入:《佛教研究的傳盛與創新學
　　術研討會論文集》,(台北:現代佛教學會,民國九十一年三月),頁 1~頁 18。

窮」[108]，故開善巧方便之門，令眾生得以懺悔而度化。吳汝鈞說，這種真理（十二因緣）的證悟，是佛陀「發自一種救贖的（soteriological）、實踐的（practial）動機。」[109]故《水懺》之續續發露懺悔，正是在「實踐」地滅除惡緣、洗淨惡因之道，使「人」能不復受因、緣牽制，遠離跳脫之而不造諸業。

十二因緣之提出，既是一種「實踐義」，佛陀繼復對「苦的生滅問題」進行思考，歸納出「苦→集→滅→道」「四諦」（catāri saccāni）[110]緣生的生命真理。人的一生，若能審實世間事物，不論有情、非情，一切本質悉皆爲「苦」（duhkha）之義；再審實世間一切煩惱惑業，實能「聚集」（samudaya）三界、生、死苦果之理；並以智慧力斷除苦之根本 —— 欲愛，其苦必「滅」（nirodha）；末了，復審實滅苦之「道」（mārga），乃生「正見」（samyag-drsti）、「正念」（samyak-samkalpa）、「正語」（samyag-vāc）、「正行」（samyak-karmānta）、「正受」（samyag-ājīva）、正治（samyag-vīrya）、「正意」（samyak-smrti）、「正定」（samyaktva-niyata-rāśi）「八正道」（astānga-mārga-hāmāni）[111]。懺悔者若依「八正道」實修踐行，必可與諸佛如來一體而超脫「苦」、「集」二諦，達到「寂靜涅槃」之境。

佛陀提出這種「中道」（madhyamā pratipad）思想，是捨離了雅利安人的獻祭迷執，而重新建立了適用於人間「行」「用」的正

---

108 見：《長阿含經卷一·（一）大本經》，《大正》1，頁7中。

109 見：吳汝鈞《印度佛學研究》文，頁18。

110 見：《中阿含經卷六十·含例品箭喻經第十》云：「苦，苦集，苦滅，苦滅道跡。」《大正》1，頁805下。《雜阿含經》卷十五亦云：「何等爲四？謂苦聖諦，苦集聖諦，苦滅聖諦，苦滅道跡聖諦。」《大正》2，頁104下。「苦諦」（duhkha-satya），審實世間事物，不論有情、非情，悉皆爲苦，亦即對人生及一切所作之價值判斷，認爲世俗之一切本質皆苦。「集諦」（samudaya-satya），審實一切煩惱惑業，實能招集三界生死苦果。「滅諦」（nirodha-satya），審實斷除苦之根本–欲愛，則得苦滅，可以入於涅槃之境界。「道諦」（mārga-satya），道，能通之義。審實滅苦之道，乃正見、正思惟等八正道，若依此而修行，則可超脫苦、集二諦，達到寂靜涅槃之境。

111 見：東漢·安世高譯，《佛說八正道經》《大正》2，頁504下~頁505中。原文之名稱次第是：「諦見」→「諦念」→「諦語」→「諦行」→「諦受」（正命）→「諦治」（正精進）→「諦意」（正思惟）→「諦定」。

覺思想。此處《水懺》的續續懺悔，所懺悔的，即是懺「不正」
之「見」以趨向於「正見」、懺「不正」之「念」以趨向於「正念」、
懺「不正」之「語」以趨向於「正語」、懺「不正」之「行」以趨
向於「正行」、懺「不正」之「受」以趨向於「正受」、懺「不正」
之「治」以趨向於「正治」、懺「不正」之「意」以趨向於「正意」、
懺「不正」之「定」以趨向於「正定」的單純「正知」、「正覺」
之「空」、「無」。故《水懺》雖為「十四次的懺悔過程」，事實上
即是懺悔八項「不善業」，八項復八項續續發露，乃成多重六十四
項惡業（8x8）的斷絕，從而積極的轉化成新活旺盛的能量，此即
踐行了「肯定」的「八正道」；續而以「肯定」的「八正道」之「肯
定」「八正道」，生成無量無邊正面向上提昇的善業活動，故《水
懺》「十四次的懺悔過程」，即在使吾人趨向於無限不可思議「正」、
「善」流力之運行的懺法。

　　惟超脫「苦」、「集」二諦，對菩薩（bodhi-sattva）、聲聞
（śrāvaka）、緣覺（pratyeka-buddha）而言，已非容易之事；對於
介爾凡夫，尤為難事。唐君毅云：「佛道即一面對世間之苦、集，
而求滅度之道。世間有情生命無窮，其苦無窮，為其苦之因之一
切心色之法之集結無窮，其所成之世界亦無窮。于此人如欲面對
此無窮，而求加以滅度之道，即為無窮的沉重之一負擔，而與一
無窮的悲愍之情相俱者。由此而釋迦對世間人說法，亦必對種種
苦、種種心色之法之集結、說種種道。其說之也，恆須就世間人
所及知者，依種種譬喻而說之，更來回重複說之。」[112]故〈水懺〉
序中知玄膝上的人面瘡，是貪、瞋、癡，身、語、意之譬喻，是
名利聲聞之比擬；而三昧法水者，是清淨戒持、無染無穢心水的
譬喻。《水懺》云：「一切諸佛，愍念眾生，為說水懺道場總法。」
[113]則明白的強調了《水懺》之編製乃因於一切諸佛慈愍眾生、悲
拔眾生苦難而成的一部懺法。故《水懺》中以三毒等、四識等、
五住地等、六情等根、七漏等、八倒、九惱、十煩惱、十一遍使、

112 見：唐君毅《中國哲學原論·原道篇·卷三》，頁7~頁8。
113 見：《大正》45，頁968下。

十二入、十六知見、十八界、二十五我、六十二見、九十八使、百八煩惱等所造一切罪[114]，如流水般的進行細細懺悔，這即是諸佛如來「無窮的悲愍之情相俱」而成之懺法。

《水懺》又云：「其罪相雖復無量，大而爲悟，不出有三：一者煩惱，二者是業，三者是果報。」[115]則道出了無量無邊業障之總相。在《水懺》中，懺悔者正視「三障」，累累續續連翻發露，即是佛陀就「種種心色之法之集結」、「來回重複說之」之具體顯現。自從無始以來，人們因積聚無明，障蔽心目，隨煩惱性等所引起的三世罪，計成二十七種煩惱障。那些日深日厚、日滋日茂所引起的不能學佛之煩惱障，繼續加以發露陳列，計有二十四種。[116]故〈水懺序〉云：

> 迦諾迦尊者洗我以三昧法水，自此以往，不復與汝爲冤。[117]

這就是佛陀就世間人所及知者，依譬喻而說之懺悔，懺悔者心中運行此水，即與迦諾迦尊者的不可說之微妙法力密契，從而與無量劫以來的諸佛如來之一切懺悔心願合一。

世間人常貪執於因、果、生、滅，不知跳離其境，故龍樹即以「不生亦不滅，不常亦不斷，不一亦不異，不來亦不出」[118]這「八不緣起」（「八不中道」）來遮遣世俗之各種邪執。人，若處於無明之中，亦即處於與生俱來的名言概念的虛妄執著之中，於是原發呈現的世界便被粘平爲僵死的二元體系，在語言的牢籠中我們不自覺地生存於無根的狀態。龍樹的基本策略，就是要通過各種巧妙銳利的方式去追究每個流俗概念的確定內涵，指出借助於這些概念的組合不可能揭示無定相之緣起，只有破除對名相的妄執，直面世界本身，方有真實緣起的自在顯現。[119]《水懺》實存而有的三昧法水之流力懺悔，即是一種真實緣起的自在顯現。

---

114 見：《大正》45，頁970上~中。
115 見：《大正》45，頁969上。
116 以上詳參本書第四章關於《水懺》內容部分之論述。
117 見：〈水懺序〉文，《大正》45，頁968中。
118 見：龍樹造，鳩摩羅什譯，《中論卷一·觀因緣品第一》，《大正》30，頁1中。
119 參：傅新毅撰，〈大乘佛教「真如」觀念的現代詮釋〉，收入《宗教》（雙月刊）第一期，（北京：中國人民大學書報資料中心，2000年出刊），頁41。

　　〈水懺序〉的十世冤業，在三昧法水的滌濯之後，復與《水懺》煩惱障、業障、果報障諸事懺與理懺做了懺悔思想上的貫連，便是真實的己界、佛界與眾生界諸業的發露懺悔。隋・智顗曾說：「初緣實相，造境即中。無不真實。繫緣法界，一念法界，一色一香，無非中道。己界及佛界、眾生界亦然。陰入皆無，無苦可捨。無明塵勞，即是菩提，無集可斷。邊、邪皆中正，無道可修。生、死即涅槃，無滅可證。無苦、無集，故無世間。無道無滅，故無出世間。純一實相，實相外更無別法。」[120]這是智顗探討四聖諦的多層義蘊所獲得的詮釋學結論，這不只是批判的繼承之「當謂」層次而已，根本是一種佛說的創造發展之「創謂」層次。[121]牟宗三亦說：這「八不緣起」，亦即證「無生法忍」，能以「體法空」證「無生法忍」，才是菩薩道。因此《中論》所觀的緣起法，是觀去執後的緣起法，而不是西方所說的因果性（causality）[122]現象而已。

　　觀《水懺》所懺悔發露者，無不皆指凡夫執於「我執」之「苦」、「集」。如：

　　　　貪一切財寶，貪一切歌樂，貪一切女色，心生貪戀，意起煩惱。[123]

此即是一種去執後的緣起法，依於《水懺》，懺悔「貪執」而生起的煩惱。

　　　　或因三業而生罪，或從六根而起過，或以內心自邪思惟，或藉外境起於染著。[124]

此與「或因四識住，造一切罪」、「或因五住地煩惱，造一切罪……如是等煩惱，無量無邊，惱亂六道一切眾生」者，無不是因為無

---

120 見：《摩訶止觀卷一上・圓頓章》，《大正》46，頁1下~頁2上。
121 見：傅偉勳撰，〈四聖諦的多層義蘊與深層義理〉，收入：釋恆清主編，《佛教思想的傳承與發展》，(台北：台北：東大圖書股份有限公司，民國八十四年四月初版)，頁44。
122 見：牟宗三著，《中國哲學十九講》，(台北：臺灣學生書局，1999年9月初版八刷)，頁265~頁266。
123 見：《大正》45，頁968下。
124 見：《大正》45，頁969上。

明之闇覆，心、色之執迷所招致之惡業。眾生自執、自縛，故往往因處安樂之境而自鳴得意。《水懺》云：

> 言他不知，謂彼不見，隱匿在心，傲然無愧。此實天下愚惑之甚，即今現有十方諸佛大菩薩，諸天神仙，何曾不以清淨天眼，見於我等，所作罪惡？[125]

渾噩一我，造諸罪業，忝然無愧的惑世媚眾，以為他、彼不曉，殊不知戒體本身與諸佛菩薩的懺悔心願，一一明了清楚。《水懺》復云：

> 六道牽連，四生不絕，惡業無窮，苦果不息。[126]

諸如此類之無量無邊苦果，六道輪迴，生生世世，無不成為眾生「無窮的沉重負擔」，是以《水懺》明言「此事不遠，不關他人，正是我身，自作自受。」[127]

明‧夏之鼎云：「般若如大火聚，四面不可入」，又云「般若如清涼地，四面皆可入」[128]何以然哉？蓋人間雖是苦、集之火窟，其喜、利、悅、樂，亦為「其餘五道」所不可企及；其諸緣方便、行道普渡、創造發明、智慧光明等，亦為「其餘五道」所不可望其項背。故《法句經卷上‧世俗品第二十一》云：「世皆有死，三界無安；諸天雖樂，福盡亦喪。」[129]《法華經卷二‧譬喻品第三》云：「三界無安，猶如火宅；眾苦充滿，甚可怖畏。」[130]因此，《水懺》懺云：

> 相與常觀，生死之中，唯有無常、苦、空、無我、不淨、虛假，如水上泡，速起速滅。往來流轉，猶如車輪。生、老、病、死，八苦交煎，無時暫息。[131]

故《水懺》可說是以〈水懺序〉與《水懺》「三障懺悔文字」之組合，直搗眾生之迷執心識，令癡闇眾生能正視而趨入於「苦」、「集」

---

125 見：《大正》45，頁 971 上。
126 見：《大正》45，頁 970 上。
127 見：《大正》45，頁 971 上。
128 見：《閱藏知津‧緣起》，《大正新修法寶總目錄》三，頁 1007 中。
129 見：《大正》4，頁 566 上。
130 見：《大正》9，頁 14 下。
131 見：《大正》45，頁 967 中。

的狀態，然後趨於離苦解脫之境。

（二）離苦解脫

　　眾生無明惛闇，由「十二因緣」之交錯相加而生起煩惱，使得罪業與果報相續相生、自作自受而不自知。唐‧道宣云：「若夫惑業所起，梯構有因，惑必違理而生，故懺務觀其理。業生依事而起，故懺還須緣。事悔必勤身營構，慚愧為其所宗；理悔必析破我、人，知妄是其大略。」[132]〈水懺序〉之十世冤讎因果感召與《水懺》煩惱障、業障、果報障之懺悔發露，是要透過理懺與事懺的踐履，於當下淨心流水狀態下，使得諸佛如來無量大悲心願力與自己合一，完成離苦解脫之目標。

　　然熊十力云：「講緣生一詞，是萬不可含有構造的意義的。我們要知道，緣生一詞，是對那些把心或識看作為有自體的一般人、而和他說，所謂心或識，只是眾多的緣互相藉待而詐現的一種虛假相，叫作緣生，此心或識分明是沒有自體。」[133]故《水懺》之發露懺悔，即是針對「眾多的緣互相藉待而詐現的一種虛假相」的徹底滌蕩，務使吾人破除世相人我之假相，從而達成離苦解脫之境。

　　《水懺》云：

> 但觀自身，從頭至足，其中但有三十六物，……如是九孔常流。是故經言：此身眾苦所集，一切皆是不淨！何有智慧者，而當樂此身？[134]

「眾苦所集」之「此身」，亦由因緣和合而來，故成我此身之因緣係就外在「色相」而言之者。此身固有三十六物，從出生到老死，

---

132 見：《大正》50，頁 700 中~下。
133 熊十力云：「講緣生一詞，是萬不可含有構造的意義的。我們要知道，緣生一詞，是對那些把心或識看作為有自體的一般人、而和他說，所謂心或識，只是眾多的緣互相藉待而詐現的一種虛假相，叫作緣生，此心或識分明是沒有自體。緣生一詞的意義，只是如此。我們玩味這種語氣，根本不是表示心或識由眾緣和合故生，而恰是對那些執定心或識為有自體的一般謬見，假說緣生，以便斥破」，見：《新唯識論》，頁 72~頁 73、頁 74。
134 見：《大正》45，頁 967 中。

常流汙垢，厚實不絕，但這只是有形可見之「顯垢」而已，真正
不可視、不可觸、不可聞、不可聽而事實存在的「無形頑垢」
——執著於「人」「我」之「妄心、識垢」。《水懺》云：

> 生死之中，唯有無常、苦、空、無我。不淨虛假，如水上
> 泡，速起速滅，往來流轉，猶如車輪。生、老、病、死，
> 八苦交煎，無時暫息。[135]

這無時暫息、往來流轉的生、老、病、死，八苦交煎，是人生在
世無窮無盡的精神折磨，此即是《水懺》細細滅除斷盡之目標。

然「此身」不是不可能成就爲「佛身」（buddha-kāya）的，《水
懺》云：

> 佛身者，即法身也，從無量功德智慧生，從六波羅蜜生，
> 從慈、悲、喜、捨生，從三十七助菩提法生，從如是等功
> 德智慧生如來身。[136]

可見「佛身」、「法身」、「如來身」原本一如而非三。吾人既
可能成就爲「佛身」，則「佛性」（buddha-dhātu）、「佛心」
（buddha-citta）亦可能俱存、併現、同顯。惟「人」之「此身」
降生世間之後，先天「佛性」隨即爲世間種種名色所染，吾人本
有之「佛性」，乃至「無量功德智慧」、「六波羅蜜」、「慈、悲、喜、
捨心」、「菩提心」悉倏忽消失，蕩然無存，又以無明闇執相與俯
仰於其間，則業業累造而成冤讎毒瘡。湯用彤云：「一切眾生，皆
有佛性，而成就懸殊，則在乎見。見者含感應因緣義。」[137]是以，
凡懺悔者，皆具有「佛性」，本亦有「無量功德智慧」，以其智慧
而能行「六波羅蜜」，若於其中續續生發「慈、悲、喜、捨」四無
量心，又輔以「三十七助菩提法」，則可生智慧佛光而照見罪垢，
並滌除罪垢，轉化爲善緣，趨向成佛之路。故〈水懺序〉之譬喻
與《水懺》三障懺悔文字之言，乃佛陀爲眾生演說的智慧之譬喻

---

135 見：《大正》45，頁969中。
136 見：《大正》45，頁969中。
137 見：湯用彤著，湯一介主編，《理學・佛學・印度學》，（台北：佛光文化事業
有限公司，民國九十年四月初版），頁171。

與言說，鋪陳譬喻了罪業事例，即使懺悔者皆能依秉佛陀之慈悲心願，願「人」生起厭離含垢之軀，修向成等正覺之路也。

　　吾心本來清淨，故與「佛心」密接不離；此一與佛心密接之「心」，又相契於「佛性」；此一相契於「佛性之心」，復續續「翕」「闢」，[138]攝合為「佛身」；此一收縮之「翕」與開展之「闢」而生成之「佛身」，復能相續「人」之「善能」而融入於六道眾生之心中[139]。《大般若波羅蜜多經》云：「諸心皆本性空故，是真無漏不墮三界，則蘊處界等廣說，乃至十八佛不共法，亦應是真無漏不墮三界。若心色等法，無心色等性，故不應執著，則一切法皆應平等，都無差別。[140]」凡夫之「心」，愛戀於貪（lobha）欲（chanda）之中，故「佛心」常相違逆。凡「心」既喜執於「欲」，故「性」（prakṛti）不活存（sein）於「空」（śūnya）境，則「空」不應其淨「心」；「空」不應其淨「心」，「心」復處處「緣起」，故「心色等法」隨「欲」應現，緣起、緣續，復續續招感三界，而三界之「時」、「空」無窮，致生無量無邊之汙漏。汙漏復感招緣起、緣續之汙漏，三界之中復緣生三界，乃至無窮無盡之迷妄三界，大、中、麤、細、可見、不可見、可識、不可識之癡闇世界，而眾生在世世之中復以差別之識相待，則果報障遂至於無有窮盡矣。

　　設若執於我相，執於梵我一如，執於心色諸法，則在累世因緣造作與翻疊之後，現世的業果苦報亦將伺機源源躍現，浸漬於我們身心竅孔細竅處，使我們求醫不得，求死不能。此時，即如〈水懺序〉中之知玄，御醫默默，餵瘡無絕，瘡不見去，且痛異常。又如《水懺》所云：生生世世長在阿鼻「徹火、刀輪」中度日，無量劫後，復須累受於「刀山劍樹」之身首脫落、「湯鑊爐炭」之燒煮烤炸、「鐵床銅柱」之燋然漂燙、「刀輪火車」之劈碎碾礫、「拔舌犁耕」之痛撕劉楚、「吞噉鐵丸烊銅灌口」之五內消爛、「鐵

138　此「翕闢」取自於熊十力《新唯識論》，頁99。
139　參：張慶熊著，《熊十力的新唯識論和胡塞爾的現象學》，（上海：人民出版社，1996年3月初版二刷），頁278。
140　見：《大般若波羅蜜多經卷四百八十六・第三分善現品第三之五》，《大正》7，頁470下。

磨地獄」之骨肉灰粉、「黑繩地獄」之肢節分離、「灰河沸屎」之鬱鬱惱悶、「鹹水寒冰」之皸裂裸凍、「豺狼鷹犬」之更相殘害、「刀兵巨爪」之搏撮斫刺、「兩石相磕」之形骸碎破、「眾合黑耳」之解肪剔膜、「闇冥肉山」之斬筋剉脈、「鋸解釘身」之斷神截腦、「鐵棒倒懸」之屠割溢漿、「燋熱叫喚」之煩冤搶地、「大小鐵圍」之不識三光、「阿波波」、「阿婆婆」、「阿吒吒」、「阿羅羅」之囹圄悶惱等，八寒八熱一切諸地獄中之無量苦業，續續輪翻現覆，無窮無已。既無窮無已矣，心識未醒，復以無明因緣，再陷入八萬四千「鬲子」，繼續奪神戕魂，苦不堪言。《水懺》云：

> 炮煮楚痛，剝皮刷肉，削骨打髓，抽腸拔肺，無量諸苦，不可聞、不可說。[141]

肉體意識之楚痛如是，精神實質上無量無邊罪報之苦，隨染於懺悔者的戒行心體，附著於凡夫的性靈深處，世世日日伺機唷噬著心體之菁華汁髓，時時刻刻伺機自謔熬燒性體之津靈[142]。何以然？因為，「彼」、「我」原本平等，同具佛性，不應分別。凡夫戀執於彼相、我相，遂致細細續續競地妄想造作，產生分別之滯礙。《水懺》云：

> 以分別故，起諸相著，相著因緣，生諸煩惱；煩惱因緣，造就惡業；惡業因緣，故得苦果。[143]

是故，還原本性之法，應是「於一切眾生，起慈悲心，無彼、我相」[144]，無量苦業乃能斷絕滅除；斷絕滅除無量苦業之剎那，真實自性方能顯現流行。

　　《水懺》言說業感果報諸地獄苦相，亦為一「示相」義，一「譬喻」（avadāna）義，一「流動」義，一「洗心」義，故《水懺》進行禮拜發露之踐履，亦以〈水懺序〉及「三障懺悔文字」之喻引，至於此懺法之煩惱障、業障、果報障，悉亦不可執、不

---

141 以上詳參：《大正》45，頁977上~中。
142 「津靈」一詞，取自《續高僧傳卷一‧譯經篇初‧寶唱傳》，《大正》50，頁427上。
143 見：《大正》45，頁967中。
144 見：《大正》45，頁967中。

可泥、不可取。蓋此身既繫於諸罪之應相，本心便應出離諸罪之假相。是故佛陀曾云：「非相非非相，非心非非心，非有漏非無漏，非有為非無為，非常非無常，非幻非非幻，非名非非名，非定非非定，非有非無，非說非非說，非如來非非如來。」[145]此處之「非」與「非非」，並不是在表面否定整個現象界沒有「相」、「心」、「漏」「為」、「常」、「幻」、「名」、「定」、「說」、「如來」等「單稱命題」（singular proposition），而是在深入闡說現象界的所有事物都是因緣和合而生，緣起而生，緣散而滅的。至於活然存在的「本心」，是個「全稱命題」（universal proposition）[146]，它原本就獨立自在，生機暢旺，茂然活潑的，故不須去依隨著這些單稱命題而復緣起而生，緣散而滅的。也就是，人類唯破除了自己以意識所造出之不可遍計的名相，唯「無所住於其中」，佛說之妙法乃能應運而生。《水懺》對無始以來的三障進行發露懺悔，懺悔者能透達於此懺理，便不會執著於諸罪之相，亦即活「用」了所懺之罪的假相，此則能在本心中豁顯出「示相」義、「譬喻」義、「流動」義、「洗心」義；發露懺悔完畢之後，便能空然自在，不復執著於「示相」義、「譬喻」義、「流動」義、「洗心」義，而自然生出「三昧法水」的藥力。故《金剛經》云：「若心取相，則為著我、人、眾生、壽者；若取法相，即著我、人、眾生、壽者。何以故？若取非法相，即著我、人、眾生、壽者」[147]。故諸佛如來不作有相、常相、樂相、我相、淨相、主相、依相、作相、因相、定相、果相；諸佛如來無有定相；一切諸佛所演說，無定果相；一切諸法，無有定相；一切善根，與眾生共有；願一切眾生見示現之色相而得解了[148]。

　　《水懺》文中，因「三毒」、「四識」、「五住地」、「六情根」、

---

145 見：北本《大般涅槃經卷二十二・光明遍照高貴德王菩薩品第十之二》，《大正》12，頁 494 下。
146 關於「單稱命題」與「全稱命題」，可參：吳汝鈞著，《印度佛學的現代詮釋》，頁 73。
147 見：姚秦・鳩摩羅什譯，《金剛般若波羅蜜經》，《大正》8，頁 749 中。
148 參：北本《大般涅槃經卷二十四・光明遍照高貴德王菩薩品第十之四》，《大正》12，頁 504 上~頁 510 中。

「七漏」、「八倒」至「百八煩惱」等所造一切罪[149]；「因積聚無明，障蔽心目，隨煩惱性所造三世罪」等二十七種煩惱[150]；因無始以來，「長養煩惱，日深日厚，日滋日茂，覆蓋慧眼，令無所見」等所生無量無邊之行障[151]；因「積惡如恒沙，造罪滿大地，捨身與受身，不覺亦不知」等所作五逆深厚濁纏等三十一種罪業[152]；因「殺害」、「劫盜」、「婬欲」、「惡口」、「妄語」、「綺語」、「兩舌」、「六根」、「三寶間諸罪」及「其餘若自作，若教他作，若隨喜作，若以勢力逼迫令作」等無量細微諸罪[153]；「地獄報」、「三惡道報」、「人天餘報」等不可計數果報[154]；雖爲懺悔發露，實即此「心」所示現之種種罪相。以其爲示現之罪相，故《水懺》之發露懺悔乃行當視、當聞、當品、當觸、當覺、當執、當知、當即、當露、當說、當顯之心，復行非視、非聞、非品、非觸、非覺、非執、非知、非即、非露、非說、非顯之心。前心緣生緣滅，後心不生不滅；「不生不滅」歸諸內蘊底層之真如本心，「緣生緣滅」歸諸外顯浮層之苦痛死集；夫如是，內、外諸心攝受合一，理、事圓融懺悔，然後斷遮一切諸「惡」根源，而顯生一切諸「善」根源，從而證得與諸佛如來同一之實存而有之相。陳沛然云：「從實相的立場出發，言說乃虛妄不實；但從教化方便眾生而言，言說亦具輔助之橋樑作用。若以爲言說能表述實相而一定要說，此是著於說；但以爲言說不能顯實相而一定不說，此乃著於不說。佛家的語言哲學，則是不壞假名而說諸法實相。」[155]《水懺》之續續懺悔言說，亦是「不壞假名而說諸法實相」之「說」。這樣的「言說」，是一種完全「敞開」的語言，是一種無聲的「真實內在」之懺悔

149 見：《大正》45，頁 970 上~頁 970 中。
150 見：《大正》45，頁 971 上~頁 971 中。
151 見：《大正》45，頁 972 上。
152 見：《大正》45，頁 972 下。
153 見：《大正》45，頁 973 下~頁 976 中。
154 見：《大正》45，頁 976 下~頁 978 中。
155 見：陳沛然著，《佛家哲理通析》，（台北：東大圖書股份有限公司，民國八十八年二月再版），頁 194。

語言，絕對不是彿要透過面紗才能看見的現象[156]。

　　然一切諸「惡」又非易斷之事實，故須以此心居於過去、現在、未來，生生世世，以大懺悔力，成大懺悔勢，生續續破執滅相之心。三世破執滅相，復三三世破執滅相；三世離相立道（bhūta-tathatā），復三三世離相立道，至無有窮盡，乃至不窮盡，不終止。故《大般若波羅蜜多經》云：「我當自住內空，亦教一切有情令住內空。我當自住：外空、內外空、空空、大空、勝義空、有爲空、無爲空、畢竟空、無際空、散空、無變異空、本性空、自相空、共相空、一切法空、不可得空、無性空、自性空、無性自性空。」[157]惟此「空」復非無能之空、無性之空，而是具有強烈生命力、生機盎然的「空」。以其懺悔者之「**一心歸命三世諸佛**」[158]，此「一心」之「忄」，由「活生生實存而存有」[159]之津靈而出，此「忄」與「天」、「地」、「人」、「佛」平等無別，活潑生躍，動能無限[160]，爲一「天」、「地」、「人」、「佛」共享同生之實存而有的活性空體。《水懺》續續之真心發露，即續續之真心消業，在續續進行之當下，已與實存而有的活性空體同一而生。唯其活性而實有之「空體」，須是內層本心之源源發出，不執著於「性」，亦不執著於「相」，不執著於「心」，不執著於「我」，不執著於「人」，

---

156 參：Ludwig Wittgenstein（維根斯坦）著，尙志英譯，"PHILOSOPHICAL INVESTIGATION"（《哲學研究》），（台北：桂冠圖書股份有限公司，2000 年 9 月初版三刷），頁 333。

157 見：《大般若波羅蜜多經卷四十七·初分摩訶薩品第十三之一》，《大正》5，頁 268 上。

158 見：《大正》45，頁 968 下。

159 林師安梧曾針對熊十力先生之《新唯識論》「即用顯體，稱體起用」之義解釋云：「存有的根源實不外於吾人此活生生實存而有之顯現也，不外於此活生生之生活世界也。存有的根源並不是一夐然超絕之體，而是一活生生實存而有，即用顯體之體。體之爲體是就其『創生義』而言其爲體，是就其『活動義』而言其爲體，是就其『功能義』而言其爲體，是就其『作用義』而言其爲體。『存有之根源』乃是關聯著人之爲『活生生的實存而有』而置定的，不是推出去，另尋個根源也。」見：《存有·意識與實踐》，（台北：東大圖書股份有限公司，民國八十二年五月初版），頁 326。

160 筆者曾就儒家《周易》作過研究，發現《周易》道體亦顯現出「無限流進」之「動能」。此蓋聖哲、佛陀智慧相通之處，故引用之。參：拙著〈《周易》「位移性格」哲學初詮〉，收入：《中國學術年刊》第二十三期，（台北：國立臺灣師範大學國文研究所，民國九十一年六月出版），頁 23～頁 32。

不執著於「佛」，不執著於「有」，不執著於「無」，且不執著於活性而實有之「空體」。唯有這樣的「空」，才是活脫自在、生機無限的「無」。故《水懺》的續續懺悔，是佛教懺悔思想與中國「天」、「地」、「人」、「佛」的「空」與「無」之懺悔，這是一種「消極的」滅罪除障工夫，也是一種「積極的」向上、向善的能源藥力作用；消極的滅罪除障，豁和著懺悔過程的續續前進；積極向上、向善的能源藥力，密攝於「空」、「無」之心。[161]故智旭云：「性之與相，如水與波，不一，不異，故曰性是相家之性，相是性家之相。今約不一義邊，須辨明差別，不可一概儱侗。又約不異義邊，須會歸融通，不可終滯名相。」[162]海德格說：「人的表達，總是現實和非現實的顯現和再現」[163]，《水懺》的「佛說」，業業懺悔的「言說」，皆爲續續不絕之語言「表達」，現實和非現實亦將「顯現」和「再現」，「顯現」和「再現」之「現實」與「非現實」，又將緣起而誘「人」造業，故此懺悔之「心」，須以大慈善力精進推移，澈底療治當下之「苦」「集」諸「相」而續顯「新活之心」。

　　「苦」所「集」者，「相」也；「相」所對應者，「心」也。「會歸融通」之後，以「現前一念之淨心」，續續應顯罪相；以「現前一念之善性」，累累超拔罪相，必得如來佛身；此一懺悔所顯之如來佛身，如如（tathā）自在（īśvara），本來無縛；已迄本來無縛境，故能真性解脫，真實的活（has been activating）存（sein）於

---

161 德・Wolfgang bauer（鮑吾剛）嘗云：「在中國和亞洲的哲學中，『空』和「無」始終發揮著一種重要的雙重作用，這種雙重作用建立在簡單但彼此對立的經驗之上，即一切存在的事物總是如其自身形成時那樣阻礙存在。一方面，雖然「空」和「無」具有一種消極的特點 —— 在的確什麼都沒有的情況下。但它們爲一切形成中的事物創造了必要的前提條件的時候，它們也具有一種積極的特徵，因爲只有從『無』中才能產生一切。『空』也是如此，儘管人們在翻譯亞洲的文學作品時付出了很大的努力，但『空』仍始終顯得有些蒼白，因爲在西方的語言中，一直缺少一個合適的詞彙，缺少一個在根本上具有強烈生命力的概念。」見 Wolfgang bauer：撰，"The preface of 'Das antlitz chinas'"（中國人的面孔序言），收入：《歐洲中國古典文學研究名家十年文選》，（江蘇：江蘇人民出版社，1998 年 12 月一版一刷），頁 4。

162 見：明・智旭撰，《觀心法要》，《卍續》82，392 下。

163 見：Martin Heidegger（海德格爾）著，彭富春譯，"Poetry・Language・Thought"（《思・語言・思》），（北京：文化藝術出版社，1991 年 11 月一版三刷），頁 168。

寂靜涅槃之空體也。故《水懺》云：

> 生生世世，在在處處，常為諸佛之所護念，能降魔怨，及
> 諸外道，與諸菩薩聚會一處，菩提道心，相續不斷。[164]

眾生依藉三世諸佛之大願力，大慈愍力，相續成無上「增上勝心」[165]，得「速成如來三十二相，八十種好，十力無畏，大悲三念，常樂妙智，八自在我」[166]的妙境。亦即與諸佛如來一體合成的戒體，正視著累世人生所造作的煩惱障、業障、果報障所進行的無窮無盡、續續如水、勢勢湧進、流動不止之發露懺悔也。

清‧釋大貞〈畫中禪師釋水懺序〉云：「真性如如，罪福胡必有命？揀罪、揀福，是眼中著屑，鏡上安塵。旨哉！毗婆佛言：罪福皆空；毗舍佛言：罪福如幻；拘那含佛言：能知罪性空。」[167]《水懺》密契於諸佛清淨無染之心願而行續續懺悔，不虛不妄，故為真性懺法；秉承諸佛性說而言懺理，離虛、離妄，故為解脫之門。諦閑云：「(《水懺》)以真性解脫為體。真性即吾人現前一念之心性；本來無縛，故曰解脫。此性不生不滅，不常不斷，不一不異，不來不去，為一切諸法之所依，故得為懺法之體也。」[168]宋‧延壽云：「若不觀心，何以懺悔？以了一心，真性解脫。……以罪從心生，還從心滅。」[169]此誠為《水懺》懺悔者正視苦集之道而趨於離苦解脫之最佳注腳。

三、滅業成人‧重鑄成佛

(一) 滅業成人

《水懺》正視業力，故「懺不息」「悔不止」；正視苦集，故

---

164 見：《大正》45，頁978中。
165 見：《大正》45，頁969上。
166 見：《大正》45，頁973上。
167 見：《卍續》129，頁290下。
168 見：《諦閑大師遺集‧第四篇釋懺‧水懺申義疏》，頁963。
169 見：宋‧延壽著，《觀心玄樞》，《卍續》114，頁430下。

得「離苦解脫」。然《水懺》云:「佛十力中,業力甚深。凡夫之人,多於此中,好起疑惑」[170],若再探究其向上層次之義,除卻滅罪除障之外,所指涉者,仍在成就人世間原本純淨無穢之 ──「人」。

中國所製之「懺」字,應可視爲「从心韱聲」的形聲兼會意字,而「從韱得聲之字」多有「細」義,故「懺」字有「自本心之中細細斷絕之」、「自本心之中細細滅盡之」之義。[171]而在「六道」之中,以「人」爲貴。地獄、餓鬼、畜生三道,本即慘痛,無文、無言、無聖,求出甚難;天上雖樂,會歸敗壞;阿修羅雖勤毅,隨時受惑;唯「人」能「感」生、老、病、死、悲、歡、離、合諸紅塵因緣,唯「人」能以本心之慈善根力「斷絕」、「滅盡」一切諸業,唯「人」能療濟「自己」之一切苦痛,同時能推己及人而療濟六道眾生,六道眾生得度之後,復能度濟無量無邊之六道眾生,不在因緣果報中相循不已。[172]即使是一「凡夫之人」,能以純白精一之淨意發心,其慈善悲力自與天、地、古、今、未來均能相契相生,並與無量劫以來諸佛如來之懺悔心願無不感通的。故此一人,在未得解脫,未離苦集之前,實即六道輪迴中之業報主體,恆受業力牽引不絕。此種業力牽引,若不能懺悔斷絕,若不能懺悔滅盡,短則現報,長則十世、百世、千世,乃至無量劫,恆受諸業報之束縛綁架,不得真正之大自由、大自在。唯其能至心懺悔,事懺、理懺兼行,取相與無相兼顧,人與佛同攝,進行徹頭徹尾的發露鋪陳,禮拜諷誦,方能令慈悲心、喜捨心、慚愧心、恐怖心、菩提心、厭離心、怨親平等心、念佛報恩心、觀罪性空心與智慧心等作權宜方便的攝受融合,全然淨盡的滅除無始以來所造諸惡業,從而開顯出生機活潑、純然潔淨、歡喜自

---

170 見:《大正》45,頁972中。
171 詳參本書第二章關於「《水懺》的名稱‧懺悔」部分的論述。。
172 林師安梧曾云:「依『般若空智』之所照,一切的善原只是回到事物自身而已。以是之故,『慈悲』代替了『批判』,放下代替了攻詰,只是要生命正視自己而已,不在因緣果報中相循不已。因般若空智本身是清淨的,是無礙的,以是得以滅度眾生,而眾生以自度而度他也。」見:《中國宗教與意義治療》,(台北:明文書局股份有限公司,民國八十五年四月初版),頁202~203。

在的新新之人。

懺法乃佛陀爲「眾生」而開的方便法門,〈水懺序〉編撰了知玄與迦諾迦尊者之會遇,《水懺》文中,編撰了三障懺悔文字,這些內容中,除了連續不絕的出現動詞「懺悔」之外,又用來泛指一般人之「凡夫」、「凡夫之人」共出現了「八次」,用來指單數第一人稱之「我」、「弟子」、「弟子某甲」等代詞共出現了「二十五次」,用來指複數第一人稱之「我等」、「眾等」、「某甲等」、「弟子某甲等」之代詞共出現了「四十三次」。這樣關於「凡夫」、「凡夫之人」、「我」、「弟子」、「弟子某甲」、「我等」、「眾等」、「某甲等」、「弟子某甲等」之代詞的續續脫口而「說」,所言說者,即爲「我」此一「人」在六道中之輪迴主體。然此一輪迴主體,在戒律精持下進行親身之懺悔踐篤,而此我自身之踐篤,即是依於諸佛之慈悲心、喜捨心而行—與諸佛如來同體自在之「人」的「身心」中的「自懺」、「自悔」、「自思」、「自省」、「自覺」、「自知」、「自斷」、「自滅」之自力懺悔工夫。方廣錩亦云:「最初,佛教是一種主張自力拯救的宗教。釋迦牟尼認爲,每個人因自己所造的業力的牽引,在三界輪迴不已;也只有憑藉自己的修行,才能斷除業惑,趨於涅槃。在此,別人是無能爲力的。」[173]這樣的「自力拯救」,是一種「諸佛如來同體自在」的「自力懺悔工夫」,而非諸佛如來的「他力工夫」。此種與佛一體的自力懺悔的自覺自悟,與西方中世紀基督教聖·奧古斯丁(St.Aurelius Auqustinus,354~430)的《懺悔錄》("Confessiones")都強調著「覺性的自我教育」,但奧古斯丁的懺悔觀念,是以「原罪」與「自由意志」爲主要意含,懺悔者最終仍須仰賴「上帝」的救贖,才可能回復善,才算獲救[174];至於《水懺》細細密密的續續懺悔,則是「諸佛如來同體自在」的一體不二之「本心」的覺悟,是不息、不止的「我此一人」所

---

173 見:方廣錩〈關於敦煌遺書《佛說佛名經》〉一文,收入:楊曾文、杜斗城主編,《中國敦煌學百年文庫·宗教卷二》,頁211。

174 參:趙海涵撰,〈懺悔與覺性的自我教育 —— 以《慈悲三昧水懺》及基督教聖奧古斯丁《懺悔錄》爲例〉,收入:《第十屆國際佛教教育研討會專輯》,(台北:華梵佛學研究所,民國八十五年七月),頁270~頁279。

定持之「親身踐篤」，是用以豁顯戒體本身所原存的活性懺悔，是自度而度他的懺悔，是從宗教對不合理的自己之冤讎的捨棄而轉化爲更合理的人文精神[175]的「自覺」、「自悟」與「自我教育」。這種「自覺」、「自悟」與「自我教育」之懺悔，是一種滌向自我內心深層無明罪垢的懺悔，即使是「菩薩」與「羅漢」亦可能會有過失的，《水懺》云：

> 人之居世，誰能無過？學人失念，尚起煩惱；羅漢結習，動身口業！豈況凡夫，而當無過？[176]

此言諸佛如來未成究竟解脫之前，同樣也會有過失；未成正果之羅漢，同樣會被自己的結習薰染，牽動身三、口四、六根等諸十不善業；正在學佛之人，時來空轉，亦有可能頓失正念，造作諸業而疊起煩惱；故世網凡夫，都有可能會有過失。不過，世上凡夫卻往往不識真假，故《水懺》云：

> 我與釋迦、如來，同為凡夫，而今世尊成道以來，已經爾所塵沙劫數，而我等，相與耽染六塵，輪轉生死，永無出期。[177]

此處則言自己與「釋迦、如來」原本平等，無有差別，然因自己之「相與耽染六塵」，故爲六塵所牽引，遂致造連連業累罪，致墮入六道之中，輪轉生死，永無出期。此與「釋迦、如來」之成就相較，實爲可慚、可愧、可羞、可恥之至。而此一慚、愧、羞、恥，並非因爲「釋迦、如來」是得究竟解脫之聖、之佛，而是他們本來也只是「凡夫之人」，只是「釋迦、如來」與「我」一樣，是「自覺」、「自悟」、「自斷」、「自滅」之「自我教育」的精進向善、向上而已。故《水懺》乃云：

> 有二種白法，能為眾生滅除眾障。一者，慚自不作惡；二

---

175 從宗教轉向人文，是捨掉宗教中非合理的部分，轉向於人文合理基礎上；但宗教精神，則係發自人性不容自己的要求，所以在轉化中，不知不覺地織入於人文精神之中，進而與其融爲一體，以充實人文精神的力量，於是中國人文精神中含有宗教精神的特色。見：徐復觀著，《兩漢思想史》卷三，（台北：臺灣學生書局，民國八十二年九月初版四刷），頁 234。

176 見：《大正》45，頁 970 下

177 見：《大正》45，頁 969 中。

　　者，愧不令他作。有慚愧者，可名為人，若不慚愧，與諸
　　禽獸不相異也。[178]

只要自己能自慚愧，不再續續添造惡業，並以此慚愧之心，持戒
慎律，恐懼果報，勿因一己之失而令他人生起惡業，這已是知慚、
知愧、知羞、知恥之「人」，此一「人」，已屆「純一清白」之善
行，而不與「諸禽獸」相類。故《佛遺教經》云：

　　如鐵鉤，能制人非法。是故比丘，常當慚恥，勿得暫替。
　　若離慚恥，則失諸功德。有愧之人，則有善法。若無愧者，
　　與諸禽獸無相異也。[179]

設若無慈心、無悲心、不能喜、不能捨、無慚心、無愧心、無菩
提心、不願布施、不願持戒、不能忍辱、不知精進、不能禪定、
無智慧心，則善法不生，人道不成。故心能慚恥，愧止惡行，是
懺悔者守戒修持之要津。《成唯識論》亦云：

　　云何為慚？依自法力，崇重賢善為性，對治無慚，止息惡
　　行為業。……云何為愧？依世間力，輕拒暴惡為性，對治
　　無愧，止息惡行為業。[180]

止息惡行，除了依自法力，崇重賢善之外，尚須依世間力，輕拒
暴惡。故智證云：「自心思惟，久遠劫前佛，與我同是凡夫，因佛
獨于空王佛所，發菩提心，故能成佛也。」[181]諸佛如來，皆能自
慚自愧，「內自羞恥」，「發露向人」，故為聖賢之種也。故《水懺》
文中之「莫問貴賤」者，「人」之莫問貴賤也；「三業」者，「人」
之三業也；「六根」者，「人」之六根也；「思惟」者，「人」之思
惟也；「染著」者，「人」之染著也；「十惡」者，「人」之十惡也；
「八萬四千諸塵勞門」，「人」之八萬四千諸塵勞門也。凡此種種
懺悔，無不皆為「人」而言說也。此與孟子「人之所以異於禽獸

178　見：《大正》45，頁976上。又見《大般涅槃經卷十九·梵行品第八之五》，
　　　《大正》12，p477中。
179　見：後秦·鳩摩羅什譯，《佛垂般涅槃略說教誡經》（佛遺教經），《大正》12，
　　　頁1111中。
180　見：玄奘譯，《成唯識論》卷六，《大正》31，頁29下。
181　見：《卍續》129，頁308下~頁309上。

者幾希」[182]、「無惻隱之心，非人也；無羞惡之心，非人也。」[183]
的「重視人在宇宙中之地位價值」之觀念是不謀而合的。當然，
孟子最終所謂「反求諸己」[184]、「堯、舜與人同耳」[185]、「人皆可
以為堯舜」[186]者，是與孔子的「仁道」相契，而與《水懺》之同
乎諸佛如來「究竟涅槃」的境界是相異其趣的。馮耀明亦云：「儒
學和道、佛之學一樣，作為一踐履性的實學，其終極關懷當然不
在知識，而在轉化自我，安頓生命。」[187]此「自我」，此「生命」，
是「八萬四千諸塵勞門」中之「人」，自出生至死亡，自過去世到
今生今世，然後迄於未來世，無不受到業力與無明之影響而連連
累犯罪業，故明智慧達之「人」，須知「轉化」此種無始以來的莫
名冤讎，以「安頓」此「生」與此「身」，使此一「人」重新活居
於世間而再造其意義與價值。

　　當然，〈水懺序〉與《水懺》所融合而成的這種懺悔法，不是
儒家的成聖成賢，而是單純的佛教懺悔滅罪法，是佛教「成人」
的懺悔法，是佛教「成佛」的懺悔法，是佛教「人、佛不二」的
佛法；是「人業」之慚愧懺悔，亦是「佛心」之「戒慎恐懼」，是
「雖二而一」、「可一而二」，即通邃於「二而不二」的懺悔法，亦
是懺悔法門之「器」、之「用」。「用」於何處？曰：用於「人」，
用於「心」，用於「性」，用於「佛」，用於「六道眾生」之懺悔法。
蓋佛家將人性置諸更廣大眾生性、法界之法性、佛性之關聯中而
論之，其實際之效用，即又唯在使「人」之目光超越於「現實人
類之現實的社會政治中之人與人之關係與一般之人性之觀念」之
外，以使引導其心思更向上之著，而還向於其內在的心性，用切
近之工夫。此種工夫之發用，不同於中國儒家之人倫善性，亦不

182 見：《十三經注疏 8・孟子注疏卷第八上・離婁章句下》，頁 145 下。
183 同上注，《孟子注疏卷第三下・公孫丑章句上》，頁 66 下。
184 同上注，《孟子注疏卷第三下・公孫丑章句上》，頁 65 下。
185 同上注，《孟子注疏卷第八下・離婁章句下》，頁 156 上。
186 同上注，《孟子注疏卷第十二上・告子章句下》，頁 210 上。
187 馮耀明著，《中國哲學的方法論問題》，（台北：允晨文化實業股份有限公司，
　　民國七十八年九月初版），頁 324。

同於道家之清靜自然[188]。吾人之「心」、「性」、「佛」原本皆清淨，自由自在，如如無礙，本來是不須懺的，但「人」因「自無始以來」的「無明」，而生「貪欲、瞋恚、愚癡」三火，「火」、「火」續續相燃，「焰」「焰」生焰，八萬四千火舌，頃刻間又生無可計數之八萬四千火舌，「舌」「舌」燒灼了「本心」，煨傷了「自性」，闇覆了「佛慧」。「本心」、「自性」與「佛慧」，皆為與三世諸佛一樣先天具足的本能，是如泉之源，活機無限的。但是，人所原本具足之「佛慧」既無光采，若於任何一新接遇之時、空場域因緣中，復續續招感不善因緣，於是而業理交牽，善成不善，惡不成善；不善生惡，不惡亦惡。以致於此身非此身，此口非此口，此意非此意；意意成邪念，念念續續，不知何所念；語語綺妄，妄妄綿綿，不知性體妄；妄妄隨處而生，處處生造妄業。世積代累，恆河沙劫，劫劫難逃業果之承荷；荷之又生「貪欲、瞋恚、愚癡」三火，遂又再度陷入六道輪迴，重新生死交參，阿鼻無間，幽冥緲漠，無量無邊，不見天日。生非其所生，死非其所死；人不成人，鬼不成鬼。

《水懺》深知此理，故以續續不絕之「懺悔」，永滅「我心」中因無明染起之三火，滌除「我身」中因惡業濁成之三障，復以「三昧法水」療治「慧命傷灼」之「佛身」。慧能云：「佛法在世間，不離世間覺。離世覓菩提，恰如覓兔角。」[189]此「世間覺」即「人」之所以為「人」之覺，即「人」於其當下之生命開顯，為「人」而不覺此世間之「身」之「心」。此人之心既已面對業力，正視苦集，則不會執迷於西方與否？極樂與否？其身心自是清淨無穢的西方極樂淨土，此人在世間即可懺得菩提。

十四次的懺悔過程是《水懺》行懺時之必要儀程，然「人心」若不能攝受諸佛如來所教化之慈善根力，則其精神勢必「異化」（Alienation，字義為 not at home）[190]為外道邪行；異化之精神，

188　參：唐君毅著，《哲學論集·論中國哲學中說性之方式》，頁802~頁803。
189　見：《六祖壇經·般若第二》，《大正》48，頁351下。
190　林師安梧云：「『異化』（alienation）一詞，從馬克斯的《一八八四年經濟與哲

必非出自本性;非本性之懺悔,一切誦經禮拜均屬徒然。《六祖壇
經》云:「禮本折慢幢,頭奚不至地,有我罪即生,亡功福無比。」
[191]六祖之意,蓋指涉於「禮拜」與「我心」相融契之重要。若「我
心」不能「純白精一」,誦經禮拜便無意義,「三昧妙水」亦無由
得「顯」,「人」亦無由得「成」。Huston Smith 曾說:佛陀看到了
印度教的墮落與腐敗,故吸取了它在宗教精神上的血液,創立了
帶有抗議意味的新教(protestantism)——「佛教」,就是要傳揚
一種沒有權威、沒有儀式、繞過玄想、沒有傳統束縛、高度自力、
沒有超自然的宗教[192]。《水懺》之續續發露,也不須要什麼超自然
的力量,不須要什麼玄想,不須要什麼儀式,而是純粹的「人」
之懺悔精進,「惡心」之斷絕滅盡,「善心」之向上累增,這種懺
悔精進是起於諸佛如來的無相之「方便心」,這「方便心」又是一
種正向無始罪業的「準備去畏」[193],這「準備去畏」是對存在於
心中的活性境界之肯定而生起的「誠敬懺悔」之「敬畏心」,這是
實存而有的本質之「人心」的新生,是一種「人心、佛心一如」
的高度自力活動之開顯。

　　日・赤根詳道云:「釋尊以自己實踐的方法告訴我們,在他的
說法裡一定有人的存在。」[194]〈水懺序〉之「三昧法水」與《水
懺》之三障懺悔文字,不是一種沖奧玄虛的佛教理論,也不是高
深莫測的懺悔法門,相反的,「它」是上承自佛陀勸化世人持戒修

學手稿》(Economic and Philosophical Manuscripts of 1884)在廿世紀中葉以
來,備受重視,揆其原因,實不外於廿世紀經由二次大戰以後,文化衰頹,
人心苦悶所致。異化一詞,隨著時代的差別與各個不同學門的拓深,其義涵
亦言人人殊。不過,大體而言,「異化」一詞,可以理解成『亡其宅』(not at home)
的意思。」見:林師安梧,《中國宗教與意義治療》,頁 144。

191 見:《六祖壇經・機緣第七》,《大正》48,頁 355 中。

192 參:Huston Smith 著,劉安雲譯,"THE WORLD'S RELIGIONS"(《人的宗教》),
(台北:立緒文化事業有限公司,民國八十九年十月初版三刷),頁 124~頁
131。

193 Martin Heidegger 曾云:「準備去畏就是對存乎中的境界的肯定,由此境界去滿
足最高要求,只有從此要求才能碰到人的本質。在一切在者中,唯有感到在
的聲音的召喚而體會到一切奇蹟的奇蹟:在者在。」見:Martin Heidegger 著,
《形而上學是什麼》,(台北:仰哲出版社,民國八十二年十二月初版),頁 51。

194 見:日・赤根詳道著,《向阿含學習新生》,(台北:武陵出版社,民國七十四
年六月初版),頁 204。

行的懺悔滅罪方法，它切合於實際人生需要，可以讓自己成就與諸佛如來一樣的極樂淨土世界，也可以讓人去創造如如自在的幸福生活，同時以自己的成就去教化眾生，普渡眾生，讓眾生也能夠去創造如如自在的幸福生活的懺悔法門。

故〈水懺序〉及《水懺》的組合，很珍惜生命的可貴，懺文云：「人命無常，喻如轉燭，一息不還，便同灰壤」[195]、又「如朝露，出息雖存，入息難保。云何忽此，而不懺悔？」[196]「人」雖然比天上道、阿修羅道、地獄道、餓鬼道、畜生道來得容易修戒成佛，但在世間創造幸福生活並不容易，累世生命又無常、苦、空、無我，業力牽引不絕，唯如《水懺》般面對冤業、正視苦集、徹頭徹尾懺悔滌滅，方能造就出全新之人。

（二）重鑄成佛

人之與佛，雖分為二，亦可由一攝二。所謂一者，指二者相通、相應、相攝、相融後之一體也。所謂二者，人是人，佛是佛，人是成佛之基礎，佛是得道解脫後之寂靜涅槃果位。〈水懺序〉及《水懺》之懺悔文字雖淺顯容易，然其所涵蘊之懺悔義理則由「人」之運「字」，與懺悔儀程之推進，及觀罪性空之心境的綜合成就。其錯綜聯合之所以可能，即超越於人、文字、儀程及懺法之外，而由宇宙時空中之純一淨心，全然大一而閎闊無倪的思想義涵所攝括。《三種悉地破地獄轉業障出三界祕密陀羅尼法》即云：

> 一字中攝一切字，一切字中攝一字；以一字釋一切字，以
> 一切字釋一字；以一字成立一切字，以一切字成立一字；
> 以一字破一切字，以一切字破一切義。[197]

一即一切，一切即一，是則，〈水懺序〉與《水懺》雖分為二，各有數百字與萬餘字之懺悔文字內容，卻可同攝歸為一「水」字；

---

195 見：《大正》45，頁 969 下
196 見：《大正》45，頁 976 下。
197 見：唐·善無畏譯，《三種悉地破地獄轉業障出三界祕密陀羅尼法》，《大正》18，頁 911 中。

同理而推，瘡者，毒也；毒者，貪也、瞋也、癡也。人心發毒，外顯於身，故須懺淨之。懺者，水也；水者，淨也；淨者，濯也；濯者，除也；除也，滅也；滅者，業也；業盡故能重鑄成佛也。

佛陀教化世人所「言說」的懺悔滅罪方法，於印度之時、空場域的開展，原本只是佛陀僧團清淨生活的一種佛法。東漢之世，大乘佛教的懺悔思想和著「三寶思想」、「人天地獄因緣法」、「小乘阿毘曇法」、「大乘摩訶衍法」、「出家功德法」等法一起傳入中國。時、空場域雖已變異，然此「佛說」已與中國語言文字與深層文化相融、相生、相攝，產生了多層多面的義涵。諸祖師大德為了不使「佛說」「異化」而變質，乃重新為注疏整理，以行善巧方便而續傳了佛說之慧命。而此重新注疏整理之說，實亦為佛陀之「說」，文字已變異、語音已變異、義理自亦變異，然此義理之變異，係重新開展後之變異，故其於根本上仍為佛陀之「說」。〈水懺序〉及《水懺》中「三昧法水」的懺悔文字，就是由中國人重新整理出來的「佛說」懺法[198]，這樣的一部懺法，自亦是一種「重新鑄成」[199]之佛說懺悔文字。

上言《水懺》之發露懺悔，在於滅業以成「人」，乃就「自懺」、「自悔」、「自思」、「自省」而開展之懺悔工夫而論說。實則，此一「人」之所以為人之「人」，亦建立在「我」與「他」、「我」與「牠」、「我」與「它」、「我」與「佛」等一切不可計數之彼此交互流動攝受往往的「關係」上，且此一「關係」之交融互攝，乃

---

[198] 梁武帝弘揚佛法不遺餘力，但也認為：「佛法沖奧，自非才學，無由造極。」又認為：佛經浩瀚廣博，淺識難尋，「雖具有文，散在經、論，急要究尋，難得備睹。」故為了「或建福禳災，或禮懺除障，或饗神鬼，或祭龍王，諸所祈求」，於是敕令莊嚴寺沙門寶唱，總撰集錄，以備要須，《水懺》即因此而成。詳見本書第三章第二節《水懺》的形成問題」部分之論說。

[199] 顏炳罡曾解釋牟宗三的「良知自我坎陷說」云：「良知自我坎陷說是聯結兩種存有論的中樞」、「牟宗三先生的良知自我坎陷說，既不同於移植論，也不是簡單的復活說，它是一種所謂新的重鑄方式。這種新方式表明，中國哲學的重鑄有賴於中國傳統哲學的進一步生成和完善。這種生成和完善，與其說是對傳統心性之學的復活，不如說是基於傳統哲學融攝西方哲學的一種新的綜合創造。」筆者釋《水懺》之意正與此同。見：顏炳罡著，《整合與重鑄——當代大儒牟宗三先生思想研究》，（台北：臺灣學生書局，民國八十四年二月初版），頁59、頁325。

藉〈水懺序〉之譬喻起引與《水懺》三丈懺悔文字之發露陳說，產生出滅除罪業之功效而重新鎔鑄出新的「我」與「他」、「我」與「牠」、「我」與「它」、「我」與「佛」的圓滿融通關係。

德國宗教哲學家馬丁‧布伯（Martin Buber，1878~1965）《我與你》（"I and Thu"）認為「人言說雙重的原初詞（我－你）、（我－它）」，因此，「關係世界」可分為「與自然相關聯的人生」、「與人關聯的人生」及「與精神實體關聯的人生」三種境域[200]。並說：「關係是相互的，切不可因漠視此點而使關係之意義的力量虧蝕消損」。又說：

> 如果「我」作為我的「你」而面對「人」，並向「他」吐訴原初詞「我－你」，此時「他」不再是物中之一物，不再是由物構成的物。「他」不是「他」或「她」，不是與其他的「他」或「她」相待的有限物，不是世界網絡中的一點一瞬，不是可被經驗被描述的本質，不是一束有定名的屬性，而是無待無垠、純全無方的「你」，充溢蒼穹的「你」。這並非意指除「他」而外無物存在。這無寧是說：萬有皆棲居於「他」的燦爛光華中[201]。

這裡所說的「你」、「我」、「他」（她）、「物」，在彼此的交攝關係中，不斷相互影響，影響之力，又帶動無限動態而能障蔽人心的影響力。「你」、「我」居於其中，不察其「無限動態而能障蔽人心的影響力」，勢必不知「人」之意義。反之，以清淨「無所住之心」、「平等無礙之心」視之，可創造出無待無垠、純全無方、全然新

---

200 《我與你》書中云：「關係世界」呈現為三種境域：一、與「自然」相關聯的人生。此關係飄浮在幽冥中，居於語言無法降臨的莫測深豁。眾多生靈在我們四周游動孳生，但他們無力接近我們，而當我們向其稱述「你」時，吐出的語詞卻被囚禁在語言的門限內。二、與「人」關聯的人生。這是公開敞亮，具語言之形的關係，在此間我們奉獻並領承「你」。三、與「精神實體」關聯的人生。此為朦朧玄奧但昭彰明顯之關係；此為無可言喻但創生語言之關係。在這裡，我們無法聆聽到「你」，但可聆聽遙遠的召喚，我們因此而回答、建構、思慮、行動，我們用全部身心傾述原初詞，儘管不能以口舌吐出「你」。見：德‧馬丁‧布伯著，陳維剛譯，《我與你》（"I and Thu"），（台北：桂冠圖書股份有限公司，1991年2月初版一刷），頁5。

201 見：馬丁‧布伯前揭書文，頁7。

茂的——「人」，此「人」復與「萬有」構成無量無邊的「關係」，形成燦爛無比的光華。《水懺》云：

> 不孝父母、六親、眷屬。……親近非聖，媟狎惡友。[202]

此處之「父母、六親、眷屬」、「非聖」者與「惡友」，即爲「我」與「他」之對應關係者，由近而遠，由親而疏，然彼此間之「關係」在言說之「原初詞」的互攝互涵之後，將創出無待無垠的、純全無方的、充溢蒼穹的全新的「你」。此種關係，與中國儒家特別重視倫常關係之態度相同，中國人認爲「人」與「天」、「地」併立爲「三才[203]」，而其價值即植基於「性命之理」、「陰陽之動」、「剛柔之行」、「仁義之立」等「天⇆地⇆人」間正常秩序之攝受融和。又，《水懺》在懺悔過程中的這個全新的「人」，不只是言及「三才」之正常關係而已的。《水懺》說：

> 或以檻弶坑撥，扠戟弓弩，彈射飛鳥走獸之類。或以罗網罝釣，撩鹿水性，魚鼈黿鼉，蝦蜆螺蚌，濕居之屬，使水陸空行，藏竄無地。或畜養雞豬、牛羊、犬豕、鵝鴨之屬，自供庖廚。或貨他宰殺，使其哀聲未盡，毛羽脫落，鱗甲傷毀，身首分離，骨肉消碎，剝裂屠割，炮燒煮炙，楚毒酸切，橫加無辜。[204]

此處所續續發露懺悔者，悉針對「物類」的「殺害業障」而言，然其外顯之意雖在「殺害」，其內隱之義蘊乃指涉於「我」與「牠」之彼此對應關係。依《水懺》之言，「雖復禽獸之殊，保命畏死，其事是一[205]」，但「我等」竟貪「一時之快口，得味甚寡，不過三寸舌根[206]」，而將共同生活於地球上「空中」、「平地」、「水中」之生命，予以宰殺屠剝，炮燒煮炙。蓋此等生命，「或是我父母兄弟，

---

202 見：《大正》45，頁968下。
203 見：《十三經注疏 1・周易正義・說卦》：「聖人之作易也，將以順性命之理。是以立天之道，曰陰與陽；立地之道，曰柔與剛；立人之道，曰仁與義；兼三才而兩之。」頁183上。
204 見：《大正》45，頁973中。
205 見：《大正》45，頁973上。
206 見：《大正》45，頁973上。

六親眷屬，以業因緣，輪迴六道，出生入死，改形易報[207]」而已，「我等」昧於無明，不見個中顯、隱、因、果，恣意行殺行杖，「傷慈之甚」也。《水懺》又云：

> 或作周旋朋友，師僧同學，父母兄弟，六親眷屬，共住同止，百一所須，更相欺（言+罔）。或於鄉鄰比近，移籬拓墻，侵他地宅，改標易相，虜掠資財，包占田園，因公託私，奪人邸店，及以屯野。[208]

此處所續續發露懺悔者，悉針對「劫盜業障」而言，然其外顯之意雖在「劫盜」，其內隱之義蘊乃指涉於「我」與「他」（朋友，師僧同學，父母兄弟，六親眷屬）、「我」與「它」（移籬拓墻，侵他地宅，改標易相，虜掠資財，包占田園，因公託私，奪人邸店，及以屯野）之彼、此對應關係。此等對應關係，雖有國家法律可以裁其公正，然縱使法官公正無私、依法照辦，亦只是讓心頭的瞋怨或物質暫時獲得法律之平等，這不是真正的「彼、此對應關係」，這不能涵融此「心」中的「雙重的原初詞（我－你）」關係契於自然和諧之境，更不能向外擴展或向上提昇，使得「我」與「他」、「我」與「它」之間的交互流通關係圓融無礙。《水懺》又云：

> 欺罔聖賢，誑惑世人。至於父子、君臣、親戚、朋舊，有所談說，未嘗誠實。致使他人誤加聽信，亡家敗國，咸此由之。[209]

此處所續續發露懺悔者，悉針對「妄語業障」而言，然其外顯之意雖在「妄語」，其幽微之義蘊乃指涉於「我」與「他」、「我」與「它」、「我」與「國」之彼此對應關係。這些應對關係的錯綜回射，設不能正受，也不行正路，必會使得家庭、社會、國家之間，形成一個新的不可思議的「負向」、「應對」、「力用」、「關係」，令人惱悶不絕，智慧不生，障蔽不斷，十世冤讎伺機現身索報，戒

---

207 見：《大正》45，頁973中。
208 見：《大正》45，頁974上。
209 見：《大正》45，頁974下。

體恆不得生命之安宅處[210]。《水懺》又云：

> 恣任私讎，忘其公議，使彼忠臣、孝子、志士、仁人，強
> 作篇章，文致其惡，後世披覽，遂以為然，令其抱恨重泉，
> 無所明白。[211]

此處之「公議」與「私讎」二詞，一為「正言」，一為「偏言」，
強調正、偏之對應關係；至於「忠臣、孝子、志士、仁人」一句，
儼然為中國儒家忠、孝、仁、愛之語氣，此蓋「以儒入佛」之跡，
欲以儒家道德層次義涵融攝於懺法之理也。「強作篇章，文致其惡」
一句，係言「非自然而然」之「說」，強調先前所造作之「惡因」；
「後世披覽，遂以為然，令其抱恨重泉，無所明白」一長句，則
言偏倚對應關係所衍生之「果」的迅速浮現。「言說」之功，可引
向善力，亦可導向惡力，《水懺》發露「私讎」之弊，即在續續發
顯其惡業也。《水懺》又云：

> 向彼說此，向此說彼；唯知利己，不顧害他；讒間君臣，
> 誣誨良善；使君臣猜忌，父子不和，夫妻生離，親戚疏曠，
> 師資恩喪，朋友道絕。[212]

人世間「五倫」之淪喪，全在「向彼說此，向此說彼」之言說而
已。蓋「此」中本來涵攝著「彼」，「彼」中本來涵攝著「此」；「我」
中本來涵攝著「你」，「你」中本來涵攝著「我」；「我」之與「他」，
「他」之與「它」；無不涵攝著「彼⇆此」、彼之「彼⇆此」、
此之「彼⇆此」……等無量無邊、不可思議多層靈性網絡相繫
相連之密切關係。

　　《水懺》作續續不絕的發露懺悔，不僅僅是針對「貪、瞋、
癡」的問題而已，不僅僅是針對「身、口、意」的問題而已，不
僅僅是針對「煩惱、業障、果報」的問題而已，不僅僅是針對「五

---

210 此活用孟子「仁，人之安宅也；義，人之正路也。曠安宅而弗居，舍正路而
　　弗由，哀哉！」義，並予以擴而充之，言為人之懺悔，非指孟子思想與《水
　　懺》思想相同。孟子句，見：《十三經注疏 8．孟子注疏卷第七下．離婁章句
　　上》，頁 132。
211 見：《大正》45，頁 974 下。
212 見：《大正》45，頁 975 上。

倫八德」的問題而已，不僅僅是針對「家國天下」的問題而已，
不僅僅是針對「地球宇宙」的問題而已，而是當懺悔者真實的面
對「我」與「他」、「我」與「牠」、「我」與「它」、「我」與「佛」
之間在交遇涉攝時，身爲萬物之「靈」的「人」，藉由諸佛如來之
「慈」、「悲」、「心」、「願」諸力，以《水懺》續續流進、純白精
一的「三昧妙水」，去療治了「無明之我」的惛闇及非爲萬物之「靈」
的「他」、「牠」、「它」等的宿命，以使「我」、「我等」與「彼等」
皆能重新鎔鑄成剛健不壞、不生不滅的嶄新之結合體－「人佛不
二」。在《佛說八正道經》亦云：

> 信所行十善，是爲自然得福。信父母者，信孝順。信天下
> 道人者，喜受經。信求道者，爲行道。信諦行者，斷惡意。
> 信諦受者，不犯戒。今世後世，自黠爲得黠。能教人得證，
> 自成者能成人。能成他人便相告說，是名爲諦見知。如是，
> 便自脫，亦脫人。[213]

這「信」與「不信」、「福」與「不福」、「孝順」與「不孝順」的
問題，是中國儒家學者所一直堅持的主要思想理論基調，而爲道
家學者所一直刻意迴避的現實問題，但對於佛教徒而言，這也只
不過是「人」在世間修行時之表面徵象而已，細探其「言說」所
深度指涉者，實爲「我⇆你」、「我」與「他」、「我」與「牠」、
「我」與「它」、「我」與「佛」之間深層、平穩、和合的交互輝
映、射攝涵融關係之豁顯，既在言說使「彼」⇆「此」之間同
時皆能「自脫」以「成人」，又在言說「脫人」以「成佛」之道。
這不是單純的「二人」的雙向關係而已，亦不是幻想著對方以無
限度之慈愍心來遷就此「我⇆他」之「我」，不是封閉固鎖的單
元統一假象，不是在繼承漏洞百出而毫無生機的傳統，不是自我
壓縮的莫名「慘忍」，不是執著於物質利欲的無明穢心，而是一種
續續不斷的除穢懺悔，是一種續續不斷的新我之開展，是一種續
續不斷的新我之超越，是一種續續不斷的新我之進步。這也就是

---

213 見：《佛說八正道經》，《大正》2，頁505上。

說，〈水懺序〉及《水懺》懺悔文字之組合，經過懺悔者一心至誠的發露懺悔後，在續續不絕的懺悔過程中，一方面已層層掀滌了無始以來的無量毒瘡惡垢，一方面又與諸佛如來之心願悲力夐然密合，重新煉鑄成一尊佛來。因此，〈水懺序〉及《水懺》，可說是滅業成人的基礎，在此一新人的基礎下，無形中又與諸佛如來密契相應，鑄成新佛。當然，此一新成之佛，亦與諸佛如來一樣，同具有無量無邊之妙法、妙相、妙藥、妙力。故印順說：「佛陀的教化，是佛的三業德用，呈現於人類，誘導人類趨入於佛法。」[214]「三昧法水」的細涓常流，即由此種人、懺、佛與法的充分交匯渾融而啓動的。

《水懺》的「三昧法水」，通透諸佛如來之「心」，故續續懺悔三障乃得無量慈愍之心；通透諸佛如來之「願」，故續續懺悔三障乃得無量悲拔之願；通透諸佛如來之「行」，故續續懺悔三障乃得實際真如之行；通透諸佛如來之「力」，故續續懺悔三障乃得無窮無盡之大懺悔力。此大懺悔力，實為「人」原本具足之懺悔力，是與「佛」共生共進之懺悔力，《水懺》重新整理佛說，是亦印度懺悔與中國悔心、斷絕心、滅盡心、新生心之融攝與聯通，故謂「重鑄成佛」也。

四、恆轉心水‧恆活新生

（一）恆轉心水

「三昧法水」，無疑是一種思想性質的「水」，但這種「水」，是《水懺》最根本層次的一條活活潑潑、恆流無盡而充滿生命的「心力流水」、「智慧心水」。本章第一節論及「三昧法水的思想淵源」時曾說：「三昧法水」，其實就是指每個人「慈、悲、喜、捨」四無量心的運流與發用。要言之，即是吾人「本心」之無量、無

---

214 見：印順著，《原始佛教聖典的集成》，頁8。

限、無止、無礙的開展與豁顯，這種開展與豁顯，是一種無「時」、「空」場域的限制之實存而有，且恆顯常現而利益於六道眾生之續續流進的妙藥法水。

〈水懺序〉中迦諾迦尊者以「泉水」洗濯知玄膝上之「瘡」，知玄乃得淨體，而撰成懺法。如是，則「泉水」者，法也；法者，藥也。「瘡」者，毒也；毒者，「煩惱障」、「業障」、「果報障」是也。故凡夫能「一心念佛」[215]，則自己的「心水」，便長如佛陀之智慧法水。「慈心念一切眾生」[216]，六道眾生便可不墮惡趣。《水懺》不犯「十不善業」，即是守佛「心念」，「心念爲仁」、「心存於義」、「心修禮禁」、「心不漏慢」、「心不好嗜」，此「心念」即爲「清信士之戒」[217]，戒成三昧，乃能感通於諸佛如來之慈悲心法。故《水懺》云：

> 成就十力，洞達五明，深觀二諦，空平等理，從方便慧，入法流水。[218]

《長阿含經》云：「如來十力尊，斷滅諸結使，摧伏眾魔怨，在眾演大明。七佛精進力，放光滅闇冥，各各坐諸樹，於中成正覺。」

---

215 闍尼沙云：「一心念佛，而取命終，故得生爲毘沙門天王太子。」見：《長阿含經卷五·（四）闍尼沙經》，《大正》1，頁 34 下。

216 佛言：「若能以慈心念一切眾生，如搆牛乳，頃其福最勝。」見：《長阿含經卷十五·（二三究羅檀頭經）》，《大正》1，頁 100 下。

217 參：吳·支謙譯，《佛開解梵志阿颰經》，《大正》1，頁 261 上。

218 見：《大正》45，頁 975 中。「十力」（daśabalāni），《雜阿含經》卷二十六：何等爲如來十力？謂「如來處非處如實知，是名如來初力。」、「如來於過去、未來、現在業法，受因事報如實知，是名第二如來力。」、「如來應等、正覺、禪解脫，三昧正受、染惡清淨，處淨如實知，是名如來第三力。」、「如來知眾生種種諸根差別如實知，是名如來第四力。」、「如來悉知眾生種種意解如實知，是名第五如來力。」、「如來悉知世間眾生種種諸界如實知，是名第六如來力。」、「如來於一切至處道如實知，是名第七如來力。」、「如來於過去宿命種種事憶念，從一生至百千生，從一劫至百千劫，宿命所更悉如實知。是名第八如來力。」、「如來生善惡趣悉如實知，是名第九如來力。」、「如來諸漏已盡，無漏心解脫、慧解脫，現法自知身作漏已盡，無漏心解脫、慧解脫，現法自知身作證。我生已盡，梵行已立，所作已作，自知不受後有，是名第十如來力。」見：《大正》2，頁 186 下~頁 187 中。「五明」（pañca vidyā-sthānāni），《菩薩地持經卷三·種性品第八》：「明處者有五種：一者內明處，二者因明處，三者聲明處，四者醫方明處，五者工業明處。」見：《大正》30，頁 903 上。

[219]《水懺》之「禮三世諸佛」、八次之「禮十六佛菩提」[220]與「三障懺悔文字」之續續懺悔，即言懺悔者秉持「七佛精進力」以成就如來的「十力」（daśa balāni），這是與如來以十智力斷結摧魔、精進滅闇之力量相同相合的。故《水懺》在文中「正受業力」，「正視苦集」，對無始以來的罪業不息不止的發露懺悔，這即是一種澈澈底底、貫通顯性的無蔽（άλήθεια）與澄明（lichtung）之敞開狀態（offenheit）[221]，這是一種「人」與「佛」和合一體後所新生的無量法力之流動湧現。此新生的無量法力之流動湧現，續續生出無量「善」種，成爲諸有情之大智慧，能恆久不息地斷諸「障」而通神「明」，故曰「善能分別二諦真理，斷除二障，通達五明。[222]」「真諦」（paramārtha-satya）、「俗諦」（samvrty-satya）原本平等不二，故云：「般若無相，二諦皆空。[223]」「五明」表人世大小精粗之細微知識，《水懺》能契接於如來十大智慧力，對於「五明」自然通透明達。如是，《水懺》確乎是不一、不二，平等無別，方便善權之智慧懺法。當然，此等智慧懺法，原本皆契應於佛陀所說諸法；而佛陀所說諸法，又因《水懺》之細細續續懺悔而能法法相生相成，法法相明相益，法法相因相就，法法相引相行，相引相行於三世諸佛原本之心體源力，復由此一源泉似的心體源力之流行，使得過去、現在、未來三世心心相續不絕，渾然咊成昂然活存之妙法流水。

一般凡夫，就是內心底層執戀著無明之「意」（manas），逐形成續續不絕的各種違逆、障蔽於「心」的「言說」。《水懺》云：

「意」中希求名譽利養，匿情變詐，昧「心」厚顏。指有言空，指空言有。見言不見，不見言見。聞言不聞，不聞

---

219 見：《長阿含經卷一‧（一）大本經》，《大正》1，頁2中。
220 「禮三世佛」部分，見：《大正》45，頁968下。「禮十六佛菩薩」部分，參見本書第四章第二節《水懺》的內容」。
221 參：海德格爾著，孫周興譯，〈藝術作品的本源〉，收入：孫周興選編，《海德格爾選集》上，（上海：三聯書店，1996年12月一版一刷），頁269~頁275。
222 見：《大乘本生心地觀經卷七‧波羅蜜多品第八》，《大正》3，頁323上。
223 見：《仁王護國般若波羅蜜多經卷上‧二諦品第四》，《大正》8，頁839中。

　　言聞。知言不知，不知言知。作言不作，不作言作。[224]
凡夫透過「意」的向外漫射，將宇宙間「實有之真理」「顛倒」
（viparīta）而言說為「虛幻不實之假相」，將「虛幻不實之假相」
言說為「實有之真理」，於是顯者隱沒而隱者不顯。故《金剛經》
云：「一切有為法，如夢幻泡影，如露亦如電，應作如是觀。[225]」
佛言：「有、無二行中，吾今捨有為」[226]，如果人們執著於「名聞
利養」，以其外在「妄心」運作了人為之智用，則此一「有為」造
作，早已失卻本然之心法妙道，縱或以其智巧法門而得見法相，
所言、所見、所聞、所思亦仍為「夢幻泡影，如露如電」之假相，
非為真實之法。故「過去心不可得，現在心不可得，未來心不可
得。」[227]吾人三世續續之「心」原本是幻化而不可得（an-upalambha）
者，今復泥滯於「有為」之「意」，則本心愈益無明而更不可得，
故懺悔者須以純白潔淨、持戒精進、慈悲喜捨、菩提慚愧之心續
續前進。

　　蓋吾人三世諸「心」雖不可得，三世諸佛如來之心卻可藉著
《水懺》所續續流進的「八佛心」→「十六佛菩薩心」→「慚愧
心」→「恐怖心」→「厭離心」→「發菩提心」→「怨親平等心」
→「念佛報恩心」→「觀罪性空心」→「生命無常心」→「佛法
難值心」→「觀於因緣」→「觀於果報」→「觀我自身」→「觀
如來身」[228]等諸佛如來之無量無邊續續善心，理、事之中融合空
觀罪性，作「人」⇄「佛」間之交流互攝與翕闢契接，故《水
懺》云：

　　　從因緣而滅者，即是今日之洗心懺悔。[229]
西宗注云：「洗心者，洗濯身心，清淨無餘。毫無邪念，乃為真懺
悔，若能如此，罪性便空，若不洗心而求懺悔，祇為自欺，罪相

―――――――――――――

224　見：《大正》45，頁974下。
225　見：《大正》8，頁752中。
226　見：《長阿含經卷一・（一）本行經》，《大正》1，頁15下。
227　見：《大正》8，頁751中。
228　以上諸「心」之內容，詳參本書第四章第二節部分之論述。
229　見：《大正》45，頁969下。

宛然，安能除滅，洗之一字，深有意焉。」[230]這樣的「洗心懺悔」，是戒體身心的洗滌與啓發[231]，亦即是坦然而真實地面對生命之種種煩惱，於中漸次體顯真理，吾人之心病自能獲得療治。[232]故吾人唯獨潛向深層內裏，再濯向無盡無邊之深層內裏的清淨本心，作全然開顯而澈底的發露懺悔與斷絕滅盡，吾人深蘊於最根層的本然活躍之清淨心源，才能恢復微妙之有機功能。《水懺》所「發露」者，不只是對「佛」、「法」、「僧」三寶的發露，而是對「本然清淨之心」的發露；此「懺悔」者，不只是「依儀禮拜」的懺悔，而是對「身、心、三寶一體」的大懺悔。夫如是，方能「內洗心垢，滅諸外念。」[233]反之，「**多欲之人，多求利故**」[234]，煩惱羅疊如塔，可封束人心，可制引人神，趣向六道輪迴，故《水懺》又云：

> 諸佛菩薩，入理聖人，種種訶責。[235]

這諸多的「種種訶責」，並非怨棄訶責，而是以佛陀之「正言」、「正說」來振聾發聵。馬鳴菩薩云：「治身、心病，唯有佛語。……**終不造惡業，智水洗心垢。**」[236]故懺悔者應該「能多利樂一切眾生，能知勝義及世俗諦，以正定水洗滌慳垢。除此垢已於施自在，說大乘法威光照曜，如日流輝破諸黑闇，說法聲光除心昏冥。[237]」在自然、自在、自由、自覺、自悟、自省、自啓、自運、自行的流動脈力中，自在的顯現「**寂然靜默，止觀具足**」[238]的「人」、「佛」一如境界。

「寂然靜默，止觀具足」，正是三界具合、萬籟契通的無聲勝

---

230 見：《卍續》129，頁439下。

231 參：李宗明撰，〈懺悔對吾人身心之洗滌與啓發〉，收入：《華梵佛學學報》第十期，（台北：華梵佛學研究所，民國八十五年印行），頁161~頁187。

232 參：日·村中祐生撰，〈懺悔與治癒〉，收入：《第九屆國際佛教教育研討會專輯》，（台北：華梵佛學研究所，民國八十四年五月編印），頁186~頁192。

233 見：《六度集經卷八·（八八）阿離念彌經》，《大正》3，頁50上。

234 見：《大正》45，頁977中。

235 見：《大正》45，頁970上。

236 見：《大莊嚴論經卷八》，《大正》4，頁297下~頁299中。

237 見：唐·般若譯，《大乘理趣六波羅蜜多經卷四·布施波羅蜜多品第五》，《大正》8，頁883上~中。

238 見：《長阿含經卷十七·（二七）沙門果經》，《大正》1，頁108上。

有聲之微妙語言的顯發。西宗云：「寂照著，譬如明鏡照物，恒自無心，心體本來常寂，寂而常用，用而常寂，隨境鑑辨，皆是實性自爾，非是有心，方始用也，只為眾生不了自心常寂，妄計有心，心便成境，所以有四句百非，妄生許多見解，無為寂照，自雖離絕百非，不動心相故也。所以者何？以即心無心故，心恒是理，即理無理故，理恒是心，理恒是心故，不動心相，心恒是理故，不得心相，即是眾生不生，不動心相故，即是佛亦不生，以生佛俱不生故，即凡聖常自平等法界性也。純一道清淨，更無異法。離四句，絕百非者，大明覺慧之中，念念清淨，一切邪妄知見不生，此即如來清淨法身也。本無四句百非之想，又安有所謂離之、絕之耶？特世人視之，見為如來離之、絕之耳。」[239]蓋人類藉由「語言」之在人世間之理性互通活動，會與當下一切器物工具的運用而有無限新生、無量創發之可能。《水懺》之「言說」，乃以續續不絕之慈善根力慎始而啓運之，既斷絕洗盡吾心之垢弊，復續得利樂六道眾生，同時兼及宇宙間不可見、不可知之不可思議處心源之發用，故如說大乘法威光照曜，如日流輝破諸黑闇，說法聲光除心昏冥。若只是依於儀軌而禮拜，這有可能使一心中有所封限之對象物成為一暫時之定向物，此將形成一種幻化而割斷、限制、決裂與狹滯之狀態。為了免於封閉、割斷、限制、決裂與狹滯，禮拜《水懺》者，便應活用《水懺》之「言說」，而不執於一切法。故《金剛經》云：

　　一切法者，即非一切法，是故名一切法。[240]

《金剛經》又云：

　　若以色見我，以音聲求我，是人行邪道，不能見如來。[241]

唯不執泥於一切法，不溺於「色相」、「音聲」諸「人行邪道」，《水懺》用正向「心水」之續續懺悔，乃能成就轉化（transform）之功。人生之本質，即將人之真實存在者轉化為現實的存在。蓋人

---

239 見：《卍續》129，頁464下~頁465上。
240 見：《大正》8，頁751中。
241 見：《大正》8，頁752上。

生爲一「被拋擲的可能性」（Thrown Patentiality）。人能了解（Understanding）其人生目的，即了解其被拋擲的可能性。人生之目的，時時在變化，時時在增加，一一可能依善因隨善緣以「展露」而被自覺爲目的。人生之內在的可能性，決定自覺中的目的之更替；自覺中的目的，只是內在的可能正在展露而被自覺之成果。內在的可能性主宰人生，而非自覺的意識之自身能主宰人生。[242]「色」、「受」、「想」、「行」、「識」五蘊原本爲現象界之假相而爲不可執持者，故《般若心經》云：

> 是諸法空相，不生不滅，不垢不淨，不增不減，是故空中無色，無受、想、行、識，無眼、耳、鼻、舌、身、意，無色、聲、香、味、觸、法，無眼界，乃至無意識界，無無明，亦無無明盡，乃至無老死，亦無老死盡，無苦寂滅道，無智亦無得。[243]

這裡連續使用了六個「不」字及十五個「無」字，實以否定句法遮詮「諸行無常」、「諸法皆空」之理。《水懺》以「心水」續續運作，亦在破滅斷除妄空邪識，洗濁外在之虛「無」諸相，使「本心」照顯其「實有之空體」；「續續運作」是《水懺》之「用」，實存而有的「清淨本心」之豁顯爲《水懺》之「體」，故此爲「即用顯體」[244]而「純粹力動」（reine Vitalität）[245]之活水也。

然此「心力流水」之盈行，又不可爲一般之「俗心」所反制，《般泥洹經》卷上載佛告阿難及諸比丘曰：

> 勿隨心行，心之行，無不爲。得道者亦心，心作天，心作人，心作鬼神，畜生地獄，皆心所爲也。從心行，得起諸法，心作識，識作意，意轉入心。心也者，最爲長，心志

---

242 參：唐君毅著，《哲學論集·海德格之「人生存在性相論」》，頁403~頁404。

243 見：《大正》8，頁848下。

244 熊十力云：「體，是要顯現爲無量無邊的功用的」、「用，是有相狀詐現的」、「體，就是用的體」、「用，就是體的顯現」、「所以，從用上解析明白，即可以顯示用的本體」。詳參：《新唯識論》，頁78~頁79。

245 參：吳汝鈞撰，〈純粹力動觀念之突破 —— 熊十力體用論〉，收入：《佛教研究的傳盛與創新學術研討會論文集》，（台北：現代佛教學會，民國九十一年三月），頁272~頁290。

為行，行作為命。賢愚在行，壽夭在命。[246]

《水懺》續續不絕的發露懺悔無量無邊之罪業，無不是吾人此「心」與「志、行、命，三者相須」的踐履之發用，斷除滅盡此一厚結惱人之「舊心」蠻垢，回復原本清淨自在、如如本真的「我」，也產生了續續不絕之活潑新心。眾生處於汙濁塵世，不起貪欲纏縛心，不起瞋恚愚癡心，起正直心，起歡喜心，則能於兇險六道中，無諸罣閡，入法水流，與佛同生涅槃。[247]故《水懺》的「三昧法水」，無疑是一種「妙藥法水」，一種「新榮法水」，一種「淨淨法水」，一種「佛說法水」，一種「大智慧水」，一種「正定法水」，亦即為一種綿延無垠、亙古長存之活活潑潑、實存而有的「活化心水」。

（二）恆活新生

《水懺》之「內蘊義理」，隱在「三昧法水」之中，「三昧法水」由「三障懺悔文字」之「踐履」而生，故此《水懺》作「心」「水」「一如」之續續踐履者，即是「轉化」懺悔者之「人身」而生成新榮之「佛身」，復轉此「新榮之佛身」而成就為「活化之佛」也。

《水懺》之所以重新條析整理諸佛如來懺悔精義而令「人」融鑄成「活化之佛」，實由「人」一己自性之執迷所致，迷誤於世塵萬相，遂至戕賊慧命、橫斷善法、氾入瀑流、久羈生死獄中，恆受無量苦業，《水懺》云：

> 亦名此煩惱，以為怨家！何以故？能斷眾生慧命根故！亦名此煩惱，以之為賊，能劫眾生諸善法故！亦名此煩惱，以為瀑河，能漂眾生入於生死大海故！亦名此煩惱，以為羈鎖，能繫眾生於生死獄，不能得出故。[248]

---

246 見：《大正》1，頁181上。
247 此處之「罣」，「宋本」及「聖本」大藏又作「罪」。「閡」，宋、元、明三本都作「礙」。「水流」，《大正》作「流水」，此依「聖本」。參：《雜阿含經卷三十三．九三一》，《大正》2，頁237下。
248 見：《大正》45，頁970上。

「怨家」、「賊」、「瀑河」、「羈鎖」，皆是佛陀為眾生說法之方便、譬喻，此種方便、譬喻所指涉者，是一種「戕害義」、「掠奪義」、「漂浮義」、「固閉義」，凡夫只要無明三火一燃，無數諸戕、掠、漂、閉之「苦」之「死」之「痛」，立即緣緣而生，致令自己恆處幽冥報境而無窮無已。故《水懺》又云：

> 現報業者，現在作惡，現身受報；生報業者，此生作善作
> 惡，來生受報；後報業者，或是過去無量生中，作善作惡，
> 於此生中受，或在未來無量生中，方受其報。[249]

「現報業」、「生報業」、「後報業」皆是三世因緣和合積聚而成，業力既已成為果報，其威力已經全然具有，非遇聖人[250]、非逢善友[251]、非起慈善根力、非由懺悔，其無量無邊的「戕、掠、漂、閉之苦之死之痛」，是無法與之抗衡的，遑論拯而救之。而且，這些三世業報，無論六道何事，非關乎當事者作善或作惡，而招善報或惡報的，故《水懺》云：

> 若今行惡之人，現在見好者，此是過去生報、後報善業熟
> 故，所以現在有此樂果，豈關現在作諸惡業，而得好報？
> 若今行善之人，現在縈苦者，此是過去生報、後報惡業熟
> 故，現在善根力弱，不能排遣，是故得此苦報，豈關現在
> 作善，而招惡報？[252]

佛陀看到眾生受到這樣的果報，不忍眾生恆受這般苦難，故教化世人觀照內裏本然清淨無穢之相，時時以慈善根力，以真純本心作續續不絕的懺悔，方能豁朗出《水懺》圓融無礙、不息不止之活潑「新」「心」的「全體大用」[253]。這樣的「圓融無礙」，是「人」⇄「懺」⇄「佛」間的三合一之圓融無礙，也就是此

---

249 見：《大正》45，頁972中。
250 見：〈水懺序〉，《大正》45，頁968下。
251 見：《大正》45，頁975中。
252 見：《大正》45，頁972中。
253 熊十力先生認為「本體是無形相的、是無質礙的、是絕對的、是全的、是清淨的、是剛健的」，然仍須「本體之恆轉」⇄「符號之翕」⇄「符號之闢」三者間有活潑之涉攝交融，方成「道」之「本體」的「全體大用」，方能「即用而識體」，方識「大用流行」。見：熊十力《新唯識論》，頁99~頁102。

「人之本心」⇆「懺悔法力」⇆「諸佛慈心」間的多重復多重之靈性網絡之相待而實存、相融而互攝的活潑境界之「心」，而不是那種建立在現實基礎之上的辯證唯物論（Materialismus Dialecticus），不是從現實條件上去談對立的統一或矛盾的同一[254]，反而是超越現實條件上去涵融對立或矛盾，同時也讓對立或矛盾能夠與「人」「佛」一樣，體現出圓融通達的「新心」與「智慧」。

　　然佛法八萬四千法門，懺法亦可能形成八萬四千法門。自《水懺》加入了〈水懺序〉一文之後，其大功固然使得「三昧法水」之妙義浮顯出來，但在「人心」之「穿鑿附會」後，實又讓《水懺》容易墮入「外道邪見」之林。蓋《水懺》之續續懺悔，源源發露，原本與諸佛如來的心心相續懺悔義是光輝互映的，既已全然具足，便不待外在之「袁盎晁錯」事。故《水懺》之懺悔義蘊，即藉用〈水懺序〉中「袁盎晁錯」事之譬喻與方便義，以行《水懺》三卷中自無始以來累世的三大障礙的懺悔發露，從而事懺、理懺合一，化成流動的三昧法水。此外，《水懺》既為懺悔方法，「禮懺儀程」便為不可缺少之必要過程；然而，正因為「儀程」為外顯之「形式」，並涵攝內蘊於《水懺》之「心水」，若禮拜《水懺》只是讓普羅大眾依「懺悔儀程」而續續行懺，其儀式雖備極恭敬，定力恆足者或許不受影響，但定力不足的普羅大眾，可能因為這個「形式」的「冗長」、「音聲」、「人」、「物」之涉接而失卻原本純白精一之懺悔精神。《長阿含經卷二·（二）遊行經》即云：「可行知行，可止知止，左右顧視，屈伸俯仰，攝持衣鉢，食飲湯藥，不失儀則，善設方便，除去陰蓋，行、住、坐、臥，覺寤語默，攝心不亂，是謂比丘具諸威儀。」[255]「行、住、坐、臥」皆能「覺寤語默，攝心不亂」，即是佛陀內心中的「威」「儀」。「儀」者，「宜」也；「宜」者，「禮」也；「禮」者，「履」也；《水懺》

254　參：呂有祥撰，〈佛教辯證思維略析〉，收入：《中華佛學學報》第十二期，（台北：中華佛學研究所，民國八十八年七月出版），頁32。

255　見：《大正》1，頁14上。

之續續懺悔，即是「行、住、坐、臥」皆能「覺寤語默，攝心不亂」之「踐履」「懺禮」也。

故《大方廣佛華嚴經》云：「一切世界中，無法而不造，如心、佛亦爾，如佛、眾生然，心、佛及眾生，是三無差別。諸佛悉了知，一切從心轉。若能如是解，彼人見真佛。心亦非是身，身亦非是心。」[256]明成祖〈御製水懺序〉亦云：

> 「心」者，身之神明，所為善則善應，所為惡則惡應。……凡「人」，揆之於「心」，豈能無愧？匪由懺悔，曷以滌除端能，趨進善塗？一絲惡念不萌於「心」，則菑禍潛消，福德增長。若雨潤群卉，生息繁茂，目雖不睹，而陰受其滋益者多矣。然則，三昧者，其惟在於「人心」，而不必他求也。[257]

贊寧說：「修理懺也，淡慮觀心；心無所生，生無所住。當爾之時，違順無相，則滅罪福生之地也；若行事懺也，心憑勝境，境引心增，念念相資，綿綿不斷。禮則五輪投地，悔則七聚首心。」[258]《水懺》於煩惱障、業障、果報障三障的細細披露者，是心憑勝境之事懺也；至於經典上之佛說、佛言諸懺悔總論者，是淡慮觀心之理懺也；若乃七種方便心、四種心行、二種增勝心，要皆無所注之佛心也。故事、理與佛心同一，念念與綿綿相益，則斷絕滅盡深層根底的罪源，引生豁朗深層根底的能源。蓋「懺悔」是人生在世不可缺少之精神力量，人之能否「滌除端能，趨進善塗」，全繫於吾人本「心」而已。吾「身」即是「佛身」，吾「心」即「佛心」，本來為無聲無息，無形無相，不生不滅、不染不淨、來去自如之「體」，惟其恆轉不止，續續向前，乃具活躍之力。而此「心體」所顯現的「活躍之力」，本來即不可思辨、不可言說、不可文飾，故佛曰：「心行滅處，言語道斷」[259]，又云：「言語道斷，於

---

256 見：《大方廣佛華嚴經卷十・夜摩天宮菩薩說偈品第十六》，《大正》9，頁465下~頁466上。
257 見：《大正》45，頁968上。
258 見《宋高僧傳卷二十八・興福篇第九・總論》，《大正》50，頁888中。
259 見：《仁王護國般若波羅蜜多經卷上・觀如來品第二》，《大正》8，頁836中。

一切法而無所依」[260]，又曰：「一切名、字，言語道斷，不可說爲，若染、若淨。」[261]《維摩詰所說經》卷下亦云：「不來，不去；不出，不入；一切言語道斷。」[262]蓋「語言文字」所表之義，有大有小、有近有遠、有高有低，可令古今互相貫通，可隨次第層層深入。「語言文字」爲「人」之所以通達於義理之天地或道之諸方向之媒介或橋樑。橋樑即人所行之道，則「語言文字」亦可以爲道。唯橋樑必由「人」之通過，乃爲道。「人」亦必通過「語言文字」，以見義理之世界，或其所說道之諸方向，然後「語言文字」本身，乃亦成爲道[263]。故《水懺》依用懺儀而不執泥於懺儀，皈依三世諸佛而不執泥於三世諸佛，禮敬十六佛菩薩而不執泥於十六佛菩薩，連續進行十四次澈底的發露懺悔而不執泥於那十四次的發露懺悔，誠心發願回向而不執泥於發願回向，一切不來、不去、不出、不入、由小至大、由近至遠、由低至高，古今互相貫通，次第層層深入，如溪澗源泉，恆流恆進，使吾「人」此「心」斷滅一切因緣業障，隨生一切善果。設執用於外在之「儀式」或「言說」而言之爲《水懺》，此《水懺》便非爲《水懺》矣。

《水懺》對三障之續續發露懺悔，亦不是單純使用吾人之語言、文字而能全其流行大用的。《水懺》之妙用從其「心體」恆轉出新力來，此新力是無形而實有的、是清淨無礙的、是絕對圓滿的、是周備十全的、是剛健篤行的、是無量妙用、是靜默無爲、是真性解脫的「三昧法水」之力。此「力」非是一般機械物理之「力」，非化學變化之「力」，非宇宙時空之「力」，而是無量無邊之慈悲喜捨的至善活力；此「心」非是一般之「心」，是可通契於中國儒、道之「心」[264]而非中國儒、道之「心」；此「體」非物質

---

260 見：《大方廣佛華嚴經卷十一‧功德華聚菩薩十行品第十七之一》，《大正》9，頁 469 上
261 見：《大般若波羅蜜多經卷五百三十七‧第三分宣化品第三十一之二》，《大正》9，頁 758 中。
262 見：《大正》14，頁 555 上。
263 以上「語言文字」所表之義部分，詳參：唐君毅著，《中國哲學原論‧原道篇三》，頁 414。
264 南宋‧孝宗在淳熙八年（1181）寫了一篇〈原道論〉，認爲釋氏「不殺、不婬、

之體、非世間宇宙之體、非非世間宇宙之體，而是「《水懺》本身」⇆「人（懺悔者）」⇆「諸佛如來」三者間交互攝融翕闢而具流行大用的「恆活新生」之《水懺》本體。《六祖壇經》亦云：「心是地，性是王；王居心地上，性在王在，性去王無。性在身、心存，性去身壞。佛向性中作，莫向身外求；自性迷即是眾生，自性覺即是佛。慈悲即是觀音，喜捨名爲勢至，能淨即釋迦，平直即彌陀，人、我是須彌，貪欲是海水，煩惱是波浪，毒害是惡龍，虛妄是鬼神，塵勞是魚鱉，貪、瞋是地獄，愚癡是畜生。」[265]「心」、「性」一體不二，「人」「佛」本來如一；此「一」，爲「人佛一如」之「一」，此「二」爲「可人」、「可佛」之「二」；以大智慧見此「心」、「性」、「人」「佛」之別，於此身力行精進懺悔，於心性時時興發活絡，故《水懺》續續活化之懺悔，在朗朗地豁顯其體也。故《水懺》云：

> 願生生世世，在在處處，常值國王，興隆三寶，不生外道邪見之家。又願生生世世，在在處處，蓮華化生，種族尊勝，安隱快樂，衣食自然。又願生生世世，在在處處，慈仁忠孝，等心濟物，不生一念，逆害之心。又願生生世世，在在處處，常爲諸佛之所護念，能降魔怨，及諸外道，與諸菩薩聚會一處，菩提道心，相續不斷。又願生生世世，在在處處，興顯佛法，修行大乘，分身無量，救度眾生，直至道場，無有退轉。[266]

《水懺》續續的「生生世世」之發願，是恆流不息、恆進不止的「時間之流」的願力；而續續的「在在處處」是恆轉恆變、恆活新生之「無限時空」的願力；這些願力是由「個體」之幸福生活，

不盜、不妄語、不飲酒」，正與孔子所說之「仁、禮、義、信、智」相通；老子所說的「慈」、「儉」、「不敢爲天下先」，正與孔子所說之「仁」「節用而愛人」、「溫、良、恭、儉、讓」相通。佛陀的「清淨寧一」與老子的「無爲修身」相同，只是「三教末流，昧者執之，自爲異耳」。同時主張「以佛修心，以道養生，以儒治世」，見：南宋‧志磐撰，《佛祖統紀卷四十七‧聖教錄》，《大正》49，頁429下~頁430上。

265 見：《六祖壇經‧疑問第三》，《大正》48，頁352中。
266 見：《大正》45，頁978中。

推向「六道眾生」之幸福生活；由「人」的有形之需，貫通於「六道眾生」之內心深處，所形成的懺悔本體。這樣的本體，是活活潑潑、朗朗躍現於「**生生世世，在在處處**」的無限時、空場域中，默然寂靜，純白精一，恆行自如的。其本體妙力發用於懺悔者，可讓懺悔者在人世間能心生無量無邊向慈、向悲、向喜、向捨、向上、向善之大流大用，終而得與三世諸佛如來形成新鑄之體。故「**豈夫只是滅罪，亦復增長無量功德，堅立如來涅槃妙果。**」[267]

佛陀曾說：「**如來於過去、未來、現在，應時語、實語、義語、利語、法語、律語、無所虛也。**」[268]印順云：「佛的身教、言教，是從佛的內心而表現出來。內心流露出來的，如佛的氣象、精神，使人直覺到偉大而信心勃發。」[269]《水懺》所載續續不絕的「佛說之言」，是時時的續發而不執的懺悔，是事事的發露而不貪的懺悔，是理理真實的實理之懺悔，是「空之又空」、「心無所得」、「展轉教化無量眾生」的「三輪體空」[270]之懺悔。日本‧椎名宏雄認為，中國的懺法，本來是具有「栩栩如生之人性的懺悔精神」[271]的，《水懺》的「三昧法水」，正是這種栩栩如生之人性的懺悔精神的具體顯現。

第三節 《水懺》「三昧法水」思想的特色

據吳藝苑的研究，《水懺》在中國佛教懺文中的特色有五：一、

---

267 見：《大正》45，頁970下。
268 見：《長阿含卷十二‧（十七）清淨經》，《大正》1，頁75下。
269 見：印順著，《原始佛教聖典的集成》，（台北：正聞出版社，民國八十三年一月修訂三版），頁8。
270 見：《大乘本生心地觀經卷三‧報恩品第二之下》，《大正》3，頁306中。經中云：「若人須臾能行一善，心無所得，乃名報恩。所以者何？一切如來觸無所得，乃成佛道，化諸眾生。若有淨信善男子等，得聞是經，信解受持，解說書寫，以無所得，三輪體空。竊為一人說四句法，除邪見心，趣向菩提，是即名為報於四恩。何以故？是人當得無上菩提，展轉教化無量眾生，令入佛道，三寶種子，永不斷絕。」
271 見：日‧椎名宏雄前揭文，頁769。

標舉「慈悲」之名尤具教化作用；二、《水懺》是懺悔自無始以來的罪障；三、《水懺》從興七種心爲始，自內至外，結構整然；四、《水懺》所懺對象可至無窮無盡的眾生界；五、《水懺》懺悔自三惡道以至人天六道的果報。[272]但是，筆者從《水懺》「三昧法水」的內蘊義涵加以探討，認爲具有如下四種特色：

一、以方便法水化洗業障

「懺悔」原本即是佛法的一種方便法門，《水懺》三卷在懺文中即載有「滅罪前」之「七種心」、「二種」、及「四種觀行」，故《水懺》的「三昧法水」，本身即是一種諸方便心所匯聚而成的「方便法水」。這種「方便法水」，使懺悔者有了「人」 ⇆ 「佛」能夠迴環相往的聯繫橋樑，經過懺悔者的發露懺悔後，此「人」便能通契於「佛」的境界，

《水懺》云：「眾生垢重，何人無罪？何人無愆？[273]」這是明白肯定了佛教所說「三世業障」的可能，也道出了懺悔者「至心懺悔」的堅定。但是，既爲「眾生」，降生於人間，本來就是純然赤子一個，何由致「垢」？何由造「罪」？何由生「愆」？故《水懺》又云：「凡夫之人，舉足動步，無非是罪。[274]」原來，任何一個「緣起」，任何一個「無明」，均足以令人「舉足動步」，成就「業障」，累累積聚，三世不絕。

「業障」既是累聚不絕的，當然會形成強大的力量來戕賊吾人心性，吾人苟不見其形貌，必因世俗之「名利心起」而「生瘡索報」[275]。故《水懺》以「袁盎 ⇆ 晁錯」與「悟達 ⇆ 人面瘡」間彼此的互動關係爲喻，這即是一種「人心」與「佛心」的「方便聯繫」；《水懺》將原始佛教經典中的「佛說懺悔滅罪方法」，一

---

272 見：吳藝苑前揭文，頁 112～頁 115。
273 見：《大正》45，頁 968 下。
274 見：《大正》45，頁 969 下。
275 見：《大正》45，頁 968 中。

條一條、一項一項、一層一層，均勻化、條理化的一一懺悔，這亦是一種「人心」與「佛心」的「方便發露」；「方便聯繫」而成的〈水懺序〉，加上「方便發露」的「懺悔」，即是用來作爲化洗十世冤讎業障的「方便法水」。

二、以自覺自悟見性解脫

《水懺》的「三昧法水」是出自吾人「自心」之慈善根力，故爲「自覺自悟」之法水。

「人」雖貴爲「萬物之靈」，若被無明闇覆，又被三毒所染，顛倒於世俗的功利物質之中，如如自在之清淨本性，便是「活死人」一個。《水懺》以〈水懺序〉加上「三障懺悔文字」之發露懺悔，就是要使「活死人」恢復本能，成爲一個真正離苦得樂的「解脫」者。然成爲一個「解脫」者，非由自覺、自悟不得。

清·釋大貞曾云：「向嘗執經生見，謂罪原不可懺。罪而可懺，待爲亂臣賊子作護身符矣。今參佛乘，是義不然。使罪不可懺，是絕天下自新之路，而見性無期，佛命亦幾殞滅。如彼衣垢，必資浴浣，浣去衣存，垢復何在？[276]」過去嘗以爲「罪原不可懺」，這是站在科學角度上的觀點。若從佛教懺悔理論而言，罪性本空，此是諸佛如來親口所言，故使罪不可懺，是絕天下自新之路，而見性無期，佛命亦幾殞滅。可是，這樣的懺法理論，並不適用於貪欲無窮的亂臣賊子，只適用於「至心懺悔」之人，也就是自知「不犯遠勝於修懺」的人。唯其心能自戒，能自我定持，懺法之製成與踐履，方能契通於諸佛如來所之方便義。《水懺》以〈水懺序〉之聖僧異應與「三障懺悔文字」之續續發露懺悔和成，即是令懺悔者與諸佛如來慈愍悲拔之心合一，踐行自覺、自悟、自悔、自省、自達、自通、自改、自正、自新、自力的懺悔，達成所謂「滅惡興善」[277]的目標。

---

276 見：清·釋大貞撰，〈畫中禪師釋水懺敘〉，《卍續》129，頁291上。
277 見：《大正》45，頁970下。

明‧智旭云：「心外無法，祖師所以示即法之心；法外無心，大士所以闡即心之法。並傳佛命，覺彼迷情，斷未有欲弘佛語，而可不深究佛心，亦未有既悟佛心，而仍不能妙達佛語者也。……知佛心者，言言皆了義；不知佛義者，字字皆瘡疣。」[278]《水懺》以三障續續發露懺悔者，亦是「心外無法」的「佛說之言」，亦為「法外無心」的懺悔之言，而此「心」此「法」，全為自覺、自悟、自起、自喜、自捨之心、之法。故唯人知自覺自悟，方能離苦解脫。

三、以續續懺悔重鑄人佛

從踐履義言之，《水懺》既為「滅惡興善」之法；然從增勝義而言，「三昧法水」思想是具有「改往修來」[279]之特色。所謂「改往修來」，重在往業之「斷絕滅盡」與「未來人」、「未來佛」之「新生」義。滅業成人是成佛的基礎，重鑄成佛之前先得滅業成人，而滅業成人全繫於續續不絕的淨心懺悔。

所謂「未來人」、「未來佛」，是未悟、未得之「人」之「佛」。懺悔者若是一味的拜懺、誦經、禮佛，而其「心」卻不願滌斷淨盡，則拜懺了一輩子也是妄行而已。《水懺》的「新生」，即是透過前、後相承的佛說懺悔理論，與分類詳細的煩惱障→業障→果報障之續續不絕的發露懺悔，是理、事圓融的發露懺悔，是空觀罪性的發露懺悔。這不是單純的「二人」關係的懺悔而已，不是幻想著佛菩薩以其無限度之慈愍心來遷就此「我⇆他」之「我」的懺悔，不是封閉固鎖的單元統一假象，不是在繼承漏洞百出而毫無生機的傳統，不是自我壓縮的莫名「慘忍」，不是執著於物質利欲的無明穢心，而是一種續續不斷的除穢懺悔，是一種永續不斷的新我之開展，是一種永續不斷的新我之超越，是一種永續不斷的新我之進步。

---

278 見：明‧智旭著，《閱藏知津‧敘》，《大正新修法寶總目錄》三，頁1007上。
279 見：《大正》45，頁970下。

　　《水懺》是默然寂靜，純白精一，恆行自如、續續不絕的「三昧法水」之懺悔。這種「三昧法水」，飽涵著栩栩如生的人性精神，其本體妙力發用於懺悔者，可讓懺悔者在人世間能心生無量無邊向慈、向悲、向喜、向捨、向上、向善之大流大用，而此「人」最終得與三世「諸佛如來」共同形成一個重鑄之融合體。

四、以恆活心水再造生機

　　真理本是存活不死的，《水懺》的「三昧法水」即是存活不死的「心力流水」，而此一存活不死的心水——即透過「慈、悲、喜、捨」四無量心之續續不絕的運轉，以創造人生的無限生機。

　　《大方廣佛華嚴經》云：「諸佛悉了知，一切從心轉。若能如是解，彼人見真佛。心亦非是身，身亦非是心。」[280]不執著於「人」與「佛」，方知所懺悔者為「人」與「佛」；不執著於「心」與「身」，方知所懺悔者為「心」與「身」；不執著於「三世八佛」及「十六位佛菩薩」，方知所懺悔者為「三世八佛」及「十六位佛菩薩」；不執著於《水懺》懺悔文字，方知所懺悔者為《水懺》；能因「不執著」而「悟知」，便是「一切從『心』轉」。懺悔法門，不外懺悔三世諸罪，而三世諸罪又不外煩惱障→業障→果報障之前後續接，《水懺》一一發露陳列，分類詳細，續續前進，如清淨水流，無有間止，故不論是貴族名紳，還是平凡百姓，比丘、比丘尼，我國人、世界人類，人人皆可自其「心」中生出「三昧法水」來進行懺悔的。

　　此一存活不死的「心力流水」，使「人」、「懺」、「法」與「佛」了然俱新，使「戒」、「定」、「慧」超然脫落，攝契了諸佛如來原本的淨心懺願，使「人」與「佛」、「心」與「身」俱新俱活，則人生在世，處處開蓮花，處處現菩提，處處見生機。

280　見：《大方廣佛華嚴經卷十・夜摩天宮菩薩說偈品第十六》，《大正》9，頁465下~頁466上。

小　　結

　　《水懺》的思想淵源，與印度古文明「水淨」儀式中「滌除汙穢」、「洗除罪惡」、「延年益壽」的觀念相關。但佛陀傳教說法，雖常和世俗權宜合一，並沒有被世俗的觀念所誤導，反而是常用現世社會既成的事例作爲譬喻，或敘述一些佛菩薩、佛弟子於過去世永劫受生的本生（jātaka）故事，這樣的權宜方便，一方面既可彌補「言不盡意」的遺憾，同時又可融合喻意再創爲一己之新說。

　　〈水懺序〉的「以水洗瘡」與「三昧法水」，無疑源自印度傳統社會的「水淨滅罪」觀。唯從佛陀傳教說法時論及懺悔滅罪方法的「佛說之言」觀之，所謂「三昧法水」，已是一種懺悔者暢流無礙無止之「心力流水」——即透過「慈、悲、喜、捨」四無量心的續續不絕之運轉。《水懺》既出自「佛說之言」，則佛陀之言說無不是「實存而有」、「安穩實樂」、「普利眾生」的思想。佛陀曾說：

> 如來於彼過去事，若在目前，無不知見。於未來世，生於道智。過去世事，虛妄不實，不足喜樂（一ㄠ丶），無所利益，佛則不記。或過去事，有實，無可喜樂、無所利益，佛亦不記。若過去事有實、可樂，有所利益，如來盡知，然後記之。未來、現在，亦復如是。[281]

　　〈水懺〉的以瘡及《水懺》的懺悔文字，正是佛陀所知、所見之言，是對眾生「有實、可樂，有所利益」之言。《水懺》藉著諸佛如來的心願法力，由「人」自身作了煩惱障→業障→果報障三障的續續不絕的發露懺悔，這是蘊涵著「人」應「正受業力」而行「不息不止」之懺悔、能「正視苦集」而得「離苦解脫」、並

---

281 見：《長阿含卷十二·（十七）清淨經》，《大正》1，頁75下。

接續解脫義「滅業成人」而「重鑄成佛」之新體及「恆轉心水」
而使三昧法水「恆活新生」四層微妙的三昧義的。《水懺》一層深
入一層，層層深入到根本的「心」之「空體」中，使此「心」之
「無明」、「妄念」雜毒能斷絕、滅盡，並使此「心」之「空體」
活潑顯露出來，利樂於自己，也利樂於六道眾生。

傅偉勳教授曾云：「佛教經論與佛學思想的開展歷程，乃是一
部創造的詮釋學史，有如永不枯竭的靈感活泉，亦如活水永流不
斷的洋洋大河，愈廣愈深。」[282]《水懺》聚集了佛教經論的「佛
說之言」，續續的懺悔佛陀的教導之言，即是一條永不枯竭、永流
不斷、可以愈廣愈深的「三昧法水」。當然，佛陀原本之懺悔義，
是存在懺悔者自己淨白專一、毫無染著的「本心」中的，藉由《水
懺》內容的一一發露，產生一種活活潑潑、充滿生機、無量無邊
之妙藥法水，這也是由「本心」所生出的無量無邊之大智慧法水。
這種微妙法水，長住人心之中，無形而實有，新而又新，生生不
絕，然觸之不可及，視之不可見，唯以真心發露懺悔乃能得之，
故不是簡單的四層三昧義，也不是語言文字所能概括的。所以，
佛陀說：「若菩薩不著文字，不離文字，無文字相，非無文字。能
如是修，不見修相，是即名爲修文字者。」[283]

總括言之，《水懺》的懺悔文字，是〈水懺序〉中「以水洗瘡」
的思想，是佛陀「三昧法水」思想的流動，是佛陀懺悔法之言說，
這不是什麼神仙法水，也不是外象的斷滅而已，也不是任何儀式
所可企及的法水[284]，是「人」的「心力法水」，是佛陀教人以「人」
（自己）的「心力法水」來滅「人」之「三火」的[285]，《雜阿含經》

---

282 見：傅偉勳著：《從創造的詮釋學到大乘佛學－「哲學與宗教」四集》，頁 269。

283 見：《仁王護國般若波羅蜜多經卷上·二諦品第四》，《大正》8，頁 839 中。

284 楊惠南教授云：「釋迦佛是一個實效主義者，也是一個反對任何形式之迷信的
聖者。他是一個平凡又可親的聖者，是人不是神。」筆者引與《水懺》互證，
故言說如是。見：楊惠南著，《佛教思想發展史論》，（台北：東大圖書股份有
限公司，民國八十六年八月再版），頁 47。

285 方廣錩〈關於敦煌遺書《佛說佛名經》〉云：「佛教產生之初，雖把念佛當作
一種修行的方法，但修行的主體是修行者本人。」見：楊曾文、杜斗城主編，
《中國敦煌學百年文庫·宗教卷二》，頁 212。

卷四佛說：「三火應斷令滅。何者為三？謂貪欲火，瞋恚火，愚癡火。所以者何？若貪火不斷、不滅者，自害、害他，自、他俱害，現法得罪，後世得罪，現法、後世得罪，緣彼而生，心法憂苦。恚火、癡火，亦復如是。」[286]《水懺》的懺悔文字，若說滅除「人」之「三火」，只是消極的外在目的，其真正的目的是「人」的不斷「自覺」、「自悟」、「自省」與「積極精進」。它不執著於無形的「人性」、「佛性」、「空」、「無」或「存有」；也不陷泥於有形的「佛名」、「經典」、「寺廟」、「神像」或「舍利」；更不是要把「人」這個主體「神異化」、「絕對化」或「無限化」；它只是平平凡凡之「人」在日常生活中的簡簡易易之續續懺悔與勇猛精進。這樣的懺法，亦只是方便之法；法尚應捨，何況方便之法？伊我同舟，可不勉哉？[287]

《水懺》的「三昧法水」，具有「以方便法水化洗業障」、「以自覺自悟見性解脫」、「以續續懺悔重鑄人佛」、「以恆活心水創造生機」等四種特色。這些特色，一一如佛心光，彼此包含互照；一一各自顯足，彼此利樂人天六道。四者契於佛陀所說的甚深緣起，又密契於大乘佛教的如來藏自性清淨心，緣緣聚契，事理發露，遂成慈悲心力的「三昧法水」。這表示《水懺》的「三昧法水」，是佛陀言說之承繼，也是佛陀言說之重鑄，是佛陀言說之活化，是佛陀言說之恆流，亦即是「如來與眾生一如」的實有、恆存、喜樂、利益之呈現。

---

286 見：《雜阿含經》卷四，《大正》2，頁 25 上。
287 引用唐・道宣語。見《大正》50，頁 700 下。

第六章 《水懺》的價值與影響

第一節 《水懺》的價值

一、懺悔方法的菁華

對「佛教文獻」來說，《水懺》三卷可以說是佛說懺悔思想方法的菁華。

佛陀教化世人的方法甚多，且常隨不同根器人物及不同時、空場域而有不同的善巧方便，懺悔滅罪方法即是其中之一，而《水懺》三卷恰是大乘佛教懺悔思想傳入中國後又經過中國高僧整理編撰而成的一部懺法。

我們若從「整體的佛教發展過程」來看，大乘佛教發展出來的「佛名懺悔」、「受持禮拜」、「念佛讀誦」、「抄寫經書」、「建立塔寺」、「塑像繪畫」等，其實都是佛陀教法的「方便之道」。[1]所以，能夠受持、讀誦、念佛、書寫經書，便被佛教徒認為是具有無量功德、無量福報的「好事」。如在《大唐內典錄》中，齊・竟陵王蕭子良就因為「愛好博尋」，躬自輯選抄錄了很多佛經流布出來[2]，便是這種功德思想的反映。再觀現存整批《敦煌寶藏》關於「佛名懺悔」的經卷，都可以看出敦煌僧侶們是很虔誠的用受持、讀誦、念佛、書寫經書等的方式來宏法布教的。

---

1 以上詳參：印順著，《華雨集（二）・方便之道》，頁95~頁132。
2 《大唐內典錄卷四・前齊朝傳譯佛經錄第十一》載蕭子良抄錄了《抄妙法蓮華經》五卷、《抄阿毘曇毘婆沙》五十九卷、《抄百喻經》三十八卷、《抄維摩詰經》二十六卷、《抄華嚴經》一十五卷、《抄地持經》一十二卷⋯⋯等十四部一百八十九卷之多的經書。見：《大正》55，頁263中。

不過，印度本土的佛名經典，因爲不同部派所記及他們的語言習慣「好重複」的關係，所以在佛經上的佛說言論，也是顯現出「重複」、「再重複」的錯綜複雜情形。[3]自東漢以降，中國翻譯流布的佛經，「先後翻傳，卷將萬計。部帙既廣，尋閱難周。定錄之人，隨聞便上，而不細尋宗旨，理或疑焉。」[4]這種因爲先後翻傳的關係，造成「不細尋宗旨」、「隨聞便上」的亂抄情形，漸漸的又使印度「重複」的佛說言論，再度產生異質的傳布狀況。至南、北朝時，佛教徒們南、北朝時受到「功德轉讓」、「末法思想」、「三寶崇拜」思想的影響，中國人已經將佛陀所說的懺悔滅罪方法，透過諸「佛名經典」及大、小乘經、律、論的翻譯、抄寫與讀誦，可說已經全面、總體而多量的呈現給中國人了。但是，從十二卷《佛名經》到三十卷《佛名經》的發展過程中，使受持禮拜的諸佛名菩薩經號，不斷累增到一萬五千名號之多，也使佛陀的懺悔滅罪方法變得繁雜而紊亂了許多。[5]這些「懺悔滅罪方法」裏頭，除了諸佛名號之外，同時又參雜了菩薩名、經名、辟支佛、功德文、《馬頭羅刹經》、《佛說罪業應報教化地獄經》等內容，甚而被唐人視爲「僞妄亂真」、「妄中加妄」的作品。[6]唐·智昇在七三〇年時，就指出了敦煌本十六卷《佛名經》中，僧侶們把「《法

---

3 此可檢閱任何一本佛教經論的內容得之。亦可見：唐君毅《中國哲學原論·原道篇·卷三》，頁 8。

4 見：《開元釋教錄卷十八·別錄中疑惑再詳錄第六》，《大正》55，頁 671 中。

5 方廣錩也說，《佛名經》中的繁雜內容，可說是中國人的創造，但也是南、北朝時受功德轉讓、末法思想、三寶崇拜思想影響的反映。參：方廣錩〈關於敦煌遺書《佛說佛名經》，收入：楊曾文、杜斗城主編，《中國敦煌學百年文庫·宗教卷二》，頁 214。

6 三十卷本《佛名經》，俗號爲《馬頭羅刹佛名經》，乃唐世之時，不知何氏者取菩提流支所譯之「十二卷《佛名經》」，錯綜諸經名目、諸佛、阿羅漢名及《馬頭羅刹經》而成，總有三十二件。由於與「十八卷本《佛名經》」的內容均大同小異，在唐·德宗貞元十五年（799）十月二十三日，朝廷頒製爲「大佛名經」，然因彼此互見有無，而三十卷經在唐世又極爲盛行，「國俗多有倚此而作福者」，故未予刪除而存入大藏。詳見《大正》14，頁 190 下~頁 191 上。又，《開元釋教錄》稱爲「《佛名經》十六卷」，日本學者日本學者井ノ口泰淳在〈敦煌本「佛名經」の諸系統〉一文（京都，1964.3）亦有詳細之研究，見《東方學報》第三十五冊，（京都：京都大學人文科學研究所，1964 年 3 月出版），頁 397~437。又見：智昇《開元釋教錄卷十八·別錄中僞妄亂真錄第七》，《大正》55，頁 672 上~中。另參本書第三章第二節「《水懺》的形成」部分所述。

顯傳》」當作是「佛說之經」、把「富樓那、彌多羅尼子」「分為二唱」、把「阿難、羅（目＋侯）羅」「合之為一」的情形，說它是「誤謬之甚」的。他說這種「以凡俗鄙語雜於聖言……如斯謬妄，其數寔繁，不能廣陳。」並擔心「群愚傚習，邪黨共傳，若不指明，恐穢真教。」[7]這無疑是禮佛懺悔思想上的偏頗發展。道宣說，蕭子良的緝選抄錄，本來是作為「備忘擬歷，不謂傳行」的，這種「備忘擬歷」，原是一種精進勤毅精神的顯現，「後代學人，相踵抄讀；世人參雜，惑亂正文」[8]的情形，是不能與之並論的。

我們觀察《水懺》三卷的內容，在〈水懺序〉方面，我們可以追溯到《賢愚經》卷四、《大涅槃經》卷十六中關於「以水洗瘡」的譬喻源頭。在諸佛菩薩方面，《水懺》只是保留了《佛名經》中的「三世八佛」及「十六佛菩薩」，這可能即是《水懺》編撰者有意要扭轉因方便之道所產生的「偽妄亂真」、「妄中加妄」的缺失。至於在「三障懺悔文字」方面，我們發現在晚唐、五代的《大佛略懺》中已將「三障懺悔文字」分離抄出，作為佛教徒們禮誦的經本。而這「三障懺悔文字」，幾乎是從《長阿含經》、《增一阿含經》、《雜阿含經》、《大方廣佛華嚴經》、《大般涅槃經》、《大般泥洹經》、《法句經》、《人仙經》、《信佛功德經》、《修行本起經》、《六趣輪迴經》、《地藏王菩薩本願經》……等漢譯佛教經論中的「佛說懺悔文字」整理出來的。

所以，《水懺》的第一項價值，就是將錯綜散布在原始佛教的經典中的懺悔滅罪方法，作有系統的歸納，並配合了中國人的信仰，一一條列出來。

---

7 見：《開元釋教錄卷十八·別錄中疑惑再詳錄第六》，《大正》55，頁672上~中。智昇說：經言：「抄前著後，抄後著前，前後著中，中著前後」，此正當也。尋其所集之者，全是庸愚，只如第四卷中云：「南無《法顯傳》經」。在法寶中列此傳，乃是東晉·平陽沙門法顯往遊天竺自記行跡，元非是經，置法寶中，誤謬之甚，又如第九卷云：「南無富樓那、南無彌多羅尼子」。此是一人之名，分為二唱。次云：「南無阿難羅（目＋侯）羅」。此乃二人之名，合之為一。

8 見：《大正》55，頁263中。

二、心性修持的落實

對一個「人」來說，《水懺》可以作為落實心性修持的懺法。

據本書在第四章關於《水懺》的結構與內容部分之研究，《水懺》的主要內容分為「前序」、「禮三世諸佛」、「總論懺悔」、「懺悔前方便」、「懺悔三障」及「發願」六大部分。但是，本書在第五章關於內蘊於《水懺》的三昧法水思想部分之研究，發現《水懺》的中心思想，可以凝聚為「面對業力・不息不止」、「正視苦集・離苦解脫」、「滅業成人・重鑄成佛」及「恆轉心水・恆活新生」四層續續不絕的心性修持工夫。總言之，透過〈水懺序〉及《水懺》的組合而成的這一部懺法，是在教導世人啟運自己淨白專一、毫無染著的本心，藉由《水懺》三障懺悔文字內容的一一發露，產生一種修戒持定、續續不絕、活活潑潑、充滿生機、無量無邊之妙藥法水，這也是由懺悔者本心所生出的無量無邊之大智慧法水。

換句話說，《水懺》這一部懺法，不能只是把它視為一般的懺悔儀軌，也不能把它視為闡釋某一宗派教義的輔助教儀，更不是印度的佛說之言而已，而是由諸佛如來的慈悲心願與自己的清心淨性作一交攝融匯的一部懺悔法。這樣的懺悔法，事事條列清楚，理理發自人心淨性，事懺理懺兼融，妙慧無量無邊，既可以用來拜懺，也適宜用來講經，可以說是一部落實心性修持的懺法。

三、人倫佛性的懺典

對「人世間」來說，《水懺》三卷可以是一部重視人倫佛性的懺法。

在本書在第五章關於內蘊於《水懺》的「三昧法水」思想部分之詮釋中，我們看出了《水懺》極為重視「人倫關係」之諧和與「成人鑄佛」的思想義涵。《水懺》懺悔文中的這一個「人」，

本是一個天機純淨、心本活絡、蘊涵萬能、契合人倫、蘊含佛性之人，不過這一個人可能是不知無始以來的無明昏闇與因緣業力會對他造成影響，所以在人世之間承受了很多令他求生不得、求死不能的冤屈果報，所幸因爲他的自覺、自悟、自知、自省，並在諸佛如來的鑑證之下，發出與諸佛如來一樣的懺悔心願，從事關於煩惱障、業障、果報障三障的發露懺悔，前前後後包括了事懺、理懺、取相懺、無生懺等懺悔理論與方法的運作，而整部懺法的內容是建立在「人世間」中關於「我」與「他」、「我」與「牠」、「我」與「它」、「我」與「佛」……等的交融互攝之「彼⇌此」關係的超越向上之意義上。

當懺悔者在細細地發露懺悔三障時，不論是身三、口四、六根、煩惱障、業障、果報障，皆能一一切入無量無邊的「彼⇌此」之交射互攝之關係中。故懺悔者續續發露懺悔過後，再與〈水懺序〉中的三昧法水融攝匯整，這不僅僅是針對「人」的「貪、瞋、癡」、「身、口、意」、「煩惱、業障、果報」的問題而已，而是同時療治了「無明之我」及非爲萬物之「靈」的「他」、「牠」、「它」，以使「我」、「我等」與「彼等」之間皆能重新鎔鑄成剛健不壞、不生不滅的嶄新之結合體──「人佛不二」的。這樣的「人」、「佛」，是「倫序化」的「人」、「佛」，是「性」、「慧」雙存的「人」、「佛」，故《水懺》三卷可以說是一部人倫佛性的懺法。

四、證真成道的法門

對懺法的「境界」來說，《水懺》三卷是一部證真成道的懺法。

佛陀之「傳教言說」，無不是爲了教化世人，令世人能離苦得樂，究竟涅槃；〈水懺序〉及《水懺》三卷綜合後的「三昧法水」、「三世諸佛菩薩」與「三障懺悔文字」，可說承繼了佛說之言而進行的續續不絕之懺悔，同時也是懺悔者透過禮懺來證「真」（bhūta-tathatā）成「道」（śūnya）的一種方便法門。

不論是「經」、「律」、「論」三藏，還是「戒」、「律」、「慧」

三學，都是佛陀的「傳教言說」，都是佛陀用來教化世人「證眞成道」的「器」。器者，用也；道者，體也；《水懺》三卷爲一「器」，「三昧法水」之懺悔，即以此《水懺》一「器」之「用」，而就於佛法「道體」之「成」也。欲成就此道體之如如寂然，又待「本心」之續續不絕的懺悔，《水懺》三卷即是以此「器」運載人之本「心」，成爲一部既涵攝於「經」、「律」、「論」三藏，又通契於「戒」、「律」、「慧」三學的一部懺法。佛陀說：「有一乘道，令眾生清淨，離生、老、病、死、憂、悲、惱、苦，得眞如法。」[9]《水懺》三卷即是這「一乘道」，即是一「眞如法」。故《大乘本生心地觀經》云：「以慚愧水洗塵勞，身心俱爲清淨器。……攝心正念離諸緣，常觀諸佛妙法身，體性如空不可得，一切諸罪性皆如，顛倒因緣妄心起，如是罪相本來空，三世之中無所得，非內非外非中間，性相如如俱不動，眞如妙理絕名言，唯有聖智能通達，非有非無非有無，非不有無離名相，周偏法界無生滅，諸佛本來同一體。」[10]

　　「性相如如俱不動，眞如妙理絕名、言」，是以《水懺》三卷中「三昧法水」之本體，是如如不動、寂默自然而生機無限的智慧法水，是「人」⇄「懺」⇄「佛」間的三合一之圓融無礙的而恆活新生的妙藥法水，〈水懺序〉與《水懺》此種圓融無礙而恆活新生的妙藥法水之不息流行，即是眞如妙道之證成。

第二節　《水懺》的影響

　　《水懺》是由中國人編撰而成的一部懺法，但這部懺法單純以〈水懺序〉的「以水洗瘡」譬喻及《水懺》三卷的「禮拜佛名」、「三障懺悔文字」爲主，形成了獨特的「三昧法水」思想，它也在「世道人心」、「佛教發展」、「文學作品」及「懺悔思想」上，

9　見：《雜阿含經》卷十九，《大正》2，頁139中。
10　見：《大乘本生心地觀經卷三・報恩品第二之下》，《大正》3，頁304上。

產生了特殊的影響。

一、體現佛說，影響世道人心

　　佛教業報思想傳入中國後，對中國世道人心的影響，自是多方面的。[11]《水懺》三卷是中國「業報系統」中的一部懺法，書中「有系統」的體現了佛說懺悔理論與方法，在無形中也是會影響到世道人心的。[12]

　　《水懺》的內容，依外觀結構來劃分的話，只有「前序」及「正文」兩大部分。再詳予「系統化」細分的話，可得「序文」二篇、「禮三世諸佛菩薩」、「總論懺悔」、「懺悔前方便」、「懺悔三障」及「發願」等六大項。這六大項中，每一項內容都有一定的作用與意義：「序文」部分，體現了佛說懺悔理論的根源乃在四無量心的啟運轉動，尤其是〈水懺序〉所描寫的知玄與人面瘡的十世冤障及迦諾迦尊者的三昧法水，不但具有文學上的傳奇色彩，又有豐富深厚的譬喻作用，這在大乘佛教的傳教上起了極大的方便力。《水懺》三卷中關於「禮三世諸佛」部分，體現了三世諸佛的慈悲心願力與無言妙法；「總論懺悔」部分，體現了佛說的懺悔理論；「懺悔前方便」部分，體現了菩提心、慚愧心等的方便之道；「懺悔三障」部分，一一就佛陀所說過的煩惱障、業障、果報障

---

11 據劉滌凡的研究，中國佛教在唐前的「業報系統」中，具有五點特色：一、業報自召及罪、福景象的理論，較儒、道二教來得具體。二、解決了中國儒者長期質疑的善惡無報的態度，填補中土果報系統（儒、道二教）理論的不足。三、可以圓滿亂世中不平的人心。四、為眾生提供了一條行善積德、改變宿命的管道。五、可以彌補社會正義的不足。詳見：劉滌凡著，《唐前果報系統的建構與融合》，頁430~頁432。筆者案：《水懺》也是唐前的「業報系統」中的一部懺法，故《水懺》的「禮拜佛名」、「三業懺悔」及「三昧法水」，當然也會含蓋這五種特色，影響著世道人心。

12 金公亮曾云：「佛教在南北朝時，有系統的輸入，於思想界又起了變化。」見：金公亮著，《中國哲學史》，（台北：正中書局，民國七十年九月臺九版），頁128。筆者案：《水懺》關於「三障」懺悔文字的整理，正是中國人對「佛說懺悔滅罪方法」的再一次「系統化」的整理。對儒、道二家思想都不能圓滿亂世中不平的人心而言，任何人不論是誦讀與理解，均很容易切入其思想核心的。「系統化」的《水懺》既有如此之效用，所以會被歷來僧侶們加入各本「佛名經」或其他經典中，足見《水懺》是對中國世道人心是發生過影響力的。

進行發露、懺悔與洗除;「發願」部分,由自己的「慈悲善力」與「三世諸佛」作真心的契應合一。全程懺悔下來,對真心懺悔者(僧侶或大眾)的身心而言,既可以有系統的深入了解佛說的懺悔理論,也可以進行實際懺悔滅罪的行為。對旁觀者而言,因為受到懺悔者在語言、聲音與身體動作的影響,無形中也會接收到佛法的微妙力量。

本書第三章已說過,《水懺》三卷的懺悔文字內容直接源於晚唐五代的《大佛略懺》,間接遙迄梁代盛行的敦煌本二十卷《佛名經》,但〈水懺序〉及《水懺》三卷的形成與思想意義,事實上已經不同《佛名經》系統的禮拜佛名的功德思想,而是換了「三昧法水」的方便法門之顯現。也就是說,《水懺》三卷的懺悔文字內容已是自佛說懺悔思想與《佛名經》系統中「改編、吸收和同化」[13]而成的一部獨立的三昧法水懺法了。

梁・寶唱整理《眾經懺悔滅罪方法》三卷一書,雖只是集錄佛教的經文,但對梁代社會上建福禳災、禮懺除障等法事,是會有影響的。[14]今天雖然不知道梁代寶唱的《眾經懺悔滅罪方法》三卷與《水懺》三卷的確實關係為何,但本書第三章已說過,北宋・贊寧(919~1001)在《宋高僧傳卷二十八・興福篇第九之三》文後的〈總論〉說:「其有江表行《水懺法》者。」[15]又,第十一世紀初年沈括(1030~1094)所寫的《夢溪筆談》亦云:「(朱壽昌(熙寧時人)少與母離失),聞佛書有《水懺》者,其說謂欲見父母者,誦之當獲所願。壽昌乃晝夜誦持,仍刺血書懺,摩版印

---

13 華裔法國女漢學家郭麗英曾云:「使用適宜不同形式的方法,在大乘佛教中是允許的。改編、吸收和同化,僅僅是方便的表現。」見:郭麗英撰,〈中國佛教中的占卜、游戲和清淨 —— 漢文偽經《占察經》研究〉,收入:法國漢學編委會編,《法國漢學》第二輯,(北京:清華大學出版社,1997年11月一版一刷),頁212。

14 印順云:「在中國佛教史上,梁武帝確是誠信佛法的。隋・《歷代三寶紀》卷十一說:武帝為了建福禳災,或禮懺除障,或饗鬼神,或祭龍王,命寶唱等集錄了《眾經懺悔滅罪方法》等八部。雖只是集錄經文,但對建福禳災,禮懺除障,饗鬼神與祭龍王等法事,是會有影響的。」見:《華雨集(四)・中國佛教瑣談》,頁137。

15 見:《宋高僧傳》卷二十八,《大正》50,頁888中。

施於人，唯願見母，歷年甚多。忽一日至河中府，遂得其母，相得慟絕，感動行路，乃迎以歸，事母至孝。」[16]

從「江表行《水懺法》」及「誦持、血書、出版印施《水懺》」二件事情來看，北宋的社會已與〈水懺序〉之十世因果報應觀念相通，並視禮誦或版刻《水懺》三障懺悔文字的做法是具有人佛感應而遂成人願之作用的。這已然是一部影響了中國「孝道精神」的懺法，也就是對中國世道人心產生了重要影響。

二、高僧注疏，傳播懺悔思想

一本經書能讓後人為它作「注疏」，這代表該經書是具有特殊意義的，並對世人是具有深遠影響力的。在大藏中，如《阿含經》、《般若經》、《法華經》、《華嚴經》等，同樣都可以看到後世聖賢明哲續續不絕的注解與疏通之作。[17]

《水懺》這一部懺法，從北宋發展到明初的過程中，終於由「流行在民間」的普通懺法，搖身一變而成為《南藏》中的正式「懺法」，由世俗化變成經典化，地位自是然提昇了。可是，原本「以水洗瘡」的心水療理與「三障懺悔文字」的深層義蘊，歷經了三、四百年滄桑歲月的流浪之後，無疑是會遭到薶淪而滅失之命運的。為了方便後人研究《水懺》，日・元練大拙曾就《水懺》

16　北宋・沈括（1030~1094）著，《夢溪筆談校證卷九・人事一》，收入：楊家駱主編，《中華學術名著・讀書劄記叢刊第一集》，（台北：世界書局，民國五十年二月初版），頁394。

17　如《人本欲生經》重視「人」之「生」義，乃有東晉・道安（312~385）《人本欲生經註》一卷，見：《大正》33，頁1上~頁9中。《般若經》演說「空」義，乃有隋・智顗（538-597）《金剛般若經疏》一卷，見：《大正》33，頁75上~頁84上、隋・吉藏（549~623）《仁王般若經疏》六卷，見：《大正》33，頁314中~頁359上。《法華經》言「一心三觀」，乃有智顗《妙法蓮華經玄義》二十卷，見：《大正》33，頁681上~頁814上、唐・湛然（711~782）《法華玄義釋籤》二十卷，見：《大正》33，頁815上~頁963下。《華嚴經》道「萬法圓通」，乃有隋・吉藏《華嚴遊意》，見：《大正》35，頁1上~頁13中、唐・智儼（602~668）《大方廣佛華嚴經搜玄分齊通智方軌》十卷，見：《大正》35，頁13中~頁106中、唐・法藏（643~712）《華嚴經疏》（《華嚴經探玄記》）二十卷，見：《大正》35，頁107上~頁492中。

內容加以整理，寫成《慈悲水懺法備檢》一書[18]，但由於時、空阻隔的關係，筆者無法親見。所幸的是，中國人在十八世紀初（清初）至二十世紀初，總算出現了識達高僧，起而講解注疏，期藉詳贍之注釋與疏通，令《水懺》的懺悔思想正住人間。代表作品有：清・智證《慈悲水懺隨聞錄》、清・西宗《慈悲水懺科註》、諦閑《慈悲水懺申義疏》、聖印《慈悲三昧水懺講話》、演培《慈悲三昧水懺講記》等是。

關於這六本注疏講記之內容概要，在本書第二章第二節只是作了簡略的敘述而已，於此則對《水懺》與中國大乘懺悔思想的傳播再作詳細說明。

（一）智證《慈悲水懺隨聞錄》

清・釋大貞〈畫中禪師釋水懺序〉云：「畫公（釋智證）之疏此懺，大有功於今人，宜其勤勤闡譯，急付之欹厥也。」[19]這是說：智證為《水懺》作疏，大益於世人，故應詳予闡釋譯注，並加以刊印流布。

古代出版事業並未如今日之發達，故《水懺》之刊印流布亦未盡普遍，清・彥淨（待考）發現當時《水懺隨聞錄》已是「梨棗無存，遍查名刹，書皆罕見」時，隨即與友人勸募重刊（一八五九年端午節），以公諸同好。他在〈重刻水懺隨聞錄〉中亦云：「畫中禪師慈悲念切，拯度情殷，註《隨聞》一錄，使禮懺者恍然於果報之不爽，毅然以改過而自新。」[20]蓋智證之「注」，意在詮釋《水懺》一書的懺悔思想，他認為「心源本是澄清，性體原無純雜，祇以一念之參差，遂致千年之謬戾，往來三界，出沒四生。」[21]

清・槃譚（待考）〈隨聞錄序〉云：當時中國人對大乘佛教懺

---

18 見：小野玄妙編，《佛書解說大辭典》第四卷，頁 318 上。該書由日本駒沢大學於正德五年刊印發行。
19 見：《卍續》129，頁 291 上。
20 見：《卍續》129，頁 290 上。
21 見：《卍續》129，頁 290 上。

悔思想的認識，有「懺祉塞城，未逭烏焉亥豕」的缺失，而《水
懺》之幽微本義是「慧鋒韜匣，艱穿漆桶皮燈」的，所以他又參
酌經藏中的佛說原文及諸賢的疏釋加以補充，刊印發行，希望「啓
達士善善之本懷，豁初學賢賢之雅愫，共光佛祖之徽猷，磬淨吾
人之積孽。雖則智證一畀之願力，尙覬四方明喆之推敲。」[22]

　　光緒二十一年（1895），杭州古靈鷲義吾寺住持釋瑞斌（待考）
也說：由於當初刷印未多，故《水懺隨聞錄》流傳甚少，而「兵
燹坂燬無存，置於同袍，亦未得見此書爲憾」。自己渴慕了二十餘
年，後來，在同袍處看到《水懺隨聞錄》時已經是殘缺不全了，
所幸又遇到清源・沈居士出示本子，終於獲得全璧，乃予付梓流
傳。他認爲《水懺》三卷是「妙製靈文」，而畫中禪師對《水懺》
的懺悔思想，注疏得極爲豐富賅備。又說：畫中禪師是「佛門中
的龍象也，教演禪府，無不咨詢；三教百家，靡不綜練。是故學
者宜究心焉。非惟自警，亦將以爲未得、未證者砭艾也。」[23]「靈
文」或許崇信太過，但豐碩的注疏倒不失其實。

　　從這幾位關心刊印流行者的「序文」之敘述，我們可以窺知
《水懺》的懺悔思想，因《水懺隨聞錄》的注疏而變爲豐富賅備
了。

（二）西宗《慈悲水懺科註》

　　《科註》是西宗完成於清・康熙二十六（1687）年的多天，
依《科註・例言》云：「竺乾立教，既開懺悔一門，則懺從何懺，
悔從何悔？必當使懺文大義，綱舉目張，肌分擘解，然後四眾聞
之，心地頓開，言言有會。《科註》之役，師（西宗）正欲如上所
說，肩仔勿辭也。至其寒暑罔間，既竭苦心，而證據則援引諸經，
攷究又悉本大藏，即或有未註，或云再考者，皆係闕疑。」可知
西宗竭盡其心力，從大藏當中徵引證據，將《水懺》之大義，作
了詳盡的注釋，期使僧、俗大眾能夠心領神會。

---

22 見：《卍續》129，頁289下~頁290上。
23 見：《卍續》129，頁289上~下。

然《科註・例言》又云:「因師病篤,絕筆註懺。」其後又云:「不及註者,病篤而止。」可見西宗的注懺工作,尚未克竟其功,即已病篤而逝,想必也從未爲弟子啓運講疏。不過,由於其全書之注疏文字,排列有序,清晰明暢,閱讀起來比《隨聞錄》容易許多,所以,「高閣未及啓講,不無遺哀;但素衷少邃,而法寶流通,繼往開來,亦窺見一斑矣。」[24]

從上所述,可知《水懺》因爲《科註》的刊印發行,使懺文大義,綱舉目張,肌分擘解,然後四眾聞之,心地頓開,言言有會。

(三) 諦閑《慈悲水懺申義疏》

本書第二章第二節已說:《水懺申義疏》是諦閑完成於「民國十四年(1925)秋天」,觀其內容,詳贍豐實,誠爲《水懺》之佳注。

諦閑在《慈悲三昧水懺申義疏・原序》中說:「懺文淺顯,祖意深玄。禮誦雖多,研詳實寡。惟前賢著述,經久失傳。嗟世道之澆漓,徒興浩歎,對症良方,無人餐采。沉埋應赴,寧不悲夫!爲是切究文辭,深求脈絡,不辭固陋,聊盡細明。」[25]其注疏之因緣,除了「前賢著述,經久失傳」之外,也因爲「世道之澆漓,徒興浩歎,對症良方,無人餐采」之故,爲了讓《水懺》的深玄大義昭顯,乃有此作。

由上可知,《水懺》所蘊寓的佛教懺悔思想,由北宋流傳到清末民初,在《申義疏》的創作與發行下仍能盛行不衰。

(四) 聖印《慈悲三昧水懺講話》

本書第二章第二節已說:釋聖印的《慈悲三昧水懺講話》,在每個小段落,都是提綱挈領,標示每個小段落的大意,然後再鋪敘聖印的演講內容。這可說是綱目清楚,井然有序,這對一般讀

---

24 以上詳見:《卍續》129,頁415上~下。
25 見:《諦閑大師遺集・第四篇釋懺・水懺申義疏・原序》,頁929~頁930。

者而言，是很容易進入狀況的。

前面西宗的《科註》雖然編排工整，注疏文句明白曉暢，但西宗從未爲弟子啓運講疏，即因病篤而歸。《慈悲三昧水懺講話》則不同，是聖印從頭至尾爲僧俗四眾的講疏記錄。他認爲《水懺》是一部至靈至聖的懺法，但是（懺法）流通懺部是很多的，所以說，假如逐條一一舉出來，分別它的品類，陳述其義，也不容易紀述得詳盡。[26]於是，依照《水懺》三卷的次序，以極其淺顯的口語，對《水懺》之意涵作了深入淺出的講解。最後並說：「每個人本具的性覺妙明，就好像大海的寬廣無涯，其性圓滿無體，其體湛然皎潔，何不覺悟，痛懺前非呢？」[27]

從聖印的《慈悲三昧水懺講話》之流布民間，可見《水懺》的懺悔思想，未嘗稍歇過。又本書第二章第二節論及「《水懺》的傳本」時，也說到「財團法人佛陀教育基金會版」的文末，尚附有「香港」佛教雜誌社增印之「《水懺》法數略釋」，可知「佛陀教育基金會版」原本曾流行於「香港」。

（五）演培《慈悲三昧水懺講記》

本書第二章第二節已說：此書係釋演培於民國七十四年（1985）時，在新加坡僧俗信眾講授《水懺》的記錄。

演培曾先後親近諦閑（1858~1932）、太虛（1889~1947）、慈航（1895~1954）、印順（1906~）等當代高僧，並習日文及日本學者之說，可說是一位學者型的高僧[28]。他的《慈悲三昧水懺講記》與《申義疏》及《慈悲三昧水懺講話》不同的地方，是沒有涉及拜懺時的各種儀程，而是單純的就《水懺》的內在義涵，作了通俗而又不失深邃的口語疏解，這顯示出它對義理的重視。

演培《慈悲三昧水懺講記・題前概說》：「過去在般若講堂，曾對諸位講過《慈悲三昧水懺》，但講得簡單，特別到最後，是讀、

---

26 見：《慈悲三昧水懺講話》卷上，頁3。
27 見：《慈悲三昧水懺講話》卷下，頁73。
28 詳參：《佛光大辭典》，頁5824上。

不是講，實有負諸位。諸位有想再聽，問我何時再講，我答要看因緣。現在福慧講堂建成，可說因緣已經成熟，乃從今日開始，爲諸位講《水懺》。」[29]可見《水懺》在新加坡是普受大眾喜愛的一部懺法，這也就是說，《水懺》的影響，不只在「中國內陸」、「臺灣」及「香港」而已，連「新加坡」也極爲盛行。

此外，又本書第二章第二節論及《水懺》的「傳本」時，也說到《水懺》的盛行，事實上已流傳到美國、英國、加拿大各地，這代表《水懺》「三昧法水」的懺悔思想，已在高僧的注疏與現代佛教徒的努力下，傳播到世界各地了。

三、行者誤用，影響佛教發展

《水懺》雖對世道人心產生了極大的影響，卻也被中國佛教行者在「經懺法事」上任意誤用，多少影響了中國佛教的發展。

梁武帝藉「禮懺」方式以「滅罪除障」、「禳災祈福」之後，民間亦「上行下效」，視爲無量功德大事。最明顯的例子是，全國百姓專務於禮懺，卻也造成不務農桑、民有飢色的情形。《南史》卷七十載郭祖深上書梁武帝云：「今年豐歲稔，猶人有飢色，設遇水旱，何以救之？陛下昔歲尚學，置立五館，行吟坐詠，誦聲溢境。比來慕法，普天信向，家家齋戒，人人懺禮，不務農桑，空談彼岸。」[30]

「禮」者，「理」也，故「禮懺」須與「人」、「佛」、「業」、「懺」、「法」、「我」與「他」融合一體，方爲正法、正理、正懺也。若是家家齋戒，人人懺禮，卻不務農桑，空談彼岸，則已經失去了佛陀立懺悔這一方便法門的本意。

據魏書載：北魏靈太后之父胡國珍逝世時，孝明帝「詔自始薨至七七，皆爲設齋」[31]，可見當時社會上的喪禮已有進行「七

---

29 見：《慈悲三昧水懺講記》，頁1。
30 見：唐·李延壽撰，《南史卷七十·循吏傳·郭祖深》，頁1720。
31 見：北齊·魏收撰，《魏書卷八十三下·列傳第七十一下·外戚下》，頁1834~1835。

七齋」的齋僧唸經、超渡亡魂的佛事。本書於第三章「《水懺》的作者」部分也說過，北宋·贊寧在《宋高僧傳·興福篇》文後的〈總論〉載，《水懺》三卷在北宋之時已經盛行於江南地區，且已被用於「佛事」而致「濫費過度」，故贊寧視之為一部「偽法」[32]。

據印順的研究，佛教的誦經修懺法門，到了元朝的時候，由於國家與民間均經常舉辦一些「經懺法事」，以求得「消災植福」的功德。但因為是交給「西蕃僧」在統籌管理，而這些西蕃僧都是不僧不俗，修男女和合之歡喜法的，使得內地僧侶也跟著不僧不俗。於是，「上行下效」，民間也流行起「經懺法事」，漸漸的把誦經修懺法門變成為「消災植福」、「超渡鬼魂」的用途。[33]。

《元史·張珪傳》載：「比年僧、道往往畜妻子，無異常人，如蔡道泰、班講主之徒，傷人逞欲、壞教干刑者，何可勝數！」[34] 僧、道畜妻子，無異常人，見當時已無戒律可言。所以，從明朝的出家僧眾不守戒律，不重威儀，是普遍的現象。那也正是佛教沒落、受人歧視的原因。[35]

印順又說，「經懺法事」本出於大乘的方便道，演化為應付世俗的法事，從適應世間來說，為人誦經禮懺，不但符合於中國人「人死為鬼」、「慎終追遠」、「孝報祖先」的民俗，也具有一定程度的普及社會大眾之宗教意義的。不過，「經懺法事」的氾濫，佛教徒的不僧不俗，也代表著佛法衰落的現象。其一、「人死」、「逢七」、「百日」、「周年」、「普渡」等，經懺之多、人數之多、次數之多、時間之長，想要勝解佛法、實行佛法、體悟佛法就不可能了。其二、進行一場「經懺法事」，都要談好價錢，這已失去宗教的意義，變成為交易的商業行為了。[36]

章太炎亦云：「今日通行的佛教，也有許多的雜質，……燒紙、

---

32 詳見：《宋高僧傳卷二十八·興福篇第九之三》，《大正》50，頁888中。
33 以上關於「經懺法事」之內容，詳參：印順《華雨集（四）·中國佛教瑣談》，頁129~頁142。。
34 見：明·宋濂等撰，《元史卷一七五·張珪傳》，頁4083。
35 見：聖嚴撰，〈明末中國的戒律復興〉，收入：傅偉勳主編，《從傳統到現代——佛教倫理與現代社會》，頁150。
36 參：印順《華雨集（四）·中國佛教瑣談》，頁129~頁142。

拜懺、化筆、扶乩，種種可笑可醜的事，內典所沒有說的，都一概附會進去。」[37]西宗《水懺科注》云：「今道場事畢，火化一切，皆所不宜，故雲棲法禁用之不用也。」[38]周叔迦亦云：「懺悔罪過的儀則，或修習止觀的行法，都是佛教徒自己修行的方法，而不應成為替他人作佛事以謀求財利的手段。」[39]這些都是內典所沒說的方式。

　　筆者也親眼見過臺灣民間在治喪時禮拜《水懺》的情形，一場《水懺》、混合《梁皇懺》，價格分很多等級，有十五萬、二十五萬、乃至五十萬（新台幣）的，價格愈高，業者對死者所進行的「經懺法事」就愈「精彩」。家屬忙著看「熱鬧」，亡魂不知功德多少？法事的進行不但是吵得鄰人不得安眠，而事後親族家屬間又為了治喪費用而鬧得分崩離析！佛陀所教導的「懺悔方便」，本旨在啟發眾生的人倫、佛性，然眾生非但未能清淨攝受，反而將道德觀念染上功利色彩，成佛的目標成為空談，人倫之間的關係卻因此而愈加墮落與頹廢。[40]

　　因果不爽，六道常轉；罪福各異，聖愚悉同，故興福不如避罪，避罪不如勤課。勤課之道，肇乎一心；彌事競修，叨濫趨利；此乃《水懺》作為方便懺法之意也。但是《水懺》被行者在經懺法事上的誤用、濫用、商用，這對中國佛教的發展，無疑也有相當程度的戕傷。

---

37 見：湯志鈞編，《章太炎論政集》上冊，（北京：中華書局，1977 年 11 月一版一刷），頁 273。

38 見：《卍續》501 上。

39 見：周叔迦著，《法苑談叢》，（台北：文津出版社，民國七十九年六月出版），頁 44。

40 參：日・石上玄一郎著，吳村山譯，《輪迴與轉生 —— 死後世界的探究》，（台北：東大圖書股份有限公司，民國八十六年二月初版），頁 202。

四、普遍流行，成為小說素材

　　《水懺》標明「慈悲」為題，除了上承佛陀為眾生「與樂拔苦」的本懷之外，中與佛教大乘義的「無緣大慈」、「無礙大悲」、「四無量心」、「菩提心」、「慚愧心」及與《慈悲道場懺法》（《梁皇寶懺》）等懺法的「立名用意」是相同的。至於〈水懺序〉中特立「三昧法水」之意，則是有別於《慈悲道場懺法》而獨創了一種人類由自己的慈善根力生起，再藉佛陀與樂拔苦的精神所蘊釀而成，帶有極為深奧微妙的力量，而能斷絕滌盡眾生無始以來無量業障的不可思議之心力流水。以這種義蘊錯綜合成的《水懺》，加上〈水懺序〉中迦諾迦尊者的神異事蹟之譬喻作用，便易於使《水懺》的「三昧法水」思想受到人們的注意，讓人們信受奉行，漸而影響人類社會。

　　文學模仿人生。然而人生便是社會的現實，儘管自然界以及個人的內在或主觀世界，同樣是文學模仿的對象。[41]這對中國的小說而言，尤其是一種貼切的定義。由於《水懺》三卷在中國民間早已成為世俗「七七齋」、「經懺法事」、「反哺報恩」、「超薦亡魂」、「懺除宿冤」的懺法，因此就被文人們廣泛的運用於小說情節之中。如：《西遊記》第九十六回、《型世言卷九·第三十五回》，即用《水懺》的「解竭冤」之意，作為小說情節的內容。如：《西遊記》第三十七回，敘述高僧念誦《水懺》之後，是可以驚感鬼神之事。如：《繡像金瓶梅詞話》，就有「正是報恩寺十六眾上僧，黃僧官為首座，引領做水陸道場，誦《法華經》，拜《三昧水懺》。親朋夥計，無不畢集。那日玉皇廟吳道官，來上紙弔孝，攢二七經……」之記錄，這亦成為民間治喪禮的儀式，甚而與道教混合進行。至於清代，曹雪芹的《紅樓夢》第十四回，簡直已將《水

---

41 韋勒克、華倫著，王夢鷗、許國衡譯，《文學論 —— 文學研究方法論》，（台北：志文出版社，民國七十二年二月再版），頁149。

懺》連同道教的「三清道祖」、「玉皇上帝」一同來合治喪事。[42]

　　從上面這些資料視之，在元、明、清以後，《水懺》已成為文人們筆錄雜事或創作小說的一種文學素材了。

小　　結

　　《水懺》在中國佛教史上的價值，筆者認為較為重要的有四：其一、《水懺》是佛陀傳教所言說的「懺悔思想的菁華」，它匯聚了漢譯佛教經論中的佛說懺悔思想，使後人能更直接、更便利的進行懺悔的一部懺法。其二、《水懺》綜合了佛說懺悔滅罪方法，是「即用顯體」的一部懺法，這可作為人的「心性修持之落實」的。其三、《水懺》深層化的懺悔了各種「我 ←→ 你」、「我 ←→ 它」彼此之間所有可能發生的「因」「緣」關係，使此一「我 ←→ 你」、「我 ←→ 它」之「我」，能合乎人倫間的「至善之我」，故可視為「人倫佛性的懺典」。其四、佛教畢竟是一種救世的思想，《水懺》以三昧法水來洗濯十世冤讎毒瘡，這可讓懺悔者在續續不絕的懺悔過程中上邍乎諸佛如來的真性與佛道的證成。

---

42 以上小說資料，詳參網站：http：//www.sinica.edu.tw，2002/6/6，（中央研究院「翰典古籍資料」，關鍵字：「水懺」)。《西遊記第三十七回·鬼王夜謁唐三藏，悟空神化》云：「卻說三藏座於寶林寺禪堂中，在燈下念一會《梁皇》、《水懺》，看一會《孔雀真經》，只坐到三更時候，卻纔把經卷包在囊裏。正欲起身去睡，只聽得門外撲剌剌一聲響亮，淅零零刮陣怪風……」，見該書：頁445。同書《第九十六回·寇員外喜待高僧，唐長老不》云：「談一部《孔雀經》，句句消災障；點一架藥師燈，焰焰輝光亮；拜《水懺》，解竭愆；諷《華嚴》，除誹謗。……」，見該書：頁1194。《繡像金瓶梅詞話》云：「正是報恩寺十六眾上僧，黃僧官為首座，引領做水陸道場，誦《法華經》，拜《三昧水懺》。親朋夥計，無不畢集。那日玉皇廟吳道官，來上紙弔孝，攬二七經。西門慶留在捲棚內，眾人吃齋。……」，見該書頁470。清·曹雪芹《紅樓夢》第十四回云：「（此日乃五七正五日），那道士們正伏章申表，朝三清，叩玉帝；禪僧們行香，放焰口，拜《水懺》……」鳳姐緩緩走入會芳園中登仙閣靈前，一見了棺材，那眼淚恰似斷線之珠，滾將下來……」，見該書，頁213。《型世言卷九·第三十五回·前世怨徐文伏罪，兩生冤無垢復讎》記云：「天理人事，無往不復，豈有一人無辜受害，肯隱忍九原，令汝安享？如漢朝袁盎，譖殺晁錯，後過數世，袁盎轉世為僧，錯為人面瘡以報，盎作《水懺》而散……」，見該書頁569~頁570。

　　《水懺》的影響力是甚為深遠的。《水懺》三卷，表面上是在懺悔無量無邊的罪業，事實上亦在體現佛說的真理，進而影響世道人心。若從《隨聞錄》、《科註》、《申義疏》、《慈悲三昧水懺講話》、《慈悲三昧水懺講記》五本注疏來看，《水懺》的三昧法水思想，在透過高僧注疏與現代佛教徒的傳播之後，其地位與價值更為提高了。另外，到了元、明、清至民國以後，佛教禮懺漸漸的被佛教行者、民間商人在經懺法事上隨意濫用，使得禮懺法門的方便義漸漸模糊。尤其是《水懺》在臺灣殯葬業者的手中，也避免不了這種現象。若從宋、元、明、清的筆談與小說來看，由於《水懺》的普遍流行，使它成為很多作家的創作題材了。

　　綜言之，若從「時間」（歷史）之脈流而言，《水懺》雖然曾被北宋・贊寧視為「偽法」，也曾受到改朝換代的兵燹之災，但由於三昧法水思想的義蘊深邃，故自宋→元→明→清→民國，一直到今天，仍被有心之人傳下來，從無斷絕過。

第七章　結　論

　　Martin Heidegger 曾云：「『在』的『思』不在『在者』中追求任何著落。此一本質性的『思』注意著『不可細算者』的緩慢跡象，並即在『不可細算者』中認出無法想出是多早就到來的『無可制止者』。此『思』注意著『在』之真理，並即對『真理之在』進行幫助，幫助其在歷史的人頭中找到它的『居停之所』。」[1]筆者撰寫此文，是一種甚深緣起式的「在」之「思」，此一「存在」的「思考」，是一種緣起式的企圖，一種嘗試；企圖從「古」、「今」的文獻資料中，解決關於《水懺》的相關問題；嘗試從「時」、「空」的「人」、「佛」、「懺」、「我」、「你」之間，豁顯些兒〈水懺序〉與《水懺》間的蛛絲馬跡，使「在」者得其所「在」，使「思」者活其所「思」，最終回溯於佛陀所說的甚深緣起。綜合以上六章之闡釋與論述，得以下四點結論：

一、《水懺》的傳本、作者與形成問題

　　關於《水懺》的傳本，筆者利用文獻、目錄等資料，作了些許整理歸案的工作。筆者發現，現存《水懺》的傳本，至少還有「十二種」。據大陸童瑋編著的《二十二種大藏經通檢》所載，目前最早的傳本是「洪武《南藏（1368~1394）‧軍（實）》（明代官版抄本）」。[2]自茲而後，至於今日的《大正藏》，歷代大藏經刊刻者在編輯整理藏經之時，幾乎都會同時著錄《水懺》三卷一書。

---

1 Martin Heidegger 著，《形而上學是什麼》，（台北：仰哲出版社，民國八十二年十二月初版），頁 54。

2 見：童瑋編：《二十二種大藏經通檢》，（北京：中華書局，1997 年 7 月一版一刷），p144。筆者案：書中之「軍」，可能為「實」字之訛誤，故以（　）括示之。

若再從《水懺》的出版刊行、高僧的注疏、講說與各地水懺法會的舉辦情形來看，我們發現：《水懺》三卷已流傳在今天的台灣、香港、大陸、日本、新加坡、英國、美國、加拿大等地的各大寺廟或道場間，《水懺》的流傳，儼然流布到國際各處了。

關於作者問題，筆者介紹了佛教文獻的記載及經史目錄中的著錄，整理出了「撰者未明」、宋〈水懺序〉等的「唐·知玄」說、元·馬端臨的「後人因《梁皇寶懺》更製而成」說、明·釋禪的「南宋·若訥」說及清·《龍藏·水懺提要》的「唐·知玄抄錄宗密」說五種異說。「後四種異說」雖有持是之理，但在筆者做過各種相關文獻史料的對照之後，發現這四種說法都難以成立。故筆者再從敦煌文獻資料切入，並參照宋·贊寧在《宋高僧傳卷二十八·興福篇》的文後「〈論曰〉」之說法，發現在「988 以前」已有一部《水懺法》流行民間。綜合各種材料，我們只能說〈水懺序〉的作者是由某位高僧據《大佛略懺》編撰而成的；如果從《大佛略懺》分離抄出的三障懺悔文字之書法筆勢而言，其抄錄者又可能不止一人而已；如果向上追溯敦煌本二十卷《佛名經》中的三障懺悔文字之添入情形而言，又可能與梁代的「寶唱」有微妙關係。要言之，若欲客觀的確立《水懺》三卷成型時的編撰者，仍應以《大正》45 中的「撰者未明」說較為恰當。

說到《水懺》之形成問題，筆者從「《佛名經》與敦煌遺文的關係」、「梁武帝、寶唱與禮懺的關係」、「〈水懺序〉與《水懺》的關係」三方面關於文獻、史傳、政治與佛教發展史上與《水懺》相關的事實來考查，認為梁·寶唱的《懺悔滅罪方法》三卷可能與敦煌本二十卷《佛名經》中的「三障懺悔文字」存在著極為微妙的關係。而敦煌本二十卷《佛名經》的發展，在唐初之時已變成十六卷本《佛名經》。到了晚唐、五代之時，有人自十六卷本《佛名經》中分離略出了成《大佛略懺》；在此之時，又有人從《大佛略懺》中分離抄出單純的三障懺悔文字，用為專門懺悔煩惱障、業障及果報障的禮懺文。依目前所見的資料視之，在贊寧《宋高僧傳》撰成之年（988 年）以前，江南已有一本「《水懺法》」出

現。這本《水懺法》可能就是晚唐、五代自《大佛略懺》中分離抄出單純的三障懺悔文字內容。至宋太宗至道年間（995~997）時，再由〈水懺序〉的編撰者將〈水懺序〉及「二十四諸佛菩薩」置入《水懺法》中，成為正式的「《慈悲水懺法》三卷」（《水懺》三卷）。但因《水懺》一書漸漸的在中國社會與世道人心上產生了鉅大的影響力，故至明·洪武二十五年（1392）時，便被朝廷收入《南藏》之中。

　　至於《水懺》形成的經典依據，應分〈水懺序〉及《水懺》三卷兩部分言之。〈水懺序〉的經典依據可能來自三處：一是來自於印度的《賢愚經卷四·摩訶斯那優婆夷品第二十二》及《大般涅槃經卷十六·梵行品第八之二》二處的「以水洗瘡」故事；二是《宋高僧傳卷二十一·釋羅僧傳》中的感遇西蜀異僧故事；三是《宋高僧傳卷六·釋知玄傳》中的知玄左足流珠與晁錯、袁盎的因果故事。

　　至於《水懺》三卷中的三障懺悔文字內容所引用的經典，除了佛名經系統的《大佛略懺》之外，實際上是最原本的編撰者至少是從《長阿含經》、《增一阿含經》、《雜阿含經》、《七佛經》、《人仙經》、《信佛功德經》、《妙法蓮華經》、《修行本起經》、《大乘本生心地觀經》、《法句經》、《入楞伽經》、《六度集經》、《大方廣佛華嚴經》、《大般涅槃經》、《大般泥洹經》、《添品妙法蓮華經》、《大方廣佛華嚴經》、《六趣輪迴經》、《地藏王菩薩本願經》⋯⋯等漢譯佛教經論中的佛說懺悔文字內容加以錯綜整理歸納、增修潤飾而成的。

二、《水懺》在佛教懺悔思想中的地位

　　《水懺》是承自於佛陀傳教時的「言說」所製成的一部懺法，因此，它自然是屬於佛陀言說的懺悔思想。

　　佛陀之所以創立佛教，廣為世人說法，無疑是要讓世人認清「世間無常」、「諸法無我」與「寂靜涅槃」三大法印的思想。而

佛陀傳布這三大法印的背後精神，除了要讓「世人」了解佛教的正知、正覺、正見、正信等中道思想、讓「世人」獲得真性解脫之大利益外，事實上也是針對當時印度各種外道之迷信與偏執的批判與革新。《水懺》的三昧法水思想也是在這種基礎上建構而成的。

不過，據印度‧許馬雲‧迦比爾《印度的遺產》一書的研究，印度在早期雅利安人的宗教信仰中，原本是很少注意到形式和儀式的。當時的人們，深信渴望著用自己的精神和自然力量發生交流，這種自然力是被認作萬物的主宰的表現。但是，在《梨俱吠陀》撰成時，「種姓制度」逐漸在蘊釀成長，宗教上的崇拜與獻祭，不但加入了物質面目，且走向更為精細的儀式化。《吠陀》的四部分類，顯示了這種儀式細節增加的痕跡。宗教由於分工而墮落了，並且不幸地凝固為「種姓」，為了一切實用目的，宗教崇拜成為特殊階級的唯一事務，並視為一種職業，或一種謀生的工具。佛陀創立佛教，就是在諄諄教誨人們要完全拋棄這種空洞的崇拜禮節與崇拜儀式，而應該正視三法印，將全部注意力放在義理和精神鍛鍊上面去。但是，理解佛教思想需要有高度的智力，這往往是一般人的能力所達不到的。所以，不久之後，佛教本身也再度成長出一種新的崇拜儀式，且這種新的崇拜儀式較先前佛陀想要廢除的儀式更為物質化。[3]

〈水懺序〉有可能是取義於《賢愚經》與《大般涅槃經》兩處「以水洗瘡」的故事，這樣的譬喻故事與《水懺》「三障懺悔文字」的發露懺悔合一之後，也應該戒慎流於儀式化、物質化，方能成為與諸佛如來的心願法力融攝一體，再由「人」自身作了煩惱障→業障→果報障三障的續續不絕的一部懺法。這樣的懺悔是蘊涵著「人」應「面對業力」而行「不息不止」之懺悔、能「正視苦集」而得「離苦解脫」、並接續解脫義以「滅業成人」而致「重鑄成佛」之新體及「恆轉心水」而使三昧法水「恆活新生」四層

---

3 以上詳參：印‧許馬雲‧迦比爾著，王維周譯，《印度的遺產》，（上海：上海人民出版社，1959 年 8 月 3 版 1 刷），頁 55~頁 56。

微妙之深邃義蘊的。

《水懺》這種一層深入一層，層層深入到根本的「心」之「空體」中，使此「心」之自無始以來的「無明」、「妄念」雜毒能斷絕、滅盡，並使此原本自在之「心」的「空體」活潑顯露出來，成為恆久不絕的利樂於自己、利樂於六道眾生的一部懺法，故《水懺》可說是將佛陀言說的懺悔思想的革新與進化，在中國懺悔思想上無疑具有特殊的地位。

三、「三昧法水」的轉化、創新與存活

《水懺》之所以被稱為《慈悲三昧水懺法》或《三昧水懺》，最主要的道理就在「三昧法水」這個名詞上。「三昧法水」這個名詞，原本是出現在《達摩多羅禪經》卷下：「三昧法水，念頃不住，如天德瓶，守護不壞，常出珍寶，隨意無盡。」[4]這個「念頃不住」的「三昧法水」，雖說「常出珍寶，隨意無盡」，其實也只是個「名」，一種「譬喻」。

佛法傳入中國之後，勢必「中國化」，「懺」字中國化之後，已將甲骨文的「𣥠」字之「斷絕」、「纖細」、「滅盡」義與印度的「說罪」、中國的「追悔」綜合，成為新生的「懺悔」一詞。故中國大乘佛教的「懺悔」，與《水懺》「三昧法水」的再次融合後的意義，勢必又與「中國人」強調的「心」（忄）、「人」或「道」是緊密的「和合」的[5]。透過〈水懺序〉及《水懺》的錯綜組合，懺悔了一切的業障，持續了戒律的精勤，萌發了十善業的新芽，讓自己與諸佛如來合一的本源心性穩固而豐盈，然後再透過自己「不息不已」的實地踐履，最終達成「人」、「懺」與「佛」渾然為一的不可思議妙境。

---

4 見：東晉・佛陀跋陀羅譯，《達摩多羅禪經卷下・修行觀入第十六》，《大正》15，頁 321 下。
5 參見：龔雋著，《「大乘起信論」與中國化》，（台北：文津出版社，民國八十四年十一月初版），頁 146。

　　《水懺》將「佛說之懺悔滅罪方法」分成三障，作整齊有序的鋪敘排比，以「經中佛說」為經，以續續不絕的「懺悔文字」為緯；由勸信的「禮拜三寶」發酵，釀成純然至心的「發露懺悔」；由有形事懺之滅斷省過，深入於無形之理懺的證解；由身、心罪過之方便懺悔，臻於慈悲心、慚愧心、菩提心、智慧心的歙攝融成；這即是「三昧法水」的轉化。經過〈水懺序〉作者巧妙文筆的綴合，將「悟達國師⇆人面瘡」與「袁盎⇆晁錯」之十世因果關係作了雙向交互的繫聯之後，再用「以水洗瘡」的典故作為契接，使得「印度的本土淨身思想」⇆「佛陀的懺悔思想」⇆「中國的佛教傳播」⇆「中國的歷史人文」之間，形成了「時間的流貫」、「空間的融合」與「懺悔思想的一體」之「創新」[6]懺法。這種「創新的中國化懺悔思想」，是蘊涵著「人」應「面對業力」而行「不息不止」之懺悔、「正視苦集」而得「離苦解脫」、並續解脫義「滅業成人」以致「重鑄成佛」之新體及「恆轉心水」而使三昧法水「恆活新生」四層微妙的三昧義的。一層深入一層，層層深入到根本的「心」之「空體」中，使此「心」之「空體」活潑顯露出來，自己得以再創造，也能利樂於六道眾生。於是，迦諾迦尊者的「三昧法水」，這時遂正式成為《水懺》的象徵名詞，也在中國懺悔思想中占有一席之地。

　　所以，《水懺》是使人活化（has been activating）的懺法，是使生命活化的懺法，是使生活活化的懺法，是使佛說之言活化的懺法，是使諸佛如來活化的懺法，是使佛法活化的懺法，是使心活化的懺法，是使「人」⇆「生命」⇆「生活」⇆「人倫」⇆「佛」⇆「佛法」⇆「心」彼此之間都能突破三世時、空障隔，能翕闢活絡、陰陽交通、互攝互融而落實在世間、恆久流行於世間的活化懺法，緣起於心，生滅於人，蘊成佛性，是一條活潑騰躍的「三昧法水」。

---

6 藍吉富〈貝葉傳經 —— 佛書的翻譯〉云：「中國人在應用這些翻譯佛典，在接受佛教文化時，事實是一種『再創造』的歷程，並不是照單全收的承襲」，見：劉岱主編，《中國文化新論・學術篇・浩瀚的學海》，頁 517。

四、「三昧法水」思想的人間意義

　　作爲人世間的一種思想，若不能與現前的生命、生活結合爲一，那它只是幼稚的、易衰老的、形式化的，最終墮落於「消極」而「不明爽」的僵硬固閉狀態而已。[7]佛教中國化之後，佛陀那種帶有緣起、業力、果報等特色的懺悔思想，逐步與中國社會與思想交相攝受融合，便走向了入世、有爲、肯定的生活化思想。

　　太虛大師說：「叔（淑）善人間即嚴佛土」、「發達人生即證佛身」[8]。由中國人製成的《水懺》，標舉出「三昧法水」懺悔思想，正是藉著諸佛如來的心願法力，對人自己在人世間的三世時、空中，由「身體」、「行爲」、「六根」、「意識」、「心中」、「心中之心」、「心中之心之心」等無明根源處所可能產生的諸煩惱障→業障→果報障三障，所作的層層向內的細細密密續續不絕之發露懺悔，這是蘊涵著「人」本身的「不息不止」→「離苦解脫」→「重鑄成佛」→「恆活新生」四層續續「向上提昇」的活躍進路，也是兼顧著「人」本身的「恆活新生」→「重鑄成佛」→「離苦解脫」→「不息不止」四層續續不絕「反向減損」的活泉，「向上提昇」是不息的增上妙善，「反向減損」是不止的「澄滌罪業」，真性如如解脫之後，「不息不止」⇆「離苦解脫」⇆「重鑄成佛」⇆「恆活新生」四層三昧便交互攝合、活力無窮無盡。這種微妙法水，是甚深緣起的實存而有，長住人心之中，空寂無形，新而又新，生生不絕，它是承自於佛陀的人性精神而又須落實在現前的當下人類的生活狀態中的。它不是執著於一般形式化的懺悔儀軌所能獲得的，也不是《水懺》中的懺悔文字所能概括的，更不是簡單的四層三昧義所詮釋的境界而已。

---

7 參：梁漱溟著，《中國文化要義》，（台北：里仁書局，民國八十五年一月十一日初版五刷），頁298~頁302。
8 見：太虛大師著，《太虛大師全書‧論藏‧宗體論十二》，（台北：太虛大師全書影印委員會，民國五十九年十一月再版），頁260~p261。

　　佛陀曾云：「宜自決斷，端身正行，益作諸善，修己潔體，洗除心垢，言行忠信，表裏相應。人能自度，轉相拯濟，精明求願，積累善本，雖一世勤苦，須臾之間，後生無量壽國，快樂無極，長與道德合明，永拔生死根本，無復貪恚、愚癡、苦惱之患，欲壽一劫、百劫、千億萬，自在隨意，皆可得之，無爲自然。[9]」這「自決斷」、「自度」、「修己潔體」、「洗除心垢」，即爲「三昧法水」續續不絕的洗心懺悔。當一個人能「益作諸善」、「積累善本」，則他在人世間已可與三世諸佛如來一體無二，通用無窮。

　　諸佛如來的無量無邊弘願雖然不可思議，畢竟只是他力的懺悔願力[10]，若是自己都不能面對當下的生活狀態，佛力再怎麼剛強篤健、法力無邊，亦無可救濟。「三昧法水」的續續無絕的工夫，是由自己「純白一心」的「慈善根力」，面對「十方三寶所，及六道眾生前，至誠發露無始來，所有惱亂諸眾生，起於無礙大悲心，不惜身命悔三業，已作之罪皆發露，未作之罪更不造」[11]的。所以，六祖慧能云：「迷人念佛，求生於彼，悟人自淨其心」[12]，這也就是「諸惡莫作，眾善奉行，自淨其意，是諸佛教」[13]的一種活靈活躍的懺悔思想。

　　佛法之所以具有意義，是因爲它是「當下化、人性化、生活化、生命化、圓融化」（五化）的思想。因此，〈水懺序〉與《水懺》組合而成的「三昧法水」思想，正是含有這「五化」而落實於人間社會的新新不絕之實存而有的懺悔思想。它不僅是適用於佛陀時代而已，它也適用於中國古代社會，更適用於現代社會生活之中，是精神上的出世間，而又活靈活躍的發用於人世間的。

9　見：《無量壽經》卷下，《大正》12，頁275下。
10　印順云：「在十方佛前稱名、憶念、禮拜、修懺悔、隨喜等，是『信方便易行道』，從對僧伽的懺悔演化而來，是『自力』的廣義念佛法門。在過去或現在的十方佛前，禮拜、稱名、觀想等，能卻多少劫的生死罪業，都由於佛的『本願』力，雖須要自己的禮拜、稱名、觀想，而實含有『他力』——佛力加持的意義。」見：《華雨集（二）·方便之道》，頁220。
11　見：《大乘本生心地觀經卷三·報恩品第二之下》，《大正》3，頁303中~頁304下。
12　見：《六祖大師法寶壇經·疑問第三》，《大正》48，頁352上。
13　見：《增一阿含經卷一·序品》，《大正》25，頁551上。

　　「懺悔」的原始意義，本是依於佛法而是在人間的。[14]懺悔的深層義蘊，是「根源於佛陀，而表現於世間的，不只是佛的三業德用，也是佛弟子們的清淨三業。佛法是具體的，活躍於人類面前的。」[15]《水懺》依於甚深緣起、無常、無我諸法，緣契於大乘佛教的如來藏自性清淨心，依此自知自覺自懺自淨的細密不絕之慈悲心力而發露罪業，加上諸佛菩薩大誓願力的保證，懺滌行者三世緣現的果報障礙，在罪性本空的理論下，三障盡除，行者自然回復原本清淨的戒體，心行隨時與佛陀及三世諸佛菩薩相契相應，喜悅自在的活存於人間而不執於人間，故佛陀所說的懺悔滅罪之言，可說是一種「人類活學」[16]。唐君毅說：「釋迦觀空無我為始點，而止於悲，正是以智照物，以義自制，而止于人」[17]，這正可以作為《水懺》「三昧法水」思想的最佳註腳。末了，草擬一七言短偈以佐結語：

> 慈觀六道心自在，
> 悲拔苦集醒沉淪；
> 三業濁障悉斷滅，
> 昧定非禪非非塵；
> 水淨恆流滌冤垢，
> 懺須菩提新力轉，
> 法由慚恥用精純。

2002 年 8 月 31 日成於淡水清竹齋
2003 年 1 月 15 日 24：00 修正
2008 年 12 月 15 日二修

---

14 見：印順著，《華雨集（二）・方便之道》，頁 168。
15 見：印順著，《原始佛教聖典的集成》，（台北：正聞出版社，民國八十三年一月修訂三版），頁 9。
16 見：楊郁文著，《阿含要略・自序》，（台北：法鼓文化事業股份有限公司，1999 年 9 月修訂版二刷），序文頁 4。
17 見：唐君毅著，《唐君毅全集卷二之一・心物與人生》，（台北：臺灣學生書局，2000 年 9 月全集校訂版三刷），頁 282。

附錄一　敦煌本十六卷《佛名經》
懺悔文字圖樣

（錄自：黃永武主編，《敦煌寶藏》62 冊）

文悔懺九第至一第卷經名佛（七十五閏）號九二八北

（一　圖）

文悔懺二十第至五第卷經名佛（五十九冬）號〇三八北

（圖二）

（圖三）

▼北八三一一號（李四十二）佛名經卷第七懺悔文

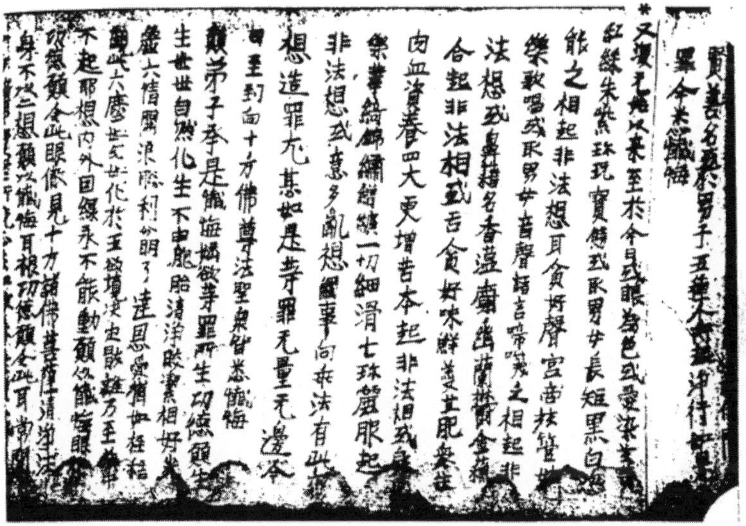
賢善名真於男子五種人中……淨行……
罪令共懺悔
*又復无始以來至於今日或眼著色或愛染青黃
紅綠朱紫珍琓寶飾或取男女長短黑白妖
能之相起非法想耳貪好聲宮商絃管妓
樂歌唱或取男女音聲語言啼哭之相起非
法想或鼻著名香沈檀龍麝鬱金蘇
合起非法相或舌貪好味鮮美肥羹甘
肉血資養四大更增苦本起非法相或身
樂著綺飾繡錦綾一切細滑七珍嚴服起
非法想或意多亂想觸事向非法有此
想造罪无甚如是等罪无量无邊今
日至到向十方佛尊法聖衆皆悉懺悔
願弟子等是懺悔滅敬等罪所生功德願生
生世世自然化生不由胞胎清淨皎潔相好光
嚴六情圓滿聰利分明了達恩愛猶如桎梏
觀此六塵如幻如化於五欲境決定厭離乃至
不起邪想內外因緣永不能動願以懺悔眼
功德願令此眼徹見十方諸佛菩薩清淨法
身不以二相願以懺悔耳根功德願令此耳常聞

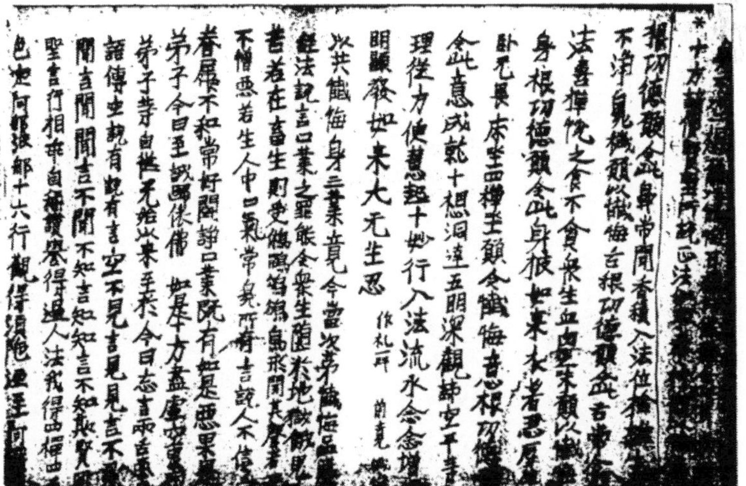
*十方諸佛賢聖所說正法……
根功德願令此鼻常聞香積入法位……
不淨臭穢願以懺悔舌根功德願令此舌常……
法喜禪悅之食不貪衆生血肉之味願以懺悔
身根功德願令此身披如來衣著忍辱
臥无畏床坐四禪座願令懺悔意根功德
令此意成就十想洞達五明深觀諦空平等
理從方便慧起十如行入法流水念念增
明顯發如來大无生忍　作礼……前竟……
以共懺悔身三業竟今當次第懺悔口
業法說言口業之罪能令衆生墮於地獄餓鬼
畜若在畜生則受鴝鵒鸚鵡鳥飛聞其聲
不惜惡若生人中口氣常臭所有言說人不信……
眷屬不和常好鬪諍口業既有如是惡果
弟子今日至誠歸依佛　如是十方盡虛空界
弟子等自從无始以來至於今日志言兩舌惡
諂傳虛說有說有言空不見言見見言不……
聞言聞聞言不聞不知言知知言不知……
聖言行相乖自稱讚舉得過人法我得四禪四
色空阿那含阿羅漢十六行觀得須陁洹至可

P.602

602

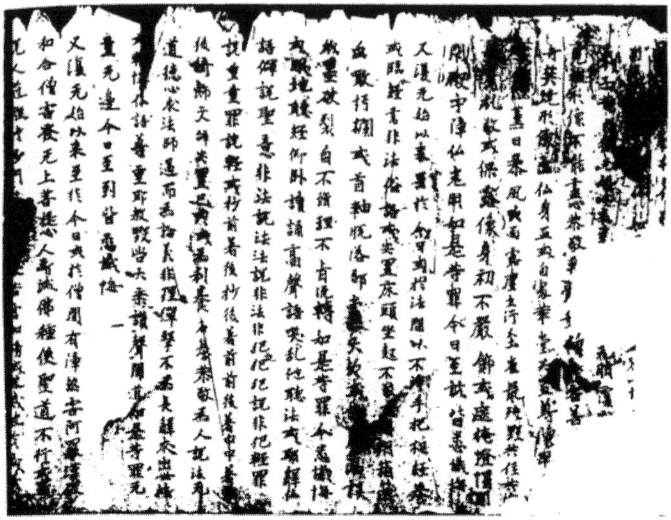

北八三二號（芥四）佛名經卷第九至第十三懺悔文

（圖四）

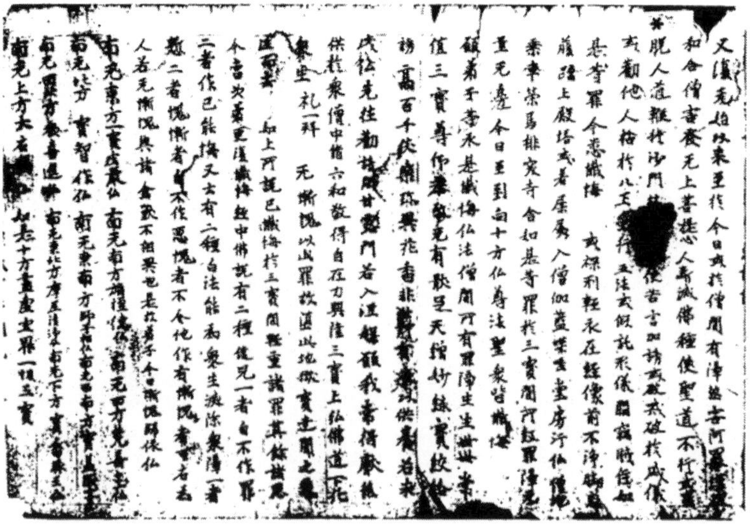

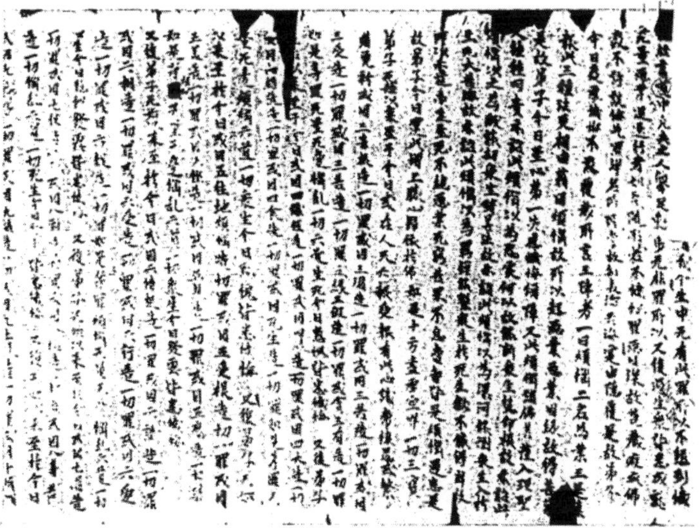

北七〇〇七號　背　面　佛說佛名經卷第一至卷第十一(但言懺悔不含佛名)

(圖五)

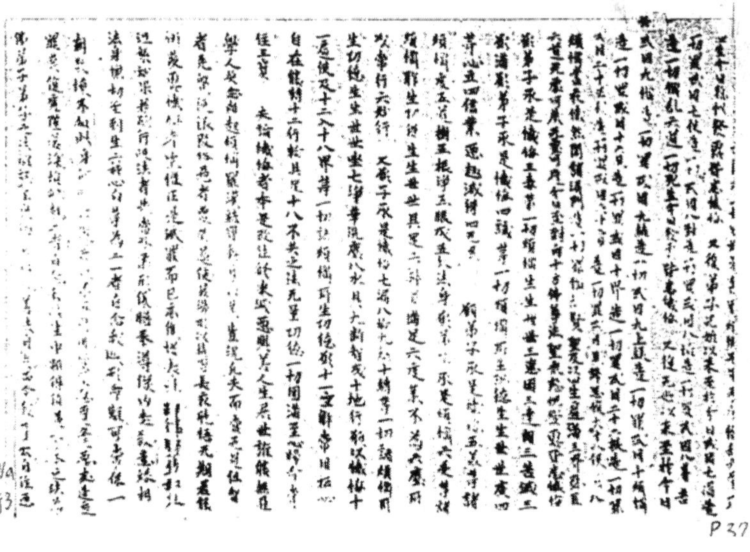

附錄二　參考書目

一、《大正新修大藏經》等

（主要依翻譯者的時代順序排列）

時代	編譯者	經論名稱	冊數
東漢	安世高	長阿含十報法經	大正 1
東漢	安世高	佛說八正道經	大正 2
東漢	安世高	自誓三昧經	大正 15
東漢	安世高	佛印三昧經	大正 15
東漢	安世高	佛說八大人覺經	大正 17
東漢	安世高	佛說舍利弗悔過經	大正 24
東漢	竺大力 康孟詳	修行本起經	大正 3
東漢	支婁迦讖	般舟三昧經	大正 13
曹魏	康僧鎧	無量壽經	大正 12
吳	支謙	佛開解梵志阿颰經	大正 1
吳	支謙	佛說阿彌陀三耶三佛薩樓佛檀過度人道經	大正 12
吳	支謙	法律三昧經	大正 15
吳	支謙	慧印三昧經	大正 15
吳	康僧會	六度集經	大正 3
吳	維祇難	法句經	大正 4
西晉	無羅叉	放光般若經	大正 8
西晉	聶道真	佛說文殊師利般涅槃經	大正 14
西晉	竺法護	賢劫經	大正 14
西晉	竺法護	彌勒下生經	大正 14
西晉	竺法護	佛說八陽神咒經	大正 14
西晉	竺法護	佛昇忉利天爲母說法經	大正 17
西晉	竺法護	賢劫經	大正 55
西晉	竺法護	諸方佛名經	大正 55
西晉	竺法護	十方佛名經	大正 55
西晉	竺法護	百佛名經	大正 55
東晉	竺曇無蘭	寂志果經	大正 1

東晉	僧伽提婆	中阿含經	大正 1
東晉	僧伽提婆	增壹阿含經	大正 2
東晉	法顯	佛說大般泥洹經	大正 12
東晉	道安	不退轉法輪經	大正 4
東晉	道安	人本欲生經註	大正 33
東晉	佛馱跋陀	大方廣佛華嚴經	大正 9
東晉	佛陀跋陀	達摩多羅禪經	大正 15
東晉	竺難提	大乘方便經	大正 11
姚秦	佛陀耶舍 竺法念	長阿含經	大正 1
姚秦	鳩摩羅什	大莊嚴論經	大正 4
姚秦	鳩摩羅什	摩訶般若波羅蜜經	大正 8
姚秦	鳩摩羅什	金剛般若波羅蜜經	大正 8
姚秦	鳩摩羅什	仁王般若波羅蜜經	大正 8
姚秦	鳩摩羅什	妙法蓮華經	大正 9
姚秦	鳩摩羅什	善臂菩薩經	大正 11
姚秦	鳩摩羅什	佛說阿彌陀經	大正 12
姚秦	鳩摩羅什	佛垂般涅槃略說教誡經（佛遺教經）	大正 12
姚秦	鳩摩羅什	維摩詰所說經（淨名經）	大正 14
姚秦	鳩摩羅什	禪法要解	大正 15
姚秦	鳩摩羅什	佛藏經	大正 15
姚秦	鳩摩羅什	思益梵天所問經	大正 15
姚秦	鳩摩羅什	首楞嚴三昧經	大正 15
姚秦	鳩摩羅什	坐禪三昧經	大正 15
姚秦	鳩摩羅什	梵網經	大正 24
姚秦	鳩摩羅什	大智度論	大正 25
姚秦	鳩摩羅什	十住毘婆沙論	大正 26
姚秦	鳩摩羅什	中論	大正 30
姚秦	竺佛念	十住斷結經	大正 10
姚秦	鳩摩羅什	成實論	大正 32
姚秦	竺佛念	菩薩瓔珞本業經	大正 24
北涼	曇無讖	悲華經	大正 3
北涼	曇無讖	大涅槃經	大正 12
北涼	曇無讖	大方等無想經	大正 12
北涼	曇無讖	大方等大集經	大正 13
北涼	曇無讖	優婆塞戒經	大正 24
北涼	曇無讖	菩薩地持經	大正 30
北齊	那連提耶舍	大悲經	大正 12
高齊	那連提耶舍	月燈三昧經	大正 15
劉宋	施護	大集法門經	大正 1

劉宋	施護	佛說大方廣善巧方便經	大正 12
劉宋	法賢	頻婆娑羅王經	大正 1
劉宋	法賢	人仙經	大正 1
劉宋	法賢	信佛功德經	大正 1
劉宋	求那跋陀	雜阿含經	大正 2
劉宋	求那跋陀羅	過去現在因果經	大正 3
劉宋	求那跋陀羅	楞伽阿跋多羅寶經	大正 16
劉宋	法天	七佛經	大正 1
劉宋	紹德慧詢等	菩薩本生鬘論	大正 3
劉宋	智嚴	法華三昧經	大正 9
劉宋	曇無蜜多	佛說觀普賢菩薩行法經	大正 9
劉宋	慧嚴	南本大涅槃經	大正 12
劉宋	曇無竭	觀世音菩薩授記經	大正 12
劉宋	王日休	佛說大阿彌陀經	大正 12
劉宋	法護等	除蓋障菩薩所問經	大正 14
劉宋	日稱等	六趣輪迴經	大正 17
劉宋	畺良耶舍	佛說觀藥王藥上二菩薩經	大正 20
元魏	慧覺等	賢愚經	大正 4
元魏	吉迦夜 曇曜	雜寶藏經	大正 4
元魏	菩提流支	佛說佛名經十二卷	大正 14
元魏	吉迦夜	佛說稱揚諸佛功德經	大正 14
元魏	菩提流支	入楞伽經	大正 16
元魏	般若流支	正法念處經	大正 17
梁	真諦	大乘起信論	大正 32
梁	僧佑	釋迦譜	大正 50
梁	僧佑	弘明集	大正 52
梁	僧佑	出三藏記集	大正 55
梁	慧皎	高僧傳	大正 50
陳	真諦	攝大乘論釋	大正 31
陳	真諦	金七十論	大正 54
隋	智顗	法華經玄義	大正 33
隋	智顗	金剛般若經疏	大正 33
隋	智顗	妙法蓮華經玄義	大正 33
隋	智顗	摩訶止觀	大正 46
隋	智顗	修習止觀坐禪法要	大正 46
隋	智顗	釋禪波羅蜜	大正 46
隋	智顗	法華三昧懺儀	大正 46
隋	闍那崛多等	起世經	大正 1
隋	闍那崛多	佛本行集經	大正 3

隋	闍那崛多	添品妙法蓮華經	大正 9
隋	闍那崛多	五千五百佛名神咒除障滅罪經	大正 14
隋	闍那崛多、笈多	大乘三聚懺悔經	大正 24
隋	那連提耶舍	佛說百佛名經一卷	大正 14
隋	吉藏	華嚴遊意	大正 35
隋	吉藏	觀無量壽經義疏	大正 37
隋	慧遠	大乘義章	大正 44
隋	費長房	歷代三寶紀	大正 49
隋	法經	眾經目錄	大正 55
隋	彥悰	眾經目錄	大正 55
唐	般若	大乘本生心地觀經	大正 3
唐	般若	大乘理趣六波羅蜜多經	大正 8
唐	玄奘	般若波羅蜜多心經	大正 8
唐	玄奘	稱讚淨土佛攝受經	大正 12
唐	玄奘	大乘大集地藏十輪經	大正 13
唐	玄奘	佛地經	大正 16
唐	玄奘	佛地經論	大正 26
唐	玄奘	阿毘達磨大毘婆娑論	大正 27
唐	玄奘	阿毘達磨俱舍論	大正 29
唐	玄奘	瑜伽師地論	大正 30
唐	玄奘	成唯識論	大正 31
唐	玄奘	攝大乘論	大正 31
唐	玄奘	大乘百法名門論本事分中略錄名數	大正 31
唐	玄奘	大唐西域記	大正 51
唐	不空	普賢菩薩行願讚	大正 10
唐	不空	佛說三十五佛名禮懺文	大正 20
唐	實叉難陀	大方廣佛華嚴經	大正 10
唐	實叉難陀	地藏王菩薩本願經	大正 13
唐	菩提流志	大寶積經百二十卷	大正 11
唐	義淨	藥師琉璃光七佛本願功德經	大正 14
唐	義淨	佛說無常經	大正 17
唐	義淨	根本說一切有部毘奈耶	大正 23
唐	義淨	南海寄歸內法傳	大正 54
唐	達摩流支	佛說寶雨經	大正 16
唐	善無畏、一行、寶月等	大毘盧遮那佛成佛神變加持經（《大日經疏》）	大正 18
唐	般剌蜜帝	大佛頂如來密因修證了義諸菩薩萬行首楞嚴經	大正 19
唐	愛同	彌沙塞羯磨本	大正 22
唐	提雲般若	大乘法界無差別論	大正 31

唐	湛然	法華玄義釋籤	大正 33
唐	智儼	大方廣佛華嚴經搜玄分齊通智方軌	大正 35
唐	法藏	華嚴經疏（華嚴經探玄記）	大正 35
唐	澄觀	華嚴經疏	大正 35
唐	善無畏	大毘盧遮那成佛經疏	大正 39
唐	窺基	大乘法苑義林章	大正 45
唐	善導	往生禮讚偈	大正 47
唐	善導	依觀經等明般舟三昧行道往生讚	大正 47
唐	智昇	集諸經禮懺儀	大正 47
唐	道宣	續高僧傳	大正 50
唐	道宣	廣弘明集	大正 52
唐	道宣	續古今佛道論衡	大正 52
唐	道宣	大唐內典錄	大正 55
唐	道宣	續大唐內典錄	大正 55
唐	靖邁	古今譯經圖紀	大正 55
唐	智昇	續古今譯經圖紀	大正 55
唐	智昇	開元釋教錄略出	大正 55
唐	明佺等	大周刊定眾經目錄	大正 55
唐	圓照	大唐貞元續開元釋教錄	大正 55
唐	圓照	貞元新定釋教目錄	大正 55
唐	慧日	慈悲集	大正 85
唐	法琳	破邪論	大正 52
唐	神清	北山錄	大正 52
唐	道世	法苑珠林	大正 53
唐	慧琳	一切經音義	大正 54
唐	智昇	開元釋教錄	大正 55
唐	靜泰	大唐東京大敬愛寺一切經論目錄	大正 55
南唐	恆安	大唐保大乙巳歲續貞元釋教錄	大正 55
宋	知禮	金光明經文句記	大正 39
宋	知禮	大悲懺法	大正 46
宋	宗寶	六祖大師法寶壇經	大正 48
宋	延壽	宗鏡錄	大正 48
宋	戒珠	淨土往生傳	大正 51
宋	道原	景德傳燈錄	大正 51
宋	贊寧	宋高僧傳	大正 50
宋	贊寧	大宋僧史略	大正 54
宋	法雲	翻譯名譯集	大正 54
南宋	志磐	佛祖統紀	大正 49
元	念常	佛祖歷代通載	大正 49
元	覺岸	釋氏稽古略	大正 49

明	如惺	大明高僧傳	大正 50
日	貞慶	法華開示抄	大正 56
日	照遠	資行鈔	大正 62
	失譯	般泥洹經	大正 1
	失譯	《七佛父母姓字經》	大正 1
	失譯	別譯雜阿含經	大正 2
	失譯	雜譬喻經	大正 4
	失譯	十方千五百佛名	大正 14
	失譯	佛說佛名經三十卷	大正 14
	失譯	佛說淨業障經	大正 24
	未著姓名	慈悲道場懺法	大正 45
	未著姓名	慈悲水懺法	大正 45
	未著姓名	神僧傳	大正 50
	未著姓名	慈悲水懺法	嘉興 1
	未著姓名	慈悲水懺法	龍藏 135

二、《新編卍續藏經》

（依撰編譯者的時代順序排列）

時代	撰編譯者	經論名稱	冊數
唐	道宣	四分律羯磨疏	卍續 64
唐	一行、慧覺	華嚴經海印道場懺儀	卍續 128
唐	宗密	圓覺經道場修證儀	卍續 128
唐	善導	往生禮讚偈	卍續 128
宋	元照	四分律含注戒本疏科	卍續 62
宋	宗頤	禪苑清規	卍續 111
宋	延壽	觀心玄樞	卍續 114
宋	悟新	死心悟新禪師語錄	卍續 120
明	智旭	觀心法要	卍續 82
明	釋禪	依楞嚴究竟事懺	卍續 129
明	明河	續補高僧傳	卍續 134
清	智證	慈悲水懺隨聞錄	卍續 129
清	西宗	慈悲水懺科註	卍續 129
	未著姓名	慈悲藥師寶懺	卍續 129
	未著姓名	慈悲地藏菩薩懺法	卍續 129
	未著姓名	真心直說	卍續 113

三、中國古籍

（依「作者時代先後順序」排列）

作者	書名	出版社	出版年月
西漢・孔安國傳 唐・孔穎達正義	十三經注疏 1・尚書正義	台北：藝文印書館	民國 86 年 8 月初版 13 刷
漢・趙岐注 宋・孫奭疏	十三經注疏 8・孟子注疏	台北：藝文印書館	民國 86 年 8 月初版 13 刷
魏・王弼韓康伯注 唐・孔穎達正義	十三經注疏 1・周易正義	台北：藝文印書館	民國 86 年 8 月初版 13 刷
魏・何晏等集解 宋・邢昺疏	十三經注疏 8・論語注疏	台北：藝文印書館	民國 86 年 8 月初版 13 刷
西漢・司馬遷	史記	台北：天工書局	民國 74 年 9 月初版
東漢・班固等	漢書	台北：鼎文書局	民國 75 年 10 月 6 版
東漢・許慎著 清・段玉裁注	說文解字注	台北：黎明文化事業 股份有限公司	民國 78 年 9 月增訂 4 版
晉・郭璞注	十三經注疏 8・爾雅注疏	台北：藝文印書館	民國 86 年 8 月初版 13 刷
北齊・魏收	魏書	北京：中華書局	1997 年 11 月一版一刷
唐・房玄齡、 褚遂良等著 楊家駱主編	新校本晉書	台北：鼎文書局	民國 75 年 10 月 6 版
唐・李延壽	南史	北京：中華書局	1997 年 11 月一版一刷
唐・姚思廉	梁書	北京：中華書局	1997 年 11 月一版一刷
唐・韓愈撰 馬其昶校注	韓昌黎文集校注	台北：世界書局	民國 49 年 11 月初版
唐・魏徵	隋書	北京：中華書局	1997 年 11 月一版一刷
後晉・劉昫等	舊唐書	北京：中華書局	1997 年 11 月一版一刷
北宋・歐陽修、宋祁	新唐書	北京：中華書局	1997 年 11 月一版一刷
北宋・王欽若、 楊億等	冊府元龜	台北：臺灣中華書局	民國 56 年 5 月台一版
北宋・歐陽修	新唐書	北京：中華書局	1997 年 11 月一版一刷
北宋・司馬光等	資治通鑑	香港：中華書局	1971 年一版一刷
北宋・沈括	夢溪筆談校證	台北：世界書局	民國 50 年 2 月初版
北宋・陳彭年等重修 林尹校訂	新校正切宋本廣韻	台北：黎明文化事業 股份有限公司	民國 74 年 9 月 20 日初版 7 刷
南宋・朱熹	四書章句集注	台北：大安出版社	民國 75 年 4 月初版
元・脫脫等	宋史	北京：中華書局	1997 年 11 月 1 版 1 刷
元・馬端臨	文獻通考	浙江：古籍出版社	2000 年 1 月 2 版 1 刷
明・宋濂等	元史	北京：中華書局	1997 年 11 月 1 版 1 刷
明・袾宏	竹窗隨筆	台北：財團法人佛陀 教育基金會	民國 88 年 7 月版

四、專 著

（一）中文專著

（依「出版年月」之先後順序排列）

作者	書名	出版社	出版年月
糜文開	印度三大聖典	台北：中華文化出版事業委員會	民國 47 年 5 月再版
周祥光	印度哲學史	台北：國防研究院、中華大典編印會	民國 53 年 4 月出版
太虛大師	太虛大師全書	台北：太虛大師全書影印委員會	民國 59 年 11 月再版
陳新會	釋氏疑年錄	台北：鼎文書局	民國 66 年 3 月初版
章太炎	章太炎論政集	北京：中華書局	1977 年 11 月 1 版 1 刷
未著姓名	慈悲三昧水懺	台北：松山寺	民國 69 年 1 月出版
黃永武	形聲多兼會意考	台北：文史哲出版社	民國 73 年 4 月 5 版
未著姓名	慈悲三昧水懺科儀	高雄：法興禪寺	民國 73 年 11 月初版
林尹	訓詁學概要	台北：正中書局	民國 73 年 11 月初版 11 刷
王文顏	佛典漢譯之研究	台北：天華出版事業公司	民國 73 年 12 月初版
朱謙之 任繼愈	老子釋譯	台北：里仁書局	民國 74 年 3 月出版
嚴復	嚴復集	北京：中華書局	1986 年 1 月一版一刷
黃永武	敦煌寶藏	台北：新文豐出版公司	民國 75 年 9 月台一版
諦閑	諦閑大師遺集	台南：南天台般若精舍	民國 76 年 11 月
王國良 王秋桂	中國圖書文獻學論集	台北：明文書局股份有限公司	民國 75 年 11 月增訂新版
徐中舒	漢語古文字形表	台北：文史哲出版社	民國 77 年 4 月再版
聖嚴著 關世謙譯	明末中國佛教之研究	台北：臺灣學生書局	民國 77 年 11 月
諦閑	慈悲三昧水懺申義疏	台中：青蓮出版社	民國 78 年 12 月版
聖印	慈悲三昧水懺講話	台北：釋智倫倡印	未標出版年月
陳垣	明季滇黔佛教考	北京：中華書局	1989 年 4 月 1 版 2 刷
慧廣	懺悔的理論與方法	高雄：法喜出版社	民國 78 年 6 月初版
馮耀明	中國哲學的方法論問題	台北：允晨文化實業股份有限公司	民國 78 年 9 月初版
楊燕起、陳可青、賴長揚	歷代名家評史記	台北：博遠出版有限公司	民國 79 年 2 月初版
唐君毅	哲學論集台北	臺灣學生書局	民國 79 年 2 月全集校訂版
曹仕邦	中國佛教譯經史論集	台北：東初出版社	民國 79 年 6 月初版

周叔迦	法苑談叢	台北：文津出版社	民國 79 年 6 月出版
傅偉勳	從創造的詮釋學到大乘佛學》—「哲學與宗教」四集	台北：東大圖書公司	民國 79 年 7 月初版
吳浩坤 潘悠	中國甲骨學史	台北：貫雅文化事業有限公司	民國 79 年 9 月初版
熊十力	新唯識論	台北：明文書局	民國 80 年 1 月 31 日出版
周叔迦	周叔迦佛學論著集	北京：中華書局	1991 年 1 月北京一版一刷
演培講 寬嚴記	慈悲三昧水懺講記	台北：正聞出版社	民國 81 年 10 月 3 版
方廣錩	佛教大藏經史	北京：中國社會科學出版社	1991 年 3 月一板一刷
古正美	大乘佛教：過去和現在	北京：北京大學出版社	1992 年 10 月一版一刷
方立天	中國佛教研究	台北：新文豐出版股份有限公司	民國 82 年 5 月台一版
林安梧	存有・意識與實踐	台北：東大圖書股份有限公司	民國 82 年 5 月初版
徐復觀	兩漢思想史	台北：臺灣學生書局	民國 82 年 9 月初版 4 刷
印順	原始佛教聖典之集成	台北：正聞出版社	民國 83 年 1 月修訂本 3 版
印順	成佛之道	台北：正聞出版社	民國 83 年 6 月初版
印順	初期大乘佛教之起源與發展	台北：正聞出版社	民國 83 年 7 月 7 版
陳俊輝	海德格論存有與死亡	台北：臺灣學生書局	民國 83 年 10 月初版
顏炳罡	整合與重鑄－當代大儒牟宗三先生思想研究	台北：臺灣學生書局	民國 84 年 2 月初版
李志夫	印度思想文化史	台北：東大圖書股份有限公司	民國 84 年 4 月初版
吳汝鈞	印度佛學研究	台北：臺灣學生書局	民國 84 年 5 月初版
吳汝鈞	印度佛學的現代詮釋	台北：臺灣學生書局	民國 84 年 6 月初版二刷
陳士強	佛典精解	台北：建宏出版社	民國 84 年 7 月初版一刷
楊惠南	印度哲學史	台北：東大圖書股份有限公司	民國 84 年 8 月初版
侯外廬	中國思想通史	北京：人民出版社	1995 年 10 月北京 1 版 5 刷
龔雋	「大乘起信論」與中國化	台北：文津出版社	民國 84 年 11 月初版
周叔迦	周叔迦集	北京：中國社會科學出版社	1995 年 12 月 1 版 1 刷
梁漱溟	中國文化要義	台北：里仁書局	民國 85 年 1 月 11 日初版 5 刷
丁敏	佛教譬喻文學研究	台北：東初出版社	民國 85 年 3 月初版
張慶熊	熊十力的新唯識論和胡塞爾的現象學	上海：人民出版社	1996 年 3 月初版 2 刷

林安梧	中國宗教與意義治療	台北：明文書局	民國 85 年 4 月初版
張燦輝	海德格與胡塞爾現象學	台北：東大圖書公司	民國 85 年 4 月初版
于省吾	甲骨文字詁林	北京：中華書局	1996 年 5 月 1 版 1 刷
周何等	中文字根孳乳表稿	台北：國立中央圖書館	未標出版年月
楊惠南	佛教思想發展史論	台北：東大圖書股份有限公司	民國 86 年 8 月再版
印順	學佛三要	台北：正聞出版社	民國 87 年 1 月出版
張運華	中國傳統佛教儀軌	台北：立緒文化事業有限公司	民國 87 年 2 月初版 1 刷
陳榮華	葛達瑪詮釋學與中國哲學之詮釋	台北：明文書局	1998 年 3 月初版
蘇晉仁、蕭鍊子	歷代釋道人物志	成都：巴蜀書社	1998 年 6 月 1 版 1 刷
汪娟	敦煌禮懺文研究	台北：法鼓文化事業有限公司	民國 87 年 9 月初版
高振鐸	古籍知識手冊	台北：萬卷樓圖書有限公司	民國 87 年 10 月初版 2 刷
印順	華雨集	台北：正聞出版社	民國 87 年 12 月初版 3 刷
褚伯思	中國佛教史論	台北：佛光文化事業有限公司	民國 88 年 1 月 5 版 1 刷
陳沛然	佛家哲理通析	台北：東大圖書股份有限公司	民國 88 年 2 月再版
聖嚴	戒律學綱要	台北：法鼓文化事業股份有限公司	民國 88 年 5 月修訂版 5 刷
鄭立新	歷代高僧學者傳－佛海慧流	北京：華夏出版社	1999 年 2 月 1 版 1 刷
潘顯一、冉昌光	宗教與文明	四川：四川人民出版社	1999 年 5 月 1 版 1 刷
劉滌凡	唐前果報系統的建構與融合	台北：臺灣學生書局	民國 88 年 8 月初版
徐復觀	中國人性論史	台北：臺灣商務印書館	1999 年 9 月初版 12 刷
牟宗三	中國哲學十九講	台北：臺灣學生書局	1999 年 9 月初版 8 刷
楊郁文	阿含要略	台北：法鼓文化事業股份有限公司	1999 年 9 月修訂版 2 刷
未著姓名	慈悲三昧水懺	台北：財團法人佛陀教育基金會	民國 89 年 9 月出版
唐君毅	中國哲學原論	台北：臺灣學生書局	2000 年 9 月全集校訂版 3 刷
唐君毅	心物與人生	台北：臺灣學生書局	2000 年 9 月全集校訂版 3 刷
周紹良	全唐文新編	吉林：吉林文史出版社	2000 年 12 月成都 1 版 1 刷
湯用彤 湯一介主編	漢魏兩晉南北朝佛教史（上）	台北：佛光文化事業有限公司	民國 90 年 4 月初版
湯用彤著 湯一介主編	理學‧佛學‧印度學	台北：佛光文化事業有限公司	民國 90 年 4 月初版
陳蒲清	孝經譯注	台北：建安出版社	2002 年 2 月初版

（二）外文譯著

（依「出版年月」之先後順序排列）

作者	書名	出版社	出版年月
印·許馬雲·迦比爾著，王維周譯	印度的遺產	上海：上海人民出版社	1959 年 8 月 3 版 1 刷
A. Macdonnel 著 龍章譯	INDI′S　PAST	台北：中華書局印行	未標出版年月日
日·小野玄妙著 楊白衣譯	佛教經典總論	台北：新文豐出版股份有限公司	民國 72 年 1 月初版
韋勒克、華倫著 王夢鷗、許國衡譯	文學論 —— 文學研究方法論	台北：志文出版社	民國 72 年 2 月再版
日·赤根詳道	向阿含學習新生	台北：武陵出版社	民國 74 年 6 月初版
日·鎌田茂雄	中國的佛教禮儀	東京：大藏出版株式會社	1986 年 3 月 31 日初版
Martin Heidegger 著 王慶節、陳嘉映譯	Sein und Zeit	台北：桂冠圖書股份有限公司	1990 年 1 月初版 1 刷
Martin Buber 著 陳維剛譯	Ich und Du, I and Thou	台北，桂冠圖書公司	1991 年 2 月初版 1 刷
Martin Heidegger 著彭富春譯	Poetry, Language, Thought	北京：文化藝術出版社	1991 年 11 月 1 版 3 刷
日·辛島昇、桑山正進、小西正捷、山崎元一等著 林煌洲譯	印度河文明 —— 印度文化之源流	台北：國立編譯館	民國 82 年 8 月初版
日·中村元等著 余萬居譯	中國佛教發展史	台北：天華出版事業股份有限公司	民國 82 年 9 月 2 版 1 刷
Martin Heidegger 著 熊偉譯	形而上學是什麼	台北：仰哲出版社	民國 82 年 12 月初版
印·羅米拉·塔帕爾著 林太譯	印度古代文明	台北：淑馨出版社	民國 83 年 7 月初版 1 刷
Surendranath Dasgupta 著 林煌洲譯	A History of Indian Philosophy（《印度哲學史》）	台北：國立編譯館	民國 85 年 3 月初版
海德格爾著 孫周興選編	海德格爾選集	上海：三聯書店	1996 年 12 月 1 版 1 刷

日·石上玄一郎著吳村山譯	輪迴與轉生 —— 死後世界的探究	台北：東大圖書股份有限公司	民國 86 年 2 月初版
日·鎌田茂雄著 關世謙譯	中國佛教通史	台北：佛光文化事業有限公司	民國 87 年 9 月初版 2 刷
Stanley Weinstein 著 依法譯	BUDDHISM UNDER THE TANG	台北：佛光文化事業有限公司	民國 88 年 6 月初版
Ludwig Wittgenstein 著 尚志英譯	PHILOSOPHICAL INVESTIGATION	台北：桂冠圖書股份有限公司	2000 年 9 月初版 3 刷
Huston Smith 著 劉安雲譯	THE WORLD'S RELIGIONS	台北：立緒文化事業有限公司	民國 89 年 10 月初版 3 刷

五、期刊論文

（一）中文部分

（依「出版年月」之先後順序排列）

作者	篇名	期刊、論文集	出版年月	頁數
李圓淨	歷代漢文大藏經概述	釋道安監修，張曼濤主編，《大藏經研究彙編》（上），（台北：大乘文化出版社）	民國 66 年 6 月初版	頁 93～頁 104
周叔迦	「大藏經」雕印源流紀略	王國良、王秋桂合編，《中國圖書文獻學論集》，（台北：明文書局股份有限公司	民國 75 年 11 月增訂新版	頁 374～頁 399
林子青	懺法	呂澄等著，《中國佛教人物與制度》（台北：彙文堂出版社）	民國 76 年 6 月台 1 版	頁 455～頁 461
遊祥洲	論中國佛教懺悔理論的形成及其理念蘊涵	傅偉勳著，《從傳統到現代—佛教倫理與現代社會》，（台北：東大圖書公司）	民國 79 年 10 月初版	頁 121～頁 136
聖嚴	明末中國的戒律復興	傅偉勳著，《從傳統到現代—佛教倫理與現代社會》，（台北：東大圖書公司）	民國 79 年 10 月初版	頁 145～頁 157
項退結	海德格的存有與時間	台北：《哲學與文化》第十八卷第九期	民國 80 年 9 月	頁 850～頁 852
藍吉富	貝葉傳經 —— 佛書的翻譯	劉岱主編，《中國文化新論·學術篇·浩瀚的學海》，（台北：聯經出版事業公司）	民國 83 年 5 月初版 7 刷	頁 463～頁 519

吳藝苑	慈悲水懺與中國佛教懺悔思想	台北：國立政大中文研究所碩士論文	民國 83 年 6 月	
杜繼文	從中國佛教看中國文化的走向	沈清松編，《詮釋與創造──傳統中華文化及其未來發展》，（台北：聯合報系文化基金會	民國 84 年 1 月初版	頁 169~頁 187
傅偉勳	四聖諦的多層義蘊與深層義理	釋恆清主編，《佛教思想的傳承與發展－印順導師九秩華誕祝壽文》，（台北：東大圖書股份有限公司）	民國 84 年 4 月初版	頁 31~頁 54
曹仕邦	比丘釋寶唱是否《比丘尼傳》撰人的疑問	釋恆清主編，《佛教思想的傳承與發展－印順導師九秩華誕祝壽文》，（台北：東大圖書股份有限公司）	民國 84 年 4 月初版	頁 455~頁 465
村中祐生	懺悔與治癒	《第九屆國際佛教教育研討會專輯》，（台北：華梵佛學研究所）	民國 84 年 5 月編印	頁 186~頁 192
天禪	圓覺經道場修證儀》與《慈悲道場水懺》關係之初探	台北：中華佛學研究所第六屆研究所學生佛學論文聯合發表會論文集	民國 84 年 8 月	
李宗明	懺悔對吾人身心之洗滌與啓發	《華梵佛學學報》第十期，（台北：華梵佛學研究所）	民國 85 年印行	頁 161~頁 187
王志楣	從《弘明集》看佛教中國化	台北：國立政治大學中國文學研究所博士論文	民國 85 年 6 月	
蕭登福	論佛教受中土道教的影響及佛經真偽	台北：《中華佛學學報》第九期	民國 85 年 7 月出版	頁 83~頁 98
趙海涵	懺悔與覺性的自我教育－以《慈悲三昧水懺》及基督教聖奧古斯丁《懺悔錄》爲例	《第十屆國際佛教教育研討會專輯》，（台北：華梵佛學研究所）	民國 85 年 7 月	頁 270~頁 279
林安梧	《揭諦》發刊詞－「道」與「言」	嘉義：《揭諦學刊》第一期	民國 86 年 8 月出版	頁 1~頁 14
郭麗英	中國佛教中的占卜、游戲和清淨──漢文僞經《占察經》研究	法國漢學編委會編，《法國漢學》第二輯，（北京：清華大學出版社）	1997 年 11 月 1 版 1 刷	頁 193~頁 223
劉國強	「明」與「無明」──唐君毅所啓之明	江日新主編，《牟宗三哲學與唐君毅哲學論》，（台北：文津出版社）	民國 86 年 12 月初版	頁 339~頁 348
汪娟	敦煌本「大佛略	項楚主編，《敦煌文學論	1997 年 12 月	頁 389~

	懺」在佛教懺悔文中的地位	集》,(四川:人民出版社)	1版1刷	頁402
郭朝順	大乘「慈悲」觀念與孟子「惻隱之心」之比較	《第三次儒佛會通學術研討會論文選輯》,(台北:華梵大學哲學系)	1998年12月26日	頁115~頁132
徐立強	「梁皇懺」初探	台北:《中華佛學研究》第二期	民國87年3月出版	頁177~頁206
大睿	中國佛教早期懺罪思想之形成與發展	台北:《中華佛學研究》第二期	民國87年3月出版	頁313~頁337
饒宗頤	「貞」的哲學	饒宗頤主編,《華學》第三輯,(北京:紫禁城出版社)	1998年11月1版1刷	頁1~頁13
葛兆光	征服與轉化 —— 五至七世紀中國思想史中的佛教	饒宗頤主編,《華學》第三輯,(北京:紫禁城出版社)	1998年11月1版1刷	頁68~頁82
郭偉川	分裂的局面與禮壞的社會 —— 略論魏晉南北朝的社會政治與思想風氣	饒宗頤主編,《華學》第三輯,(北京:紫禁城出版社)	1998年11月1版1刷	頁273~頁281
呂有祥	佛教辯證思維略析	台北:《中華佛學學報》第十二期,	民國88年7月出版	頁25~頁34
汪娟	敦煌佛教禮懺文獻述要	王維梅主編,《「二十一世紀敦煌文獻研究回顧與展望」研討會論文集》,(台中:中華自然文化協會	民國88年12月出版	頁77~頁91
方廣錩	關於敦煌遺書《佛說佛名經》	楊曾文、杜斗城主編,《中國敦煌學百年文庫・宗教卷二》,(蘭州:甘肅出版社)	1999年1版1刷	頁203~頁215
傅新毅	大乘佛教「真如」觀念的現代詮釋	《宗教》(雙月刊)第一期,(北京:中國人民大學書報資料中心	2000年出刊	頁40~頁43
王開府	初期佛教之「我」論	《佛教研究的傳盛與創新學術研討會論文集》,(台北:現代佛教學會)	民國91年3月	頁1~頁18
吳汝鈞	純粹力動觀念之突破 —— 熊十力體用論	收入:《佛教研究的傳盛與創新學術研討會論文集》,(台北:現代佛教學會)	民國91年3月	頁272~頁290
白金銑	《周易》「位移性格」哲學初詮	台北:《中國學術年刊》第二十三期	民國91年6月出版	頁1~頁33

（二）外文部分

（依「出版年月」之先後順序排列）

作者	篇名	期刊、論文集	出版年月	頁數
日・井ノ口泰淳	敦煌本「佛名經」の諸系統	《東方學報》第三十五冊，（京都：京都大學人文科學研究所）	1964年3月出版	頁397~頁437
日・鹽入良道	中國佛教における佛名經の性格とその源流	《東洋文化研究所紀要》第四十二冊，（東京：東京大學東洋文化研究所）	1966 年 11月出版	頁221~頁319
日・椎名宏雄	唐代禪宗の礼儀について	《印度學佛教學研究》第二十卷第二號，（東京：日本印度學佛教學會）	昭和 47 年（1972）3月	頁764~頁769
日・多田孝正撰	懺悔に關する中國の考察	《佛教學》第 11 號，（東京：佛教學研究會）	1981年4月	頁41~頁63
日・藤枝晃	敦煌遺書之分期	姜亮夫、郭在貽等編，《敦煌吐魯番學研究論文集》，（上海：漢語大辭典出版社）	1991年4月1版2刷	頁12~頁14
Wolfgang Bauer（鮑吾剛）撰馬劍譯	"The preface of 'Das Antlitz Chinas'"（中國人的面孔序言）	《歐洲中國古典文學研究名家十年文選》，（江蘇：江蘇人民出版社）	1998 年 12月1版1刷	頁1~頁16

六、工具書

（依「出版年月」之先後順序排列）

編著者	書名	出版社	出版年月
日·南條文雄	大明三藏聖教目錄	英國：牛津大學校印書局	1883 年刊行
日·小野玄妙	佛書解說大辭典	東京：大東出版社	昭和 43 年（1968）2 月 20 日再版
編輯委員會	修訂中華大大藏	台北：中華大大藏經印經會	民國 57 年春
明·智旭	閱藏知津	台北：新文豐出版股份有限公司	民國 62 年六月初版
日·望月信亨等	望月佛教大辭典	東京：世界聖典刊行協會	昭和 52 年（1977）9 月版
黃永武	敦煌寶藏	台北：新文豐出版股份有限公司	民國 70 年出版
蔡運辰	二十五種藏經目錄對照考釋	台北：新文豐出版股份有限公司	民國 72 年十二月初版
黃永武	敦煌遺書最新目錄	台北：新文豐出版股份有限公司	民國 75 年 9 月台 1 版
幼獅文化事業公司編輯部	觀念史大辭典（"Dictionary of the History of Ideas"）	台北：幼獅文化事業股份有限公司	民國 77 年 3 月初版
新文豐編輯部	宋版磧砂明版嘉興大藏經總目錄索引	台北：新文豐出版股份有限公司	民國 77 年七月台 1 版
開證堅修藍吉富主編	中國佛教百科全書	台南：中國佛教百科全書文獻基金會	民國 83 年元月出版
新文豐編輯部	卍續藏經總目錄索引	台北：新文豐出版股份有限公司	民國 83 年 5 月台 1 版 3 刷
慈怡	佛教史年表	台北：佛光文化事業有限公司	民國 84 年 2 月初版 2 刷
禪叡	敦煌寶藏遺書索引	台北：法鼓文化事業股份有限公司	民國 85 年 9 月初版
佛光大辭典編修委員會	佛光大辭典	台北：佛光文化事業有限公司	民國 86 年 5 月初版 9 刷
童瑋	二十二種大藏經通檢	北京：中華書局	1997 年 7 月 1 版一 1 刷

中華創價佛學會	佛教哲學大辭典	台北：正因文化事業有限公司	民國 87 年 3 月 16 日初版 1 刷
任繼愈	宗教大辭典	上海：上海辭書出版社	1998 年 8 月 1 版 1 刷
漢語大字典編輯委員會	漢語大字典	台北：建宏書局	民國 87 年 10 月初版 1 刷
新文豐編輯部	新編縮本乾隆大藏經總目	台北：新文豐出版有限公司，	民國 87 年 122 月 1 版
季羨林	敦煌學大辭典	上海：上海辭書出版社	1998 年 12 月 1 版 1 刷
楊維中、楊明等	中國佛教百科全書	高雄：佛光文化事業有限公司	民國 88 年 5 月初版
金炳華等	哲學大辭典	上海：上海辭書出版社	2001 年 6 月 1 版 1 刷
中央研究院	翰典古籍資料庫	http：//www.sinica.edu.twMay2002/	
		http://www.tbsn.org/chinese/journal/tbn3/224/pb-07.htm	
		http://www.ibps.org/newjersey/newsletters/May2002/act-month56.htm	
		http://chinese.hsilai.org/new_index.html/May2002/